权威 · 前沿 · 原创

皮书系列为
"十二五""十三五"国家重点图书出版规划项目

本书获河南省社会科学院哲学社会科学创新工程试点经费资助

河南蓝皮书

BLUE BOOK OF HENAN

河南能源发展报告（2018）

ANNUAL REPORT ON HENAN'S ENERGY DEVELOPMENT
(2018)

推动能源高质量发展

主　编／魏胜民　袁凯声
副主编／余晓鹏　王玲杰　白宏坤

社会科学文献出版社
SOCIAL SCIENCES ACADEMIC PRESS（CHINA）

图书在版编目（CIP）数据

河南能源发展报告：推动能源高质量发展.2018 /
魏胜民，袁凯声主编. -- 北京：社会科学文献出版社，
2018.5
　（河南蓝皮书）
　ISBN 978 - 7 - 5201 - 2652 - 6

　Ⅰ.①河… 　Ⅱ.①魏… ②袁… 　Ⅲ.①能源发展 - 研
究报告 - 河南 - 2018 　Ⅳ.①F426.2

　中国版本图书馆 CIP 数据核字（2018）第 085914 号

河南蓝皮书

河南能源发展报告（2018）
——推动能源高质量发展

主　　编／魏胜民　袁凯声
副 主 编／余晓鹏　王玲杰　白宏坤

出 版 人／谢寿光
项目统筹／任文武
责任编辑／杨　雪

出　　版／社会科学文献出版社·区域发展出版中心（010）59367143
　　　　　地址：北京市北三环中路甲29号院华龙大厦　邮编：100029
　　　　　网址：www. ssap. com. cn
发　　行／市场营销中心（010）59367081　59367018
印　　装／三河市龙林印务有限公司

规　　格／开　本：787mm × 1092mm　1/16
　　　　　印　张：29.25　字　数：443千字
版　　次／2018年5月第1版　2018年5月第1次印刷
书　　号／ISBN 978 - 7 - 5201 - 2652 - 6
定　　价／98.00元

皮书序列号／PSN B - 2017 - 607 - 9/9

本书如有印装质量问题，请与读者服务中心（010 - 59367028）联系

《河南能源发展报告（2018）》
编 委 会

主要编撰者简介

魏胜民 男，河南省宜阳人，教授级高级工程师，中国可再生能源发电并网专业委员会副主任委员，国网河南省电力公司副总工程师兼经济技术研究院院长。长期从事能源电力经济、企业战略规划等方面的研究。主持、主笔或主要参与河南省"九五"以来历次电力工业规划编制。先后荣获省部级科技进步或管理创新一等奖 7 项、二等奖 6 项、三等奖 7 项，主编或参与撰写出版著作 10 部。

袁凯声 男，河南省信阳人，研究员，河南省社会科学院副院长，河南大学、河南师范大学硕士研究生导师，中国近代文学研究会理事，河南省文学学会秘书长，主持或参与国家社科基金项目等各类项目 6 项，发表学术文章七十余篇，出版学术著作 7 部。近年来从事区域发展宏观战略研究等，参加多项河南省委省政府重大决策课题专项研究，多次参加省重要文件起草工作并担任起草组组长，获得省社科优秀成果奖多项。

摘　要

本书由国网河南省电力公司经济技术研究院与河南省社会科学院共同研创。全书深入贯彻习近平新时代中国特色社会主义思想和党的十九大精神，以"推动能源高质量发展"为主题，系统分析了 2017 年河南能源相关行业发展现状和存在的问题，并对 2018 年的发展形势进行了预测展望，全方位、多维度地分析了河南推动能源供给侧结构性改革、转变能源发展方式的发展成效，从能源发展全链条角度出发，统筹能源生产－消费－供应－创新－市场－管理六环节，提出新时代河南能源高质量发展路径及对策建议，对政府部门施政决策，对能源企业、广大研究机构和社会公众研究、了解河南能源发展状况具有较好的参考价值。全书主体内容包括五大部分：总报告、行业发展篇、预测评价篇、调查分析篇、绿色发展篇。

本书的总报告阐明了 2017～2018 年河南能源发展状况与预测的基本观点，以及对新时代发展背景下河南能源发展形势前瞻及对策建议。总报告指出，2017 年，河南坚持以习近平新时代中国特色社会主义思想为指导，遵循习近平总书记能源革命战略思想，深入贯彻新发展理念，围绕加快推动能源高质量发展目标，以深化能源供给侧结构性改革为主线，全省能源发展呈现出供需平稳有序、质效稳步提升、绿色转型加快推进的良好态势，能源发展进入了由总量扩张向提质增效转变的新阶段，但也面临着煤炭行业转型发展任务依然艰巨、油气资源供应保障能力仍需提升、可再生能源行业发展更需理性、电力引领能源转型作用有待加强等问题。预计 2018 年全省能源生产总量 0.94 亿吨标准煤，与上年基本持平；能源消费总量 2.39 亿吨标准煤，同比增长 1.7%；非化石能源消费总量 1711 万吨标准煤，在一次能源消费中占比达到 7.2%，提前两年完成"十三五"能源消费结构优化目标。

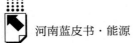

　　本书的行业发展篇，依托河南省能源行业和研究机构的专家学者团队，重点对河南省煤炭、石油、天然气、地热、电力及清洁能源等行业的发展现状、发展态势进行了分析评估，并对各行业2018年的发展形势进行了展望，提出了新时代能源高质量发展背景下各行业提质增效的重点任务及措施建议。

　　本书的预测评价篇，主要通过重点指标分析和量化分析模型，对河南省电力供需情况进行了回顾分析，对中长期能源需求、2018年电力供需形势进行了分析预测，并重点就河南省"工业部门能源强度""煤电利用小时""经济发展方式与碳排放关系""能源消费回弹效应"等进行了评估与学术探讨。

　　本书的调查分析篇，通过实地调查分析，研究了河南农村家庭能源消费情况、火电行业污染物排放状况和农网建设成效，指出了当前能源消费和环境空间存在的问题，对推动农村能源消费"再电气化"、火电污染物减排、优化农网发展提出了相关措施建议。

　　本书的绿色发展篇，聚焦油品升级、清洁供暖、再电气化、煤电转型、城乡电网、碳交易等热点问题，开展了"成品油供给高质量发展""电力引领河南能源转型""'煤改电'清洁供暖""煤电灵活性改造""煤电结构调整""城乡电网中部领先""碳排放交易体系建设"等专题研究，多维度、多视角研究了河南能源高质量发展路径及对策建议。

　　关键词： 河南　能源　高质量发展

目　录

Ⅰ　总报告

Ⅱ　行业发展篇

Ⅲ　预测评价篇

Ⅳ　调查分析篇

Ⅴ 绿色发展篇

皮书数据库阅读**使用指南** 👆

总 报 告

General Report

B.1

建设现代能源体系
迈进能源高质量发展新时代

——2017年河南省能源发展分析与2018年展望

河南能源蓝皮书课题组 *

摘　要：　2017 年，河南深入贯彻习近平总书记能源革命战略思想，围绕新时代能源高质量发展目标，以推进能源供给侧结构性改革为主线，着力保供应、谋转型、强基础、促改革、惠民生、创优势，推动能源发展进入由总量扩张向提质增效转变的新阶段，全省能源发展呈现出供需平稳有序、质效稳步提升、绿色转型快速推进的良好态势。全年能源生产总量达到 0.95

* 课题组组长：魏胜民、袁凯声；课题组副组长：余晓鹏、王玲杰、白宏坤；课题组成员：王江波、杨萌、邓方钊、尹硕、李虎军、赵文杰、刘军会、李文峰、华远鹏、杨钦臣、宋大为、马任远、金曼。

亿吨标准煤，同比下降 2.1%，降幅较上年减小 11.5 个百分点；能源消费总量 2.35 亿吨标准煤，同比增长 1.6%，实现了增量消费主要由清洁能源供应的新格局。2018 年，河南能源发展将以习近平新时代中国特色社会主义思想和党的十九大精神为引领，聚焦质量变革、效率变革、动力变革，推动全省能源向高质量发展阶段迈进。预计全省能源供需将保持总体平稳的态势，能源生产总量 0.94 亿吨标准煤，与上年基本持平；能源消费总量 2.39 亿吨标准煤，同比增长 1.7%，其中，煤炭消费与 2017 年基本持平，成品油销量增长 1.6%，天然气消费量增长 14%，非化石能源消费增长 8.3%，清洁能源仍将是河南能源消费增量的主体。

关键词： 河南省　现代能源体系　高质量发展

2017 年，河南能源发展以习近平新时代中国特色社会主义思想为指导，以新发展理念为指引，以提高发展质量和效益为中心，以推进能源供给侧结构性改革为主线，围绕决胜全面小康和经济强省建设，主动转变能源发展方式，提升能源服务质量，实现了全省能源供需平稳有序、质效稳步提升、绿色转型成效凸显，推动河南能源发展进入了由总量扩张向提质增效高质量发展转变的新阶段。同时，河南能源供应保障压力较大、区域环境承载能力不足、结构调整和节能降耗任务艰巨等问题依然存在，以化石能源为主的能源体系及其粗放式发展，与经济高质量发展要求的不协调问题更加凸显，全省能源发展仍面临诸多困难和挑战。2018 年，河南能源发展坚持全面贯彻党的十九大精神，以习近平新时代中国特色社会主义思想为指导，认真落实习近平总书记调研河南时的重要讲话精神，坚持新发展理念，紧扣绿色发展和创新发展主旋律，统筹能源生产、消费、供应、市场、管理五个方面，加快构建清洁低碳、安全高效的现代能源体系，开启新时代河南能源高质量发展新征程。

一　2017年河南能源发展态势分析

2017年，面对复杂严峻的经济形势和能源发展环境，河南能源发展以习近平总书记能源革命战略思想为引领，全面深化能源供给侧结构性改革，大力推动能源生产和消费革命，积极防范和化解过剩产能，加快推动能源结构优化，能源转型发展取得了良好成效，能源发展质量和效益明显提高，全年以1.6%的能源消费增速保障了全省经济7.8%增长需要，全省能源发展呈现出总体平稳、稳中向好的良好态势。

（一）全省能源供需总体平稳

能源生产总量降幅明显减小，以化石能源为主的能源生产总量已过峰值。近年来，河南能源生产受煤炭等重点行业整体不景气、省内生产成本较高以及去产能等因素影响，生产总量持续下滑。2017年，河南推进能源供给侧结构性改革，通过积极化解过剩产能、严控新增产能、产能减量置换等举措，初步扭转了煤炭供需失衡的局面，在国内煤价回暖的带动下，省内煤炭发展的经济性持续提升，全省能源生产逐步趋于稳定。全年河南能源生产总量达到0.95亿吨标准煤，同比下降2.1%，降幅较上年减小11.5个百分点（见图1）。其中，煤炭产量基本保持稳定，达到1.17亿吨，同比下降1.7%，产量居全国第8位；油气产量明显下滑，省内中原、河南油田已进入产量递减阶段，全省全年原油产量283万吨，天然气产量3.0亿立方米，同比分别下降10.4%、9.1%。

能源消费总量低速增长，清洁能源成为全省能源消费增量的供应主体。2017年，河南能源消费呈现出增速持续放缓、结构加速优化的良好态势。全年能源消费总量达到2.35亿吨标准煤，同比增长1.6%（见图2）。消费结构方面，煤炭、石油等高碳高排放能源消费量基本稳定，天然气和非化石能源等低碳清洁能源消费量快速增长。全年煤炭消费量为2.32亿吨，与2016年持平；成品油需求受共享单车、电动汽车等新兴绿色出行方式快速

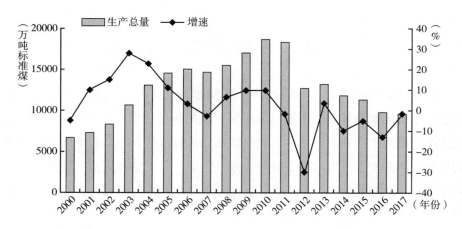

图1　2000～2017年河南能源生产总量及增长情况

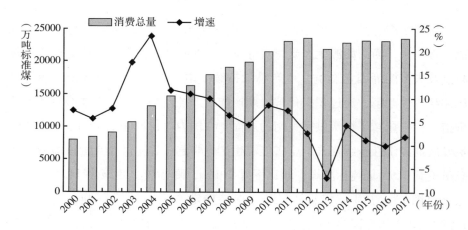

图2　2000～2017年河南能源消费总量及增长情况

发展，以及省内大气污染防治攻坚战出台的机动车限行政策等因素影响，增速明显放缓，全年销量1820万吨，同比增长1.1%，增速较上年下降4.7%；在"气代煤"、清洁采暖等措施带动下，全省天然气消费快速增长，全年达到105亿立方米，同比增长23.5%，较全国高近9个百分点；非化石能源利用量达到1580万吨标准煤，同比增长10.5%，在全省能源消费中的比重提高到6.7%，较上年上升了0.7个百分点。2017年天然气、非化石能源占河南能源消费增量的比重达到53.5%，清洁能源成为全省能源消费增量的主体。

能源供应保障能力不断增强，区外能源保障成为关键。省内煤炭供应基本稳定。2017 年，河南按照"削减存量、严控增量、适度多元、融合发展"的思路，推进煤炭行业转型发展，在化解过剩产能、促进煤炭行业脱困发展、推进省内电煤长协合作等一系列政策措施作用下，全省落后产能逐步出清，优质高效产能得到释放，在国内煤价回暖的带动下，煤炭企业经营形势显著好转。区外油气资源供应保障有力。受经济发展稳中趋好、环境治理深入实施等因素影响，全省油气资源需求大幅增长，特别是天然气需求呈现出淡季不淡、旺季更旺的新特点。河南在巩固以中石油西气东输、中石化榆济线等管输天然气为主和液化天然气、压缩天然气为辅的供应格局基础上，积极协调省外资源，同时同步推进油气储备库、管道建设，有力保障了全省资源供应。吸纳区外电量规模创历史新高。2017 年在夏季极端高温、电能替代等因素带动下，全省电力需求快速增长，全社会用电量同比增长 5.9%，增速创 2012 年以来新高。河南积极提升清洁供给能力，扩大电力外引规模，全年累计净吸纳区外电量首次突破 400 亿，达到 457 亿千瓦时，较上年增加 67 亿千瓦，同比增长 17.2%。"青电入豫"工程正式启动。在充分调研和技术论证的基础上，2017 年河南正式启动了全省第二条特高压直流"青海 - 河南特高压直流工程"前期工作，"青电入豫"将为未来全省经济社会发展提供清洁电力保障。

（二）能源发展质效稳中向好

可再生能源开发持续爆发式增长。2017 年，在国家和河南陆续出台可再生能源目标引导制度、全额保障性收购制度和电价调整等一系列有利政策的叠加推动下，全省可再生能源行业保持了迅猛发展的态势。风力、光伏发电实现跃升式增长。截至 2017 年底，全省风电、光伏装机合计达到 937 万千瓦，全年发电量 74.5 亿千瓦时，全省风电、光伏装机和发电量连续三年实现翻番，其中光伏发电装机由 2015 年的 40 万千瓦，跃升至 2016 年的 284 万千瓦、2017 年 703 万千瓦，提前 3 年达到河南"十三五"规划规模。行业整体投资水平再创历史新高。2017 年可再生能源整体完成投资 140 亿元，同比增长 12%，连续两年保持了百亿以上的高强度投资水平。风电、光伏等清洁可再生能源的快速发展，有力地促进了河南能源结构的优化调整。

煤炭行业转型发展成效显著。2017 年，河南以能源供给侧结构性改革为主线，煤炭行业在确保控能稳产、提高有效供给、促进清洁转型等方面取得了突出进展。煤炭行业有效产能稳步回升。2017 年，河南积极化解煤炭过剩产能，关闭退出矿井 101 对，压减落后产能 2012 万吨；同时，着力实施煤炭产能减量置换，在严控新增产能的同时，有效提升了煤炭行业的优质高效产能。煤炭清洁生产水平进一步提高。2017 年，河南大力推进煤炭洗选能力建设，加快群矿洗选厂建设和现有选煤厂选煤工艺升级改造，建成平顶山天宏煤炭洗选厂（500 万吨/年），完成义马矿区跃进煤矿（150 万吨/年）等一批选煤厂升级改造，新增洗选能力 1090 万吨/年，全省洗选能力达到 1.1 亿吨。

煤电供给侧改革深入实施。2017 年，河南从存量和增量两方面着手，着力优化煤电结构，加快煤电清洁高效利用，煤电项目建设平稳有序，煤电企业生产运行良好。化解煤电过剩取得阶段性进展。缓建煤电 972 万千瓦，其中推迟至"十四五"建设 130 万千瓦。加快淘汰落后低效产能，全年关停 8 台，共计 103 万千瓦容量煤电机组，超额完成国家下达的任务和省定目标，国家能源局 5 月份发布的《2020 年煤电规划建设风险预警的通知》显示，河南煤电规划建设风险预警为橙色，相比上年发布的 2019 年煤电规划建设风险的红色预警，形势有所好转。煤电机组节能改造顺利实施。开展煤电机组节能环保标杆引领行动，在 2016 年完成全省统调燃煤机组超低排放改造的基础上，2017 年河南省完成 13 台 664 万千瓦煤电机组节能综合升级改造，改造后全省煤电机组供电煤耗达到 308 克标准煤/千瓦时，低于全国平均水平 309 克标准煤/千瓦时，提前三年完成国家"十三五"规划下达的目标任务。

（三）能源设施建设加快推进

能源投资保持较高水平。近年来，河南持续加强能源基础设施建设，着力解决用能"最后一公里"问题，能源领域投资屡创新高。2017 年，河南在上年投资创历史新高的基础上，能源行业重点项目投资再次突破 650 亿元，达到 696 亿元，整体投资强度仍然保持在较高水平。分行业看，2017年河南煤炭行业投资 28.5 亿元，同比增长 86.3%；油气行业投资 26.7 亿元，同比增长 78%；电网投资 320 亿元，连续三年投资超过 300 亿元；煤电行业受电力供需整体宽松和国家化解煤电产能过剩政策影响，投资降幅明显，全年投资 130 亿元，同比降低 23.5%；可再生能源发展迅速，全年完成投资 140 亿元，同比增长 12%，可再生能源投资首次超过煤电，全省能源发展清洁转型态势明显。

能源输运网络进一步完善。2017 年河南积极发展现代煤炭物流，依托蒙华、晋豫鲁、宁西等国家煤炭铁路运输通道，推进义马、濮阳 - 鹤壁、南阳（内乡）三个国家煤炭物流园区和矿区型储备中心建设，其中义马煤炭物流园区一期整体工程完工，新增煤炭储备能力 50 万吨。油气管网供应保障持续提升，洛炼 1800 万吨/年炼油扩能改造项目正式开工，日照—濮阳—洛阳原油管道工程已经具备开工条件，禹州—许昌、开封—通许、博郑线—郑州西四环等输气管道建成，濮阳文 23 储气库、鲁山—宝丰、灵宝—陕县输气管道等项目加快推进，全年新增油气长输管道 200 公里，全省累计油气长输管道达到 8250 公里，其中，输油管道 2450 公里，输气管道 5800 公里。电网网架结构进一步加强，青海—河南输电通道工程正式启动前期工作，洛阳洛宁等 49 项 220 千伏及以上输变电工程建成投产，500 千伏涂武线增容工程提升豫中—豫南断面输送能力 90 万千瓦。

用电"最后一公里"问题得到有效缓解。城乡配电网直接面向终端用户，是服务民生的重要公共基础设施。针对全省城乡配电网薄弱、落后问题，2015~2017 年河南持续加大电网投入，三年全省配电网累计投入超过835 亿元，是"十二五"前四年城乡配电网投资总和的 2 倍。其中，农网三年分别完成投资 115 亿元、214 亿元、181 亿元，累计完成投资 510 亿元，是"十二五"前四年的 2.1 倍。三年共新扩建 35~110 千伏变电站 670 座，新建 10 千伏开闭所 1490 座，新建改造 10 千伏及以下台区 25 万个，10 千伏线路8.1万公里。2017年河南全面完成了新一轮农网改造升级"两年攻坚战"，完成了6989个中心村电网改造升级、9220个自然村动力电改造、40.3万眼机井通电，实现了村村通动力电和平原地区"井井通电"。经过高强度的投资改造，基本解决了农村和城市郊区10千伏电网"卡脖子"、低电压问题，初步扭转了全省城乡配电网薄弱的局面，居民用电"最后一公里"问题得到有效缓解。

（四）能源体制机制不断完善

电力体制改革稳妥推进。2017年是河南电力体制改革全面实施的一年，输配电价改革、电力市场建设、发用电计划放开、售电侧和增量配电改革都取得了实质性进展，2017年河南电力领域各项改革举措，累计降低企业用电成本超过43亿元，改革红利切实惠及了企业发展。输配电价改革迈出关键步伐。2017年上半年河南顺利完成了电网输配电成本监审和电价测算，7月份正式公布了河南首个监管周期（2017～2019年）分电压等级输配电价标准，2017～2019年全省输配电价较2016年整体水平降低了1.5元/千千瓦时。电力市场建设取得阶段性成果。组建了河南省电力市场管理委员会，制定了售电公司参与市场化交易的实施细则，初步实现了省内电力市场的规范有序运行。2017年，全省直接交易电量达到560亿千瓦时，成交规模居华中第一位、全国第三位。截至2017年底，省内注册的售电公司达到245家，居全国第二位，其中66家售电公司年内参与了电力市场交易，累计交易电量达到144亿千瓦时，占全省交易量的26%。增量配电改革试点加快推进。省内首批6个试点均已初步确定了项目业主单位，并完成了试点电网规划编制和评审工作。2017年底，国家发改委连续下发通知，批复了第二批增量配电改革试点，并要求各省上报第三批试点，提出2018年上半年实现地市级以上城市全覆盖。河南共有13个项目先后列入国家首批、第二批改革试点，是全国增量配电改革试点最多的省份。

油气体制改革迈出实质性步伐。2017年5月，中共中央、国务院印发了《关于深化石油天然气体制改革的若干意见》，启动了新中国成立以来首次涉及油气上、中、下游产业的全方位改革。方案核心要点包括：在油气勘探开发上，将放开竞争性领域和环节，实行统一市场准入制度，支持民营资本做能源投资；能源价格将"管住中间、放开两头"，放开油气竞争性环节价格，对油气管网的输配环节实行政府指导定价；石油、天然气的进出口以及下游环节也将有序放开；鼓励油企发展股权多元化和多种形式的混合所有制等。2017 年 9 月，国家发改委下发《关于核定天然气跨省管道运输价格的通知》，核定了 13 家跨省管道运输企业运输成本和价格，核定后天然气平均价格比之前下降 15% 左右，其中，非居民用天然气价格下调 0.1 元/立方米。目前，河南油气管网价格、成本核算、油气混改试点等改革已经在中石油、中石化等驻豫央企逐步推进，省内改革配套方案也在起草制定当中。

（五）能源惠民能力有效提升

能源发展助力河南农村脱贫。2017 年围绕脱贫攻坚，河南着力解决能源发展不平衡不充分问题，推进光伏扶贫项目、电网脱贫工程和易地搬迁配套工程建设。光伏扶贫方面，纳入国家光伏扶贫重点实施范围的台前县 10.5 万千瓦光伏扶贫项目全部提前并网投运，全年建成投产光伏扶贫项目 92 万千瓦，惠及贫困群众 14 万户。同时，将光伏扶贫与易地扶贫搬迁有机结合，实现 276 个有条件的易地扶贫搬迁集中安置点村级小电站全覆盖。电网脱贫方面，投入 89 亿元，合计建成 220 千伏变电站 8 座、110 千伏变电站 10 座、10 千伏配电台区 2.4 万个，提前半年完成省内 2017 年计划脱贫的 10 个县电网改造任务，提前一年完成 2018 年计划脱贫的 28 个县电网脱贫任务，全年 3943 个贫困村电网改造工程全部提前竣工。易地搬迁和黄河滩区居民迁建方面，针对 2017 年 726 个易地搬迁安置点和 11 个黄河滩区迁建安置点，投入 2.2 亿元，新建 10 千伏开闭所 4 座、配变 486 台、10 千伏及以下线路 510 公里，为 24 万搬迁群众提供了安全可靠的电力服务。

能源发展助力生态环境改善。2017 年为服务全省环境治理攻坚战，河南在能源领域重点推进了煤炭清洁利用、油品升级以及能源清洁替代等一系列有效措施，全省生态环境得到了明显改善，2017 年 PM10 累计浓度为 106

微克/立方米，同比下降 16.5%，PM2.5 累计浓度为 62 微克/立方米，同比下降 15.1%，全年空气优良天数累计达到 200 天以上，一举扭转了三年以来河南大气污染浓度不降反升的被动局面。煤炭方面，河南在全省范围内推行民用洁净型煤利用，重点实施产业集聚区集中供热改造。全省 183 个产业集聚区全部实现集中供热或清洁化改造，其中 104 个实现了集中供热，34 个不具备集中供热条件的完成了分散燃煤锅炉的拆改，45 个 2017 年无法完成集中供热工程的，基本完成了锅炉的清洁化改造。油品方面，郑州、开封、安阳、鹤壁、新乡、焦作、濮阳 7 个大气污染传输通道城市全部实现了汽柴油标准由国五向国六的升级。清洁替代方面，"电能替代"展现了良好的发展空间和潜力，全省实施"电代煤"户数是"气代煤"的 10 倍。2017 年针对工业生产、居民冬季采暖等重点领域，河南全面推进"电能替代"和"气代煤"，完成"电代煤"111 万户和"气代煤"11 万户。全年新增供热能力 6000 万平方米，全省集中供热面积达到 5.68 亿平方米，集中供热普及率提高了 11.2 个百分点。实施电能替代重点项目 2031 个，新增替代电量 116 亿千瓦时。

（六）能源创新动力持续增强

2017 年，河南紧密结合能源互联网发展新趋势，在技术创新、运营模式、发展业态和体制机制等方面积极探索，加快培育能源领域新模式新业态，亮点纷呈。农村能源综合利用创新加快培育。兰考、永城、虞城、商水 4 县入选全国第一批农村能源革命示范试点，打造"县 – 镇 – 村"三级能源互联网平台，建设生物天然气、光伏发电、风电、地热供暖、垃圾发电、智慧交通、低碳美丽乡村等"七大工程"，在全国率先探索多能互补、城乡统筹的能源生产消费新模式。智慧能源创新有序推进。平煤神马能源化工基地、安阳鑫贞德生态农业园入选国家首批"互联网＋"智慧能源示范项目。能源信息化应用创新探索起步。依托国网河南省电力公司，开展能源行业大数据中心建设，建成后将为政府部门、能源企业、非能源企业和居民四类服务对象提供科学的、高价值的能源大数据分析服务。2017 年 10 月，河南首次发布能源学科发展现状，对全省能源科研团队、实验室建设、产业发展现状等做出了细致梳理。电动汽车充电网络运营创新持续深化。开展了 2017 年第一批电动汽车充电设施运营商目录管理工作，成立了省电动汽车充电产业联盟，加快河南境内国家级高速公路服务区快充网络建设，年内建成 43 座充电站、172 个充电桩。

二　2017 年河南能源发展存在的问题

当前，河南处于决胜全面小康、开启新时代全面建设社会主义现代化新征程、谱写中原更加出彩新篇章的关键时期。随着全省经济发展动力加速转换、产业结构持续优化，河南能源发展质效稳步提升，对经济社会发展的支撑保障作用不断增强，总体呈现"稳中有进"的良好态势。同时，河南以化石能源为主的能源结构和较为粗放的能源发展方式，与经济高质量发展要求的不协调问题更加凸显，推动全省能源绿色转型"进中有忧"。

（一）电力引领能源转型作用有待加强

电力在能源绿色低碳转型中具有举足轻重的作用。生产侧，电力是可再生能源开发利用的最主要载体。消费侧，电力是应用最广泛的清洁终端能源。从河南能源资源禀赋和环境容量看，扩大区外清洁电力入豫规模和省内清洁能源利用规模是未来保障全省能源供应、调优能源结构的重要途径。2017 年河南以电力为重点，推进全省能源转型发展，着力防范化解煤电过剩产能风险、加强电网基础设施建设、推进电能替代，取得了良好成效，但电力在能源转型中的引领作用仍需进一步加强。

能源生产方面，电煤占煤炭消费的比重是衡量煤炭高效利用水平的重要指标，根据国际能源署（IEA）统计，发达国家大多在 80% 以上，2016 年河南电煤占比仅为 46% 左右，远低于发达国家，且距离我国《煤电节能减排升级与改造行动计划（2014－2020 年）》提出的 2020 年达到 60% 以上目标也存在较大差距。能源消费方面，电能占终端能源消费比重是衡量地区电气化水平的重要指标，日本该指标全世界最高，2014 年就达到了 28%。2016 年统计显示，中国电能占终端能源消费比重在 21.2% 左右，河南为 19.5%，较全国低近 2 个百分点。河南电力行业通过超低排放改造，已经基本实现了电煤的清洁高效利用，在全省以煤为主的能源特征仍将持续较长一段时间的背景下，以电力为中心，推动能源生产和消费革命，提高电煤占煤炭消费、电能占终端能源消费的比重，以再电气化引领全省绿色低碳转型已经成为河南能源发展的当务之急。

（二）煤炭行业转型发展任务依然艰巨

市场供需是决定行业发展态势的关键。在国家去产能、助力煤炭企业脱困发展等一系列措施带动下，近期煤炭市场有所回暖，煤价呈现高位波动态势，但煤炭需求并没有出现实质性增长，煤炭市场供大于求的基本面没有根本转变。随着压减化石能源政策不断实施，煤炭价格上涨缺乏长期有效的支撑。2016 年以来，河南深入推进煤炭行业去产能，2016～2017 年两年累计关闭退出矿井 201 处，退出产能 4400 万吨，去产能总量在全国重点产煤省中位居前列，但当前全省煤炭产能过剩问题依然存在。根据国家"十三五"生态环境保护规划和河南省"十三五"煤炭消费总量控制方案，2020 年河南煤炭消费总量需较 2015 年下降 10% 左右，在减煤、实施能源替代的大背景下，实现河南煤炭经济平稳运行和行业转型发展仍需不懈努力。

（三）油气资源供应保障能力仍需提升

自身资源匮乏、供应保障压力大是河南油气行业发展始终面临的突出问题。2017 年在"煤改气""清洁采暖"等措施带动下，河南天然气消费迅猛增长，尤其是进入冬季采暖季后，省内部分地区因天然气供给不足出现"气荒"，政府不得不对涉气工业企业采取了限制措施，优先保障民生用气。"气荒"情况的出现，集中反映了全省天然气供需失衡的突出矛盾。需求方面，在"煤改气"等政策带动下，全省天然气消费量呈现井喷式上涨的态势；供给方面，受资源禀赋制约，天然气产量持续下滑，全省 97% 以上的天然气消费需要依赖省外调入，且省内油气管网以及调峰储备设施建设相对滞后，难以满足需求的爆发式增长。在清洁低碳发展战略带动下，加快油气管网基础设施建设，理顺促进行业发展的市场化价格和运行机制，提升油气资源的供应保障能力是河南能源行业的重要课题。

（四）可再生能源行业发展更趋理性

健康理性的发展环境是保障可再生能源可持续发展的基础。近年来，河南以风电、光伏为代表的可再生能源行业呈现井喷式发展态势，新增并网装机容量连年创历史新高。截至 2017 年底，全省风电、光伏合计装机规模已达 937 万千瓦，提前三年完成河南"十三五"规划装机规模，其中光伏并网装机已经是规划规模的 2 倍，在建、拟建项目规模更是远超国家下达指标。

2017 年国家采取了多项措施着力推进可再生能源行业的健康有序发展，明确提出原则上不再支持建设无技术进步目标、无市场机制创新、补贴强度高的集中式光伏发电项目，并于 2018 年 1 月 1 日起进一步下调光伏集中电站标杆上网电价，Ⅰ类、Ⅱ类、Ⅲ类资源区标杆上网电价平均下调 0.1 元/千瓦时。河南所属的Ⅲ类资源区，上网电价由 0.85 元/千瓦时下调为 0.75 元/千瓦时。整体上看，全省分布式可再生能源呈现加速发展的态势，但集中式项目仍是当前的主流，且项目实施区域扎堆问题突出，局部地区已经出现了新能源消纳困难情况。在普通集中式地面电站指标逐步紧缩的态势下，分布式、光伏扶贫、"领跑者"项目将成为市场发展主力，促进可再生能源理性健康发展是河南亟须解决的问题。

三　2018年河南能源发展形势展望

2018 年，河南能源发展面临的形势错综复杂，既存在经济发展稳中向好、能源供给侧结构性改革不断推进等有利条件，也存在能源保障压力逐步增大、资源环境约束日益加强等制约因素，河南能源发展正处于把握加快转

型升级战略机遇、迎接矛盾风险逐步增加严峻挑战的紧要关口，总体来看机遇大于挑战。

（一）有利条件

1. 党的十九大为能源发展指明方向

党的十九大对党和国家事业发展做出了全面部署，也为能源发展指明了方向。党的十九大指出，我国已经迈入新时代、开启新征程，社会主要矛盾已经转化为人民日益增长的美好生活需要和不平衡不充分的发展之间的矛盾。从能源发展看，我国能源发展进入了提质增效、低碳转型的新阶段，人民对能源的需求已经从"有没有""稳不稳"提升到"好不好"。建设社会主义现代化能源强国，为人民的美好生活提供安全优质、清洁低碳的能源保障，助力实现人与自然的和谐共生，是新时代、新征程下我国能源发展面临的新的历史使命。

党的十九大提出，要贯彻新发展理念，推进绿色发展，壮大清洁能源产业，推动能源生产和消费革命，构建清洁低碳、安全高效的能源体系。当前河南能源保障能力不断增强、质效稳步提升、结构加速优化，已具备了实现更加清洁、更为低碳、更高效率发展的基础和条件，也处于必须更加注重资源环境协调发展、加快推动转型升级的关键时期。党的十九大为河南破解能源发展难题提供了全方位的指引，有利于凝聚各方共识，将全省能源发展的重心统一到建设现代能源体系、推动绿色转型上来，为河南能源发展奠定了坚实基础。

2. 河南宏观经济发展态势更趋稳健

2017 年，面对错综复杂的国内外形势，我国坚持稳中求进的工作总基调，围绕供给侧结构性改革主线，有效激发经济增长的活力潜力动力，四大宏观指标好于上年同期，好于当年预期，其中国内生产总值同比增长6.9%，较上年高 0.2 个百分点，较全年预期高 0.4 个百分点，经济运行呈现生产需求增速稳定、就业形势持续向好、国际收支改善的良好格局。从省内看，2017 年河南着力发挥优势打好"四张牌"，加快推进"三区一群"

建设，坚决打好决胜全面小康"三大攻坚战"，全年国内生产总值同比增长7.8%，较全国高0.9个百分点，全省发展综合实力大幅提升，发展动能加快转换，基础能力不断增强，宏观经济稳中向好的态势更加稳健。河南省十三届人大一次会议明确提出，全省将以习近平新时代中国特色社会主义思想为指导，统筹稳增长、促改革、调结构、惠民生、防风险，预计河南经济稳中有进、稳中向好、稳中提质的良好态势仍将持续。稳健的宏观经济环境，也为河南能源转型发展创造了良好条件。

3. 能源高质量发展的基础更加坚实

2017年，河南围绕经济社会发展大局，以习近平新时代中国特色社会主义思想为指导，深入推进能源供给侧结构性改革，坚持节能优先、内源优化、外引多元、创新引领，实现了全省能源发展供需平稳有序、质效稳步提升、短板有效补强、改革稳妥推进、优势加快形成，具备了实现能源高质量发展的良好基础。

一是能源战略规划体系初步形成。2017年，河南能源领域规划政策密集出台，形成了以《"十三五"能源发展规划》为龙头的"1+N"能源规划体系，涵盖生态环境保护、节能低碳、循环经济、煤炭、电力、可再生能源、城乡配电网等多个领域。针对能源转型发展、煤炭减量替代、节能减排等重点任务，河南建立了以《推进能源业转型发展方案》为龙头的"1+N"能源工作方案体系，涵盖煤炭消费总量控制、控制温室气体排放、节能减排综合提升、节能环保产业发展、能效和水效"领跑者"制度、煤电机组节能环保标杆引领等多个方面。二是能源结构优化步伐不断加快。2017年，河南能源发展顺应清洁低碳发展大势，着力提高可再生能源在能源结构中的占比，风电、光伏成为全省能源生产和消费增量的主体，风电、光伏新增发电量占全省当年新增电力生产量的41.8%。从行业发展趋势看，风电、光伏行业正逐步由规模扩张阶段进入市场转折、技术提升阶段。平原低速风电、光伏扶贫、光伏领跑者计划、分布式光伏等一系列技术、政策层面利好，为河南可再生能源提质发展和能源结构加速优化提供了良好机遇。

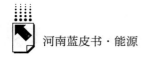

（二）制约因素

1. 全省能源供应保障压力加大

2017年，全国煤炭和天然气市场格局发生了重大变化，供需总体较上年趋紧，河南作为能源净调入省份，供应保障压力持续增大。煤炭方面，全国供应总体宽松，但供需格局发生重大转变，蒙东、宁甘青、云贵川渝等传统煤炭供需自我平衡或调出地区已成为煤炭净调入区域；华中、华东、华南地区产煤省份受煤炭产能瘦身或去产能影响，调入量显著增加，晋陕蒙成为全国煤炭重点调出区。总体上看，河南长期以来较为依赖的煤炭调入区资源较为紧张，全省煤炭，尤其是电煤供需偏紧。天然气方面，受国家环境治理力度不断加大，北方地区特别是"京津冀大气污染传输通道'2+26'城市"大力实施煤改气，以及国家下调非居民门站天然气价格等因素影响，天然气需求快速回升，全国天然气供需形势发生根本性逆转，2017年全国天然气消费同比增长17%，全年天然气消费增量刷新历史纪录。河南省内天然气资源匮乏，全省天然气消费97%以上依赖省外供给，2017年采暖季，省内天然气供需失衡的矛盾已经显现。随着全国天然气供需日益趋紧，全省天然气供应保障面临较大压力。

2. 区域环境承载能力仍然偏弱

煤炭是河南的主体能源，长期以来煤炭在全省能源生产、消费结构中的占比均在75%以上。以煤为主的能源结构，带来了环境、生态等一系列问题，全省各类大气污染物排放量居高不下，已经超过生态环境承载能力，2016年全省氮氧化物、二氧化硫、PM2.5和PM10的超载率分别为50%、78%、130%、146%。当前河南单位国土面积主要大气污染物排放强度是全国平均水平的3～4倍，PM2.5和PM10平均浓度是国家二类地区标准限值2倍左右，部分城市大气污染指标不降反升。2017年，河南深入推进环境治理和转型发展攻坚战，采取了油品国六升级、产业集聚区集中供热、冬季清洁采暖和电能、天然气"双替代"等一系列有效措施，经济、能源与环境的协调发展得到了明显改善。但总体上看，河南区域环境承载能力进一步下降趋势尚未得到根本扭转，生态环境仍是影响河南能源发展和全面小康建设的主要制约因素之一。

3. 新能源全额消纳风险逐步显现

根据《河南省"十三五"能源发展规划》，至 2020 年全省规划并网风电、光伏各 600 万千瓦、350 万千瓦，截至 2017 年底，河南省风电、光伏装机规模分别为 233 万千瓦、703 万千瓦，总并网装机规模已经提前 3 年实现了河南"十三五"规划目标，其中光伏并网装机已经是"十三五"规划规模的 2 倍。同时，河南省电源结构以煤电为主，供热机组和企业自备机组占比达到 40% 以上，灵活调节电源较少，调峰手段不足，随着风电、光伏装机占比的增加，电力系统调峰难度不断增大，腰荷调峰已经成为全省电网运行面临的突出问题，直接影响电网运行安全与稳定。随着新能源发电装机规模的迅速扩张，河南将面临弃风、弃光风险。

（三）2018年河南能源发展总体判断

全国、河南省能源工作会议明确了新时代能源发展战略目标和思路，对 2018 年工作进行了部署。河南将以党的十九大精神为指引，以供给侧结构性改革为主线，充分依托有利条件，逐步破解发展难题，聚焦质量变革、效率变革、动力变革，努力推动全省能源向高质量发展阶段迈进，预计 2018 年河南能源仍将保持总体平稳有序、质效稳步提升的良好态势。

1. 能源供需总体平衡，发展质效持续提升

能源供需方面，2017 年河南经济发展动力加速转换，第三产业对国内生产总值增长的贡献率为 49%，高于第二产业 5 个百分点，而其单位 GDP 能耗仅为第二产业的 24%，加上第二产业结构将持续优化，高耗能行业产能规模将不断萎缩，工业产品由产业链前端向中后端延伸，总体判断能源消费强度将继续下降。初步预计，2018 年河南能源消费总量将呈低速增长态势，达到 2.39 亿吨标准煤，同比增长 1.7%，能源供需总体仍较宽松。考虑到煤炭行业将更加注重统筹做好去产能和保供应工作，坚持有序增加先进产能、加快淘汰落后产能并重，煤炭产量将基本保持稳定，预计 2018 年河

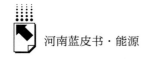

南能源生产总量达 0.94 亿吨标准煤，同比下降 1.1%。

能源投资方面，2018 年河南将进入国家规划煤电项目施工高峰期，多项重大电源项目将开工、投产，同时根据 2017～2019 年河南电网输配电价方案和建设中部先进电网要求，预计电源、电网投资将保持较高水平；煤炭、油气行业将加快南阳（内乡）、鹤壁—濮阳国家煤炭物流园区建设和洛炼扩建工程建设，投资将继续保持快速增长态势；新能源行业受 2018 年光伏发电标杆上网电价下调、补贴退坡影响，投资增速将有所放缓。初步预计，2018 年全省能源重点项目投资 778 亿元，同比增长 11.8%。

2. 煤炭产量保持稳定，供需总体基本平衡

全国能源工作会议指出，2018 年要夺取煤炭去产能任务决定性胜利，需更加注重运用市场化法治化手段来去产能，更加主动地从总量性去产能转向结构性优产能，统筹做好去产能和保供应工作，坚持有序增加先进产能、加快淘汰落后产能并重，优化存量资源配置，扩大优质增量供给。随着在建产能置换和先进矿井投产速度加快，有效产能明显回升，预计明年全国供需基本面总体回归平衡，煤炭价格将趋稳回调。

从省内看，需求方面，随着河南省煤炭消费总量控制工作方案和北方地区冬季清洁取暖规划落地实施，电力、钢铁、化工、建材等行业低效产能将加速出清，"气代煤""电代煤"规模将进一步扩大，煤炭市场需求增长空间有限；供应方面，在完成三年化解过剩产能任务的同时，河南将有序推进安全高效煤炭项目建设，重点通过产能置换，增强优质高效产能保障能力，同时加快煤炭储配中心建设，增加煤炭储配能力，区外煤炭供应将较为充足。总体判断，2018 年河南煤炭供需将呈现总体基本平衡的局面，省内煤炭将实现更高质量的供应。初步预计，2018 年全省煤炭产量 1.15 亿吨，较 2017 年下降 1.7%；煤炭消费量 2.3 亿吨，较 2017 年下降 0.9%，其中电煤1.1 亿吨。

3. 油气消费稳步增长，对外依存度进一步上升

2018 年，受经济发展稳中向好、机动车保有量持续增加等因素影响，且随着新兴的共享单车、电动汽车等绿色出行方式的进一步发展，以及全省

范围内的机动车限行政策的全面实施，成品油销售量将缓慢增长；在"气代煤"持续推进、效果全面显现和市场化改革步伐加快驱动下，天然气需求将继续保持快速增长态势，主要集中在城乡燃气、新型工业等领域。需求方面，初步预计，2018 年河南成品油销售量达到 1850 万吨，同比增长1.6%；天然气需求量约 120 亿立方米，同比增长 14.3%。

供应方面，中原、河南油田油气产量将继续延续下降趋势，全省原油、天然气缺口将进一步增大，对外依存将持续上升。初步预计，2018 年全省原油产量 262 万吨，同比下降 7.3%，省内炼厂成品油供应量 380 万吨，其余主要通过中石油兰郑长成品油管道、中石化齐鲁石化及山东地方炼厂调入，总体供需平衡；天然气方面，全省天然气产量 2.5 亿立方米，同比下降16.7%，仍然保持以中石油西气东输、中石化榆济线等管输天然气为主和液化天然气、压缩天然气为辅的供应格局。

4. 电力供需整体趋紧，转型升级进程加快

2017 年河南用电情况良好，电力需求已恢复进入中高速增长轨道；2018 年是河南统筹推进国家战略规划实施和战略平台建设的关键时期，全省经济平稳增长的基本面将持续向好，同时现代城镇配网建设、农网改造升级、电能替代将充分释放居民生活对优质用电的需求，用电量有望继续保持较快增长。初步预计，2018 年全省全社会用电量将达到 3370 亿千瓦时左右，同比增长 6% 左右；最大负荷将达到 6500 万千瓦左右，同比增加约 460万千瓦。全省发电量 2890 亿千瓦时，同比增长 7% 左右；净吸纳省外电量480 亿千瓦时，同比增长 5%；全省发电机组平均利用 3500 小时，与上年基本持平，其中，火电机组平均利用 3920 小时，同比上升约 100 小时。

电力转型升级进程将进一步加快。当前，河南能源发展转型基本确定了"节能优先、内源优化、外引多元、创新引领"的总体战略思路，2018 年，河南电力行业将围绕能源转型四大战略，持续提升发展的质量和效益。"节能优先"方面，将主动适应大气污染防治新要求，淘汰煤电落后产能，实行煤电全链条清洁生产，推进节能减排升级改造；"内源优化"方面，将有序加快绿色煤电建设，主动适应可再生能源电力新发展，加快配套工程建

设、完善辅助服务机制，努力满足新能源接入和消纳需求；"外引多元"方面，将积极推动青海—河南直流工程建设工作，主动适应外电入豫增加新形势，综合运用灵活性改造、改进外电消纳方式等措施，努力提升全省电网调峰能力；"创新引领"方面，将有序加快电力体制改革，放宽市场主体准入条件，放开配售电市场竞争，同时有序加快坚强智能电网建设，优化电网骨干网架，补齐农村电网短板，打造中部领先智能配电网。

5. 新兴能源快速增长，增量占比不断增加

2017 年河南新能源呈现出迅猛增长的态势，其新增装机占到电源新增总装机的 74.0%，其中新增光伏发电占比 60.6%；新增光伏项目中，分布式光伏新增 120.4 万千瓦，占比 31.2%，分布式光伏提速、地面集中式光伏电站建设趋缓成为年度光伏发电装机的显著特点。展望 2018 年，风电、光伏发电等可再生能源发电已由规模快速扩大阶段进入市场转折期和技术提升期，随着可再生能源附加基金缺口不断扩大，国家在加快可再生能源发电补贴退坡的同时，将大力实施光伏领跑者计划、光伏发电竞争性配置、风电平价上网示范工程等政策措施，加快促进可再生能源发电技术进步、产业升级和成本下降。风电方面，国家风电发展重心逐步转向中东部地区，河南将按照"山地优先、平原示范"的原则，在 4 个风资源集中区域，大力建设山地风电基地；避开京津冀大气污染传输通道城市，扎实稳妥推进平原风电。光伏发电方面，国家已明确提出原则上不再支持建设无技术进步目标、无市场机制创新、补贴强度高的集中式光伏电站项目，同时按照 2018 年光伏发电项目价格政策，地面电站一、二、三类资源区标杆电价调整到每千瓦时 0.55 元、0.65 元、0.75 元，"自发自用、余量上网"模式的普通分布式光伏发电项目补贴由 0.42 元/千瓦时降低至 0.37 元/千瓦时，光伏扶贫项目的补贴仍维持 0.42 元/千瓦时不变，预计光伏扶贫项目将会是 2018 年光伏投资的主要领域。初步预计，2018 年全省可再生能源利用量 1711 万吨标准煤，同比增长 8.3%，占能源消费总量的比重为 7.2%，其增长量占新增能源消费总量的 33%，成为能源消费增量的重要组成部分。其中，可再生能源发电量 215 亿千瓦时，同比增长 10.5%；燃料乙醇产量 40 万吨，与 2017

年基本持平；地热供暖、太阳能光热、生物制气及固体燃料等其他可再生能源利用形式利用量约 1000 万吨标准煤，同比增长 8.7%。全年新增可再生能源发电装机 210 万千瓦，新增地热供暖面积 2000 万平方米。

综合前述分析，2018 年，河南省能源发展将继续保持稳中有进、稳中向好的良好态势，预计全年能源生产总量 0.94 亿吨标准煤，同比下降 1.1%；能源消费总量 2.39 亿吨标准煤，同比增长 1.7%。其中，煤炭消费量同比下降 0.9%，成品油销量增长 1.6%，天然气消费量增长 14.3%，非化石能源消费增长 8.3%，清洁能源仍将是河南能源消费增量的主体（如表 1 所示）。

表 1　2018 年河南省能源发展预测

年度	能源生产总量（亿吨标准煤）	能源消费总量（亿吨标准煤）	煤炭（亿吨）		成品油（万吨）		天然气（亿立方米）		非化石能源（万吨标准煤）
			生产	消费	生产	销量	生产	消费	利用量
2017 年总量	0.95	2.35	1.17	2.32	283	1820	3.0	105	1580
2017 年增速(%)	-2.1	1.6	-1.7	0	-10.4	1.1	-9.1	23.5	10.5
2018 年总量	0.94	2.39	1.15	2.3	262	1850	2.5	120	1711
2018 年增速(%)	-1.1	1.7	-1.7	-0.9	-7.4	1.6	-16.7	14.3	8.3

四　河南加快构建现代能源体系推动能源高质量发展的对策建议

2018 年是深入贯彻党的十九大精神的开局之年，也是开启新时代河南全面建设社会主义现代化新征程的重要一年。应紧扣当前能源发展主要矛盾变化，聚焦能源发展不平衡、不充分、不协调等关键问题，着力推动能源绿色发展，从能源全链条角度出发，以能源生产、消费、供应、创新、市场、管理体系为重点，加快构建清洁低碳、安全高效的现代能源体系，推动全省能源发展质量变革、效率变革、动力变革，为决胜全面小康、让中原更加出彩提供更加绿色高效、坚强可靠的能源保障。

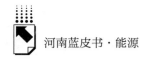
（一）低碳发展，构建可持续发展的绿色能源体系

推进能源绿色低碳可持续发展，是构建现代能源体系的必然要求。河南应深入贯彻高质量发展要求，顺应能源清洁发展大势，着眼重点领域：一是推动实现能源增量需求主要由清洁、可再生能源供给；二是推动再电气化，实现电能对化石能源的深度替代，着力提高电能在终端能源消费中的比重，开启绿色发展新时代。

实现增量需求主要依靠清洁能源。坚持集中开发与分散利用并举，推动清洁能源跨越式发展，大幅增加风能、太阳能等清洁、可再生能源的生产供应，是河南优化能源结构、实现绿色发展的必由之路。一要大力发展风能、太阳能。重点发展豫西沿黄山地、豫北沿太行山、豫南伏牛山、桐柏山－大别山等区域集中式风电，有序推进低风速区域平原风电建设；积极创建光伏领跑者基地，因地制宜推进光伏扶贫，重点建设贫困村村级光伏发电站，提高可再生能源在能源生产结构中的占比。二要推动分布式成为重要的能源利用方式。依托产业集聚区、工业园区，示范建设相对独立、自我平衡的分布式个体能源系统，完善就近消纳机制，推动实现就地生产、就地消费。三要建立清洁能源完全成本核算机制。结合国家绿色电力证书认购，探索运用价格、财税等经济手段，将化石能源的环境成本纳入核算体系，充分体现清洁能源的生态和环境效益，为清洁能源发展创造公平公正的市场竞争环境。

着力提高电能在终端能源消费中的占比。电能是可再生能源开发利用的最主要方式，也是应用最广泛的清洁终端能源。据统计电能占终端能源消费比重每提高 1 个百分点，社会整体能源效率将提升 3.7 个百分点。河南已经基本实现了全省电力生产行业的超低排放，因此扩大电力使用领域，能够有效优化全省能源消费结构、推动绿色发展。一要大幅提高城乡终端电气化水平。重点在工业生产、交通运输、居民生活、农田灌溉等领域，大力推进以电代煤、以电代油，同步推进配套电网、电锅炉、充电桩等基础设施建设。二要加速推动电气化与信息化深度融合。依托河南 2 个国家首批"互联网＋"智慧能源示范项目，探索通过电力实现能源多源互补、智慧协同，培育新产业、新业态、新模式，全面提升终端能源消费电气化、智能化、高效化水平，开创面向未来的绿色能源消费新时代。

（二）优化结构，构建清洁高效的能源生产体系

资源禀赋状况决定了短期内河南以化石能源为主体的能源生产结构难以改变。推进化石能源的清洁高效利用，坚持淘汰落后产能和推动行业转型升级相结合，是建设现代能源生产体系的关键。

推进煤炭绿色生产和减量清洁利用。国家在"十三五"生态环境保护规划中，明确要求河南2020年煤炭利用总量比2015年下降10%左右，因此在保障能源供应的前提下，实现提质、减量发展是河南煤炭行业未来几年的主旋律。一要稳步降低煤炭产能。加快淘汰落后产能，严控新增产能，做好新增产能与化解过剩、低效产能衔接，适度发展优势煤种先进产能，实现全省煤炭行业的高质量协调发展。二要促进煤炭绿色生产。实施煤炭开发利用粉尘综合治理，加强煤炭洗选加工，重点加快群矿洗选厂建设和现有选矿厂选煤工艺升级改造，提高煤炭洗选比例。三要推进煤炭清洁利用。逐步减少并全面禁止劣质煤炭直接燃烧，实施民用散烧煤替代，降低煤炭在终端分散的利用比例，推动煤炭集中利用、集中治理。推进煤电机组节能减排综合升级改造，建设全国最清洁的煤电体系。

推进油品炼能提升和非常规天然气勘探开发。河南石油、天然气资源较为有限，当前省内油气生产供应能力趋紧与消费需求快速增长的矛盾逐步凸显，寻求产能突破提升是河南油气行业发展的重点。一要适度扩大油品炼化能力。坚持产需匹配，推动早日建成日照－濮阳－洛阳原油管道和洛阳炼油厂1800万吨/年扩能改造项目，满足全省成品油需求。二要推动非常规天然气生产能力倍增发展。以豫西、豫北等地区为重点，加强页岩气富集矿区勘探开发，积极推进页岩气示范区建设，开展技术引进和研发攻关，争取早日实现规模化开采。加快煤层气资源勘查和抽采利用技术创新推广，建设煤层气产业化基地，推进煤炭矿区煤层气（瓦斯）规模化抽采利用。

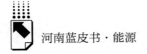

（三）节能优先，构建节约低碳的能源消费体系

落实节能优先战略，坚持强化约束和积极引导相结合，建设节约低碳的能源消费体系，是建设现代能源体系、实现河南能源转型的必然选择。河南作为工业大省和人口大省，能源消费刚性需求大，且经济发展层次较低，能耗强度较高，应推动产业结构调整与能源结构优化互驱共进，从根本上抑制不合理能源消费，推动全省能源消费迈入更加绿色、高效的中高级形态。

强化能源消费总量和强度"双控"约束。有效控制能源消费总量和强度，是现代能源消费体系的核心，河南应进一步建立健全用能权制度，形成全社会共同治理的"双控"管理体系。一要建立指标分解和评价考核机制。完善能源消费统计、监测、预警体系，将"双控"目标作为经济社会发展重要的约束性指标，科学分解到各市地，推动形成经济转型升级的倒逼机制。二要实施差别化总量管理。合理区分控制对象，重点控制煤炭消费总量。针对省内大气污染重点防控和能源消费强度较大的地区，实施煤炭消费减量替代。三要构建用能权制度体系。把握国家启动全国碳排放交易市场建设契机，探索建立健全用能权初始分配制度，培育省内用能权交易市场，推动构建控制能源消费总量的长效机制，提升用能管理的科学化、精细化水平。

以产业结构调整促进能源消费结构优化。河南当前产业结构偏重，能源原材料等资源性工业占比偏高。推动经济增长动力由传统工业为主向三次产业协调驱动转变，实现全省产业结构调整与能源结构优化互驱共进，是提升河南能源效率、促进能源消费低碳转型的根本途径。一要大力发展战略性新兴产业。充分发挥河南现有产业优势，壮大新一代智能终端、新能源汽车等新兴制造业产业集群，发展航空及冷链物流、云计算大数据等新兴服务业产业集群，培育能耗排放低、质量效益好的新增长点。二要推动传统产业绿色改造升级。化解过剩产能，淘汰煤炭、钢铁、建材、石化、有色、化工等行业落后产能，限制高耗能、高排放、高污染产业发展，促进能源消费清洁化。

（四）多元支撑，构建智慧可靠的能源供应体系

受资源禀赋、技术条件、经济性限制，近年来河南传统能源产量持续下降，供需缺口快速上升，能源供应保障任务艰巨。河南应发挥自身区域优势，充分利用省内省外"两个市场、两种资源"，加快建设多品种、多方向、多渠道的能源外引通道，构建多轮驱动、安全可持续的能源供应体系，提升全省能源保障能力。同时，着重完善终端能源供应基础设施，提升能源普遍服务水平。

加快推进能源外引通道建设。坚持超前谋划和有序推进相结合，稳定油品、煤炭通道输运规模，重点扩大天然气、电力等清洁能源区外引入规模。一要加快推进"青电入豫"。立足长远保障，按照安全可靠、经济高效、清洁低碳、协调匹配原则，加快推进青海—河南输电通道工程建设工作，扩大区外风电、光伏等清洁电力入豫规模。同时，提前规划区外特高压交直流输电通道，布局落点豫南、豫北、豫西等区域。构建以特高压直流落点、交流网架为支撑，交直流互备、东西互供、南北贯通的电力联网枢纽。二要建设现代煤炭物流。加快国家煤炭物流园区和矿区型储配中心建设，依托蒙华、陇海等输煤铁路，完善煤炭物流通道，坚持铁路、公路运输并举，培育大型煤炭物流企业。三要合理有序布局油品运输通道。推动原油管道、石化产业基地协同发展，服务炼化基地建设，积极推动国家海油登陆入豫管道建设。四要积极提升引气能力。主动对接国家西气东输、北气南下、海气登陆战略，西北方向加快新疆、中亚等入豫输气通道建设，东部方向积极推动中俄东线、海上 LNG 等入豫输气通道建设，西南方向谋划推进川渝天然气入豫通道建设，打造外通内畅的供气网络。

示范建设"互联网＋"智慧能源。加强能源终端供应基础设施建设，推进能源与现代信息技术的深度融合，探索构建能源互联网，增强能源发展活力。一要彻底解决能源供应"最后一公里"问题。重点加强终端用能天然气网络和城乡配电网建设，完善通连市县、延伸城乡、互通互补、协调有序的天然气供应网络，打造中部领先的智能配电网，为"互联网＋"智慧

能源发展奠定基础。二要发展基于能源互联网的新业态。建设分布式能源网络，鼓励分布式可再生能源与天然气协同发展的新模式，探索分布式能源的灵活、高效接入以及生产、消费一体化，逐步实现能源网络的开放共享。依托省内"互联网＋"智慧能源示范项目、增量配电改革试点，推进能源互联网发展，推动客户导向的多种能源统一定制服务，培育智慧能源供应新模式。

（五）技术引领，构建赶超跨越的能源创新体系

创新是引领能源发展的第一动力，是破解能源发展瓶颈的根本途径，是构建现代能源体系的战略支撑。河南应立足优势技术和产业，以绿色低碳为主攻方向，重点推动能源技术创新和商业模式创新，深挖技术潜力、培育发展动力，培育能源转型升级的新支点。

强化能源领域技术和商业模式创新。依托河南在大数据技术、新能源、电力互联、电力设备制造等领域良好的技术基础，加快推进能源技术、业态创新，打造中部地区能源产业科技高地，培育河南能源产业弯道超车发展新动力。一要打造具有国际竞争力的能源装备工业体系。充分利用河南可再生能源资源丰富、智能电网装备制造实力雄厚等优势，建设生物质能、光伏、风电等新能源装备产业集群，打造新能源汽车、智能电气、高效节能装备等国内领先的生产基地。二要推动能源技术创新。积极推进河南省能源大数据应用中心建设，构建基于大数据、云计算、物联网等技术的能源监测、管理、调度信息平台、服务体系和产业体系。加强人才队伍和创新平台建设，重点推广工业、建筑、交通等领域高效节能技术，加强终端利用领域能源系统集成和优化。推动互联网与分布式能源技术、先进电网技术、储能技术深度融合，大力发展智慧能源技术，抢占能源科技制高点。三要全力推动能源发展商业模式创新。优先开展农村能源革命试点和"互联网＋"智慧能源示范，在全国率先探索多能互补、城乡统筹的能源生产消费新模式。建设全省能源电子商务交易平台，实现能源自由交易和灵活补贴结算，推进新型商业模式。

（六）深化改革，构建竞争有序的能源市场体系

能源是经济社会发展的物质基础，古老而又年轻。当前河南能源已经步入了需要实现更高水平、更高质量、更高效率发展的新阶段，只有不断深化体制机制改革，加速释放市场活力，构建统一开放、竞争有序的能源市场体系，才能打通能源发展的快车道，实现河南能源又好又快健康发展。

深化能源体制机制改革。加快推进电力、油气等重点领域体制改革，还原能源商品属性，充分发挥市场配置资源的决定性作用。一要加快形成现代化市场体系。有序放开能源竞争性领域和环节，结合河南省情，完善构建市场基础性制度，建立公平开放、透明统一的市场规则，推动实现市场主体多元化。推进绿色证书、可再生能源配额、用能权和碳排放交易等市场建设。加快形成企业自主经营、消费者自由选择、商品和要素自由流动的能源市场体系。二要建立主要由市场决定价格的机制。全面放开竞争性环节价格，凡是能由市场形成价格的，都交给市场。探索建立合理反映能源资源稀缺程度、市场供求关系、生态环境价值和代际补偿成本的能源价格机制。稳妥处理和逐步减少交叉补贴。三要推进能源企业市场化改革。深化省属国有能源企业、配合推进驻豫央企改革，优化国有资本布局，完善现代企业制度，积极稳妥发展混合所有制，激发企业活力，提高投资效率。

（七）放管结合，构建服务导向的能源管理体系

科学合理的能源管理体系，是保障能源生产、消费、供应和市场体系有序运行的基础和关键，是构建现代能源体系的必要一环。新时期河南应以服务能源转型为导向，加快转变政府职能，简政放权、放管结合，突出能源战略制定、创新宏观调控机制、健全科学监管体系，建立促进全省能源提质发展的科学管理模式。

强化能源战略规划引领。加强能源重大问题的战略谋划和顶层设计，不断提高能源宏观管理的全局性、前瞻性、针对性。健全河南能源战略与国家能源、全省经济社会、城乡等发展规划衔接协调机制，做好能源年度计划和

规划对接。明确战略实施责任主体，建立能源主管部门牵头组织协调，其他有关部门分工配合、各地政府和能源企业细化落实的工作机制。完善战略实施评估和适时滚动修编制度，强化规划刚性管理，加强评估考核，确保规划提出的各项任务落到实处。

创新宏观政策配套机制。以节约、多元、高效为目标，加快推进与能源市场化相适应的基础管理体系建设，推进相关法律、法规、规章、标准的制定和修订，减少政府对能源资源直接分配和微观经济活动的行政管理。强化政府引导和约束作用，完善财政支持、要素保障等激励政策，建立健全节能降耗、碳排放总量、可再生能源发展、压减煤炭消费等约束性指标统计、考核制度。

完善能源监督管理体系。深化简政放权，建立能源负面清单、政府权力清单和责任清单，划定政府与市场、企业权责边界，接受社会监督。坚持规划、政策、规则、监管"四位一体"，建立省级主管部门与国家能源局派出机构、各地政府之间上下联动、横向协同、相互配合的能源监管工作机制。建立能源领域信用体系，强化能源市场管理，营造公平竞争的市场环境。建立完善事中、事后监管工作机制，充分运用现代信息技术手段，实行在线动态监管，提升监管效能。落实和完善社会救助、保障标准与物价上涨挂钩的联动机制，保障困难群众基本用能需求。

参考文献

习近平：《决胜全面建成小康社会夺取新时代中国特色社会主义伟大胜利——在中国共产党第十九次全国代表大会上的报告》，人民出版社，2017。

国家统计局：《中国统计年鉴2017》，中国统计出版社，2017。

河南省统计局：《河南省统计年鉴2017》，中国统计出版社，2017。

国家发改委、国家能源局：《能源生产和消费革命战略（2016-2030）》，2016年12月。

行业发展篇

Industry Development

B.2

2017~2018年河南省煤炭
行业发展形势分析与展望

尹 硕 邓方钊 马任远*

摘　要： 2017年，河南省煤炭生产量持续下降，煤炭消费量与上年基本持平，供需阶段性紧平衡；煤炭行业持续落实供给侧结构性改革，加快淘汰落后低效产能，煤炭供给质量有效提高，企业经济效益稳中向好。2018年，河南煤炭行业将奋力夺取煤炭去产能任务决定性胜利，有序推进煤炭项目建设和煤炭清洁生产，保证煤炭价格平稳。预计2018年全省煤炭生产总量1.15亿吨，消费总量2.3亿吨，考虑省外调入量后全省煤

* 尹硕，国网河南省电力公司经济技术研究院经济师，经济学博士，研究方向为能源经济与电力市场；邓方钊，国网河南省电力公司经济技术研究院工程师，工学硕士，研究方向为能源电力供需、电网规划；马任远，国网河南省电力公司经济技术研究院经济师，经济学硕士，研究方向为能源电力经济。

炭供需保持基本平衡。面对煤炭行业发展实际，河南煤炭需进一步以供给侧结构性改革为主线，坚持清洁高效、控能稳产、有效供给、转型发展的思路，通过改革、开放、创新，转变发展方式，实现煤炭行业经济运行。

关键词： 河南省　煤炭行业　去产能

2017 年，河南全面贯彻国家和省委省政府重大决策部署，自觉遵循习近平总书记能源革命战略思想，牢固树立和落实新发展理念，以推进供给侧结构性改革为主线，加快淘汰煤炭落后低效产能，大力发展安全高效产能，不断完善煤炭运营体制机制，煤炭经济发展水平逐步提升，有力支撑了全省经济社会平稳发展。2018 年，河南煤炭市场面临的形势依然复杂，影响煤炭经济平稳运行的不确定因素众多，河南煤炭行业需进一步贯彻落实党的十九大精神，积极优化煤炭供给结构，优化存量资源配置，扩大优质增量供给，着力稳定煤炭市场运行，夺取煤炭去产能任务决定性胜利。

一　2017年河南煤炭行业发展情况分析

2017 年，面对重点工业去产能持续推进、环境治理力度不断加大等困难局面，河南煤炭行业以推进供给侧结构性改革为主线，积极化解煤炭过剩产能，努力扩大优质供给，全省原煤产量达到 1.17 亿吨。全年煤炭市场需求较为旺盛，消费量达到 2.32 亿吨，煤炭价格高位波动，供需阶段性紧平衡。在此形势下，河南积极推动煤炭行业转型发展，不断完善煤炭市场体制机制，省内骨干煤企效益明显改善，煤炭市场实现平稳运行。

（一）煤炭生产下降消费持平，供需阶段性紧平衡

1. 煤炭产量持续下降，骨干煤企产量增长

2017 年，全省原煤产量 1.17 亿吨，同比下降 1.7%，河南原煤产量自

2009年达到峰值之后，已连续8年下降。其中骨干煤炭企业生产原煤10127.9万吨，同比增加19.0万吨，增长0.2%，地方煤矿生产原煤467.2万吨，同比减少270.6万吨，下降36.7%（见图1）。2017年初以来，由于安全督查和环保约束要求，全省煤炭开工（复工）率较低，煤炭市场供给不足；从第二季度开始，国家有关部门采取多种手段增加煤炭产量释放，已达安全标准的煤矿也加快核增生产能力与产能置换的进度，全省煤炭产量实现较快增长；进入秋冬季后，受环保约束影响，煤炭产量又进一步下降。总体来看，全省煤炭生产增长主要集中在5～9月份，其间各月增速皆在5%以上，全年煤炭产量累计增速因此也呈现出"先升后降"的趋势（见图2）。

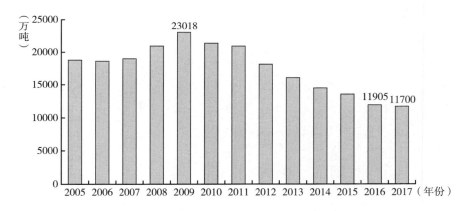

图1 2005～2017年河南煤炭生产情况

资料来源：《河南统计年鉴》。

2. 重点行业需求回暖，产需缺口持续增大

2017年，全省煤炭消费量2.32亿吨，与上年基本持平（见图3）。主要煤炭市场需求中，火电发电用煤保持增势，全年全省煤电发电量2456.6亿千瓦时，同比增长22.3%，粗钢产量2954.0万吨，同比增长5.1%。在煤炭行业去产能、市场需求回暖作用下，全省煤炭省内产需缺口进一步加大，增至1.15亿吨（见图4）。

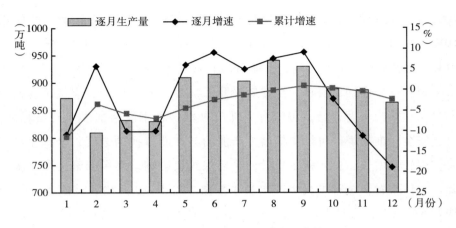

图2　2017年1～12月河南煤炭生产情况

资料来源：河南煤矿安全监察局。

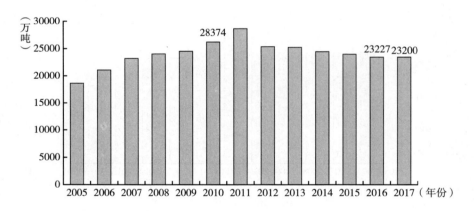

图3　2005～2017年河南煤炭消费情况

资料来源：《河南统计年鉴》。

3. 煤炭价格高位波动，供需阶段性紧平衡

自2016年下半年以来，河南煤炭价格高位运行，2017年河南电煤价格总体上保持"先降、后升、再略降"的趋势。2017年3月份，随着取暖季结束，煤炭价格回落；进入夏季，在高温天气作用下，发电用煤需求较大，煤炭价格持续上涨；迎峰度夏结束后，煤炭消费进入传统淡季，但受化解煤炭过剩产能措施持续发力、煤炭企业限产压产影响，煤炭市场阶段

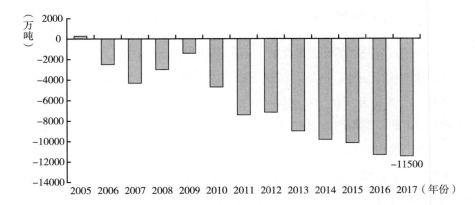

图4　2005～2017年河南煤炭产需缺口

资料来源：《河南统计年鉴》。

性供应偏紧，煤价淡季不淡；进入冬季后，电厂日耗增加，保供压力较大，国家能源投资集团等国内主要煤炭企业下调电煤价格，短期延缓了煤价上涨节奏。截至2017年底，河南电煤价格604.8元/吨，同比略下降22.1元/吨（见图5）。

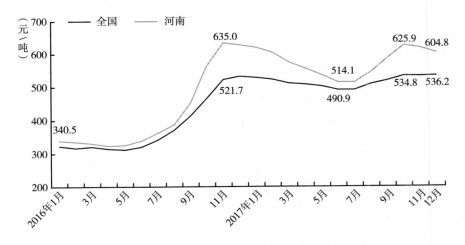

图5　2016～2017年全国与河南省电煤价格变化情况

资料来源：中华人民共和国国家发展和改革委员会价格监测中心。

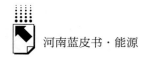

（二）煤炭转型发展效果显著，供给质量不断提升

1. 煤炭过剩产能得到积极化解

加速淘汰煤炭落后产能。按照河南省三年关闭退出煤炭过剩产能目标任务要求，在2016年关闭100对煤矿、退出产能2388万吨基础上，2017年又关闭101对煤矿、退出产能2012万吨。严格控制煤炭新增产能。全面落实国家减量置换严控煤炭新增产能政策，停建缓建17个不具备竞争优势的新建改扩建煤矿项目，续建煤矿严格实行增减挂钩减量置换，压缩新增产能1000万吨；通过减量置换适时推进永夏、平顶山、郑州等矿区优势煤种先进产能矿井建设。

2. 煤炭清洁生产水平持续提升

煤炭洗选能力进一步加强。根据《河南省贯彻落实中央第五环境保护督察组反馈意见整改方案》提出的2020年全省煤炭洗（选）率达到67%的建议，2017年河南大力推进煤炭洗选能力建设，重点加快群矿洗选厂建设和现有选煤厂选煤工艺升级改造，不断增加原煤入选能力和原煤入选效果，建成了平顶山天宏煤炭洗选厂（500万吨/年）、完成了义马矿区跃进煤矿（150万吨/年）等一批选煤厂升级改造，新增洗选能力1090万吨/年，全省原煤洗选能力达到1.1亿吨，满足2020年全省煤炭洗（选）率达67%的目标要求。积极推动洁净型煤替代散煤。按照大气防治总体要求，积极推进洁净型煤替代散煤，在暂不具备集中供热、电代煤、气代煤条件的农村地区实施洁净型煤替代散煤，建成并通过验收洁净型煤生产仓储供应中心217个配送网点1568个，形成供应能力923万吨/年，覆盖乡村人口1412万户共4800万人。

3. 重点煤炭项目建设有序推进

加快优质煤矿建设。建成投产平煤神马平禹一矿、张村矿等4处煤矿产业升级改造项目，新增优质产能185万吨/年。发展现代煤炭物流。根据国家《煤炭物流发展规划》目标要求，积极推进义马、南阳（内乡）、濮阳—鹤壁煤炭物流园区建设，增强地区煤炭供给保障能力。目前，义马煤炭物流园区一期（储备能力50万吨/年）整体工程完工，增加50万吨煤炭储备能力。重点煤炭项目建设有序推进，全年煤炭行业重点项目投资28.5亿元，同比增长 86.3%。

4. 创新监管监察支撑安全保障

2017 年，河南省深入开展煤矿安全大检查，对煤矿进行全面安全"体检"，重拳治理各类矿井重大灾害，煤矿安全生产形势持续稳定好转。通过积极探索"互联网＋煤矿安全"新模式，建成了河南煤矿安全生产信息管理系统，实现了煤矿安全信息资源共享和线上线下一体化监管监察执法，为全省煤矿安全生产提供了大数据支撑。自 2017 年 7 月煤矿安全生产新标准实施以来，全省 156 处煤矿达到新标准等级，47 处煤矿获得国家安全高效矿井称号，居全国第三位，核定能力 7288 万吨，占全省公告矿井数和核定生产能力的 19% 和 45%。

（三）运营体制机制不断完善，企业经营有所好转

1. 电煤长协合作更加牢固

2017 年，《河南省煤炭经营企业"违法失信"行为公示制度》发布实施，丰富了煤炭经营监管手段，提供了煤炭经济平稳运行制度保证，全省煤炭经营监管水平稳步提升。2017 年全省骨干煤炭企业合同签订量 9602.8 万吨，占原煤产量的 97%，高于国家规定的 22 个百分点；兑现合同 6787.6 万吨，占签约总量的 71%；同时，省内煤电双方签订了 2017～2019 年新三年电煤购销中长期协议，签约量 1.5 亿吨，其中 2017 年度电煤购销合同履约情况良好，2018 年度电煤购销合同完成签约，保障了矿区生产平稳和企业脱困发展，煤电经济保持平稳运行。

2. 煤炭国企改革加速推进

河南是能源大省，国企主要集中于煤炭等能源行业，河南"三煤一钢"① 的资产、营业收入分别占省管企业的 52.2%、82.2%，2016 年 6 月河南以"三煤一钢"为突破口，全面打响了国企改革的攻坚战，2017 年河南省管煤炭企业国企改革加速推进，改革成效亮点纷呈。其中，"三供一

---

① 河南能源化工集团有限公司、中国平煤神马集团、郑州煤炭工业（集团）有限责任公司、安阳钢铁集团有限责任公司。

业"分离移交、剥离省管企业办社会职能完成既定目标，煤炭企业主业发展精力更加聚集；集团总部职能处室普遍压缩到 10 个左右，管理层级压缩到 3 级左右，企业瘦身健体成效明显；"三煤一钢"与银行签订了总额达700 亿元的债转股合作协议，省管企业资产负债率同比下降了 1.7 个百分点，企业债务风险得到有效防控。

3. 重点煤炭集团实现盈利

在国资国企改革、煤炭行业化解过剩产能、实现脱困发展政策作用下，省内国有重点煤炭集团经营能力不断增强。同时因产能减少、库存短缺、工业品价格恢复性上涨，2017 年河南能源化工集团、平煤神马集团、郑煤集团等国有重点煤炭集团生产和效益均明显改善，全部实现盈利，一举扭转了2016 年的大幅亏损状态。初步统计，2017 年全省七大骨干煤炭企业累计完成固定资产投资 34.1 亿元，实现营业收入 521.7 亿元，同比增长 45.7%；实现利润 32.6 亿元，扭亏增盈 91.8 亿元；骨干煤炭企业职工人均年收入54915 元，同比增长 22.9%。

二 2018年河南煤炭行业发展形势展望

当前，全国已提前完成煤炭去产能五年任务三年"大头落地"的目标，煤炭市场严重过剩局面得到有效遏制，但河南煤炭行业面临的形势仍较为复杂，产能过剩的基本面没有改变，加之国内煤炭供需格局发生深刻变化，省内产业和能源结构调整速度加快，影响煤炭市场平稳运行的不确定因素增多。进一步依靠市场化和法治化手段，加大煤炭行业去产能、去库存力度，有序增加先进产能，增加优质供给，实现煤炭价格平稳回调，将会是 2018年河南煤炭行业发展的主基调。

（一）形势研判

1. 煤炭产能过剩基本面没有改变

自 2016 年以来，河南煤炭去产能工作顺利推进，两年累计关闭退出矿井201处，退出产能4400万吨，超额完成去产能目标任务，去产能总量在全国重点产煤省中位居前列，但也应该看到，这仍与国家下达的全省6254万吨去产能任务还有差距，当前煤炭产能过剩问题依然突出。随着河南在建产能置换速度和先进矿井投产速度加快，煤炭有效产能将明显回升。同时，考虑到河南煤炭先进产能建设有序推进，义马、南阳（内乡）、濮阳—鹤壁煤炭物流园区建设也有序实施，加上蒙华铁路2019年将全面建成通车，总供给能力将大幅增加，煤炭产能过剩的基本面并没有改变。

全国能源工作会议指出，2018年要夺取煤炭去产能任务决定性胜利，按照《河南省化解过剩产能攻坚方案》，要全面完成国家下达的煤炭行业化解过剩产能任务，2018年全省需压减煤炭产能1850万吨以上，深入推进煤炭供给侧结构性改革，实现煤炭经济平稳运行还要进行不懈的努力。

2. 煤炭供需格局已发生深刻调整

近年来，全国煤炭供需格局发生变化，区域性煤炭供需格局发生较大调整。一是生产重心向晋陕蒙宁四地区集中特征明显。2017年，晋陕蒙宁地区煤炭产量23.76亿吨，占全国的68.95%，同比提高2.56个百分点。从产量增量看，上述四省（区）煤炭产量同比增加1.42亿吨，超出全国产量增量（0.81亿吨）。二是煤炭调入地区和规模进一步扩大。2017年，全国煤炭调出、调入量同比增长14%左右，河南、安徽、山东、河北等省由传统的煤炭调出省转为调入省，江苏、广东、吉林、黑龙江等省调入规模不断扩大，贵州、宁夏煤炭调出规模减小。随着生产重心西移、区域间煤炭调拨规模扩大，多年来形成的煤炭运输格局被打破，区域性、时段性煤炭供应紧张问题凸显。从河南情况来看，陇东、关中、晋东南等河南省传统调入区域电煤资源紧张，蒙西、陕北、晋北等电煤资源丰富区域因铁路运输不畅，调入河南较为困难且成本较高。

3. 煤炭消费控制力度进一步加大

从需求侧看，《河南省"十三五"煤炭消费总量控制工作方案》提出到2020年全省煤炭消费总量较2015年下降10%左右，电力、钢铁、化工、建材等主要用煤行业将淘汰一批能耗高于全国平均水平的低效产能，其中煤电企

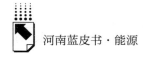
业将淘汰落后过剩产能400万千瓦以上；同时考虑到受能源结构调整，新能源和可再生能源继续保持较快增长，对煤炭替代作用将进一步增强。"十三五"前两年全省煤炭消费总量下降2%，距离10%的目标还有较大距离，后三年煤炭消费总量控制压力进一步增大，需要加大控制力度才能完成目标。

（二）发展展望

全国能源工作会议指出，2018年需更加注重运用市场化法治化手段来去产能，夺取煤炭去产能任务决定性胜利，更加主动地从总量性去产能转向结构性优产能，统筹做好去产能和保供应工作，坚持有序增加先进产能、加快淘汰落后产能并重，优化存量资源配置，扩大优质增量供给，促进产能利用率保持在合理水平。

产量方面。按照河南煤炭去产能三年计划方案，到2018年底全省保留矿井192处，产能14779万吨。鉴于全省兼并重组及地方小煤矿多数仍处于停产状态，2018年没有新增产能，生产保持稳定，预计2018年全省煤炭产量1.15亿吨，较2017年下降1.7%，其中，电煤产量5600万吨。

需求方面。冶金、炼焦煤受大气污染防治黑色产业限产停产影响，需求会有所缩减，价格趋稳回调；电煤由于受炼焦冶金煤盈利较高，煤炭企业调整产品结构，以及电厂补库存和采暖、用电高峰影响，动力煤供需偏紧。根据河南以电煤为主的煤炭消费结构及2018年火电发电量预测，预计2018年河南煤炭消费需求约2.3亿吨，其中电煤1.1亿吨。

供需方面。2018年全省省内煤炭产需缺口1.15亿吨，其中电煤0.54亿吨。通过发挥省内铁路、公路的煤炭运力，以及充分利用已有区外输电通道输电，基本可满足煤炭供需平衡问题。价格方面，随着在建产能置换和先进矿井投产速度加快，有效产能明显回升，预计2018年供需基本面总体平衡，煤炭价格将趋稳回调。

投资方面。根据煤炭矿井、物流区建设和煤矿安全改造的情况，预计2018年全省煤炭项目投资计划初步安排35亿元，同比增长22.8%。其中，煤矿安全改造项目15亿元，物流园区项目14亿元，煤矿项目投资6亿元。

三 促进河南煤炭行业平稳有序发展的建议

面对当前煤炭行业的实际困难和历史机遇，河南煤炭行业发展需进一步以供给侧结构性改革为主线，坚持清洁高效、控能稳产、有效供给、转型发展的思路，以满足经济社会发展和民生需求为立足点，以绿色发展为主要任务，通过改革、开放、创新，转变发展方式，实现煤炭经济平稳运行。

（一）积极优化煤炭供给结构

大力化解产能过剩矛盾。依法关闭退出落后小煤矿，综合利用安全、质量、环保等政策，引导安全无保障、能耗不达标及非机械化开采的煤矿有序退出，引导长期亏损、资不抵债、资源枯竭的煤矿有序退出。严格控制煤炭新增产能。合理引导煤炭企业生产经营，指导企业科学规划产能，减少盲目投资，抑制煤炭产能过快增长；原则上停止审批新建煤矿项目，对符合国家规划和产业政策的煤炭深加工等项目，按有所区别的产能减量置换原则，有序安排配套煤矿建设。着力优化煤炭产业结构。降低河南大型煤炭基地生产规模，合理划定煤炭禁采、限采、缓采区范围，提高煤炭行业产业集中度，实现集约高效生产，增强煤炭企业发展动力，提升发展质量和效益。

（二）有序推进煤炭基地建设

推进安全高效煤炭项目建设。在加快淘汰落后低效产能，完成三年化解过剩产能任务同时，有序推进大众煤矿改扩建等续建项目建设，重点通过产能置换，加快推进平煤集团夏店煤矿和神火集团梁北煤矿改扩建等大型煤矿项目建设，增强优质高效产能保障能力。加强煤矿安全工程建设。积极争取中央预算内资金支持，带动企业加大安全投入，实施煤矿通风、安全监测监控、瓦斯抽采及防治水等系统改造升级和重大灾害治理工程，增强煤炭安全稳定供应能力。加快煤炭储配中心建设。依托国家"九纵六横"煤炭铁路运输通道，发挥区位优势，积极推进煤炭物流业发展，协调推进南阳、鹤壁2 个煤炭物流园区建设，增加煤炭储配能力。

（三）着力稳定煤炭市场运行

深入煤电长协合作。引导煤电双方建立健全电煤"基础价＋浮动价"的价格联动机制，采取发电量倾斜、用电差别电价、运力优先保障等措施，实施合同履约守信联合激励和失信联合惩戒，确保电煤长协签约比例不低于 75%、年度履约率不低于 90%。推进煤电联营一体化发展。推进有条件的煤炭、发电企业实施联营一体化发展，重点推进省属煤电企业联营发展，引导中央大型发电集团参股省国有大型煤炭集团，构建产业协同发展新优势。完善省内电煤供应应急机制。根据省内电煤市场情况，适时做好电煤供应应急预案，及时解决电煤供应中的突出问题。增强外来煤炭保障能力。瞄准晋陕蒙煤炭基地，以国家煤炭铁路运输通道为主、公路运输为辅、输煤皮带管廊为补充，加强省外煤炭调入量，增加外来煤炭保障能力。

（四）探索煤炭转型发展方式

推动煤炭行业开放合作。深化省内煤炭企业与山西、陕西、内蒙古、新疆、贵州、青海等煤炭资源丰富省份的合作，支持骨干煤炭企业开展国际产能合作，积极融入国家"一带一路"全方位开放格局。推动大型骨干企业跨区域跨所有制兼并重组。深化国有煤炭企业改革，鼓励优质资本参与国有煤炭企业混合所有制发展，增强市场控制力和抗风险能力。坚持以市场为导向，推动煤炭与电力、钢铁、建材、化工等行业企业兼并重组，提升产业集中度，延伸产业价值链。着力构建绿色发展体系。推进矿区洗选能力建设，推进煤矿安全绿色开发和清洁高效利用先进技术和装备；加快推进煤炭产业与煤化工深度融合，推进煤炭分质分级梯级利用；鼓励煤、化、电、热一体化发展，提高能源转换效率和资源综合利用率；强化转型升级，引导煤炭产业向清洁化利用和可再生能源转型发展。

参考文献

中国能源研究会：《中国能源发展报告2017》，浙江人民出版社，2017。

魏胜民、袁凯声：《河南能源发展报告（2017）》，社会科学文献出版社，2017。

河南省人民政府办公厅：《河南省"十三五"煤炭消费总量控制工作方案》（豫政办〔2017〕82号），2017年7月。

国家发展改革委：《关于进一步推进煤炭企业兼并重组转型升级的意见》（发改运行〔2017〕2118号），2017年12月。

河南省人民政府办公厅：《河南省推进能源业转型发展方案》（豫政办〔2017〕134号），2017年11月。

河南省人民政府办公厅：《河南省"十三五"能源发展规划》（豫政办〔2017〕2号），2017年1月。

国家能源局：《2020年煤电规划建设风险预警》（国能电力〔2017〕106号），2017年4月。

B.3

2017~2018年河南省石油
行业发展形势分析与展望

刘立新　尹硕　金曼*

摘　要： 2017年，受共享单车、电动汽车等绿色出行方式迅速普及和年末机动车辆限行等因素影响，河南成品油销量增速放缓，同比增长1.1%。受制于资源约束趋紧、原油开采业萎缩等问题，全省原油产量持续下降，成品油对外依存度高达74.7%。2018年，河南经济继续保持稳中向好的发展态势，石油消费需求将不断增长，需求与供应之间的剪刀差有进一步拉大的趋势，预计2018年河南省成品油销量将达1850万吨，同比增长1.6%，而产量将下降至262万吨，同比下降7.3%左右。面对较为严峻的发展形势，河南需要从提高资源生产能力、开发页岩油等替代产业、提升全链条产业竞争力等方面进行突破，以实现河南石油行业的可持续发展。

关键词： 河南省　石油行业　石油供需　石油价格

---

* 刘立新，河南省石油和化学工业协会产业发展部主任，高级工程师，研究方向为石油化工行业发展；尹硕，国网河南省电力公司经济技术研究院经济师，经济学博士，研究方向为能源经济与电力市场；金曼，国网河南省电力公司经济技术研究院经济师，管理学硕士，研究方向为能源管理。

一　2017年河南省石油行业发展情况分析

2017年河南省石油行业受资源匮乏、调入困难影响，原油和成品油对外依存度均呈现上升态势，但整体上供需仍平稳有序。受国际政治形势和国际原油价格走势影响，2017年油价呈现先降后升趋势。河南省紧跟国家石油体制改革步伐，积极推进石油行业全产业链体制改革，成果显著。

（一）石油供需整体基本平稳

2017年，全省原油产量快速下降。受中原油田、河南油田产量递减影响，河南省原油开采业继续萎缩，全年原油产量283.0万吨，比上年减少10.4%，在全国总产量中所占比重继续维持在1.5%左右。省内油田勘探、开采力量逐渐将工作重点向省外、境外转移（见图1）。

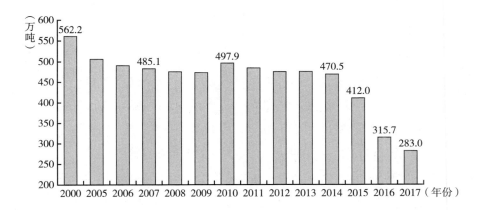

图1　2000～2017年河南省原油产量

资料来源：历年《河南统计年鉴》。

2017年，河南石油投资完成率较低。全省2017年石油项目投资共计7亿元，占年度计划的36.8%，完成投资较低的原因主要是洛炼1800万吨/年扩能改造（一期）和日照－濮阳－洛阳原油管道项目投资完成率较低，

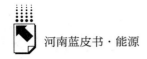

"日濮洛"原油管道尚未形成投资。

2017年，河南省原油加工量呈现下降态势，主要品种产量升降不一。2017年全年原油加工量640万吨，同比下降5.0%，全年生产成品油421万吨，同比增长2.7%。其中，生产汽油145.0万吨，同比下降7.9%；煤油48.3万吨，同比增长1.2%；柴油134.3万吨，同比增长24.0%。

2017年，受共享单车、电动汽车等绿色出行方式迅速普及和年末机动车辆限行等因素影响，河南成品油销量增速放缓，同比增长1.1%。其中，柴油870万吨，汽油950万吨。

整体上看，2017年全省原油供应平稳，成品油供需基本平衡。省内炼油企业所需原油仍需从省外调入，成品油对外依存度高达74.7%。河南成品油供应缺口主要通过中石油兰郑长成品油管道、中石化齐鲁石化及山东地方炼厂调入，供需总体平衡。

（二）油价呈现先降后升态势

从价格整体走势来看，2017年河南省成品油价格（区市和中心城市汽、柴油最高零售价格）呈现先降后升的运行态势，共经历了"十一涨六跌八搁浅"汽、柴油每吨分别上调435元和420元，折合92#汽油和0#柴油每升分别上调0.33元和0.36元（见图2）。上半年，与国际原油价格挂钩的国内汽、柴油最高零售限价累计下调680元/吨和655元/吨，河南汽、柴油价格分别下降至7385元/吨和6410元/吨左右。下半年以来，随着主要产油国减产执行率维持高位、国际经济开始复苏，利好逐步占据上风，国际原油价格震荡走高，国内成品油零售价接连上调，成品油行情整体亦保持上行态势，河南汽、柴油价格分别上升至8350元/吨和7335元/吨左右。

河南省属于实行汽、柴油"一省一价"的地区，石油、石化集团可在发改委出台的基准价基础上在上下浮动5%的幅度内确定零售价格。根据《石油价格管理办法（试行）》规定，国内汽、柴油价格根据国际市场原油价格变化每10个工作日调整一次，调价生效时间为调价发布日24时，当调价幅度低于每吨50元时，不做调整，纳入下次调价时累加或冲抵。

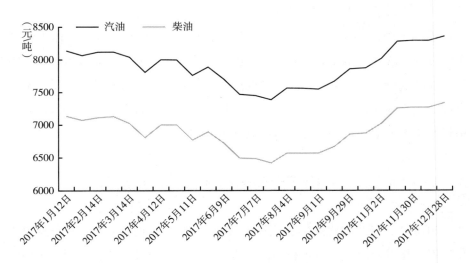

图2　河南省区市和中心城市汽、柴油（标准品）基准价格

资料来源：中国金融信息网。

（三）清洁利用水平持续提升

2017年，河南省属于京津冀大气污染传输通道城市提前供应国六标准成品油，有效提升石油行业清洁利用水平。河南省政府加强顶层设计，积极组织落实油源，制定了《2017年河南省"2+26"城市提前供应国六标准油品保供方案》，郑州、开封、安阳、焦作、鹤壁、新乡、濮阳7个省辖市作为首批国六油品质量升级的地区，自2017年10月1日起，不再销售国六标准以下的汽油、柴油，比国家原定时间提前了15个月。积极推进油品质量升级是河南响应国家大气污染防治计划的重大举措，促使石油行业的清洁利用水平得到进一步提升。

（四）体制改革方向更加明确

2017年，河南省紧跟国家石油体制改革步伐，积极推进石油行业上、中、下游全方位改革。2017年5月21日，中共中央、国务院印发了《关于深化石油天然气体制改革的若干意见》（以下简称《意见》），此次油气体制改革为新中国成立以来首次进行的油气产业上、中、下游全方位改革。《意见》明确了深化石油天然气体制改革的指导思想、基本原则、总体思路和主要任务，既坚持市场化方向、体现能源商品属性，又坚持底线思维、保障国家能源安全。随着油气体制改革的进一步深化，河南省石油行业市场配置资源的决定性作用将充分发挥，反映市场供求关系、符合能源发展特征的价格机制基本形成，现代能源市场体系将更加完善。

二 2018年河南省石油行业形势展望

2018年，河南省将继续转变能源发展方式，全面推进非化石能源规模化发展、化石能源清洁高效利用，持续提升石油在全省能源、原材料结构中的比重。石油行业面临着新的发展机遇，但同时也面临着严峻的挑战及诸多问题。预计2018年河南省原油将持续供应偏紧的态势，原油及成品油的对外依存度将进一步提高，供需矛盾难以在短时间内得到根本解决。

（一）面临的机遇

1. 经济形势整体稳中向好

随着"一带一路"、中原经济区、中原城市群、郑州航空港经济综合实验区、郑洛新国家自主创新示范区、中国（河南）自由贸易试验区等国家层面战略的实施，河南省的社会经济实力将进一步增强，对石油的依赖度将不断加大。同时，居民生活水平提高、收入增长、汽车保有量持续增加，以及企业经营环境进一步优化等因素的推动，河南省内成品油销量总体仍将呈稳定增长态势。

2. 非常规石油资源较丰富

河南省常规石油资源禀赋不足，页岩油的勘探与开发意义重大。目前，泌阳凹陷陆相页岩油勘探取得了重要进展。根据勘探资料，河南省西南部与湖北省接界的南阳－襄阳盆地泌阳凹陷页岩分布面积400平方公里，页岩油地质资源量约10亿吨。随着中国在水平井多级分段压裂完井技术上的研究突破，页岩油气勘探开发的关键技术和设备工具已基本自主化、国产化，河南省非常规石油资源的开采面临机遇。

3. 供给保障力度有所提升

"十三五"期间，河南省拟建设日照—濮阳—洛阳原油管道，河南段全长300公里，设计输量近期为1800万吨/年，远期为2800万吨/年，为洛炼1800万吨/年炼油扩能改造项目提供了充足的原油保障。预计2020年、2030年、2040年、2050年，河南省原油供应能力分别约为1800万吨、2400万吨、3300万吨、3800万吨。政策方面，2017年2月国家发改委审批通过给予河南丰利石化222万吨/年进口原油使用指标，加上原国家经贸委配给的28万吨/年原油指标，丰利石化的原油使用指标上升到250万吨/年。随着原油管道建设项目的推进以及进口原油使用配额政策落地，河南原油供应能力将逐步改善。

4. 行业结构调整步伐加快

为促进全省石化产业持续健康发展，增强市场竞争力，国务院办公厅颁布实施《关于石化产业调结构促转型增效益的实施意见》（国办发〔2016〕57号）。石油化工领域将加快油品质量升级，积极发展对二甲苯（PX）、精对苯二甲酸（PTA）、环氧丙烷、丙酮等下游深加工产品，建设洛阳现代石油化工基地。推动中原油田石化总厂、丰利石化等企业炼化一体化发展，扩大工程塑料、特种橡胶、电子化学品、新型涂料等高附加值产品生产，建设濮阳新型石油化工基地。推动河南油田石蜡产业链式发展，积极引进改性蜡、合成蜡、乳化蜡、微粉蜡等精加工项目，加快发展防护、食品、铸造、储能等领域用高附加值产品，建设南阳特种蜡生产基地。石化产业基地的建设，新材料和精细化产品的生产将进一步拉动全省原油加工和消费。

（二）存在的问题

1. 原油供应持续紧缺

资源方面，河南省石油资源十分有限，中原、河南两大油田均属于湖泊、河流相沉积，井数多，但产量低，且均已接近或进入枯竭期，目前省内尚未发现新的具有可开采价值的常规原油资源，原油供应紧缺的局面将长期存在。运输方面，与山东省等沿海省份不同，由于河南省地处内陆，目前尚不具备大规模的原油水运条件；而且日照—濮阳—洛阳原油管道项目进展缓慢，输油管线可利用量远远不能满足需求。因此，河南省原油的输入主要依靠铁路运输，存在效率低、成本高，以及原油罐车、线路紧张等实际困难，跨境和省内原油管线建设滞后，制约了河南石化产业战略布局，原油供应偏紧的状况难以在短期内有根本性的改善。

2. 原油加工能力偏弱

由于原油供应不足，河南省内建设的炼化装置存在数量少、规模小的问题。目前仅有中石化洛阳分公司等3家炼化企业，而其中的中石化洛阳分公司1800万吨/年扩建项目因中石化具体改扩建方案未定和产业战略转移，项目暂定为按年加工能力1000万吨原油执行，中原炼油和南阳炼油均被列为淘汰范围。

丰利石化作为河南省唯一一家地方炼油企业，通过两年多的努力，于2017年2月份从国家发改委成功争取到222万吨/年的进口原油使用权，有助于在一定程度上缓解省内原油供应紧缺的局面，但中原炼化和南阳炼化的退出，河南成品油生产能力进一步降低。因此，目前全省综合加工能力不足1500万吨/年，成品油自给存在较大缺口，主要由省外调入。

3. 行业体系仍不合理

目前河南省石油加工除炼油外，深加工能力较弱，产品依然处于产业链前端和价值链低端，缺乏多元化、高端化、差异化产品，精细化程度不足，产品附加值较低。同时，虽然河南省的煤化工、盐化工等传统优势产业拥有雄厚的实力，精细化工、专用化学品、电子化学品、化工新材料等新兴产业也发展较快，但受制于历史形成的体制问题，石油化工产业与其他产业之间仍存在条块分割现象，石油化工产业未能与其他产业形成紧密、有机的融合，产业链未能充分衔接，从而无法充分发挥河南省化工行业的综合优势，难以形成具有地方和行业特色的产业体系。

4. 自主创新动力不足

全行业科研投入占销售收入的比重偏低，以企业为主体的创新体系还未形成，平台支持和机制设计有待提升，自主创新动力不足。基础性研究和共性技术开发欠缺，工艺技术与装备技术开发严重脱节，原始创新能力较弱，在技术集成、工程成套设备方面，仍以跟踪模仿为主。由于省内石油资源不足，油气开采企业向省外、境外寻求油气资源进行开采活动，相关技术研发能力趋弱。国内石油加工巨头也将项目建设和科技研发的重点放在沿海、沿江地区，针对省内的科研投入相对较少。

（三）2018年河南省油品供需形势预测

1. 原油产量将继续下降

河南常规石油资源主要分布在南阳的河南油田、濮阳的中原油田，两个油田历经几十年的连续开采，油田开发接近尾声，目前已进入资源枯竭期，原油产量呈逐年下降趋势。河南省近年虽有零散常规石油地质储藏发现，但总体表现为分布零碎、开采价值不高，原油地质储藏接续能力尚未形成，从而造成原油产量持续下滑。预计2018年河南省原油产量262万吨，同比下降7.3%左右，省内炼油企业所需原油仍需大量从省外调入。

2. 成品油供需总体平衡

受经济形势回暖、汽车市场基本面向好趋势不变等因素的推动，河南省内成品油销售总体仍将保持稳定增长的态势，预计2018年，全省成品油消费量1850万吨，同比增长1.6%，对外依存度将进一步提升。从成品油品类来看，由于河南交通发达，全省公路通车总里程近30万公里，机动车保有量超过2150万辆，但受全省大气污染防治机动车限行、共享单车等绿色出行方式迅速推广等因素影响，预计汽油需求将受到较大影响，增速放缓；工矿用油回暖，但建筑用油等继续下降，柴油总体需求降幅收窄，预计柴油销量基本与上年持平；航空业继续较高速发展，煤油需求保持较高速增长水平。从成品油供应渠道来看，随着新建炼厂投产以及部分炼厂小幅扩能，全省成品油产量将继续增加，预计2018年省内炼厂成品油供应量600万吨，

其余主要通过中石油兰郑长成品油管道、中石化齐鲁石化、延长石化及山东地方炼厂调入，可基本满足需求，总体供需平衡。

3. 石油价格将小幅上涨

从需求端看，全球经济增长在2017年显著提速后，到2018年将继续保持强势，石油需求量将继续提升，石油库存持续下跌。OPEC延长减产协议、中东局势的不明朗前景都将导致原油供给量的下滑。从基本面角度看，2018年国际原油价格将保持逐步回升状态，预计原油均价将从2017年的55美元/桶提升至60～65美元/桶，行业景气度持续提升。与此同时，OPEC与其他产油国达成的减产协议根基不稳以及美国页岩油产量还在超预期增加，油价缺乏大幅上涨的支撑因素。综合判断，河南省汽、柴油零售价格走势与国际油价基本一致，将呈现小幅上涨态势。

三　2018年河南省石油行业发展对策建议

面对错综复杂的国际石油地缘政治形势，以及省内资源匮乏、调入困难的严峻形势，河南省需要从提升资源生产能力、突破开采瓶颈、加快产业融合、推进产业替代、提升产业竞争力等维度多管齐下，助推河南省石油行业可持续发展。

（一）加强管理和技术研发，优化石油生产管理

河南省原油资源匮乏的现状短期内难以改善，应结合河南省两大油田的特点，加强管理和技术研发，对现有地质储量进行深入挖掘，尽最大可能提升资源生产能力。

石油生产管理方面，以"两化融合"为切入点，实现数字化采油，采集、积累油井地质和生产数据，结合国内外相关数据进行分析，尽早形成大数据格局，并将其运用于资源优化、生产调度。石油开采技术方面，利用新技术处置极端耗水层带，把废弃极端耗水层、堵调高耗水层带、强化低耗水层带，作为提高注水利用率、实现高含水老油田降本增效的关键。同时，应

用聚合物驱油法、二氧化碳驱油法等技术，提高采出率，充分发挥现有资源的开采能力。

在生产过程中，加强原油稳定系统、伴生气处理系统的建设和维护，减少油气蒸发损耗。在能耗控制方面，以节电和节气为主线，加强技术改造，淘汰高耗能技术、设备，促进生产系统优化升级。从而进一步降低采油企业的生产和运行成本，提高企业效益。

（二）积极勘探非常规资源，突破开采技术瓶颈

河南省西南部与湖北省连接的南襄盆地泌阳凹陷陆相页岩油具有良好的勘探开发前景，应加快该地区及其他类似地质条件区域的资源评价、富集机理以及关键勘探开发技术研究，寻找新的资源突破点。实现页岩油有效勘探开发的前提是具备先进的地质综合评价技术，而水平井钻完井技术以及多级分段压裂技术则是页岩油气有效勘探开发的关键。河南油田已初步形成了适合于陆相页岩地层的水平井钻完井技术和多级分段压裂技术，已成功运用于泌阳陆相页岩油的勘探，为取得页岩油勘探开发重大突破提供了重要技术支撑。

目前，受多种因素制约，河南省陆相页岩油勘探开发步伐依然缓慢，主要在地质基础研究、工程技术研究以及开发经济性等方面遇到了许多难题与挑战，需要勘探开发科技工作者时刻关注国内外页岩油勘探开发技术的最新进展，结合当地地质结构特点，付出艰辛努力加以刻苦攻关，实现页岩油气勘探开发理论与技术的突破。同时，需要尽早解决科研、勘探以及基础建设资金不足的问题，以陆相页岩油的勘探开发作为河南省石油勘探开采领域新的发展机遇，将页岩油作为重要的油气资源替代领域。

（三）适度发展现代煤化工，大力推进产业转型

河南省目前已探明的常规石油资源较为贫乏，开采和加工能力偏弱，这一客观现实短期内无法改变，也无须回避。同时，河南省及周边地区煤炭资源相对丰富，煤化工产业具有较为坚实的基础，甲醇等基础化工原料供应充

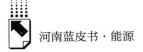
足。应结合河南省实际，适度发展现代煤化工，以煤炭部分替代石油来生产化工产品，并开展甲醇等基础化工原料的深加工，以作为石油类原料的补充。

同时，河南省煤化工产业中，煤基醇醚类清洁燃料，特别是二甲醚等洁净燃气的生产能力发展迅速，二甲醚产能已位居全国之首。应当充分发挥这些洁净燃气的生产能力，加快相关标准的制订、实施，推动市场准入，规范企业生产行为和产品质量体系。鼓励煤化工企业开展煤基清洁燃料的技术研发，深入研究煤基清洁燃料的生产与应用推广，降低全社会对石油类燃料的依赖程度，对于缓解河南省石油资源匮乏与能源需求不断增长之间的矛盾有着重要的意义。

（四）打破石油行业间壁垒，加快化工产业融合

石油化工与煤化工实现行业融合，可实现原料互补、产品优化调和、公用系统共享。河南省的化学工业在国内具有坚实的产业基础，在全国排名第6，其中以煤化工、盐化工等尤为突出，应充分利用河南省丰富的盐、天然碱等资源和相关的产业优势，积极推进石油化工与煤化工、盐化工的深度融合。应打破产业、部门、所有制、企业之间的壁垒，主动作为，学习山东、浙江先进经验，组织河南本土石化企业成立具有引领河南石油和化工业发展基础的企业集团。实现石油化工与煤化工、盐化工的融合，提高石油化工整体竞争力。同时，培育石油工业与互联网融合发展新模式。构建面向石化生产全过程、全业务链的智能协同体系。重点推进原油调和、石油加工、仓储物流、销售服务供应链的协同优化。

（五）加强产学研纵向合作，提升全链条竞争力

积极研究、预判国内外石油开采、加工产业的发展方向，完善以企业为主体、市场为导向、产学研用相结合的产业技术创新体系，加强"产－学－研"纵向合作，强化工艺技术、专用装备和信息化技术的横向协同，大力推进集成创新，构建一批有影响力的产业联盟。

提高炼油综合商品率，产品质量、环保排放等整体达到国际先进水平。进一步实施成品油质量升级计划，按国家要求在全省范围内完成车用汽柴油升级。推进以洛阳、濮阳等石化产业基础较好的地区建设石化产业基地，推动重大项目建设，增强烯烃、芳烃等基础产品保障能力，提高炼化一体化水平。在产业链、产品设计方面要有适度的超前意识，以精细化、差异化、高端化、绿色化的产品发展原则，在高端润滑油、溶剂油、化工新材料，以及各类高端助剂、中间体等领域深入开展研发，延长、补齐石化产业链，占领市场制高点，增强核心市场竞争力。

参考文献

中共中央、国务院：《关于深化石油天然气体制改革的若干意见》，2017 年。

国家发改委：《关于河南丰利石化有限公司申请使用进口原油有关问题的复函》（发改版运行〔2017〕550 号）。

河南统计局：《河南统计年鉴2017》，中国统计年鉴出版社。

河南省人民政府办公厅：《关于石化产业调结构促转型增效益的实施意见》（豫政办〔2017〕31 号）。

河南省人民政府办公厅：《河南省"十三五"能源发展规划的通知》（豫政办〔2017〕2 号）。

河南省人民政府办公厅：《河南省实施〈中华人民共和国石油天然气管道保护法〉办法》（豫政办〔2017〕181 号）。

B.4
2017~2018年河南省天然气行业发展形势分析与展望

苏东　杨萌　刘军会*

摘　要： 2017年，河南经济发展稳中向好，能源供给侧结构性改革深入实施，在环境治理、煤改气、清洁采暖等政策措施带动下，全省天然气消费量大幅增长，整体呈现出淡季不淡、旺季更旺的新特点。尤其是冬季采暖季，全省居民用气加速增长，省内天然气供需形势日渐严峻，部分地区出现了供应紧张的局面。预计2018年，河南天然气消费仍将保持快速增长，同比增长14%左右，天然气产量受省内资源匮乏影响，同比下降16.7%，供给主要依靠省外调入，外依存度将进一步上升，全省供需偏紧。针对河南天然气资源匮乏、供应调峰压力较大等现实问题，本文从保供应、稳替代、谋改革等方面提出了促进河南天然气行业健康快速发展的对策建议。

关键词： 河南省　天然气行业　供需情况　行业环境

党的十九大确立了习近平新时代中国特色社会主义思想，进一步为新时

---

* 苏东，河南省石油和化学工业协会常务副会长兼秘书长，高级工程师，研究方向为石油化工行业发展；杨萌，国网河南省电力公司经济技术研究院工程师，工学硕士，研究方向为能源电力经济；刘军会，国网河南省电力公司经济技术研究院工程师，工学硕士，研究方向为能源电力供需。

代能源发展指明了方向。2017 年，河南围绕打好决胜全面小康"三大攻坚战"，主动转变能源发展方式，深入实施"气代煤"，推进天然气管道向产业集聚区、乡镇延伸，加快"京津冀大气污染传输通道城市"清洁供暖，全省天然气消费量持续高速增长，有效支撑了河南经济社会发展和能源结构清洁优化。但是，受省内资源匮乏及全国天然气供应偏紧等因素影响，局部地区也出现了用气紧张的情况。2018 年，随着天然气普及度进一步提高，预计河南用气需求仍将加速增长，全省天然气供需矛盾将进一步显现。

一 2017年河南省天然气行业发展情况分析

2017 年河南省天然气消费量大幅增长，达到 105 亿立方米，同比增长 23.5%，高于全国近 9 个百分点；而全省天然气产量仅相当于消费量的 2.9%，对外依存度高达 97.1%。在冬季采暖期，部分地区出现了供不应求的局面。为提升全省天然气供应保障能力，河南持续加大天然气管网及配套设施的建设力度，加快天然气管道向产业集聚区、乡镇延伸，实施"京津冀大气污染传输通道城市"清洁供暖，大力推进天然气替代散煤，助推美丽河南建设成效显著。

（一）产需反差愈演愈烈导致"气荒"蔓延

2017 年随着国家大气污染防治力度持续增加，北方地区特别是京津冀大气污染传输通道"2 + 26"城市大力实施煤改气，全国天然气供需形势产生了根本性转变，市场整体趋紧。

受经济发展稳中趋好、能源供给侧结构性改革持续推进、煤改气等环境治理深入实施等因素影响，河南天然气消费量大幅增长，整体呈现出淡季不淡、旺季更旺的新特点。全年河南天然气消费量突破 100 亿立方米，达到 105 亿立方米，同比增长 23.5%，增速较去年上升 8.1 个百分点，较全国高近 9 个百分点。尤其是入冬后，在"煤改气""清洁采暖"等政策带动下，居民用气成为拉动全省天然气消费迅猛增长的主要力量。2017 年河南城市燃气消费量达到 51.49 亿立方米，同比增长 72%，占全省天然气消费的比重达到 57.4%，较上年提高 14.6 个百分点。

省内资源几近枯竭，天然气产量进一步下滑。河南天然气资源较为匮乏，全省天然气基础储量仅占全国的 0.14%，人均储量仅为全国平均水平的 1/50，且省内两大生产基地中原油田、河南油田历经多年高速开发，已经进入产量递减阶段，近年来全省天然气产量持续下滑。2017 年，河南天然气产量仅为 3.0 亿立方米，同比下降 9.1%（见图 1）。

从供需平衡角度看，河南天然气产量仅相当于消费量的 2.9%，缺量主要依靠省外调入，2017 年河南天然气调入量达到 102 亿立方米，同比增长 42.1%，全省天然气对外依存度高达 97.1%。在冬季采暖期，供需形势更为严峻，部分地区出现了供不应求的局面。

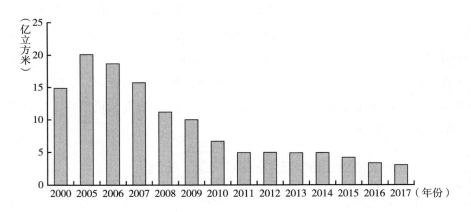

图 1　2000～2017 年河南天然气产量变化

（二）管网设施加快完善提升供应保障能力

为提升全省天然气供应保障能力，河南持续加大天然气管网及配套设施的建设力度。2017 年，河南天然气项目累计完成投资 19.7 亿元，全面建成禹州—许昌、开封—通许、博郑线—郑州西四环线等输气管道，快速推进鲁山—宝丰、灵宝—陕县输气管道建设，鄂尔多斯—安平—沧州输气管道濮阳支线已获得国家核准，预计 2018 年上半年可以开工建设。2017 年，河南新增油气长输管道 200 公里，全省累计输气管道达到 5800 公里。同时，为增强全省天然气储备、调峰能力，河南濮阳文 23 储气库也在加紧建设当中。

（三）液化天然气与非居民用气价格分化明显

我国目前对天然气生产、管输、配送三个环节均实行国家指导价，不属于竞争性的定价机制。2017 年受国家下调非居民门站天然气价格、市场供需偏紧等因素影响，河南天然气价格也出现了明显的分化和波动。

非居民用天然气基准门站①价格降低。2017 年 8 月 29 日，国家发改委出台《关于降低非居民用天然气基准门站价格的通知》，提出根据天然气管道定价成本监审结果下调管道运输价格，非居民用天然气基准门站价格降低 0.1 元/立方米②，天然气生产经营企业供应各地的门站价格原则上同步等额降低，充分释放降价红利。执行该政策后，河南天然气相关工业、发电、集中供热以及商业、服务业等用气行业、企业负担明显下降。

液化天然气（LNG）价格过山车式上涨下跌。冬季是天然气消费的旺季，在"煤改气"等措施带动下，2017 年入冬后，我国"缺气"情况更加突出，液化天然气（LNG）价格持续猛涨，12 月中下旬一度飙升至 12000 元/吨，创历史新高。河南液化天然气（LNG）价格也在进入采暖季后，半月上涨近 7 成，由 2017 年 11 月 14 日的 3900~4200 元/吨一路上涨至 12 月 1 日的 7600 元/吨，市场供不应求，省内多地采取了紧急限气措施，保障民生供应。随后相关部门采取一系列措施，缓解天然气供需紧张局面，LNG 价格也随之快速下跌，较高点回落超过 30%。

----

① 门站价，即批发价，等于出厂价附加管输价。

② 供需双方可在以基准门站价格为基础在上浮 20%、下浮不限的范围内协商确定具体门站价格。

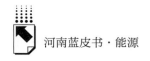

（四）清洁能源助推美丽河南建设成效显著

针对全省能源结构偏重、煤炭占比偏高的现实情况，2017 年河南积极推进"气代煤""清洁采暖"等工作，着力提高天然气在能源消费中的比重，服务美丽河南建设。根据《国务院关于印发大气污染防治行动计划的通知》、《京津冀及周边地区 2017 年大气污染防治工作方案》和《河南省蓝天工程行动计划》，2017 年河南加快天然气管道向产业集聚区、乡镇延伸，实施"京津冀大气污染传输通道城市"清洁供暖，大力推进天然气替代散煤，全年完成"气代煤" 11 万户，有力支撑了河南经济和能源的清洁、健康发展。

二 2018年河南省天然气行业形势展望

（一）面临的机遇

目前，我国社会主要矛盾已经转化为人民日益增长的美好生活需要和不平衡不充分的发展之间的矛盾，应深刻认识新时代河南天然气行业发展面临的新机遇新挑战。在大气污染防治、能源低碳发展等国家战略指引下，"降煤提气"将成为河南能源结构优化的主攻方向之一，"煤改气""油改气"工程将进一步得到落实，全省天然气消费量仍将持续上涨，天然气行业发展前景广阔。

1. 天然气主体能源地位日趋凸显

2017 年 7 月，我国首份由十三部委联合出台的天然气行业发展文件——《加快推进天然气利用的意见》印发，提出"要将天然气培育成我国现代清洁能源体系的主体能源之一"，从国家层面确立了天然气的主体能源地位。河南能源结构偏重，加快推进天然气利用，实施天然气清洁替代，提高其在一次能源消费中的比重，是构建清洁低碳、安全高效的现代能源体系的必由之路，是有效治理大气污染、积极应对气候变化等生态环境问题的现实选择，是落实国家北方地区清洁取暖、推进农村生活方式革命要求的重要内容，并可带动相关设备制造行业发展，拓展新的经济增长点。《加快推进天然气利用的意见》明确，将天然气在一次能源结构中的比重从当前的6%提高至2020年的10%和2030年的15%，实施城镇燃气、天然气发电、工业燃料升级、交通燃料升级等四项重大工程。这也意味着我国、河南天然气行业将迎来新的黄金发展期。

2. 天然气市场化改革步伐加快

2017年5月，中共中央、国务院印发《关于深化石油天然气体制改革的若干意见》（以下简称《意见》），明确了贯穿天然气上中下游、全产业链条的市场化改革方向。一是进一步完善定价机制。《意见》提出，推进非居民用气价格市场化，进一步完善居民用气定价机制。加快油气交易平台建设，鼓励符合资质的市场主体参与交易，通过市场竞争形成价格。二是油气管网"输销分离"。《意见》提出，改革油气管网运营机制，提升集约输送和公平服务能力。分步推进国有大型油气企业干线管道实现管输和销售分开。完善油气管网公平接入机制，油气干线管道、省内和省际管网均向第三方市场主体公平开放。"输销分离"能够促进管道运输企业降本增效，促进天然气市场化交易，为管道独立运行创造条件。本次《意见》坚持问题导向和市场化方向，将对天然气行业健康发展产生积极、深远的影响，为天然气行业市场化发展创造了有利条件。

3. 环境治理攻坚战助推行业发展

当前生态环境已经成为河南经济社会发展的重要约束，省内郑州、开封、安阳、鹤壁、新乡、焦作、濮阳7个地市被列入京津冀大气污染传输通道"2+26"城市。根据2017年12月国家发改委印发的《北方地区冬季清洁取暖规划（2017－2021年）》，将在落实气源的前提下，按照"宜管则管、宜罐则罐"原则，着力推动天然气替代散烧煤供暖，2017～2021年在"2+26"城市累计新增天然气供暖面积18亿平方米，新增用气230亿立方米。河南7个城市未来天然气输配管网、储气调峰设施、供应能力建设将加快推进。同时，2017年河南郑州、新乡、开封、鹤壁等4市被列入国家清洁取暖试点城市，未来3年将获得累计66亿元的中央财政支持和3亿元的省级财政专项资金用于"双替代"补贴，仅2017年河南已实现"双替代"100万户、新增4万户农村居民实现厨炊使用天然气，全省天然气替代散煤使用量累计达到8000万立方米。在"气代煤"、清洁采暖等政策措施带动下，全省天然气消费量有望进一步增长。

4. 煤层气开发有效增加补充气源

河南煤层气开发具备一定的规模和良好的基础，但受资源储藏地质条件和抽取技术限制，规模化开发利用存在诸多难题。从我国煤层气行业发展看，受国内外能源形势和煤炭关井压产的影响，全国井下瓦斯抽采量开始下降，地面生产煤层气将成为产量增长的主力军。为鼓励煤层气开发利用，国家明确，"十三五"期间，煤层气开采利用中央财政补贴标准从0.2元/立方米提高到0.3元/立方米。随着我国常规天然气供需日益趋紧以及煤层气资源勘查、抽采利用技术的创新提高，河南煤层气开发将迎来良好的发展机遇。煤层气开发利用的产业化发展也将对全省天然气供应形成有益的补充。

（二）存在的问题

2017年，河南天然气消费增速远高于其他传统化石能源，已经成为促进全省能源清洁转型的重要力量。但是，也面临接续可开发资源不足、供需压力增大和市场运行机制尚未完全理顺等问题。

1. 接续可开发资源相对匮乏

常规天然气资源储量匮乏。河南境内目前除中原、河南两大油田外，尚无具有开采价值的常规天然气资源发现，全省天然气基础储量仅占全国的0.14%，人均储量仅为全国平均水平的1/50，资源储量严重匮乏。而且中原、河南油田历经三十余年的高速开发，已经进入枯竭期，全省常规天然气资源不足问题突出。

非常规气源尚无接续能力。河南页岩气、煤层气等非常规气源储量较为丰富，具备一定的应用前景，但短期内难以对全省天然气需求形成有效支撑。页岩气方面，省内豫西、豫北属于页岩气富集矿区，但受地质条件、开采技术等因素影响，页岩气勘测、开发、利用尚处于起步阶段。煤层气方面，河南省内开发虽已形成一定规模，并已作为常规天然气的补充气源开始进入燃气应用。但在已探明的煤层气资源中，全省煤层气地质条件和抽取技术呈现复杂性和多样性，由于资源赋存条件复杂，开发技术要求高，区域适配性差，省内煤层气开发存在工程成功率低、成本高、单井产量低等问题。河南煤层气规模化抽采利用仍然面临诸多经济和技术上的难题。

2. 供需保障压力持续增大

当前，河南天然气供应主要依赖省外调入，全省天然气消费对外依存度高达97.1%。2017年冬季，省内多地因天然气供给不足，出现"气荒"，政府不得不对涉气工业企业采取了限制措施，优先保障民生用气。"气荒"导致液化天然气（LNG）价格快速上涨，其经济性优势逐渐丧失，个别地区甚至出现了"气改油"的逆替代现象，LNG重卡停止运行，柴油重卡重新投入运营。"限气"情况的出现，表面上看是"煤改气"政策带动下天然气消费量的井喷式上涨以及省内天然气管网供给、储备设施建设滞后造成的。从本质上看，这是河南天然气供求关系失衡、产业链发展不协调、基础设施公平开放程度不够、储备能力严重不足的集中体现。在清洁低碳发展战略带动下，未来河南天然气消费需求仍将保持快速增长，全省供应保障将面临较大压力。

3. 价格市场化改革亟须提速

2017年，中共中央、国务院印发了《关于深化石油天然气体制改革的若干意见》，提出推进非居民天然气价格市场化，进一步完善居民用气定价机制。河南已建立终端天然气与上游天然气价格调整联动机制，但在整体市场化运营机制方面仍有待完善。冬季"气荒"的出现，一方面是"煤改气"导致的供需紧张，另一方面是不够完善的市场体制机制导致的天然气上下游利益矛盾凸显。根据2017年11月数据，中海油液化天然气线下线上交易最高价在5000元/吨水平，而河南液化天然气主要气源地陕西、内蒙古等地，工厂成本仅在4000元/吨的位置，但因缺乏气源，不少工厂处于半开工甚至停工状态。当前天然气价格已经改革，但市场体制机制尚未跟上，社会主体

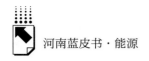
在天然气开采、管道和储气设施建设和运营中的参与度偏低，没有形成有效竞争，没有真正由市场决定价格。市场化的价格和运行机制尚未最终形成，对天然气的市场供应能力形成了制约，是河南天然气行业发展面临的突出问题之一。

（三）2018年河南省天然气供需形势预测

随着全国天然气消费量增速放缓、国内产量的增加和进口能力的增强，中石油、中石化等上游气源商可掌控资源量逐渐宽松或略有节余，省内天然气管线供应能力逐步提高，整体判断，2018年河南省天然气供求总体偏紧，不排除在特定区域、特定时间段出现天然气供应紧张的局面。预计2018年天然气消费量将达到120亿立方米左右，供给主要依靠省外调入，对外依存度将进一步上升至98%左右。

1. 消费需求持续攀升

随着宏观经济继续向好，"气代煤"效果全面显现和市场化改革步伐的加快，同时考虑《关于加快推进天然气利用的意见》《关于深化石油天然气体制改革的若干意见》等政策实施效果逐步显现，预计2018年河南天然气需求仍将快速增长，全年消费量约120亿立方米，同比增长14.3%。

消费结构方面，预计新增全省天然气需求增量主要集中在城镇燃气、工业燃气和交通运输等领域。城镇居民和工业燃料用气在"煤改气"政策措施拉动下，保持快速增长，分别达到35亿立方米、65亿立方米左右；交通运输行业随着"油改气"进一步推进，天然气消费量也将保持较快增长，预计达到5亿立方米；此外，天然气发电、分布式换热补能装置等的建设与发展，也都会对天然气的消费起到一定的拉动作用，预计天然气发电、化工消费分别达到10亿立方米、5亿立方米。

2. 产量延续下跌态势

河南现有常规天然气资源严重不足，尚无成规模的新接替储量发现，今后一段时期，全省天然气产量仍将延续下降趋势。2018年，预计全省天然气产量为2.5亿立方米，同比下降16.7%。

供应方面，河南仍然保持以中石油西气东输、中石化榆济线等管输天然气为主，液化天然气、压缩天然气为辅的供应格局。初步预计，2018年河南天然气调入量分别为：西气东输70亿立方米、榆济线30亿立方米、山西煤层气7亿立方米，其他主要通过市场采购液化天然气、压缩天然气补充。

3. 对外依存度仍将上升

从供需平衡方面看，2018年河南省内天然气产需缺口将进一步增大，预计全省天然气对外依存度将进一步上升至98%左右，天然气供给主要依靠省外调入，省外天然气供应通道建设及省内储气设施建设亟须加强，以进一步提升全省天然气保障能力。

三 促进河南省天然气供应保障能力提升的对策建议

天然气消费量的快速增长对供应保障提出更高要求，建议重点应对供需平衡风险，确保天然气供应。

（一）加速完善管网基础设施

加快中俄东线天然气、海上LNG、川气等入豫通道前期谋划工作，积极推动已纳入国家规划并已经核准的西气东输三线中线、新疆煤制天然气外输管道开工建设，加快社旗—镇平、镇平—西峡、唐河—邓州、濮阳—范县—台前等天然气管道建设，新增天然气输送管道400公里，实现县城管道天然气全覆盖。

（二）持续推动重大项目建设

加快应急储气调峰能力建设，建成投产濮阳文23储气库项目一期工程，新增储气调峰能力32亿立方米。争取2018年供暖期前，基本实现地方政府具备三天应急储备能力，气源企业和LNG接收站具备10%储气能力，不可中断重点大用户和城镇燃气企业具备5%储气能力。

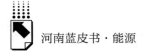

（三）加快推进补充气源开发

在稳定中原、河南两大油田天然气产量的基础上，尽快推动非常规天然气开发利用取得突破，为全省天然气消费提供有效补充。一是推动煤层气（瓦斯）规模化抽采利用。河南省存在大量高瓦斯矿井，目前已探明煤层气可开采储量约1万亿立方米，应积极推广充填开采、煤与瓦斯共采、煤炭地下气（液）化等绿色开采技术，坚持"先抽后采""先抽后建""采煤采气一体化"发展，提高煤层气利用率和其在天然气消费中的占比。二是从政策和资金层面给予页岩气开发必要的鼓励和扶持。针对页岩气开发前期投入大、技术含量高等问题，拓展融资渠道，组织专门力量深入开展相应的技术攻关，争取早日实现规模化开采。三是探索推广洁净替代燃气。河南省煤化工实力雄厚，在联产液化气、煤制二甲醚等领域具备先进的生产设备和工艺技术，其中二甲醚产能居全国首位，二甲醚作为民用燃料具有环保、安全、性能好、价格低、便于掺混等诸多优势，建议探索二甲醚作为常规天然气掺混、替代燃气的可行性，提高河南天然气供应、调峰能力。

（四）稳妥推进清洁能源替代

针对河南大气污染防治压力大和天然气供应偏紧的现实情况，建议稳妥推进"煤改气""气代煤"工程。一是因地制宜推进"气代煤"工程。在集中供热管网确实无法覆盖的区域、天然气供应有保障的地区，鼓励采用燃气壁挂炉、燃气空调等方式实现清洁取暖。二是多方筹措清洁取暖资金。建议有效利用大气污染防治专项资金、节能减排专项资金以及备用资金等渠道，通过奖励、补贴等方式，加大对清洁取暖项目的支持力度；对实施"双替代"的居民用户，开展设备一次性补助和运行补贴，并加强对资金使用监管。采取PPP等多种融资方式，按照"谁投资、谁受益"的原则，鼓励社会资本参与供热供暖设施的建设和运营。三是落实清洁取暖用气价格支持政策。对采用天然气采暖的分散居民用户，落实建立独立采暖气价政策。根据国家统一部署，研究制定支持清洁取暖的用电用气等价格政策。

（五）深化天然气体制机制改革

一是尽快制定推进我省天然气利用意见，研究储气调峰设施建设专项方案，促进天然气在城市燃气、工业、发电、交通四大领域的推广使用，鼓励各类资本和主体参与储备调峰设施建设运营，提高河南省储气调峰能力。二是按照国家天然气价格改革精神和河南省天然气销售价格上下游价格联运机制理顺价格机制，及时疏导上游价格。尽快建立居民独立采暖气价制度，确保国家和省有关价格政策执行落实到位。三是加强天然气供需监测分析，扩大监测范围，提高监测强度。根据国家天然气利用政策和资源落实情况，对各类用户实施分类分级管理，按照城镇民用燃气和公共交通、工业、发电等用户类别和保供序列，科学合理配置资源，加强日常运行管理和资源调度，优先确保城镇居民和公共交通用气，努力保障工业用气，力争满足各类用户用气需求。

参考文献

河南统计局：《河南统计年鉴2017》，中国统计出版社，2017。

中共中央、国务院：《关于深化石油天然气体制改革的若干意见》，2017年5月21日。

国家能源局：《加快推进天然气利用的意见》（发改能源〔2017〕1217号），2017年6月23日。

河南省能源规划建设局：《河南省2017年推进清洁取暖实施方案》（豫发改能源〔2017〕512号），2017年6月。

河南省能源规划建设局：《河南省2017年度冬季清洁取暖民生实事考核实施方案》（豫发改能源〔2017〕606号），2017年7月7日。

河南省能源规划建设局：《河南省2017年电代煤、气代煤工作推进方案》（豫发改能源〔2017〕319号），2017年4月。

国家发改委：《关于降低非居民用天然气基准门站价格的通知》（发改价格规〔2017〕1582号），2017年8月29日。

国家能源局：《北方地区冬季清洁取暖规划（2017-2021年）》（发改能源〔2017〕2100号），2017年12月5日。

B.5

2017~2018年河南省
地热产业发展形势分析与展望

卢予北　陈莹　卢玮*

摘　要： 地热资源是集"热、矿、水"于一体的可再生清洁能源，是传统化石类能源的有效替代能源。2017年，河南省积极推动地热产业发展，浅层地热资源开发利用系列工程、中深层水热型地热资源调查以及干热岩资源潜力评价稳步推进。根据规划，未来河南省地热资源将在清洁供热制冷、医疗保健、特色农业、温泉旅游、发电等领域得到进一步推广应用。报告针对河南地热资源发展规划不系统、产业分散化、市场化程度低等问题，从勘查评价、产业监管、项目示范以及关键技术研发等方面提出了2018年及远期促进河南地热产业健康发展的对策建议。

关键词： 河南省　地热资源　浅层地热能　水热型地热资源　干热岩

---

* 卢予北，河南省地质矿产勘查开发局第二地质环境调查院教授级高级工程师（二级），工学博士，研究方向为地热资源勘查及深部探测工程；陈莹，河南省地质矿产勘查开发局第二地质环境调查院高级工程师、河南省深部探矿工程技术研究中心副主任，工学博士，研究方向为地热资源勘查及深部探测工程；卢玮，河南地质矿产勘查开发局第二地质环境调查院工程师，研究方向为地热资源勘查与地质环境调查。

一 河南省地热资源总体特征

地热资源是集"热、矿、水"于一体的可循环利用的清洁能源，是传统能源的有效替代能源之一。地热资源相对稳定，几乎不受季节、气候、昼夜变化的影响，在发电方面其能源利用系数最高，平均为73%，是风能的3.6倍，太阳能的5.4倍，而且具有显著的二氧化碳减排效果。目前我国地热能开发利用的主要用途包括供暖、温泉旅游、休闲度假、医疗保健、农业种植养殖、发电等。

河南省地热资源较为丰富，据河南省地矿局勘查结果显示：河南埋深200米以浅的地下水和土壤中的浅层地热能资源量为 2.48×10^{17} 千焦/年，相当于5亿吨标准煤，每年可实现减排二氧化碳0.82亿吨，适用于浅层地热能开发利用的地区面积约占河南省总面积的65%。埋深 800～1200 米中深层水热型地热资源量为 91514.72×10^4 立方米/年，可利用热能量 198.73×10^{12} 千焦/年，折合标准煤 1151.84×10^4 吨/年。每年可减少 CO_2 排放 3.01×10^{10} 吨、SO_2 排放 9.77×10^7 吨、NO_x 排放 8.50×10^7 吨。河南省干热岩资源潜力调查评价于2017年启动，将于2018年6月完成全省四个重点区块的调查评价。目前，河南省以中深层水热型中低温地热资源直接开发利用为主。其中郑州、开封、商丘、新乡、安阳等地区，地热资源开发利用处于超采或较高开采程度；濮阳处于临近较高开采程度；许昌、周口处于中等开采水平；漯河处于临近中等开采水平；其他地区处于较低和低的开采水平。

地热能按其赋存形式可分为浅层地热能、中深层水热型地热资源和干热岩三种。下面按照赋存形式对河南省地热资源进行分类介绍。

（一）浅层地热能分布广泛，多为适宜开发利用区

浅层地热能资源普遍存在于土壤、岩石、地下水中，具有分布广、埋藏浅、储量大、易开采、可再生等特点，通过地源热泵技术加以利用，可实现建筑供暖供冷和生活热水供给。目前浅层地热能主要开发利用方式为地源热

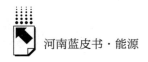

泵（土壤源或地埋管）和水源热泵。

浅层地热能开发利用具有以下优点：浅层地热能属于可再生绿色能源，其周边地质环境和地下水环境可快速恢复，对大气无污染；能源利用效率高，比传统用能方式节能50%~75%；可真正实现供暖（冷）建筑使用区域的零排放和零污染；一套设备，冬季可供暖，夏季可制冷，并且可以提供日常生活热水，实现"一机三用"，减少占地面积、节约总体投资。

经多年调查发现，河南省适用于浅层地热能开发利用的地区面积约占全省总面积的65%，其中200米以浅地下水和土壤中的浅层地热能资源量约5亿吨标准煤，相应每年可减排二氧化碳0.82亿吨。

（二）中深层水热型地热资源丰富，开发利用前景好

河南省中深层水热型地热资源热储面积占全省面积的25.2%，主要为沉积盆地型地热资源和隆起山地型地热资源两大类型，以地热水的方式出现；已探明埋深800~1200米中深层水热型地热资源量为91514.72×10^4立方米/年，可利用热能量198.73×10^{12}千焦/年，折合标准煤1151.84×10^4吨/年。每年可减少CO_2排放3.01×10^{10}吨、SO_2排放9.77×10^7吨、NO_X排放8.50×10^7吨。

河南省多数地热井深度在1000~1200米，最深达3200米，温度多数在40~70摄氏度，个别地区一千多米则高达95~106摄氏度。经过多年的开发利用，河南省中深层水热型地热资源勘探开发利用技术成熟，在勘查、钻井等领域形成了一系列较为完善的技术体系，为中深层水热型地热资源的开发提供了技术保障。河南省中深层水热型地热资源的开发利用方式也由以往的洗浴、游泳、饮用、养殖等简单、低效率利用向供暖、温泉度假、多用途的梯级利用的综合、可持续利用方式转变，中深层水热型地热资源供暖项目在全省逐年增多。

在国家能源转型战略，大力开发清洁能源的背景下，特别是习近平总书记在主持中央财经领导小组第十四次会议时强调北方地区冬季清洁取暖，尽可能利用清洁能源，加快提高清洁能源比例后，地热能成为清洁能源供暖焦

点，未来发展空间巨大。郑州、开封、鹤壁、新乡四个城市入围中央财政支持北方冬季清洁采暖试点地区，为地热资源供暖提供了新机遇。

（三）干热岩处于调查评价阶段，有待圈定有利靶区

干热岩是指温度一般大于 150 摄氏度，埋藏深度达数千米，内部不存在流体或仅有少量地下流体的高温岩体，可采用增强地热系统技术开发。干热岩作为一种新型可再生特殊地热资源，具有绿色、高效、安全、稳定等特点。我国大陆地区干热岩（3 千米~10 千米深）资源量为 20.9×10^{24} 焦耳，合 714.9×10^{12} 吨标准煤，若按 2% 的可采资源量计算，是传统水热型地热资源量的 168 倍，相当于中国 2016 年能源消耗总量的 3279 倍。

目前，河南省干热岩资源潜力调查及研究刚刚起步。河南省处于中国南北地域结合的枢纽地带，全省可划分为中超准地台和秦岭褶皱系两个 I 级大地构造单元。华北板块与扬子板块的碰撞对接造就了南、北秦岭，形成了一系列呈北西西向带状分布、多期次、多岩类组合的构造岩浆岩带。河南省岩浆岩出露面积约 18750 平方千米，占全省基岩面积的 26%。侵入岩面积约 11350 平方千米，燕山期侵入岩体分布面积约 5484 平方千米，燕山期侵入岩体占全省侵入岩总面积的 48% 以上，以伏牛山和大别山区分布最广，其中嵩县—鲁山构造岩浆带、桐柏山—大别山构造岩浆岩带等是寻找干热岩的最佳地带。

二 2017年河南省地热产业发展情况

2017 年河南省地热能勘探开发利用项目稳步推进。浅层地热能利用工程项目在技术、设备成熟的背景下不断增加，在项目实施的同时注重总结经验，相关科技攻关项目将为浅层地热能科学开发利用提供依据；中深层水热型地热资源供暖项目增多，省内多个地区开展了地热资源调查评价项目，通过调研也发现了洛阳、新乡、郑州等地在地热资源利用中出现的问题；干热岩资源调查评价项目正式启动，将通过地质技术手段，寻找优先开发靶区，提出全省干热岩资源开发规划建议。

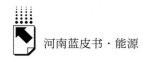
（一）浅层地热能项目稳定推进

目前，河南省浅层地热能开发利用技术、设备较为成熟，也逐步得到了使用方的认可，近年来浅层地热能开发利用处于逐年上升的态势。

2017年，河南省浅层地热能开发利用工程项目和科研项目稳步推进。在开发利用工程方面，依托"地质信息大厦浅层地热能开发利用工程"项目，在高层建筑桩基础下利用地埋管地源热泵形式为6万余平方米建筑面积提供供暖制冷，同时借助该项目开展浅层地热能地埋管换热系统监测工作，总结地埋管地源热泵系统在高层建筑中应用的设计、施工、组织、监理、验收等一系列成果。在热失衡方面，依托"河南省典型地区浅层地热能开发热失衡问题研究"项目，开展试验、监测和综合分析，研究浅层地热能开发过程中存在的"回灌难"、"热贯通"和"冷热失衡"等问题，为浅层地热能的合理开发利用、减少开发风险及政府决策提供技术依据。

（二）中深层水热型地热供暖项目增加

目前，随着国家地热资源开发利用的政策规划相继颁布，再加之国内从事新能源开发企业进入河南省地热供暖市场，全省中深层水热型地热资源供暖项目逐渐增加，如河南省濮阳、新乡等地区的地热供暖项目由省外新能源开发利用公司投资实施。

2017年度全省开展的中深层地热资源调查工作主要有：河南省兰考县城规划区及其周边地热资源调查、济新断裂（获嘉段）地热异常区地热资源调查、豫东通许凸起（睢县—商丘段）深部地热资源调查、郑州航空港经济综合试验区（尉氏段）地热资源调查、豫北内黄凸起（卫辉—滑县段）地热资源调查、豫西栾川潭头盆地地热资源调查、河南省永城市地热资源调查评价。

（三）干热岩调查评价工作有序推进

目前，河南省干热岩开发尚处于靶区优选、前期论证阶段。在潜力评价方面，河南省干热岩资源潜力调查评价项目组，分别在内黄隆起、伏牛山北麓、新野隆起和息县隆起四个区块开展工作，在分析研究河南省区域地质构造、大地热流、地温梯度、岩石致密程度、热物性特征和岩石生热率、放射性特征及上地壳热结构的基础上，确定适合全省干热岩资源的开发类型，找出优先开发靶区。提出全省干热岩资源开发规划建议，为以后建立干热岩勘查开发示范基地提供依据。在开采工艺方面，钻探工艺是干热岩开发利用的唯一手段，且钻探工作在干热岩开发中占50%以上的成本。目前全省的地热资源钻探工艺基本成熟，但深度上一般为1000～3000米，较干热岩4000米左右的钻探深度还有一定差距。正在实施的河南省干热岩钻探问题初步研究将结合河南省地层特点为干热岩钻探和其他类型钻探工作提供技术参考。

三　河南省地热产业发展中存在的问题

河南省地热资源将在清洁供热制冷、医疗保健、温泉旅游、特色农业、发电等领域逐步推广应用，但是河南地热资源发展规划不系统、产业分散化、市场化程度低等问题同样需要高度重视。

（一）缺乏统一规划管理，前期勘查工作不到位

缺乏地热清洁供暖统一规划。各地在制定供暖规划中仍较少考虑可再生能源供热，供热区域多划给燃煤供热企业。对地热资源和浅层地热能与地下水资源概念混淆，没有统一管理。2006年，河南省人民政府办公厅转发省水利厅国土资源厅关于进一步加强地热水矿泉水资源管理意见的通知（豫政办〔2006〕107号）中明确了水利和国土资源两个部门在地热水、矿泉水管理中的职责和分工，2014年该文件失效。对于浅层地热能开发中的水源热泵，其水源井属性为"只取热、不取水"，水源热泵系统在推广应用中受取水许可证、钻井审批等的限制，且开发利用过程缺乏科学的指导。政府在地热能源前期勘查投入不足，地热地质基础资料不翔实、不全面，地热地质基础工作较差，从而影响了全省地质能源的开发利用。

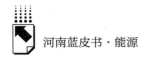

（二）开发利用单一分散，尚未形成产业化经营

地热资源开发利用单一分散，没有综合利用和梯级利用，造成了宝贵资源的浪费。特别是温泉洗浴的尾水（温度 38～42 摄氏度）全部白白排放，不但造成热能的浪费，同时还导致热污染和地下水环境的破坏。另外，地热资源和浅层地热能开发利用方面的宣传力度不够，尚未形成在旅游、房产、生态种植养殖、观光农业等领域形成产业化经营，不利于这一新型产业的迅速发展，阻碍了地热相关产业新经济增长点的形成。

（三）市场化程度低，基础设施建设落后

城镇供热市场化程度低，城镇供热市场对社会投资开放不足，市场上的供热企业主要靠政府补贴生存。市场进入壁垒较高，拥有新技术和成本优势的可再生能源供热企业很难进入城镇供热市场。此外，供热配套基础设施建设落后，建设投资缺口大，新建小区供热、管网投资可由城市建设配套费解决，但老旧小区供热、管网建设和改造无资金来源，农村地区的供热、管网投资缺乏可靠资金渠道。

（四）无序开采严重，导致资源量下降等诸多问题

地热资源并非取之不尽用之不竭，无序开采很容易导致资源浪费甚至破坏。河南省中深层水热型地热资源在开发利用中存在无序开采问题，严重的地区已经导致了地下水位下降、地热资源量减少、地热水化学成分急剧恶化等问题。河南洛阳龙门地热田冷水混入、新乡市地热水位逐年下降，以及郑州市柳林镇地热资源衰减，都是典型的地热资源无序开采的案例，不利于地热相关产业的可持续发展。

四 河南省地热产业发展形势与前景展望

地热资源作为一种绿色低碳、可循环利用的清洁能源，以其储量大、分

布广、清洁、稳定等特点正越来越多地受到社会各界关注，其发展正迎来黄金时代。

（一）能源结构优化要求为地热能发展创造良好条件

目前，中国是全球温室气体排放量最大国之一，约占全球的1/4。我国环境与大气污染形势依然严峻和问题突出，并出现了由经济发达地区向欠发达地区和偏远地区转移新的特征。根据国家发展和改革委员会能源研究所肖新建博士等人调查结果显示：2016年能源供需宽松，部分行业产能过剩问题依然突出。2017年仍为能源供大于需形势，煤炭、成品油及部分地区煤电的供应过剩压力仍较大。

人类的过量活动（燃煤、汽车尾气、农业施肥等）及地质作用（地球排气、火山喷发、地震、煤田地火等）诱发的大气污染和雾霾已逐渐形成共识。

党的十九大报告指出，我们要建设的现代化是人与自然和谐共生的现代化。构建市场导向的绿色技术创新体系，发展绿色金融，壮大节能环保产业、清洁生产产业、清洁能源产业，推进能源生产和消费革命，构建清洁低碳、安全高效的能源体系。地热能资源作为清洁能源之一，在科学合理开发利用情况下具有资源量稳定、绿色环保等特点。在能源结构优化的背景下，地热资源作为清洁能源之一具备良好的发展条件。

2017年1月，国家发改委、国家能源局、国土资源部联合颁发了《地热能开发利用"十三五"规划》，这是国家首个地热产业规划，是地热产业发展的里程碑。该规划明确了"十三五"期间地热产业的发展目标、重点任务和重大项目布局，河南省"十三五"期间新增浅层地热能供暖制冷5700万平方米，新增水热型地热供暖2500万平方米。由规划内容可以看出，国家对地热能给予了极大的政策支持和资金扶持。

2017年河南省发布的相关规划也对地热能开发利用提出了指导意见，如《河南省"十三五"可再生能源发展规划》指出"十三五"期间新增地热开发量8200万平方米，累计规模达到11700万平方米，地热总投资约90

亿元。《河南省"十三五"旅游产业发展规划》指出，大力开发温泉旅游产品，积极发展温泉养生度假旅游。《河南省推进能源业转型发展方案》指出要积极稳妥推进地热供暖。随着这些规划、方案的发布，河南省地热能开发利用将迎来新的机遇。

河南省地热资源丰富，依据不同地区地热资源特点，在城镇推广浅层地热能供暖制冷及生活热水提供，在水热型地热资源条件好的地区进行地热供暖及梯级综合利用，在适宜地区开发高品质温泉度假区，适时开展中高温地热发电试点项目，不断提高全省地热资源开发利用量，完善全省地热能开发利用方式，不断提高河南省地热资源在能源结构中所占比例，为全省能源结构调整和优化做出贡献。

（二）生态环境约束使得地热能开发利用被广泛看好

地热资源作为可再生能源，在资源储量适宜地区进行科学合理的开发利用对环境几乎没有影响，是一种清洁绿色地质新能源。随着全省生态文明建设发展加速，河南作为交通枢纽、农业大省、人口大省在国家发展中的地位也越来越凸显出来。在郑州国家中心城市建设、郑州大都市区建设（郑州、许昌、开封、焦作、新乡）、洛阳副中心城市地位等的建设中，地热资源在供暖、疗养、医疗、农业、房地产等领域中应用，可降低传统能源消耗比例，可为全省实现"碧水蓝天"和"青山绿水就是金山银山"贡献力量。

（三）经济增长为地热能产业化发展提供了良好契机

地热清洁能供暖制冷将替代传统的化石类（煤炭、石油、天然气）供暖方式，不但可以加速能源结构调整和优化、节能减排，还可以推进新型的能源产业发展。地热清洁能源供暖制冷系统，需要大量的热泵机组、新型管材、电子元件及辅助设备安装，地质勘查和钻井（钻孔）施工，为社会提供了大量相关就业机会。一些地热资源条件好的地区处于偏僻的城镇或乡村，在这些地区大力发展地热旅游业，也可带动如餐饮、温泉接待服务、交通运输、商业、民俗等产业发展，拉动地区经济增长。

地热是大自然馈赠人类宝贵的清洁能源和资源，在生态文明建设和大力推进清洁能源开发利用新的形势下，开发利用地热清洁能源不仅可以优化我国的能源结构、实现节能减排、减少雾霾和污染，而且还可加速钻井和供暖制冷设备制造业、各类监测仪器和仪表、特色生态农业、旅游度假休闲等产业的迅速发展。

五　河南省地热产业发展对策建议

积极发展地热资源将有利于推动能源生产利用方式变革，优化能源供给结构，助力清洁低碳能源体系的形成。针对河南省地热资源开发现状及存在的问题，提出如下对策建议。

（一）持续推进地热资源潜力勘查评价，提高地热规划水平

按照《河南省推进能源业转型发展方案》（豫政办〔2017〕134号）要求及河南省地热资源开发利用现状，持续推进全省地热资源潜力勘查与评价，加大2000米以深水热型地热资源勘查力度，掌握全省范围内深部地热资源分布及储存条件，摸清资源底数，不断完善地热能开发利用政策体系和管理方式，为河南省地热资源勘查开发规划的制定和地热产业发展提供科学依据，将地热供暖纳入城镇基础设施范围，统一规划，有序开发。

（二）加强地热资源开发利用产业监管，实现在保护中开发

确定河南省各种类型地热资源的统一管理部门，明确管理职能，保证科学规划与合理开发。规范地热资源勘查开发队伍，实行施工队伍准入制，避免成井中的质量问题和由质量问题引发的地下水污染、地面沉降等系列地质环境问题。这些问题在全省一直未得到有效遏制，需要省级政府协调并彻底解决，以便使资源得到合理、科学勘查开发。

（三）建立地热资源开发利用示范项目，带动地热产业发展

在地热资源条件好的地区，建立不同类型的地热能开发利用示范项目，

通过示范项目的带动作用，不断提高地热资源在能源结构中所占比例，完善科学开发利用体系。例如，总结地热能供暖区域连片推进开发利用模式，在具备条件的地方，以城镇新规划区、公共建筑和新建住宅小区为重点进行复制推广；按照"集中式与分散式相结合"的方式推进浅层地热能供暖制冷和深部水热型地热供暖；建立地热资源综合开发利用示范区和温泉（地热）绿色能源特色小镇等。

（四）加大地热开发关键技术研发力度，完善地热标准体系

在地热资源评价技术、高效换热技术、深部地热取热换热系统、中高温热泵技术、高温钻井工艺、地热回灌技术等领域开展技术攻关，在广泛调研的基础上，制定相关政策鼓励地热资源开发利用关键技术研发及自主创新，并在财政上给予支持和倾斜。结合地热资源开发过程中遇到的问题，委托地质矿产专业部门，初步建成地热资源开发利用技术标准体系，在浅层地热能工程项目验收、中深层深部水热型地热资源勘探等领域形成一批重点技术规范和标准。

参考文献

河南省人民政府办公厅：《关于印发河南省推进能源业转型发展方案的通知》（豫政办〔2017〕134号），2017年11月14日。

国家发展改革委、国家能源局、国土资源部：《关于印发〈地热能开发利用"十三五"规划〉的通知》（发改能源〔2017〕158号），2017年1月23日。

河南省发展和改革委员会：《关于印发〈河南省"十三五"可再生能源发展规划〉的通知》（豫发改能源〔2017〕916号），2017年8月30日。

河南省人民政府办公厅：《关于印发河南省"十三五"旅游产业发展规划的通知》（豫政办〔2017〕94号），2017年8月20日。

陈梓慧、郑克棪、姜建军：《试论我国干热岩地热资源开发战略》，《水文地质工程地质》2015年第3期。

李德威、王焰新：《干热岩地热能研究与开发的若干重大问题》，《地球科学》2015

年第 11 期。

蔺文静、刘志明、王婉丽、王贵玲：《中国地热资源及其潜力评估》，《中国地质》2013 年第 1 期。

卢予北、张古彬、陈莹：《河南省地热资源开发利用现状与问题研究》，《探矿工程（岩土钻掘工程）》2010 年第 10 期。

汪集旸、胡圣标、庞忠和：《中国大陆干热岩地热资源潜力评估》，《科技导报》2010 年。

张炜：《干热岩地热资源及河南省勘查研究方向浅议》，《资源导刊》2012 年第 9 期。

周强、杜佳音：《河南推进重点地区地热勘查评价》，《中国国土资源报》2017 年 12 月。

郑爽、张昕、刘海燕：《对构建我国碳市场 MRV 管理机制的几点思考》，《中国经贸导刊》2016 年。

刘明远、庞家馨：《从雾霾现象分析我国大气污染现状及法律对策》，《法制与社会》2016 年第 1 期。

肖新建、杨光、田磊：《2016 年我国能源形势分析和 2017 年形势展望》，《能源形势分析报告》2017 年。

卢予北、李艺、周春华：《地气灾害与地质科学问题》，《探矿工程（岩土钻掘工程)》2016 年第 10 期。

杜天乐：《从新世纪独联体有关地球排气和油气成因理论进展所得到的启示》，《岩性油气藏》2009 年。

李德威、郝海健、刘娇：《华北热灾害链的结构、成因及强震趋势分析》，《地学前缘》2013 年第 6 期。

B.6
2017~2018年河南省电力
行业发展形势分析与展望

邓方钊 刘军会*

摘 要: 2017年,河南电力行业发展情况良好,整体运行平稳有序。电源装机规模稳步增长,各级电网实现协调发展,电力供应保障能力持续提升;全社会用电量增长5.9%,用电结构不断优化,电力供需总体较为宽松。转型升级效果显著,电力供给结构不断优化,新模式新业态加快培育,体制改革平稳快速推进,电力发展深入惠及人民美好生活。2018年,河南电力行业发展将以十九大精神为引领,着重解决电力发展不平衡不充分问题,预计全年全社会用电量3370亿千瓦时,同比增长6%左右,电力供需形势将有所趋紧。

关键词: 河南省 电力行业 电力供需

2017年,在省委、省政府的正确领导下,河南经济发展整体平稳,稳中向好。电力行业作为国民经济基础性产业,面对大气环境治理力度加大、重点行业持续去产能等复杂环境,以供给侧结构性改革为主线,围绕打好决胜全面小康"三大攻坚战""十件重点民生实事",统筹做好电力保障供应、

---

* 邓方钊,国网河南省电力公司经济技术研究院工程师,工学硕士,研究方向为能源电力供需、电网规划。刘军会,国网河南省电力公司经济技术研究院工程师,工学硕士,研究方向为能源电力供需、电网规划。

优化结构、转型升级、促进改革、普惠民生等各项工作，电力发展质量效益不断提高，为全省经济社会发展提供了坚强保障。2018 年，河南电力行业面临的形势依然复杂，机遇和挑战并存，需进一步全面贯彻落实党的十九大精神，以新发展理念为引领，坚持以供给侧结构性改革为主线，着力解决电力发展不平衡不充分问题，推动电力行业持续健康有序发展。

一 2017年河南省电力行业发展情况分析

2017 年，河南主动适应能源电力主要矛盾变化，坚持高质量发展的根本方向，着力做好电力保供应、促转型、抓改革、惠民生等各项工作，电力供应保障能力进一步增强，结构转型升级效果明显，体制改革平稳推进，扶贫和惠民工程成效显现，全省电力行业迈出高质量发展坚实步伐。

（一）电力供应保障能力进一步增强，供需形势总体宽松

1. 电力供应能力持续提升

电源装机规模稳步增长。2017 年，全省电源新增装机 774.1 万千瓦，比上年多投产 299.3 万千瓦，电源装机总规模达到 7992.6 万千瓦，同比增长 10.7%，增速较上年提高了 3.7 个百分点，比全国快 3.1 个百分点。其中，太阳能发电装机增长迅猛，新增装机 419.1 万千瓦，比上年多投产 175.6 万千瓦，对全省电源装机增长的贡献率达 54.1%（见图 1）。全省电源装机增长较为迅速，电源支撑能力进一步增强。绿色煤电建设有序推进。在国家防范化解煤电产能过剩风险、严控新增产能规模的政策指导下，河南稳步推进绿色煤电、民生热电等重大电源项目建设，周口隆达 1×60 万千瓦、濮阳龙丰 1×60 万千瓦等机组建成投产，全省煤电装机达到 6352.1 万千瓦，同比增长 3.1%。

各级电网实现协调发展。第二条外电入豫直流工程前期启动。青海—河南输电直流工程获准开展前期工作，对青海送电的可靠性、安全性、经济性以及建设时序等方面开展了可行性研究。主网网架结构进一步优化。建成投

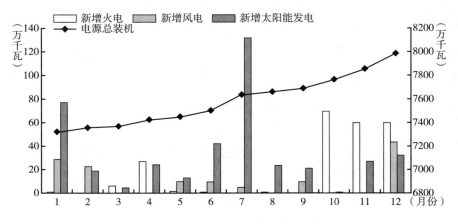

图1 2017年河南省电源装机逐月增长情况

产洛阳洛宁等49项220千伏及以上输变电工程，其中500千伏涂武线增容工程提升豫中—豫南断面输送能力90万千瓦，资源配置能力明显增强，连续两年实现主网供电"无卡口"，主网供电能力突破6400万千瓦。2017年全面高标准高质量完成新一轮农网"两年攻坚战"，累计新建改造110千伏变电站142座、35千伏变电站114座、配电变压器9.4万台；完成40.3万眼机井通电、9220个自然村动力电改造和6989个中心村电网升级任务；实现了平原地区"井井通电"、村村通动力电和中心村电网改造"全覆盖"。与2015年底相比，农村电网110千伏、35千伏容载比分别由1.7、1.66提升至1.82、1.73，户均配变容量由1.05千伏安提升至1.78千伏安。通过大规模集中改造，存量"低电压"问题全面解决，农村电网供电能力持续提升。

电力投资继续保持较高水平。2017年，全省电力项目完成投资490亿元。电源项目受电力供需较为宽松、国家防范化解煤电潜在过剩风险政策影响，全年投资130亿元，同比降低23.5%。电网建设步伐持续加快，年度发展投入达到320亿元，投资规模连续三年保持300亿元以上的高位态势。

2. 电力供需总体较为宽松

发电设备平均利用小时数有所下降。2017年，全省电源装机增长速度

较全社会用电量增速快 4.8 个百分点，全省发电设备平均利用小时数为
3505 小时，同比下降 158 小时，较上年下降幅度收窄 81 小时，电力供需继
续保持较为宽松态势。其中，火电利用小时数为 3824 小时，比全国低 385
小时，同比下降 29 小时，较上年下降幅度收窄 140 小时，煤电利用小时数
为 3880 小时，同比下降 21 小时，较上年下降幅度收窄 176 小时；全年三门
峡、小浪底水电站入库水量 378.2 亿立方米，同比增加 25.1%，出库水量
370.9 亿立方米，同比增加 19.2%，受此影响水电利用小时数同比增加 179
小时；在电网优化调度、全省日照时数比去年同期偏多的有利条件下，太阳
能发电利用小时数同比增加 174 小时；全年全省平均风速约 2.42 米/秒，较
上年下降约 10.7%，受此影响风电利用小时数下降明显，下降幅度达 181
小时。2016 年、2017 年河南省不同类型机组发电利用小时数情况见图 2。

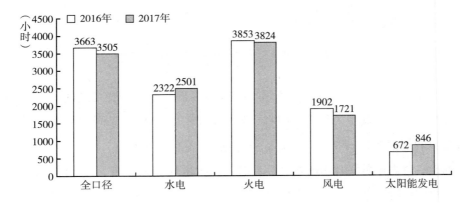

图 2　2016 年、2017 年河南省不同类型机组发电利用小时数

（二）电力需求持续保持较高速增长，用电结构继续优化

1. 电力需求实现较快增长

电力需求增速持续提升。2017 年，受工业生产持续向好、度夏期间持
续高温影响，全省全社会用电量 3166 亿千瓦时，同比增长 5.9%，较全国
低 0.7 个百分点，但较上年提高 2.1 个百分点，实现自 2013 年以来用电增
速首次突破 5%，电力需求实现较快增长。受高温影响，度夏期间用电量及

负荷较上年均有大幅增长。其中，2017 年 7～8 月全社会用电量 637.9 亿千瓦时，同比增长 14.2%，增速较上年同期提高 10.8 个百分点；7 月全省全社会用电最大负荷 6039 万千瓦，较上年增长 589 万千瓦，增速 10.8%，自 2011 年以来首次突破 10%（见图 3）。

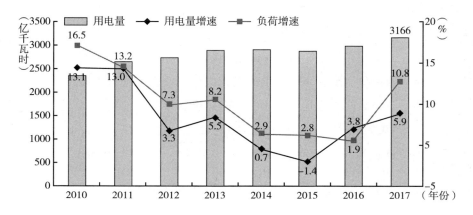

图 3　2010～2017 年河南省全社会用电增长情况

高温成为拉动电力需求快速增长的重要因素。2017 年度夏期间，河南省持续高温天气，其中 7 月份河南省平均气温 29.2℃，比上年同期偏高 1.5℃，较常年同期偏高 2.2℃，为 1961 年来同期第四高值。经测算，2017 年 6 月至 8 月河南省降温电量高达 188.6 亿千瓦时，同比增加了 68.9 亿千瓦时；降温负荷 2300 万千瓦，同比增加了 400 万千瓦。扣除高温影响后，2017 年河南省全社会用电量自然增长 3.8%，与上年用电增速持平，持续高温天气拉动电量增长了 2.1 个百分点。2016 年、2017 年度夏期间河南省日均温度对比见图 4。

2. 全省用电结构持续优化

产业用电结构进一步优化。2017 年，全省三次产业和城乡居民用电占比结构为 2.0：73.5：10.7：13.8，与上年相比，第二产业用电量比重下降 0.8 个百分点，第三产业和居民生活用电量比重分别提高 0.5 个和 0.3 个百分点，第三产业和居民生活用电量占全社会用电量比重持续提升，用电结构不断优化。2017 年河南省全社会用电量情况见表 1。

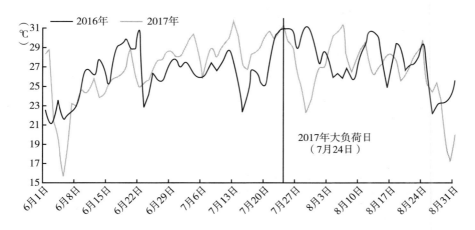

图4 2016 年、2017 年度夏期间河南省日均温度

表1 2017 年河南省全社会用电量情况

单位：亿千瓦时，%

项目	用电量	同比增速	对全社会用电量增长贡献率	结构占比
全社会用电量	3166.2	5.9	—	—
第一产用电量	63.6	5.9	2.0	2.0
第二产用电量	2326.6	4.8	60.2	73.5
第三产用电量	337.9	11.2	19.2	10.7
城乡居民用电量	438.1	8.1	18.6	13.8

工业结构优化调整速度加快。2017 年，全省工业用电量 2291.3 亿千瓦时，同比增长 4.5%，工业用电增速表现良好。从工业用电结构来看，四大高耗能行业用电量增长较慢，增速为 1.2%，占工业用电比重下降 1.5 个百分点；其他工业用电增速 7.5%，占工业用电量比重上升 1.5 个百分点。其中，金属制品业、食品饮料和烟草制造业、交通运输电气电子设备制造业、通用及专用设备制造业等代表工业转型升级方向的高成长性行业用电增速较快，分别达 7.5%、8.1%、10.7%、14.1%。2017 年河南省工业用电量情况详见表2。

表2　2017年河南省工业用电量情况

单位：亿千瓦时，%

项目	用电量	增速	占工业用电比重
工业合计	2291.3	4.5	—
四大高耗能行业	1063.0	1.2	46.4
化工行业	263.6	5.3	11.5
非金属行业	186.6	2.0	8.1
黑色金属行业	135.5	-2.5	5.9
有色金属行业	477.2	-0.2	20.8
其他工业	1228.3	7.5	53.6

（三）电力供给侧结构性改革持续深化，转型升级效果明显

1. 供给结构优化成效明显

煤电供给侧结构性改革深入实施。积极防范化解煤电过剩产能风险。缓建煤电972万千瓦，其中推迟至"十四五"建设130万千瓦，国家能源局5月份发布的《2020年煤电规划建设风险预警的通知》显示，河南煤电规划建设风险预警为橙色，比上年有所好转。煤电落后产能加速淘汰。《河南省"十三五"煤炭消费总量控制工作方案》和《河南省推进能源业转型发展方案》相继出台，提出到2020年淘汰落后煤电产能400万千瓦以上，其中2017年淘汰103万千瓦，截至2017年12月底，全省全年关停姚孟电厂、周口隆达、洛阳万基等8台机组、总容量103万千瓦，比国家计划多了72万千瓦。煤电节能改造升级有序推进。开展煤电机组节能环保标杆引领行动，并公布了2017年度煤电企业节能环保标杆引领机组名单，完成13台664万千瓦煤电机组节能综合升级改造，改造后煤耗水平达到全国同类机组先进水平，年节能量17万吨标准煤。煤电结构显著优化。单机60万千瓦及以上机组比重达到56.1%，同比增加2.4个百分点，供电煤耗达到308克标准煤/千瓦时，提前三年完成国家"十三五"规划目标。

电力生产结构进一步优化。新能源发电装机占比持续提升。2017年，全省新能源发电装机规模增长迅速，达到992.2万千瓦，增长126.2%，占

电源比重 12.4%，同比提高 6.3 个百分点，成为省内第二大电源。其中，风电装机 233.1 万千瓦，同比增加 129 万千瓦，增长 124.0%，占电源比重 2.9%，同比提高 1.5 个百分点；太阳能发电装机 703.5 万千瓦，同比增加 419.1 万千瓦，增长 147.4%，占电源比重 8.8%，同比提高 4.9 个百分点；生物质发电装机 55.7 万千瓦，增长 10.6%。2015 年以来，河南太阳能发电装机规模分别为 40.8 万千瓦、284.3 万千瓦、703.5 万千瓦，实现连续两年的迅速跃增（详见图5）。可再生能源发电量大幅增长。全年可再生能源发电量 199.4 亿千瓦时，同比增长 51.2 亿千瓦时，增速 34.6%，占全省电源新增发电量的 48.0%，占全社会新增用电量的 28.9%。其中，风电、太阳能发电量分别为 30.1 亿千瓦时、44.4 亿千瓦时，同比分别增长 11.7 亿千瓦时、32.9 亿千瓦时，增速分别为 63.5%、285.7%，占全省电源新增发电量的 41.8%，占全社会新增用电量的 25.2%。可再生能源发电，尤其是风电、太阳能发电，已经成为全省新增电量的重要组成部分（详见图6）。

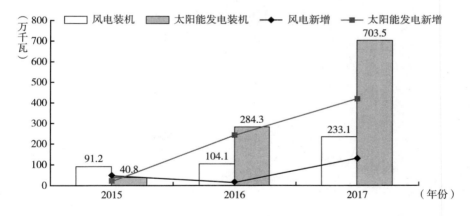

图 5　2015~2017 年河南省风电、太阳能发电装机增长情况

区外清洁电力入豫规模持续加大。2017 年，河南累计净购入区外电量 457 亿千瓦时，较上年增加 67.5 亿千瓦时，同比增长 17.3%，折合减少电煤消耗 2100 万吨。外购清洁电量增长的主要原因有两个：一是长江流域来水情况好于常年平均水平，购入三峡、四川等水电电量同比增加 28 亿千瓦

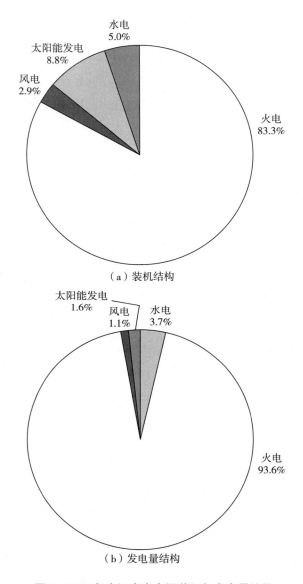

（a）装机结构

（b）发电量结构

图6　2017年底河南省电源装机与发电量结构

时；二是河南电网通过实施天中直流近区500千伏电网加强完善、配置安全稳定措施，天中直流输送功率进一步提升至540万千瓦，消纳西部新能源电力的能力进一步加强，全年购入天中直流电量同比增加37亿千瓦时。

清洁电力成为用电增量供应主体。考虑到河南外购电量皆为清洁电力，同比增加了 67.5 亿千瓦时，再计及省内 51.2 亿千瓦时的可再生能源发电增量，2017 年全省清洁电力的供应量同比增加了 118.7 亿千瓦时，占到全社会新增用电量的 68.5%，实现了全社会新增用电需求主要靠清洁电力来满足，清洁电力成为全省用电增量的供应主体（详见图 7）。

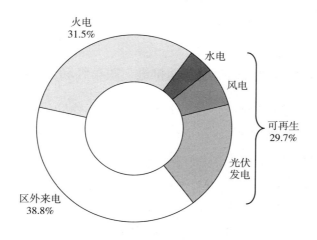

图 7 2017 年河南省用电增量供应结构

2. 新模式新业态加快培育

以电为中心的能源生产消费新模式正在形成。2017 年，随着电力体制改革逐步推进带来市场活力不断增强，分布式发电、电池储能等技术进步带来产业基础不断夯实，电力的生产消费与"互联网 +"深度融合，以电为中心的能源互联网正在形成。分布式发电发展迅速。全省分布式发电容量达到 211.3 万千瓦，较上年增长 141.2 万千瓦，增速 201.6%，占年内全部投产电源的 18.2%。新增分布式发电项目中，分布式光伏有 136.1 万千瓦，增速 363.9%，占全部新增分布式电源的 96.4%，分布式光伏提速、地面光伏电站建设趋缓成为年度光伏发电装机的显著特点。充电网络加快建设。省电动汽车充电产业联盟成立，河南境内国家级高速公路服务区快充网络建设加快，年内建成 43 座充电站、172 个充电桩。能源综合服务成为蓝海。平煤神马能源化工基地、安阳鑫贞德生态农业园入选国家首批"互联网＋"智慧能源示范项目，将集成光伏电站、燃气、火电、企业电网、电动汽车、储能设备等基础设施，开展能效管理、虚拟电厂、智能运维、大用户直购电等综合性服务；兰考、永城、虞城、商水入选国家农村能源革命试点县，将探索建立源网荷储协调发展集成互补的能源互联网。同时，电网企业、节能公司、配售电公司、发电厂、设计咨询公司等开始加快向综合能源服务商转变。

（四）电力体制改革平稳快速推进，改革红利逐步释放

电力市场建设稳步推进。河南省电力市场管理委员会组建成立，制定了售电公司参与市场化交易实施细则，初步实现了省内电力市场的规范有序运行。市场化交易用户量快速增加，截至 2017 年底，注册并具备交易资格的售电公司 245 家，电力用户 3004 家。直接交易电量规模增长迅速，全年直接交易电量达到 560 亿千瓦时，成交电量是 2016 年的 2 倍，成交规模居全国第三位、华中第一位，降低企业用电成本约 15.5 亿元。

增量配电改革试点进度加快。河南首批 6 个试点项目均已完成招标工作，确定了项目业主单位，并已编制完成濮阳和南阳 2 个试点项目可行性研究报告。国家发改委、能源局专程赴豫调研增量配电改革试点进展情况，对河南改革工作给予了高度评价。2017 年底，国家发改委连续下发通知，批复了第二批增量配电改革试点，并要求各省上报第三批试点，提出 2018 年上半年实现地级以上城市全覆盖。截至目前，河南共有 13 个项目先后列入国家首批、第二批改革试点，是全国增量配电改革试点最多的省份。

省级输配电价批复实施。2017 年 7 月，河南省发改委下发《关于合理调整电价结构有关事项的通知》，公布了河南电网 2017～2019 年监管周期的分电压等级输配电价标准并执行。同时，在销售电价方面，河南销售电价平均降低 0.84 分/度，取消城市公用事业附加费，大工业、一般工商业及其他分别降低 1 分/度，继续对高耗能行业、产能严重过剩行业实施差别电价、惩罚性电价和阶梯电价政策，以促进全省产业结构升级和淘汰落后产能。在

上网电价方面，河南省燃煤发电机组标杆上网电价统一提高 2.28 分/度，取消向发电企业征收的工业企业结构调整专项资金，重大水利工程建设基金征收标准调整为 0.85 分/度，大中型水库移民后期扶持基金征收标准调整为 0.62 分/度。

总体来看，电网输配电价降低和取消城市公用事业附加等措施，降低企业用电成本超过 30 亿元，计及电量直接交易降低企业用电成本 15.5 亿元，累计降低企业用电成本超过 45 亿元，河南电力领域各项改革举措所带来的改革红利切实惠及了企业发展。

（五）扶贫和惠民工程成效显现，民生持续得到改善

全力服务农村脱贫攻坚。2017 年，围绕脱贫攻坚，河南着力解决电力电网发展不平衡不充分问题，推进光伏扶贫项目和电网脱贫工程建设。光伏扶贫方面，纳入国家光伏扶贫重点实施范围的台前县 10.5 万千瓦光伏扶贫项目提前并网投运，全年投产扶贫光伏电站超过 5000 个，总规模 92 万千瓦，惠及贫困户约 14 万户，拓宽了贫困户增收渠道和贫困村集体经济收入来源。同时，将光伏扶贫与易地扶贫搬迁有机结合，实现 276 个有条件的易地扶贫搬迁集中安置点村级光伏小电站全覆盖。电网脱贫方面，圆满完成 2017 年省政府重点民生实事新一轮农村电网改造任务，完成 1900 个中心村电网改造、3900 个贫困村通动力电、13.4 万眼机井通电、38 个县电网脱贫、39 个乡消除"一乡无站"等 5 项任务，消除了中心村和贫困村的用电"低电压"和供电"卡脖子"问题，直接受益百姓超 1000 万人；全省所有贫困村都实现通动力电，满足了农村发展加工业、制造业的三相动力电用电需要；新增受益农田 650 万亩左右，每年可减少百姓灌溉支出 3.9 亿元。

全力服务环境治理攻坚。充分利用电能清洁、高效的技术优势，在电力生产、消费侧持续发力，有力助推全省空气质量持续改善。产业集聚区集中供热完成良好。全省 183 个产业集聚区中，104 个产业集聚区实现集中供热，34 个不具备集中供热条件的完成分散燃煤锅炉拆改，45 个按照合理工

期无法实现集中供热的，基本完成锅炉清洁化改造。电力绿色调度成效显著。针对河南大气污染治理的严峻形势，从2017年12月起，严格控制大气污染物传输通道城市和洛阳、平顶山9个地区共841万千瓦统调燃煤机组停运（占9地区统调燃煤机组容量的26.5%），减发电量16.6亿千瓦时，加大外省清洁电力引入力度，折合减少煤炭消耗76.3万吨。再电气化水平持续提升。在电源侧，省内统调燃煤机组早在2016年10月底全面完成超低排放改造，2017年全省统调燃煤机组烟尘、二氧化硫、氮氧化物等大气污染物的排放总量同比分别下降73%、70%、44%。在消费侧，累计实施电能替代项目6000多个，增加用电量318亿千瓦时，相当于在能源消费终端减少散烧煤1756万吨标煤，减排二氧化碳3181万吨，二氧化硫、氮氧化物、粉尘等污染物986万吨。冬季清洁取暖任务超额完成。新增供热能力6000万平方米，全省集中供热面积达到5.68亿平方米，集中供热普及率提高了11.2个百分点。"电代煤"方面，省电力公司安排35.3亿元专项资金对大气污染物传输通道城市进行"电代煤"清洁取暖项目配套电网建设，全年完成居民"电代煤"超过100万户；郑州、安阳、焦作等17市出台居民"电代煤"设备购置和电价补贴政策，设备购置最高补贴3500元，电价补贴每度电0.1元至0.4元。

二 2018年河南电力行业发展形势展望

（一）2018年河南省电力行业发展形势

2018年是全面深入贯彻落实党的十九大精神的开局之年，也是决胜全面建成小康社会、实施"十三五"规划承上启下的关键一年。当前及今后一段时期，是河南加快电力生产和消费革命，提升电网支撑平台功能的重要时期，电力转型发展既面临着经济发展持续向好、技术和体制创新支撑不断增强的战略机遇，同时也面临诸多矛盾交织、风险隐患增多的严峻挑战，总体来看，机遇大于挑战。

1. 面临机遇

（1）全省经济向高质量发展阶段迈进

2017年，全省经济保持稳中有进、稳中向好的运行态势，发展动能持续增强，质量效益持续改善，全省经济发展已进入了新时代，其基本特征就是经济已由高速增长阶段转向高质量发展阶段。2018年，全省经济发展将以党的十九大精神为统领，不断巩固稳中向好基础，着力解决好发展不平衡不充分问题，着力发挥优势打好"四张牌"，统筹推进"三区一群"四大发展战略，调结构、补短板、防风险，推动经济发展质量变革、效率变革、动力变革。随着各项决策部署逐步贯彻落实，河南综合实力将迈上新台阶，"三区一群"战略叠加效应将进一步彰显，现代化经济体系建设将迈出新步伐，河南电力行业发展的舞台也将更加广阔，电力行业转型升级面临良好的经济社会大环境。

（2）电力支撑能源清洁低碳发展

当前，全省环境污染治理取得积极成效，大气环境质量明显改善，但面临的形势仍不容乐观。今后一段时期，加快推进生态文明建设，恢复绿水青山、建设美丽河南，需要充分发挥电力作为清洁二次能源的独特优势，引领能源清洁低碳发展。在能源生产侧充分发挥其"转化良媒"作用，借助全国统一碳交易市场开启的有利时机，全面推动煤电清洁化发展，积极开展分布式发电市场化交易试点，大力发展分布式风电、光伏等非化石能源发电，实施清洁替代；在能源输送侧充分发挥其资源配置"高效平台"作用，积极引入省外清洁电力，加快推进青海—河南输电通道工程建设工作，构建以特高压直流落点、交流网架为支撑，交直流互备、东西互供、南北贯通的电力联网枢纽；在能源消费侧充分发挥其能源消费"通用货币"作用，加大电能替代力度，提高电能在终端能源消费中的比重，从而有效控制煤炭消费总量、优化能源结构，引领河南能源清洁低碳发展转型。

（3）电力技术创新进入高度活跃期

未来电力发展将进入绿色化、智能化为主要技术特征的新时代，科技创新将成为支撑能源电力发展的助推器。当前，能源科技创新进入高度活跃期，我国在大规模远距离输电、大电网控制、核电、光伏制造、风机制造、储能、电力系统信息化等电力系统相关科技领域都取得了一些显著成果。随着"大云物智移"与传统行业相互融合，"互联网＋"智慧能源加快推进，河南省电力发展面临难得的技术创新重要机遇。

（4）电力体制改革全面加速推进

2017年，河南省电力体制改革取得显著成绩，有力促进了电力工业的可持续发展，降低了企业生产运营成本，提升了对经济社会发展的能源支撑保障能力和电力普遍服务水平。2018年，河南省电力体制改革将继续在电力市场建设、有序放开发用电计划、增量配点试点放开等方面持续发力，进一步提高资源利用效率、理顺价格关系、健全发展机制。随着电力体制改革的全面深化，电网企业的功能定位和盈利模式发生重大改变，发电和售电侧将形成主体多元、竞争有序的交易格局，新的市场主体、新兴业态和商业模式创新不断涌现，市场在资源配置中的决定性作用开始发挥，市场化正在成为引领电力工业发展的新方向，为河南破解电力发展瓶颈制约，促进电力行业持续健康发展提供了重要机遇。

2. 存在问题

（1）风电、光伏快速发展，给全额消纳带来风险

截至2017年底，河南省风电、光伏装机规模分别为233.1万千瓦、703.5万千瓦，已投运光伏发电装机规模是2020年规划目标的1.4倍，其大规模接入给可再生能源全额消纳带来风险。目前，河南省已完成接入系统方案评审的风电和光伏电站总容量分别为871.4万千瓦和1107.6万千瓦，其中风电占全省纳入核准计划风电总容量的65.3%，光伏已达到国家下达河南光伏电站指标规模的3.7倍。已完成接入系统评审的新能源发电项目，尤其是光伏项目是否建设、投产时间的不确定性，给电网适应局部区域大规模新能源接入的规划建设带来较大困难，新能源全额消纳风险逐步显现。

（2）系统调峰能力不足，电力优化运行压力增大

近年来，随着全省产业结构调整升级和居民生活水平的不断提高，全省用电结构、负荷特性发生明显改变，电力负荷波动的速率及幅度越来越大，

年最大峰谷差率达到40%左右，省内火电机组调峰压力加大。与此同时，省内新能源迅猛发展导致部分时段腰荷调峰困难，且吸收外省电力不断加大一定程度上加重了省内机组调峰压力。从省内调峰机组来看，全省供热机组占比受节能减排、"电代煤"政策等不断提高，导致火电机组整体调峰能力进一步下降，而自备电厂基本不参与调峰，且河南抽蓄、燃机等调峰电源装机比例小，运行不充分、不灵活，调峰作用未充分发挥，调峰能力不足已成为河南电力发展存在的问题之一。

（二）2018年河南省电力行业发展展望

2018年，面对经济社会发展新形势、新要求，河南电力行业将全面深入贯彻落实党的十九大精神，坚持以新发展理念为引领，紧扣社会主要矛盾变化，持续深化电力供给侧结构性改革，着力增强电力保障能力，着力提高电力发展质量，着力深化改革创新，着力加强改善民生，推动全省电力行业进入高质量发展新时代。

电力供应保障能力将进一步增强。预计2018年全省新增装机容量约1026万千瓦，其中火电方面，2018年河南将进入国家规划煤电项目施工高峰期，全年预计投产煤电机组676万千瓦，投产燃气机组140万千瓦；可再生能源方面，预计风电投产约110万千瓦，光伏投产约100万千瓦；机组退役方面，预计全年淘汰落后煤电机组100万千瓦以上。根据机组投产、退役计划和电力跨区跨省交易安排，预计2018年末调度装机容量约8100万千瓦，全口径装机容量约8700万千瓦，区外最大受电电力约750万千瓦，外购电量约480亿千瓦时。

电力需求将继续保持稳定增长态势。考虑到河南省加快建设现代农业大省，平原地区机井通电顺利完成，第一产用电量将稳步增长，预计2018年第一产业用电量同比增长4.0%左右；在节能减排和产业结构升级共同影响下，预计2018年四大高耗能行业用电量继续保持缓慢增长趋势，高端装备制造业、食品加工业等有望保持快速增长，全年第二产业用电量将保持较快增长，增速约5.3%；随着河南省大力推进高成长服务业强省、网络经济强

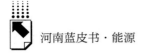

省建设，产业结构不断优化升级，第三产业发展潜力巨大，预计 2018 年第三产业用电量同比增长 11.0% 左右；随着河南省城镇化水平和居民生活水平的不断提升，预计 2018 年城乡居民生活用电量同比增长 9.0% 左右。整体来看，预计 2018 年全省全社会用电量 3370 亿千瓦时左右，同比增长约 6.4%；全社会最大负荷 6500 万千瓦左右，同比增长约 7.6%。

电源电网投资将继续保持较高水平。统筹考虑河南省"十三五"电力、电网发展规划和当前防范化解煤电产能过剩风险形势，预计 2018 年全省电力投资 530 亿元，同比增长 8.1%。其中，电网投资 380 亿元，同比增长 18.8%，农村电网投资 150 亿元；预计火电项目投产规模 816 万千瓦，开工规模 190 万千瓦，投资 150 亿元。

电力供需形势整体趋紧。其中，电力平衡方面，依据检修容量和受阻容量预测，预计度夏期间调度可调容量约 5900 万千瓦，全年电力供需形势趋紧，备用率偏低；考虑到当前防范化解煤电过剩产能的大形势，若国家、河南进一步严控煤电装机投产规模，预计电力供应形势将更加严峻。电量平衡方面，预计全省电源发电量 2890 亿千瓦时左右，同比增长约 6.9%，全省发电机组平均利用小时数 3500 小时左右，与上年基本持平，其中火电机组平均利用小时数 3920 小时左右，同比上升约 100 小时。

三　河南省电力行业发展对策建议

2018 年，针对河南经济社会和能源发展面临的新形势、新情况、新发展、新要求，河南电力行业需进一步全面贯彻落实党的十九大精神，以新发展理念为引领，紧紧围绕能源转型"节能优先、内源优化、外引多元、创新引领"的总体思路，以"三个加快、三个主动适应"为着力点，推动电力行业健康有序发展。

（一）加快煤电转型发展

继续加快推进煤电淘汰落后产能。重点关停未取得发电业务许可证和单机容量20万千瓦及以下纯凝煤电机组，启动郑州市主城区"煤电机组清零行动"。推进煤电机组节能减排综合升级改造。在2017年基础上，加大煤电机组节能减排综合升级改造规模，组织开展大型煤电机组协同处理城市污泥示范试点。推进民生热电项目建设。开工建设京煤滑浚2×35万千瓦热电项目，投产周口隆达2号、濮阳龙丰2号、商丘民生、郑州新力1号等一批高效清洁煤电项目，按照"等容量、减煤量"原则在豫南电源薄弱地区谋划储备一批电源项目。

（二）加快坚强电网建设

当前，全省经济发展稳中向好，用电增长高于预期，电动汽车充电等新兴负荷快速发展，急需统筹推进各级电网协调发展。一是持续完善500千伏主网架。加快郑州武周、南阳白河、信阳浉河等输变电工程建设，进一步缓解南阳、信阳等豫南地区局部供电"卡口"以及郑州负荷中心短路电流超标等安全隐患，重点增强郑州电网供电能力。二是重点消除220千伏骨干电网薄弱环节。增加变电站布点提升濮阳、洛阳、信阳等末端电网供电能力。三是提高城乡配电网"最后一公里"电力供应能力。增加变电站布点，解决40个乡镇全乡没有35千伏及以上变电站，特别是整个乡（镇）仅靠一条10千伏线路供电问题。四是加大电网扶贫支持力度。完成2019年计划脱贫摘帽的嵩县、汝阳县等13个县电网脱贫改造任务，确保电网扶贫提前一年完成。加快"三山一滩"等异地扶贫搬迁配套电网和光伏扶贫接入工程建设，确保迁出群众生产生活供电需要和光伏扶贫工程发挥扶贫效益。五是加快充电设施建设。推进建设集中式充电站、分散式充电桩，在郑州、洛阳、新乡等中心城市（区），开展配电网高可靠性示范区建设和充电设施配套电网建设。

（三）加快电力体制改革

2018年，河南电力体制改革将进入深水区，深层次矛盾逐步暴露，需要妥善处理、充分调动各方的积极性，稳妥有序推进电力体制改革工作。一是做好增量配电业务改革试点工作。推动第一批试点单位配电项目尽快落地，完成第二批试点单位规划和实施方案编制、业主确定等工作，实现2018年上半年增量配电业务地级以上城市全覆盖。研究制定增量配电网业务管理的指导意见，规范引导社会资本投资、建设和运营配电网。二是完善市场交易制度。制定河南省电力市场中长期交易规则，研究制定跨省跨区电力电量交易实施细则，除新能源电量外，其他入豫电量要平等参与电力市场交易，研究制定优先发电制度，发布优先发电企业名录。三是全面推进产业集聚区售电服务全覆盖工作。通过引导园区成立售电公司，或明确若干售电公司为特定合作方等方式，鼓励售电公司为产业集聚区用户提供专业化服务，基本实现售电服务全覆盖。四是加强市场信用体系建设。公开优选确定第三方征信机构，对市场主体开展备案审查，公布市场主体相关信用信息；建立黑名单制度，对列入黑名单的市场主体实施交易限制和强制性退出；对完成注册的市场主体进行抽查，在"信用河南"等网站上通报抽查结果。

（四）主动适应大气污染治理新要求

贯彻落实十九大加快生态文明体制改革的相关要求，以及中央经济工作会议坚决打赢污染防治攻坚战、助力全面建成小康的工作部署，结合电力行业发展实际，2018年河南将在电源规划、电量计划、电力交易、配电网建设等方面提前谋划、统筹协调，促进全省主要污染物排放总量大幅减少，环境质量不断改善。一是调整电源布局。明确除必要的民生热电项目外，大气污染传输通道城市不再布局建设大型燃煤发电项目，燃煤背压发电项目和其他地市规划建设大型煤电项目也要严格执行"等容量、减煤量"的原则。二是建立健全符合节能环保低碳原则的年度基础发电量分配机制。保障新能源、可再生能源机组能发尽发，非通道城市高效清洁机组、民生热电机组优先发电。三是加快提升热电联产集中供热能力。制定发展热电联产促进清洁取暖的实施意见，鼓励城市及产业集聚区周边煤电机组实施供热改造，引导10万千瓦以下抽凝机组改造为背压机组。四是继续推进"电代煤"工作。

加快"电代煤"用户电网配套工程建设，保障清洁取暖电能替代的电力需求。

（五）主动适应外电入豫增加新形势

河南省外电入豫比例持续增长，挤占省内煤电企业发电空间，增加电网调峰难度，加大电网安全运行风险，需要深入研究和积极应对。一是实施大型煤电机组灵活性改造工程。选用先进适用的技术，借鉴国内成功经验，启动一批煤电机组灵活性改造，深度挖掘现役煤电机组调峰能力。二是推进抽水蓄能电站建设。加快南阳天池、洛宁大鱼沟等抽水蓄能电站项目建设，积极推进鲁山花园沟、信阳五岳等抽水蓄能电站前期工作。三是改进外电消纳方式。加强与送端省份沟通衔接，推动送端省份煤电机组参与河南电网调峰，并与河南同类型机组平等参与市场竞争；采取有效措施，引导外电提高可再生能源电量比重。探索通道城市煤电机组与省外机组开展发电权交易试点。四是深入开展多通道"外电入豫"可行性研究。争取对河南最有利的落地电价，继续开展西北、西南"三弃电"交易，改进交易方式，扩大交易规模。

（六）主动适应可再生能源电力新发展

河南可再生能源发电跨越式发展，装机规模快速增长，需要重点解决电网接入和电量消纳问题。一是研究制定电力辅助服务市场运营规则，建立辅助服务补偿新机制，充分发挥市场机制作用，促进可再生能源电力消纳。积极推广共用升压站、共用接入线路等并网方式，确保光电、风电并网工程如期投入使用。二是研究制定并网型微电网建设实施细则，组织开展并网型微电网建设试点，在产业集聚区等地区鼓励建设以风、光发电或燃气热电冷三联供系统为基础的并网型微电网，促进分布式能源和可再生能源的就地消纳。三是研究制定可再生能源调峰机组运行管理办法，确定公布一批煤电机组为可再生能源调峰机组，给予适当发电量等政策支持，确保可再生能源发电能发尽发和电量消纳。

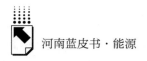
参考文献

国家能源局：《关于发布 2020 年煤电规划建设风险预警的通知》（国能电力〔2017〕106 号），2017 年 4 月 20 日。

河南省发展和改革委员会：《河南省"十三五"电力发展规划》（豫发改能源〔2017〕705 号），2017 年 7 月 3 日。

河南省发展和改革委员会：《关于合理调整电价结构有关事项的通知》（豫发改价管〔2017〕707 号），2017 年 7 月 5 日。

河南省人民政府办公厅：《河南省"十三五"煤炭消费总量控制工作方案》（豫政办〔2017〕82 号），2017 年 7 月 16 日。

河南省人民政府办公厅：《河南省推进能源业转型发展方案》（豫政办〔2017〕134 号），2017 年 11 月 14 日。

2017~2018年河南省可再生能源
发展形势分析与展望

河南能源蓝皮书课题组*

摘　要：　2017年河南省可再生能源发展迅速，装机规模突破1300万千瓦，分布式光伏发电成为重要增长点；可再生能源利用水平显著提升，全省无弃风弃光现象，利用量达到1580万吨标准煤，占全年能源消费总量的6.7%；风电、光伏发电领域技术、管理、市场化机制不断进步，地热开发稳步推进，可再生能源发展质量效益持续提升。2018年，在一系列政策利好和技术管理进步作用下，预计全省可再生能源利用量1711万吨标准煤，同比增长8.3%，占能源消费总量的比重升至7.2%，提前实现河南省"十三五"可再生能源发展规划中7%的发展目标。未来河南需进一步创新市场化机制和投资机制，加强推动技术进步和配套电网工程建设，构建能源互联网，进一步提升可再生能源高质量发展能力。

关键词：　河南省　可再生能源　能源互联网

　　当前，积极发展可再生能源已经成为推动能源转型、改善环境质量、实现可持续发展的重要力量。2017年，河南围绕打赢决胜全面小康"三大攻

---

　　* 课题组组长：余晓鹏；课题组成员：白宏坤、毛玉宾、刘永民、程昱明、李文峰、邓方钊、王江波、付科源。

坚战"、加快能源发展转型总目标，大力发展可再生能源，积极优化能源生产结构，全省可再生能源发展十分迅速，年度新增装机规模、利用量、投资等均创历史新高，可再生能源利用水平显著提升。随着国家可再生能源发展政策的陆续出台，行业发展已进入理性轨道，提质增效成为主题，河南需进一步贯彻落实党的十九大精神，着力破解制约行业发展瓶颈，推动可再生能源进入高质量发展新阶段。

一　2017年河南省可再生能源发展情况分析

2017年，在政策推动、技术进步、调度优化等因素共同作用下，河南可再生能源迎来爆发式增长，利用水平显著提升，新增可再生能源利用量占一次能源消费总量增量的比重为37.5%，成为能源增量的重要组成部分，其中分布式光伏发展提速成为年度亮点。随着技术、管理、市场不断发展，风电、光伏平价上网提上日程，大力推进光伏扶贫成为电力行业助推脱贫攻坚的重要手段，可再生能源发展也成为促进全省能源转型的重要力量。

（一）可再生能源发展实现迅速增长

1. 可再生能源发电成为省内第二大电源

2017年，全省可再生能源装机规模达到1391.2万千瓦，同比增长66.1%，比全口径电源装机增长速度快55.4个百分点，其装机规模占电源总装机容量的17.4%，同比提高5.8个百分点，成为省内第二大电源。其中，2017年风电、太阳能发电装机规模分别为233.1万千瓦、703.5万千瓦，同比分别增长124.0%、147.4%，皆实现翻番；生物质发电稳步推进，装机规模达到55.7万千瓦，同比增长10.5%（见图1）。2017年全省可再生能源完成投资140亿元，创历史新高，同比增长12%。

2015～2017年，全省风电、太阳能发电实现了跨越式增长，装机规模年均增速分别为59.9%、315.2%。2016年河南风电、太阳能发电合计新增装机规模为256.4万千瓦，对可再生能源装机增长的贡献率达到

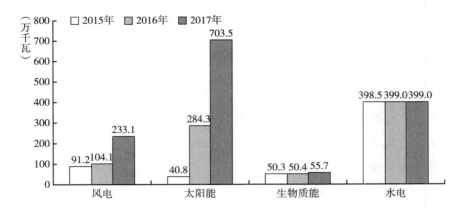

图1　2015～2017年河南省可再生能源装机情况

99.8%；2017年河南风电、太阳能发电合计新增装机规模为548.1万千瓦，新增装机规模实现翻番，对可再生能源装机增长的贡献率达到99.0%。风电、太阳能发电的跨越式增长是带动河南可再生能源装机快速增长的最主要原因。

2. 太阳能发电装机规模实现跃增

2015～2017年三年间，太阳能发电在可再生能源发电增长中的表现尤为突出。2015年全省太阳能发电装机容量仅为40.8万千瓦，小于生物质发电装机50.3万千瓦的规模，而2016年则猛增至284.3万千瓦，同比增长了243.5万千瓦，增速596.8%，对当年可再生能源发电装机增长的贡献率为94.8%；2017年全省太阳能发电装机容量又进一步达到703.5万千瓦，同比增长了419.1万千瓦，增速147.4%，对可再生能源发电装机增长的贡献率为75.7%。

3. 分布式光伏发展成为年度亮点

分布式光伏发展提速成为2017年河南可再生能源行业发展的显著特点。在普通集中式地面光伏电站指标逐步紧缩的态势下，河南省积极推进产业集聚区、公共设施及商业建筑屋顶和个人家庭建设分布式光伏发电系统，分布式、光伏扶贫、"领跑者"项目等在政策支持下成为发展主力。截至2017年底，全省分布式光伏装机达到173.5万千瓦，同比增长363.9%，增速高于集中式地面光伏249.2个百分点。

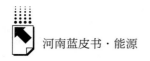

（二）可再生能源利用水平显著提升

1. 可再生能源利用量持续加大

2017 年，全省可再生能源利用量约 1580 万吨标准煤，同比增长 10.5%，占一次能源消费总量的比重为 6.73%，同比提高了 0.73 个百分点；新增可再生能源利用量占一次能源消费总量增量的比重为 37.5%，成为能源增量的重要组成部分。其中，可再生能源发电量 199.4 亿千瓦时，同比增长 34.6%；燃料乙醇产量 40 万吨，与上年基本持平；太阳能集热、生物制气及固体成型燃料等其他可再生能源利用稳步发展，利用量约 950 万吨，同比增长 5.6%。

2. 地热能开发力度进一步增强

2017 年，国家大力实施北方清洁供暖，河南省以此为契机，在全省大力推广发展地热能供暖，推进地热能开发利用，在濮阳、三门峡、周口等重点地区地热资源勘查评价基础上，依托龙头企业在濮阳清丰、三门峡陕州区、周口太康等地建设地热能集中供暖工程，全年新增地热能供暖面积 1200 万平方米，全省累计地热能供暖面积达到 5700 万平方米。

3. 可再生能源发电量大幅增加

2017 年，全省可再生能源发电量 199.5 亿千瓦时，同比增长 51.3 亿千瓦时，增速 34.6%，占全部电源发电量的 7.4%，同比增加 1.7 个百分点，新增可再生能源发电量占全省电源新增发电量的 48.0%，占全社会新增用电量的 28.9%。其中，2017 年风电、太阳能发电量分别为 30.1 亿千瓦时、44.4 亿千瓦时，同比分别增长 63.6%、286.1%，对可再生能源发电量增长的贡献率达 86.7%，新增风电、太阳能发电量占全省电源新增发电量的 41.8%，占全社会新增用电量的 25.2%，可再生能源发电尤其是风电、太阳能发电，已经成为全省新增发电量的重要组成部分。水电发电量 99.8 亿千瓦时，同比增长 7.8%，生物质发电量 25.2 亿千瓦时，同比减少 1.9%（见图 2）。

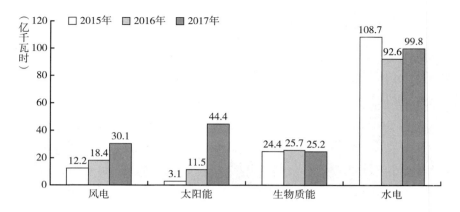

图 2　2015～2017 年河南省可再生能源发电量情况

4. 全省无弃水弃风弃光现象发生

2017 年，在全省可再生能源发电装机规模出现跃增式增长的形势下，河南电网多措并举、主动作为，通过优化接入系统方案、加强送出工程建设、完善风电光伏功率预测、加强消纳能力计算、深挖电网调峰能力、优化调度运行管理等措施，保证全省1391.2 万千瓦可再生能源电源安全可靠并网发电，2017 年全年消纳可再生能源发电量达到 199.5 亿千瓦时，无弃水弃风弃光现象出现，为大气污染防治做出了积极贡献。

5. 可再生发电利用小时数有增有降

2017 年，全省各类可再生能源发电利用小时数有增有降。其中，受三门峡、小浪底水电站来水同比增加 19.2% 影响，2017 年河南省水电利用小时数同比增加 179 小时，达到 2501 小时；在电网优化调度、全省日照时数比去年同期偏多的有利条件下，太阳能发电利用小时数同比增加 174 小时，达到 846 小时，在装机爆发式增长的情况下实现了利用效率的有效提升；全年全省平均风速约 2.42 米/秒，较上年下降约 10.7%，受此影响风电利用小时数下降明显，下降幅度 181 小时，达到 1721 小时；生物质发电利用小时数为 4684 小时，同比下降 454 小时（见图 3）。

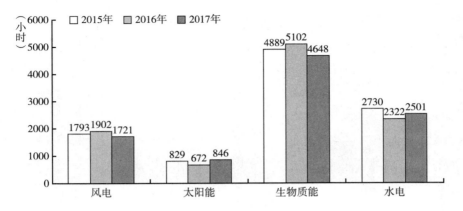

图3 2015～2017 年河南省可再生能源发电利用小时数情况

（三）风电、光伏平价上网提上日程

1. 风电、光伏平价上网可期

2017 年 11 月，国家发改委印发《关于全面深化价格机制改革的意见》，提出要进一步完善可再生能源价格机制，根据可再生能源发电技术进步和市场供求，实施风电、光伏标杆上网电价退坡机制，争取在 2020 年实现风电上网电价与燃煤发电上网电价相当、光伏上网电价与电网销售电价相当。风电、光伏平价上网提上日程，与度电成本的降低密切相关。近年来，我国风电、光伏发电开发利用技术不断进步，应用规模持续扩大，经济性显著提升，其中 I 类资源区风电价格从 0.51/千瓦时元下降到 0.47 元/千瓦时，光伏发电成本从 2011 年的 1.15 元/千瓦时下降到 2017 年 0.65～0.85 元/千瓦时。

2. 陆上风电平价上网示范先行

2017 年 5 月，国家能源局综合司印发《关于开展风电平价上网示范工作的通知》，要求各省遴选 1～2 个风电平价上网示范项目进行上报，上网电价为当地煤电标杆上网电价，示范项目不核发绿色电力证书，但确保示范项目不限电。此通知的发布，标志着风电在平价上网推进过程中已经启动，为实现 2020 年的风电平价上网目标提前示范先行。

3. 光伏标杆上网电价继续下调

2017 年，全国第Ⅰ、Ⅱ、Ⅲ类资源区的光伏标杆上网电价分别为 0.65 元/千瓦时、0.75 元/千瓦时、0.85 元/千瓦时。分布式光伏发电的补贴标准为 0.42 元/千瓦时。河南省属于第Ⅲ类资源区，2017 年光伏标杆上网价格为 0.85 元/千瓦时。

2017 年 12 月，国家发改委发布《关于 2018 年光伏发电项目价格政策的通知》，宣布降低自 2018 年 1 月 1 日之后投运的光伏电站标杆上网电价，降低后 2018 年第Ⅰ、Ⅱ、Ⅲ类资源区的标杆上网电价分别为 0.55 元/千瓦时、0.65 元/千瓦时、0.75 元/千瓦时；"自发自用、余量上网"模式的普通分布式光伏发电项目的全电量度电补贴标准由原来的 0.42 元/千瓦时调整为 0.37 元/千瓦时，降低了 0.05 元，这是自 2013 年对分布式光伏发电项目实行电价补贴政策以来的首次下调，但分布式光伏扶贫项目补贴标准仍为 0.42 元/千瓦时不变。

（四）光伏扶贫全面推进助力脱贫攻坚

围绕精准脱贫攻坚战，国家、河南省对于光伏扶贫的支持力度不断加大。2017 年 7 月河南省发改委、省扶贫办联合印发《2017 年光伏扶贫工作推进方案》，编制了全省光伏扶贫实施方案；8 月国家能源局、扶贫办联合发布《关于"十三五"光伏扶贫计划编制有关事项的通知》，要求合理选择建设模式，将村级光伏扶贫电站作为主要建设模式；11 月国家能源局发布《关于加快推进深度贫困地区能源建设助推脱贫攻坚的实施方案》，强调在下达"十三五"光伏扶贫规模计划时，对深度贫困县予以重点支持。在一系列政策助推下，全省光伏扶贫工作全面推进：纳入国家光伏扶贫重点实施范围的台前县 10.5 万千瓦光伏扶贫项目提前并网投运；开辟村级小电站并网绿色通道，全年投产扶贫光伏电站超过 5000 个，总规模 92 万千瓦，惠及贫困户约 14 万户；创新实施光伏扶贫与易地扶贫搬迁有机结合，实现 276 个有条件的易地扶贫搬迁集中安置点村级光伏小电站全覆盖。

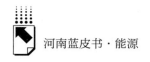
（五）可再生能源技术标准不断提高

近年来，随着技术、管理标准不断进步，新建可再生能源项目技术门槛不断提高，提升发展质量和效益成为重点。2017 年 8 月，国家能源局下发《关于提高主要光伏产品技术指标并加强监管工作的通知》，提出自 2018 年 1 月 1 日起，新投产并网运行的光伏发电项目，其光伏产品供应商应满足《光伏制造行业规范条件》要求，其中多晶硅、单晶硅电池组件的光电转换效率需分别提高至 16%、16.8%，"领跑者"项目技术指标分别提高至 17%、17.8%。2017 年 9 月，国家能源局下发《关于推进光伏发电"领跑者"计划实施和 2017 年领跑基地建设有关要求的通知》，要求技术领跑基地采用的多晶硅、单晶硅电池组件的光电转换效率分别进一步提高至 18%、18.9% 以上。

二 2018年河南省可再生能源发展形势展望

2018 年是全面深入贯彻落实党的十九大精神的开局之年，也是持续推进全省电力行业高质量发展的关键之年，作为优化能源结构、推动能源转型的重要力量，可再生能源发展面临着政策支持、技术进步、市场化革新等多项机遇，但同时也存在项目进度控制难度大、电网调峰压力上升、建设管理标准不完善等问题。2018 年，河南需进一步从市场、技术、体制等方面着手，提高可再生能源利用水平，释放可再生能源高质量发展新动能。

（一）面临机遇

1. 全省"十三五"可再生能源规划发布

2017 年 8 月，《河南省"十三五"可再生能源发展规划》发布，提出到 2020 年全省可再生能源占一次能源消费总量的 7% 以上，可再生能源发电装机达到 1454 万千瓦左右，可再生能源供热和民用燃料替代化石能源 1184 万吨标准煤左右。规划制定了各品类可再生能源建设目标，要求加快开发风能资源，有序开发太阳能资源，提升生物质能利用水平，并合理开发利用地热能，到 2020 年，风电装机规模达到 600 万千瓦以上，太阳能发电装机规模达到 500 万千瓦以上，生物质发电装机规模达到 80 万千瓦，生物质年供气 30 亿立方米，生物质成型燃料 200 万吨，生物液体燃料 100 万吨，新增地热能供暖面积 8200 万平方米。

2. 市场化手段助推可再生能源新发展

当前可再生能源发展已由规模快速扩大阶段进入市场转折期和技术提升期，充分运用市场化手段解决风电、光伏发电在资金、消纳、交易、技术、管理上的问题，已成为助推可再生能源高质量发展的重要力量。

"绿证"交易进一步完善风电、光伏发电补贴机制。2017 年 2 月国家发改委、财政部和能源局联合发布《关于试行可再生能源绿色电力证书核发及自愿认购交易制度的通知》，拟对纳入国家可再生能源电价附加资金补助目录内的陆上风电和光伏发电项目（不含分布式）核发绿色证书，鼓励各级政府机关、企事业单位、社会机构和个人在全国绿色电力证书核发和认购平台上自愿认购绿色电力证书，作为消费绿色电力的证明。试行绿色电力自愿认购交易，在一定程度上为缓解当前的可再生能源发电补贴拖欠难题提供了解决方案。企业绿色证书认购工作自 2017 年 7 月 1 日正式开始，同时根据市场认购情况，将于 2018 年适时启动可再生能源电力配额考核和绿色电力证书强制约束交易。

碳排放交易为可再生能源发展注入活力。2017 年 12 月，国家发改委发布《全国碳排放权交易市场建设方案（发电行业）》，标志着我国碳排放交易体系正式启动。碳交易市场是政府推动经济社会低碳转型的政策手段，碳交易市场的启动将促进可再生能源与化石能源的公平竞争，主要表现在三个方面：一是碳市场可提高化石能源消费的成本，改变可再生能源和化石能源的比较优势；二是碳市场赋予可再生能源项目产生的项目减排信用，为可再生能源发展提供直接激励；三是碳市场可利用收益支持可再生能源项目融资、可再生能源技术研发、可再生能源相关基础设施建设，进一步促进可再生能源发展。

解决弃水弃风弃光市场化措施不断巩固。2017 年 11 月，国家发改委发布《解决弃水弃风弃光问题实施方案》，提出实行可再生能源电力配额制，优化可再生能源电力发展布局，落实可再生能源优先发电制度，加快电力市场建设步伐，推进可再生能源电力参与市场化交易等，确保弃水弃风弃光电量和限电比例逐年下降，争取到 2020 年有效解决弃水弃风弃光问题。方案的最大亮点是将出台可再生能源电力配额制，该措施是除固定上网电价外，国家在促进可再生能源消纳方面采取的又一项激励政策，是促进新能源消纳的关键环节。配额制将使可再生能源消纳具有强制性，对于可再生能源发展具有很强的保障作用，未来配额制有望与绿证制度结合起来，形成促进可再生能源电力生产和消费的新模式。

3. 促进分布式光伏发展政策相继出台

河南省分布式光伏发展潜力巨大，拥有政府机关、居民住宅、公共建筑、产业集聚区标准化厂房等众多屋顶资源，初步测算，全省有规模化水产养殖总面积约 12 亿平方米，建筑屋顶面积 30 亿平方米，如其中 10% 的面积发展光伏发电，其装机规模可达到 4200 万千瓦。2017 年一系列有利于分布式光伏发展的政策相继出台，分布式光伏呈现爆发式增长。同年 10 月国家发改委和国家能源局联合发布《关于开展分布式发电市场化交易试点的（补充）通知》，明确了分布式发电交易的项目规模、交易模式、交易组织、消纳范围认定及"过网费"标准确定原则；12 月国家发改委发布《关于2018 年光伏发电项目价格政策的通知》，在降低光伏电站标杆上网电价的同时，保持分布式光伏扶贫项目补贴标准仍为 0.42 元/千瓦时不变，分布式光伏尤其是光伏扶贫项目面临诸多政策利好。2018 年，河南省将结合国家发展重心向分布式光伏发电调整的有利时机，积极推进利用产业集聚区、工业园区等屋顶建设分布式光伏发电应用示范，大力推广光伏扶贫，分布式光伏将延续 2017 年发展态势，并有望在增速和新增装机规模上双双超越地面光伏电站，预计新增分布式光伏发电 50 万千瓦。

4. 生物质能利用资源和技术优势明显

河南是全国重要的农业大省，农作物秸秆、畜禽粪便、城市生活垃圾等有机质资源丰富，且生物质能开发利用产业规模较大、技术成熟，具备生物质能开发利用的有利条件。目前国家已下达河南"十三五"生物质发电 73 个项目共 223 万千瓦，项目布局均已明确至县，今后一段时间全省将依托资源优势，按照国家规划布局，有序开展生物质热电联产项目建设，同时积极推动城镇生活垃圾焚烧发电进展，加快发展非粮生物液体燃料，并加快其他生物质能源开发利用，提高生物质能整体利用水平。

5. 综合能源服务，提供可再生能源发展新机遇

综合能源服务对于提升能源利用效率和实现可再生能源规模化开发具有重要支撑作用。2017 年 10 月，国家电网公司发布《关于在各省公司开展综合能源服务业务的意见》，提出做强做优做大综合能源服务业务，重点在分布式新能源发电、储能、冷热电三联供、能效诊断、节能改造等方面发力，推动由电能供应商向综合能源服务商转变。作为一种新型的满足终端客户多元化能源生产与消费的能源服务方式，开展综合能源服务业务，充分发挥多种能源的不同特性，在不同时间尺度上实现多能互补，有效解决可再生能源发电的随机性和波动性，提升可再生能源发电利用率和消纳水平。例如，2018 年计划在兰考产业集聚区建设河南电网 100 兆瓦电池储能示范工程，将储能技术与风电、光伏发电等间歇性可再生能源集成和互补利用，实现新能源出力与用电负荷间友好调节。

（二）存在问题

1. 可再生能源发电建设规模与规划脱节

根据《河南省"十三五"可再生能源发展规划》，河南省 2020 年风电规划并网目标为 600 万千瓦以上，光伏规划并网目标为 500 万千瓦以上。但从项目建设发展现状来看，无论风电或是光伏均呈现高速增长态势，存在建设规模与规划脱节、开发区域和时间过于集中、项目建设无序等问题。截至 2017 年底，全省光伏发电已提前完成"十三五"规划所设定的光伏发电装机指标，已投运光伏发电装机 703.5 万千瓦，是 2020 年规划目标的 1.4 倍；完成光伏电站接入方案评审 1107.6 万千瓦，是 2020 年规划目标的 2.2 倍；

各县发改委已完成备案光伏发电项目约 5559 万千瓦，是 2020 年规划目标的 11.1 倍。

2. 新能源大规模投运挤压火电发电空间

随着电力需求增长速度放缓、区外来电规模不断加大，近年来河南省火电机组发电利用小时数持续降低，2015 年为 4022 小时，2016 年下降至 3853 小时，2017 年进一步降低为 3824 小时，均处于较低水平。而风电、光伏发电大规模投产后，将进一步压减火电机组发电空间，全省火电利用小时数将继续下降，预计 2018 年全省火电机组发电利用小时数仍将处于 3800 小时左右。随着可再生能源装机快速发展，火电在电力系统中的角色将逐渐转变，将由主力基荷电厂转变为以调峰运行为主，以优先满足可再生能源发电消纳利用。

3. 新能源集中区域电网运行压力增大

随着可再生能源大规模并网，电网运行特性发生转变，运行压力持续增大。一是主网运行方式趋于复杂。在安阳、鹤壁、濮阳等风电、光伏集中区域，低谷负荷时由于新能源大发，电力盈余需进行外送，电网输送断面电力流向为北电南送；而在夏季大负荷时段由于出现电力缺额，输送断面电力流向反转为南电北送，新能源的大规模并网使得电网运行方式日益复杂。二是有源配网带来电压控制和线路过载问题。分布式光伏大规模接入配电网后，配电网由原来简单的单电源辐射网络变为复杂得多电源网络，导致配电网的双向潮流，当分布式电源出力较大、负荷需求较小时，过剩的电力潮流从低电压等级向较高电网层面流动，引起电压升高、电压越限，有时反向潮流甚至产生线路过载。三是分布式光伏电站通信通道建设不同步给调度运行带来困难。按照《分布式电源接入配电网设计规范》，接入 10 千伏/35 千伏等级的分布式电源应该纳入县公司调度中心调度运行管理，而实际运行中由于缺乏经济可靠的通信媒介，只上传了发电量信息，接入 10 千伏/35 千伏分布式电源还处于"盲调"状态，给调度运行带来困难。

4. 新能源出力致使春秋季腰荷调峰困难

从季度时间尺度来看，春秋季河南用电负荷相对较低，但新能源处于大发季节；从日时间尺度来看，春秋季午间腰荷时段省网负荷整体水平较低，但新能源尤其是光伏出力较大。在春秋季腰荷时段，虽然省网负荷大于后半夜低谷时段，但考虑到白天吸收外电大于后夜且基本不参与调峰，一旦光伏大发，公用火电机组需减出力配合调峰，可能造成公用火电机组出力反而比后半夜低谷时段出力更低的情况，给全省腰荷时段调峰带来巨大压力。

5. 分布式光伏建设管理标准仍不完善

河南省台前县为国家级光伏扶贫工程重点县，为全省其他区域发展分布式光伏提供了经验积累，但同时也出现了一些管理问题亟须解决。一是电网接纳能力缺乏统一计算方法。台前目前原则上以接入的光伏不能超过所在台区日最小负荷作为接入上限，以避免潮流倒送，但该原则为最保守情况下的电网接纳能力，不能最大限度消纳新能源出力。二是接入方式缺乏统一标准。由于台前县光伏扶贫工作开展较早，不同容量光伏电源接入并没有严格按照电网公司典型设计开展执行，如20～200千瓦装机的分布式光伏应以专线形式接入380伏低压配电网，但台前县光伏扶贫项目较多是以 T 接方式接入。三是缺乏运行管理经验。当分布式光伏容量大于台区日最小负荷时将出现潮流倒送情况，其反送电量无法计入系统，致使台区线损不能正确统计，已经有多个台区出现因电采系统不精准而导致线损忽高忽低，甚至出现负值。

（三）发展展望

2017 年，河南可再生能源尤其是风电、太阳能发电发展迅猛，同时规划管理、市场机制、行业标准不断完善，发展趋于理性。今后一段时期，风电、太阳能发电等可再生能源将由规模快速扩大阶段进入市场转折期和技术提升期，河南需进一步把握可再生能源发展的难得历史机遇，从市场、技术、体制等方面着手破解存在问题，加快促进可再生能源发电技术进步、产业升级和成本下降。

供应方面，可再生能源发展有望继续保持较快增长态势。风电方面，将按照"山地优先、平原示范"的原则，在 4 个风资源集中区域大力建设百万千瓦级山地风电基地，同时扎实稳妥推进平原风电和分散式风电示范，保障风电行业良性发展。光伏方面，新增建设规模将以光伏扶贫和领跑者基地为主，结合实施乡村振兴战略，探索村级光伏电站建设新模式。生物质发电方面，将按照国家下达布局，以热电联产形式开展核准及建设工作。地热方面，将有序开发，以点带面，加速推进。预计 2018 年新增可再生能源发电装机 210 万千瓦左右，其中，新增风电装机 110 万千瓦，新增光伏发电装机 100 万千瓦（光伏扶贫并网规模 50 万千瓦），新增地热供暖面积 2000 万平方米，全年完成可再生能源投资 153 亿元。

利用方面，"十三五"能源结构调整目标有望提前实现。当前可再生能源已经成为河南能源增量的重要组成部分，结合经济、能源发展形势，预计 2018 年全省可再生能源利用量 1711 万吨标准煤，同比增长 8.3%，占能源消费总量的比重达到 7.2%，提前实现《河南省"十三五"可再生能源发展规划》中 7% 的发展目标，能源结构进一步优化。其中，全省可再生能源发电量预计达到 215 亿千瓦时，同比增长 7.8%，地热供暖、太阳能光热、生物制气及固体燃料等其他可再生能源利用形式利用量约 1000 万吨，同比增长 8.7%。

三 河南省可再生能源发展对策建议

面对可再生能源发展新形势、新问题、新矛盾，河南需进一步把握可再生能源行业发展规律，从市场、投资、技术、消纳、运营等全方位角度出发，创新市场机制，创新投资机制，推动技术进步，加强电网配套，创新能源互联模式，为全省可再生能源高质量发展注入新动力。

（一）创新市场机制，增强可再生能源发展动力

适应可再生能源发展新形势，综合运用电力市场化交易、碳排放交易、"绿证"交易等手段，按照经济规律扩大可再生能源利用。电力市场化交易方面，积极推进分布式发电市场化交易，使得接入配电网的中小型可再生能源

发电设施可就近交易和利用，在充分利用分散的可再生能源资源的同时，使就近的企业、居民等获得低价绿色电力。碳排放交易方面，激励企业加大清洁能源开发力度，通过碳约束倒逼电力生产结构优化，使可再生能源发电在经济上更有竞争性，加快可再生能源发电量替代高碳能源发电量。"绿证"交易方面，积极开展相关研究工作，持续关注绿色证书发放及自愿交易机制等政策走向，适应市场新机制，做好后续绿色证书强制交易的相关政策储备。

（二）创新投资机制，扶贫和惠民工程共享

创新可再生能源投资模式，鼓励风电、光伏发电、生物质能等可再生能源，尤其是分布式能源投资主体多元化，探索村集体、农村经济组织等以土地入股，地方政府予以适当投资补助的方式，参与可再生能源开发项目投资，使可再生能源在实施乡村振兴战略中发挥重要作用。发挥可再生能源的扶贫效果，扎实推进光伏扶贫建设，优先在深度贫困地区布局可再生能源开发项目，促进全面建设小康社会脱贫攻坚任务的完成。建立健全水电开发利益共享机制，进一步完善库区征收补偿政策，提高移民群众从水电开发中共享发展成果的获得感，促进水电库区地方经济发展。

（三）推动技术进步，促进风电、光伏平价上网

风电方面，结合河南风能资源条件和风电产业新技术应用条件，推进风电平价上网示范，实现到2020年风电项目电价可与燃煤发电同平台竞争。光伏方面，进一步推进"光伏领跑者"基地建设，提高"光伏领跑者"基地技术要求，引领光伏发电技术进步和市场应用，以"光伏领跑者"领先技术应用倒逼光伏全产业技术进步。指导"光伏领跑者"基地开展项目优选、组织建设等工作，高标准推进南阳南水北调渠首石漠化综合治理、平顶山资源型城市转型发展"光伏领跑者"基地规划编制工作。

（四）加强电网配套，提升可再生能源消纳能力

结合河南电网发展规划，加快推进实施500千伏塔铺变至卫铺变线路新

建工程、豫西外送断面加强工程等前期进度，早日开工建设，从而提高电网输送能力，提升全省尤其是豫西、安阳、鹤壁、濮阳等地区可再生能源消纳能力，保证可再生能源全额消纳，并为后续可再生能源发展建设留足裕度。

（五）构建能源互联网，提升可再生能源发展质效

积极推进兰考能源互联网试点建设，打造"源－网－荷－储"协调发展、集成互补的农村能源互联网，研究制定兰考 45.4 万千瓦光伏发电、75 万千瓦风电并网消纳方案，推动未来兰考新增能源需求全部由清洁能源就地供应，风光等可再生能源发电量占全社会用电量 90% 以上。构建能源互联网示范体系，为开展能源互联网建设提供技术支撑，鼓励电力公司开展综合能源服务业务，做好分布式发电、储能、多能互补、清洁供暖、绿色交通和相关配套电网建设，促进可再生能源质效提升。

参考文献

国网河南省电力公司：《河南省"十三五"主网架规划》，2016 年 1 月。

国家发展改革委：《关于调整新能源标杆上网电价的通知（征求意见稿）》，2016 年 9 月。

国家发展改革委：《关于调整光伏发电陆上风电标杆上网电价的通知》（发改价格〔2016〕2729 号），2016 年 12 月。

国家能源局：《2017 年能源工作指导意见》（国能规划〔2017〕46 号），2017 年 2 月。

中共中央、国务院：《关于深入推进农业供给侧结构性改革加快培育农业农村发展新动能的若干意见》，2017 年 2 月。

国家发改委、财政部和能源局：《关于试行可再生能源绿色电力证书核发及自愿认购交易制度的通知》（发改能源〔2017〕132 号），2017 年 2 月。

国家能源局：《关于开展风电平价上网示范工作的通知》（国能综通新能〔2017〕19 号），2017 年 5 月。

国家能源局：《关于可再生能源发展"十三五"规划实施的指导意见》（国能发新能〔2017〕31 号），2017 年 7 月。

河南省发改委、省扶贫办:《2017 年光伏扶贫工作推进方案》(豫发改能源〔2017〕789 号),2017 年 7 月。

国家能源局、工信部、国家认监委:《关于提高主要光伏产品技术指标并加强监管工作的通知》(国能发新能〔2017〕32 号),2017 年 8 月。

国家能源局、国务院扶贫办:《关于"十三五"光伏扶贫计划编制有关事项的通知》(国能发新能〔2017〕39 号),2017 年 8 月。

河南省发改委:《河南省"十三五"可再生能源发展规划》(豫发改能源〔2017〕916 号),2017 年 8 月。

国家能源局:《关于加快推进深度贫困地区能源建设　助推脱贫攻坚的实施方案》(国能发规划〔2017〕65 号),2017 年 10 月。

国家能源局:《关于加快推进深度贫困地区能源建设助推脱贫攻坚的实施方案》(国能发规划〔2017〕65 号),2017 年 11 月。

国家发改委:《关于全面深化价格机制改革的意见》(发改价格〔2017〕1941 号),2017 年 11 月。

国家发改委、国家能源局:《解决弃水弃风弃光问题实施方案》(发改能源〔2017〕1942 号),2017 年 11 月。

国家发改委:《全国碳排放权交易市场建设方案(发电行业)》(发改气候规〔2017〕2191 号),2017 年 12 月。

B.8
2017~2018年河南省生物质能源发展形势分析与展望[*]

河南能源蓝皮书课题组[**]

摘　要： "十三五"时期可再生能源的发展已成为能源行业发展的重要方向。河南省是我国的农业大省，生物质资源极其丰富。生物质能源产业的发展，对促进农村能源革命、生态文明建设以及农民增收、农业发展具有重大意义。报告从河南省生物质能源发展总体现状出发，研究了生物质能源发展的潜力，总结了河南省生物质能源发展存在的问题，分析了2017年河南省生物质能行业的发展情况及未来的发展趋势，提出了适合河南省生物质能源发展的对策和建议，为河南省生物质能源产业化发展及高效利用提供参考。

关键词： 河南省　生物质能源　能源结构

综观国内外能源消费，生物质能源（简称生物质能）是仅次于煤炭、石油、天然气的第四大能源，在整个能源系统中占有非常重要的地位；而且

---

* 基金项目：本报告研究得到中国工程院重大咨询研究项目"中部地区生态文明建设及发展战略研究"（2017 - ZD - 09 - 03 - 02）和中国工程院重大咨询研究项目"中国农村能源革命与分布式低碳能源发展"（2016 - ZD - 14 - 01）、"用于太阳能电池基体透明高强度纤维素纳米纸的微观结构调控技术研究"〈152102210380〉、"纳米纤维素高效制备及其功能复合材料制备和应用〈172012310479〉"、"新型纳米纤维素基海藻酸盐复合材料的制备及在水处理方面的应用"〈172102310189〉支持。

** 课题组组长：雷廷宙；课题组成员：李学琴、王志伟、陈高峰、陈峡忠、何晓峰、张孟举。

也是六种可再生能源中唯一可以收集、储存、运输和固定碳的可再生能源。河南是农业大省、畜牧大省，农业剩余物资源量居全国第一，但是河南省能源结构主要表现为煤炭占比较高，石油天然气占比偏低，可再生能源等新能源开发利用程度不高。报告从河南省生物质能源发展总体现状出发，阐述近20年来河南省的主要农林作物生产状况、生物质资源量及开发利用情况，研究了河南省生物质能源未来的发展潜力，总结了河南省生物质能源发展存在的问题，对2017年河南省生物质能行业的发展情况及未来生物质能行业的发展趋势进行了分析，提出适合河南省省情的生物质能源发展的对策和建议。

一 河南省生物质能源发展总体情况

河南省是我国的人口大省、农业大省，生物质资源极为丰富。2016年底，河南省全省总人口数10722万人，其中农村人口为5781万人，占总人口的54%，全省农作物播种面积14425千公顷。生物质能原料来源比较广泛，有农业剩余物、林业剩余物、畜禽粪便、工业有机废弃物、城市有机垃圾、能源植物等。农业剩余物是指主要农作物的副产品，包括稻谷、小麦、玉米、其他谷类、大豆、绿豆、花生、油菜籽、芝麻、棉花、麻类、烟叶等；林业剩余物是指林地生产和林业生长过程中剪枝和采伐而产生的剩余物。河南省农作物秸秆资源实物总蕴藏量较大，生物质秸秆资源分布不均匀。从生物质秸秆蕴藏潜力来看，蕴藏潜力量较大的是南阳、周口、驻马店三市，生物质秸秆总数占全省的35.3%；其次是商丘、信阳、新乡、安阳、开封和许昌等市；生物质秸秆分布较少的地区是鹤壁、三门峡、济源等市。从生物质资源利用角度来看，河南省秸秆生物质资源可利用量最大的是周口和驻马店两个地区，其可利用量约占全省可利用总量的1/4；其次是南阳、商丘、信阳、新乡和安阳五个地市；济源市生物质资源可利用量最少，仅占全省可利用总量的0.03%。

（一）河南省生物质资源概述

1. 从整体看，河南省生物质资源开发潜力巨大

河南省农业剩余物资源量丰富，可开发潜力巨大。吴作明等在2014年总结了河南省农业剩余物生物质可用于能源资源的理论可获得量总计为$9.3×10^7$t，其中秸秆资源量为$1.1×10^7$t，养殖资源量为$8.2×10^7$t。表1列出了河南省1996~2016年的主要农作物产品产量，表2列出了河南省1996~2016年林业生产情况，数据分别来自《河南省统计年鉴》（1997~2016），根据这20年农产品产量数据和林业生产情况可知，河南省农林业废弃物量极其丰富。

2. 从空间看，河南省生物质资源具有明显地域性

河南省生物质的能源资源量在各地分布差异较大，具有明显的地域性。河南省生物质资源量从西南向东北以及中南向西北区域呈现逐渐减少的趋势。吴明作等在2014年计算得到了河南省农林生物质能源资源密度，其分布格局见表3；各地区生物质资源量统计特征见表4。

通过表3可知，各个市的资源量与资源密度的空间分布格局并不完全一致，这主要是由于总资源量与土地面积的差异引起的。对受运输距离限制较大的秸秆资源量而言，全省的资源密度为64.53吨/平方公里，超过90吨/平方公里的城市有鹤壁市、焦作市、濮阳市、许昌市、漯河市、商丘市、周口市。根据河南省当地生物质发电需求，除了鹤壁市、焦作市、濮阳市、许昌市、漯河市、商丘市、周口市可建设2.5万千瓦的发电装机以外，其他地区均可建设0.6万千瓦的发电装机，而总量丰富的南阳市、信阳市因其面积较大而资源密度较小，亦可建设乙醇企业等。若能同时使用养殖剩余物，则相应的生物质能利用规模可扩大，布局也相应改变，但需要相应的利用技术作为支撑。

3. 从时间看，河南省生物质资源量具有一定波动

分年度来看，河南省生物质资源量具有一定的波动性，在开发利用地区生物质资源时，应充分考虑到年度农业剩余物总量变化的影响。由表4可知各地区的生物质资源量，无论是秸秆、养殖资源量还是总量，其变异系数分别在8.6～32.7、13.3～29.8、11.2～28.6。秸秆资源量中信阳市最大值与平均值、最大值与最小值的比值最高，分别为1.72与3.67；养殖资源量中最大值与平均值、最大值与最小值比值最高的分别为2.04（信阳市）与3.44（驻马店市）；资源总量中最大值与平均值、最大值与最小值比值最高的分别为2.00（信阳市）与3.30（驻马店市）。

4. 从全国看，河南生物质资源开发利用水平居前列

河南省生物质能开发利用起步较早，其开发利用技术主要涵盖了生物质成型燃料、生物质液体燃料、生物质气体燃料和生物质发电等方向，涉及燃料乙醇、纤维乙醇、沼气、成型燃料、生物柴油、生物质发电等。2004年在全国率先实现了乙醇汽油的全覆盖，成功创造了乙醇汽油推广的"河南模式"。目前河南省生物质能在利用技术及规模水平方面基本走在了全国的前列，其中燃料乙醇、沼气和秸秆成型燃料等技术和装备居国内领先地位，有一批在生物质能源研发方面具有较强实力的科研机构和高校，从事生物质能研发和产业推广的企业上百家。截至2013年，生物质能产品总产值超过100亿元，折合标煤达420多万吨。

近年来河南省生物质能研究整体技术水平达到国内先进，部分技术达到国内领先和国际先进水平，在生物质能源转化和利用方面取得多项成果，获得了国家科技进步二等奖、河南省科技进步一等奖、国家能源科技进步奖、国家专利发明奖等多项国家和省部级奖励，为河南生物质能源规模化利用和产业发展以及河南农村能源革命提供重要的技术支撑。

（二）河南省生物质能源发展潜力分析

谷草比是估算生物质能源资源储量的关键，因为不同年份生长条件和技术条件不同，导致谷草比在不断变化。本文参考现有文献中关于河南省的谷草比（见表5）及国内同类研究林业剩余物的折算系数（见表6）来估算河南省生物质资源储量。

表1 1996～2016年河南省主要农作物产品产量

单位：万吨

种类	1996年	1997年	1998年	1999年	2000年	2001年	2002年	2003年	2004年	2005年	2006年
稻谷	314.8	342.9	369.7	333.0	318.8	202.7	202.7	240.2	358.2	359.8	404.6
小麦	2026.8	2372.4	2073.5	2291.5	2236.0	2299.7	2248.4	2292.5	2480.9	2577.7	2936.5
玉米	1038.3	807.7	1096.3	1156.6	1075.0	1151.4	1189.8	766.3	1050.0	1298.0	1541.8
其他谷类	37.5	20.6	33.3	32.2	40.0	51.1	52.5	47.0	48.5	41.3	25.9
大豆	91.1	95.2	112.1	115.2	115.8	107.6	97.8	56.7	103.5	58.1	67.8
绿豆	3.7	3.0	4.4	3.7	13.1	9.4	12.0	7.1	8.9	10.0	6.5
花生	218.6	218.3	258.8	292.9	335.9	295.1	336.2	228.2	306.3	338.3	353.1
菜籽	41.1	42.0	339.	31.4	33.8	42.6	56.0	69.8	78.1	87.8	79.2
芝麻	18.2	15.5	19.1	24.5	22.0	23.9	27.6	11.0	22.7	22.1	25.8
棉花	73.6	79.0	72.8	70.7	70.4	82.8	76.5	37.7	66.7	67.7	81.0
麻类	11.2	13.7	7.7	4.9	3.6	2.4	5.4	3.3	3.7	3.8	4.1
烟叶	27.7	41.6	31.1	28.4	27.6	32.0	27.5	21.8	25.8	28.8	23.0

种类	2007年	2008年	2009年	2010年	2011年	2012年	2013年	2014年	2015年	2016年
稻谷	436.5	443.1	451.0	471.2	474.5	492.5	485.8	528.6	531.5	542.2
小麦	2980.2	3051.0	3056.0	3082.2	3123	3177.4	3226.4	3329	3501	3466
玉米	1582.5	1615.0	1634.0	1634.8	1696.5	1747.8	1796.5	1732.1	1853.7	1753
其他谷类	24.2	17.2	18.8	18.9	14.1	13.8	14.0	15.0	16.4	18
大豆	85.0	88.7	86.0	86.4	88.0	78.1	72.9	54.6	49.9	50.6
绿豆	5.9	6.9	6.4	6.4	6.5	6.0	5.4	4.1	3.6	3.7
花生	373.6	384.6	412.6	427.6	429.8	454.0	471.4	471.3	485.3	509.2
菜籽	85.9	97.1	93.1	88.9	77.3	87.6	89.8	86.4	86.1	81.7

续表

种类	2007年	2008年	2009年	2010年	2011年	2012年	2013年	2014年	2015年	2016年
芝麻	22.3	22.2	26.2	23.2	24.1	26.8	26.9	25.9	27.3	27.2
棉花	75.0	65.1	51.8	44.7	38.2	25.69	19.0	14.7	12.6	10.1
麻类	4.8	4.4	4.6	3.9	4.4	3.7	3.7	2.9	2.9	2.7
烟叶	23.9	26.7	29.7	28.8	29.3	30.7	34.7	30.0	28.9	28.3

注：其他谷类包括高粱、谷子和大麦。

表 2　1996～2016 年河南省林业生产情况

单位：万吨

种类	1996年	1997年	1998年	1999年	2000年	2001年	2002年	2003年	2004年	2005年	2006年
人工造林面积/千 hm²	306.7	108.5	179.4	201.8	206.5	117.6	238.8	300.2	260.4	173.4	155.3
幼林抚育面积/千 hm²	784.9	890.7	488.7	538.5	978.0	989.7	1059.9	1139.2	1033.5	1239.0	1278.6
成林抚育面积/千 hm²	429.5	534.8	593.2	573.6	694.86	47.8	751.9	850.7	874.5	959.9	1219.6
木材采伐量/万 m³	305.0	315.0	315.0	324.8	306.0	328.0	318.0	60.0	59.6	55.9	198.0
竹材采伐量/万根	41.9	59.0	68.0	71.0	158.0	198.6	236.0	44.7	40.0	506.5	36.0

种类	2007年	2008年	2009年	2010年	2011年	2012年	2013年	2014年	2015年	2016年
人工造林面积/千 hm²	41.4	320.8	382.1	211.5	193.5	206.0	253.1	260	154.8	97.7
幼林抚育面积/千 hm²	1868.2	1080.0	1066.7	973.2	586.7	768.5	324.0	349.1	—	—
成林抚育面积/千 hm²	1333.3	1188.7	1160.8	951.2	710.2	514.7	400.7	264.6	217.1	300.4
木材采伐量/万 m³	131.0	151.6	110.3	149.7	279.0	278.5	243.1	228.8	228.9	274
竹材采伐量/万根	40.7	55.0	451.2	76.5	167.5	159.8	125.9	151.4	153.9	154

注：数据来源《河南省统计年鉴》（1997～2016）。

表3　河南省农林生物质能源资源密度

单位：吨/平方公里

城市	全省	郑州市	开封市	洛阳市	平顶山市	安阳市	鹤壁市	新乡市	焦作市	濮阳市	许昌市	漯河市	三门峡市	南阳市	商丘市	信阳市	周口市	驻马店市	济源市
秸秆资源	64.53	49.55	85.51	29.64	48.89	86.48	98.66	87.40	96.85	106.54	109.13	121.11	12.03	44.02	103.78	39.53	111.26	77.82	24.36
养殖资源	492.37	326.68	751.44	268.43	562.78	316.63	399.96	473.84	565.76	562.63	784.40	691.53	164.23	511.69	832.86	250.66	776.49	663.26	203.96
总资源	556.90	376.23	836.95	298.07	611.67	403.10	498.62	561.24	662.61	669.17	893.53	812.65	176.26	555.72	936.64	290.20	887.76	741.08	228.33

表4　河南省各地区生物质资源量统计特征

单位：万吨

城市	秸秆资源量				养殖资源量				总量			
	平均值	变异系数	最大值/平均值	最大值/最小值	平均值	变异系数	最大值/平均值	最大值/最小值	平均值	变异系数	最大值/平均值	最大值/最小值
全省总计	1071.50	16.6	1.23	1.68	8176.03	13.7	1.29	1.66	9247.54	12.5	1.27	1.62
郑州市	36.89	8.6	1.10	1.31	243.25	14.9	1.23	1.59	280.15	13.3	1.21	1.55
开封市	53.58	14.4	1.19	1.71	470.85	20.0	1.29	2.03	524.43	18.4	1.26	1.91
洛阳市	45.08	18.0	1.20	1.89	408.23	19.7	1.32	1.90	453.31	18.8	1.30	1.88
平顶山市	38.54	15.8	1.20	1.89	443.58	29.3	1.59	2.88	482.12	28.0	1.55	2.66
安阳市	64.11	16.0	1.22	1.50	234.71	15.5	1.20	1.55	298.82	15.0	1.20	1.51

续表

城市	秸秆资源量				养殖资源量				总量			
	平均值	变异系数	最大值/平均值	最大值/最小值	平均值	变异系数	最大值/平均值	最大值/最小值	平均值	变异系数	最大值/平均值	最大值/最小值
鹤壁市	21.53	15.2	1.20	1.63	87.27	22.9	1.27	2.03	108.80	20.8	1.25	1.91
新乡市	71.40	13.2	1.21	1.46	387.08	17.9	1.33	1.79	458.47	16.4	1.29	1.66
焦作市	39.43	11.0	1.14	1.48	230.32	22.0	1.28	2.06	269.75	18.7	1.24	1.85
濮阳市	44.62	13.4	1.18	1.57	235.63	17.2	1.28	1.95	280.25	15.0	1.24	1.76
许昌市	54.52	9.5	1.14	1.38	391.89	20.4	1.27	2.24	446.41	18.2	1.22	2.03
漯河市	31.70	15.7	1.18	1.64	180.97	15.0	1.20	1.77	212.67	14.1	1.19	1.68
三门峡市	12.63	18.5	1.23	1.85	172.38	24.6	1.44	2.23	185.01	23.6	1.42	2.14
南阳市	117.10	19.7	1.27	1.73	1361.11	27.9	1.53	2.17	1478.20	25.2	1.50	2.02
商丘市	111.09	19.8	1.23	2.07	891.50	13.3	1.18	1.56	1002.58	11.6	1.18	1.54
信阳市	74.82	32.7	1.72	3.67	474.38	29.8	2.04	2.57	549.20	28.6	2.00	2.54
周口市	133.06	19.4	1.24	2.09	928.61	14.2	1.17	1.48	1061.67	11.2	1.16	1.37
驻马店市	116.73	29.4	1.39	2.77	994.89	19.8	1.20	3.44	1111.62	19.8	1.20	3.30
济源市	4.70	14.7	1.28	1.64	39.39	14.9	1.23	1.89	44.09	12.3	1.19	1.66

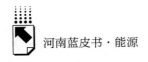

表5　河南省主要农作物谷草比

农作物	稻谷	小麦	玉米	其他谷类	大豆	绿豆	花生	油菜	芝麻	棉花	麻类	烟叶
谷草比	1	1.1	1.5	1.6	1.6	2	0.8	1.5	2.2	9.2	1.7	1.6

表6　河南省各类林业剩余物的折算系数

林业工作	造林截杆	幼林抚育	成林抚育	木材采伐	竹材采伐
折算系数	2.5t/hm²	0.5t/hm²	0.72t/hm²	0.45t/m³	0.005t/根

生物质资源潜力由农林剩余物资源储量指标表示，生物质资源储量为各种农作物产量与谷草比乘积以及林业剩余物与折算系数乘积的总和。根据表1、表2、表5和表6求得河南省1996～2016年不同年份的资源储量（见表7）。由表7可知2017年河南省生物质资源储量为10386.1万吨，与2014年相比吴作明等总结出河南农林生物质资源量9300万吨相比，在两年时间里河南省农林剩余物储藏量增加了1086.1万吨，农林剩余物资源量及发展潜力巨大。

表7　1996～2016年河南省生物质能源资源潜力

单位：万吨

年份	1996	1997	1998	1999	2000	2001	2002	2003	2004	2005
资源量	6152.8	6167.6	6283.0	6584.7	6448.2	6613.8	6633.8	5459.7	6683.3	7149.5

年份	2006	2007	2008	2009	2010	2011	2012	2013	2014	2015	2016
资源量	8136.7	8285.3	8370.3	8326.0	8269.8	8964.4	9009.7	8880.3	8778.8	8668.1	10386.1

二　河南省生物质能源发展利用存在的问题

根据"十三五"能源发展规划，我国在2020年需要将非化石能源的比重提高至15%以上，大力提高天然气的消费及清洁能源高效替代，降低散烧煤的利用。为了实现我国能源规划，以农业和人口著称第一的河南省的能源结构亟待优化，河南省生物质能源技术发展虽然较好，在实现清洁低碳能源发展等方面也取得了一些突破，但生物质能源整体发展和利用方面仍存在滞后现象，许多问题仍亟待解决。

（一）生物质能源资源利用率低

河南省农村能源主要以生物质能源和煤为主，这两种能源超过了农村能源使用量的60%以上，生物质能源仍然是农村能源消费的主要组成部分。但由于河南省能源结构不合理、能源分布不均衡，农村能源的资源优势仍然没有得到充分的利用开发。生物质资源利用的一个突出特点是要因地制宜，要结合当地可再生能源资源的分布情况进行高效开发利用。秸秆作为能量密度低、分散广的资源，不宜收集和存储，这就增加了秸秆等生物质资源的收集成本；随着河南经济的快速发展，商品能源在农村使用越来越广泛导致大量秸秆等生物质被直接燃烧，减少了利用量。另外，河南省农作物一年两熟，在收获季节和种植下茬作物时需要及时清理田间地头，如果大量的农作物秸秆没有及时清理出去，就会占用耕地影响下一季的农业生产，这就造成了大部分的秸秆和薪材等生物质能源被丢弃、随意焚烧，引起大气污染，致使生物质资源造成极大浪费。

（二）生物质能源资源利用途径有限

目前河南省生物质秸秆资源的利用方式还是比较传统。崔保伟等在研究河南省农作物秸秆资源综合利用现状及对策时指出，河南省具有代表性的南阳市秸秆直接燃烧量占到该市总量的61%，三门峡、南阳秸秆直接作为饲料均占该市总量将近20%；其他地市也都存在不同程度的直燃、直饲，这些数字表明河南省生物质资源的利用途径有限，也是产生秸秆随意焚烧现象的主要原因。

（三）生物质能源资源利用技术水平落后

我国最先对生物质能源的利用是从沼气开始，最近几年热解液化等技术的开发应用逐渐受到生物质行业等许多专家的重视，目前已经取得了阶段性的突破和成果；但与国外生物质开发利用技术相比，还存在很大的差距。随着社会进步和人们对产品质量的要求，利用传统技术开发生物质能已经不能满足日益进步的社会需求。利用不断创新的新技术来实现生物质能开发利用及规模化生产显得极为重要，从而促进生物质能的高效开发利用。因此，发展适合河南省省情的生物质能源技术，依靠资源优势和科研平台重点研发生物质成型燃料技术、餐厨废油转化生物柴油技术、大中型沼气技术、纤维素乙醇技术、纤维素酯类车用燃料技术等，突破技术瓶颈，掌握核心技术，大力推进产业发展。

（四）生物质能源资源开发利用成本过高

能量密度较低的生物质原料没有形成完善的收集、运输、生产体系，生物质材料收集运输过程会消耗大量的人力，招来的劳动力贵等原因导致生产效率下降，造成生物质资源收集、运输成本过高。同时受传统能源煤炭价格的影响，煤炭价格忽高忽低对生物质能源产业运行产生很大的影响，在煤炭价格下降到一定程度时生物质产业就出现亏损，等煤炭等能源价格重新上升时企业或许已经亏损倒闭。

三　近期河南省生物质能源行业发展情况分析

由于数据的局限性，对全省生物质资源利用情况进行统计分析存在一定的难度。报告对以河南省兰考县、永城市等为代表的典型市县生物质能源进行了调查，作为样本来分析近期河南省生物质行业发展情况。

（一）生物质能源利用初具规模

河南省兰考县拥有丰富的农林资源，是著名的"泡桐之乡""瓜果之乡"，蔬菜、树莓、桑蚕、食用菌、莲藕、小杂果等特色生态农业发展迅速。

兰考县生物质秸秆资源丰富。根据调研显示，兰考县年粮食产量54万吨，年产秸秆量42万吨左右；另外，兰考县2015年林木覆盖率达到26.1%，全县造林面积1.5万亩。尤其适合规模化生物质清洁能源工程的建设，可为生物天然气生产提供稳定的原材料来源。兰考县规划在13个乡镇建设16个生物质天然气能源站，每个能源站日产沼气2.5万立方米，提纯生物天然气1.1万立方米，0.6万立方米沼气。同时，项目产生的沼渣和沼液，还可以生产成有机肥，另外规划建设500千瓦沼气发电装置，发电余热配套发展集装箱养鱼项目，形成以农业生产等生物质资源和畜禽养殖等有机废弃物为原料，采用先进技术工艺在乡镇和村庄建设不同规模的大中型沼气生产装置，制取生物天然气和有机肥，实现农作物秸秆的全量化利用（见图1）。目前，兰考县生物质资源利用的企业已成立5家，这些企业建设项目投资在2亿元左右，每年在兰考及周边地区收购农作物秸秆、花生壳、树皮及树枝等农林废弃物35万吨。在河南省全省已形成多家规模较大的生物质资源利用企业。

图1　兰考县代表性的生物质资源利用企业

2015年河南永城市秸秆、畜禽养殖业废弃物、林业废弃物和蔬菜垃圾等生物质资源总量为268.1万吨，可供应总量为187.6万吨，其中秸秆量106.5万吨、畜禽养殖业废弃物（干重）28.1万吨、林业废弃物42万吨、蔬菜垃圾10.3万吨。在农村能源革命示范区建设规划的迫切需求下，目前永城市已有大中型的生物质能开发利用工程建立。同时，根据规划，在进一步提高秸秆和畜禽粪便集成收集水平的基础上，到2025年力争在永城市共布局建设20个大型生物天然气工程。年产生物天然气14400万立方米，年发电34560万千瓦时，年生产沼渣肥100万吨。

（二）生物质能源利用整体效益显著

根据实地调研兰考县某生物质资源利用企业，该项目投资 2 亿元，建成后可每年在兰考及周边地区收购农作物秸秆、花生壳、树皮及树枝等农林废弃物 35 万吨，为兰考地区农民创收 8000 多万元，每年碳减排 21.6 万吨 CO_2 当量，生物质秸秆燃烧后的草木灰用于农作物化肥，过滤废渣每年 2 万吨全部由兰考当地建筑材料公司回收用于生产混凝土多孔环保砖。在农业秸秆、树皮、树枝等农林废弃物收储、运输、经营等环节共解决和涉及农村产业链用工 1060 人左右，涉及贫困人口 224 人，解决了就业压力和促进农民增收。这不仅可促进生物质等行业的生产发展，实现生物质秸秆资源的综合利用，降低产业发展对高碳化石资源的需求，减轻对生态环境的压力；还引领了当地产业发展，增加地方财政收入和提高农村居民生活水平，具有明显的经济、社会、环境效益。

（三）生物质能源发展前景广阔

通过调研发现，河南大多数生物质开发利用的企业经营良好，产品除了满足本省需求以外，在湖北、河北、安徽和陕西等周边省份也有一定的市场；其中以河南天冠为代表的生物燃料乙醇目前供应河南、湖北、河北等周边省市。河南天冠集团利用生物质能首次在我国成功开发了燃料乙醇产业，为清洁能源替代及环境改善做出了积极贡献，是我国生物质能开发利用的典型和代表。目前河南天冠集团已经形成了以生物质能为基础的、以综合高效利用和精细化工为纽带的发展格局。随着"十三五"时期可再生能源的开发需求快速增长以及传统能源资源的枯竭，以天冠集团为首的生物质能开发利用企业将继续研发生物质的生产转化，形成绿色、低碳、环保的循环经济产业链，生物质能源的开发利用前景广阔。

四　2018年河南省生物质能源行业发展形势展望

为全面贯彻落实河南省《"十三五"能源发展规划》提出的发挥本省资

源和区位优势，顺应能源发展新形势，优化"四基地、一枢纽、两中心"总体布局，到2020年河南省要基本形成清洁低碳、安全高效的现代能源体系，力求最大限度地降低能源活动对环境的不良影响；探索未来河南省生物质能行业发展的形势，对保障全省经济社会持续健康发展、全面建成小康社会、大力推动能源生产和消费革命具有重要意义。

（一）生物质能源资源开发力度及规模进一步加大

我国以河南省为首的中西部等经济落后地区、农村地区的生物质资源较为丰富；而河南省能源结构主要表现为煤炭能源所占比例较高，石油天然气所占比例偏低，可再生能源等新能源开发利用程度不高。所以，加大力度进一步开发生物质能源产业，将对落后地区、农村地区的发展起到带动作用；也有利于中原经济区的"三化"协调科学发展和能源结构的进一步优化、劳动力就业的进一步提高、低碳经济的进一步发展、社会主义新农村建设的进一步加快。

（二）生物质能源的开发利用向着集约化综合高效方向发展

根据国家能源战略部署，依托河南省现有资源条件和产业现状，未来生物质能开发应以生物质能源技术为纽带，生物质能源合理化、规模化利用为途径，生物质能源装备创新为依据，生物质能源产业体系建设为载体，生物质能源产业化发展新途径为借鉴，生物质能源示范工程建设为契机，提升自主创新，发展绿色区域和新能源体系，进行综合开发、阶梯利用、集约整合，打造生物质能行业具有高起点的研发机构和技术平台，大力推进生物质能产业向着集约化综合高效方向发展。

（三）生物质秸秆气化综合利用成为发展的重点方向

在2018年2月4日发布的中央一号文件《中共中央国务院关于实施乡村振兴战略的意见》中，明确提出要推进农村可再生能源开发利用和要推进北方地区农村散煤替代，有条件的地方有序推进煤改气、煤改电和新能源利用。在农村可再生能源中，秸秆等生物质能源是重要组成部分，河南省作为我国的农业大省尤其不例外。但目前生物质秸秆露天焚烧等不良现象仍为普遍，因此，如何有效利用秸秆等生物质资源，无疑是实现美丽乡村建设及生态文明建设目标的关键。

生物质气化是指一定热力学条件下，借助空气和水蒸气使生物质的高聚物发生热解、氧化、还原重整反应，最终转化为可燃气体。而《能源发展"十三五"规划》对生物质能源发展的任务就是把生物天然气放在首位。所以，生物质秸秆气化综合利用将成为未来几年发展的重点方向，这不仅是我国各个省生物质资源利用的重要方向，也是国家可再生能源中心的重要指示，对我国生物质资源的高效综合利用具有重大实际意义。

（四）生物质能源的分布式利用已成为重要趋势

分布式能源具有能源利用效率高等优势，是未来能源开发利用的一种重要模式。《能源发展"十三五"规划》指出，我国传统能源枯竭等问题严重突出，分布式能源起步较晚，生物质能等可再生能源发展面临多重问题，清洁能源替代任务艰巨。为实现《能源发展"十三五"规划》任务，河南省作为生物质资源极为丰富的大省，开展生物质能源分布式综合利用是未来我国生物质能源技术的重要发展方向，具有生物质能源利用效率高，环境负面影响小，生物质能源供应可靠性和经济效益好的特点。

（五）能源植物研究开发逐渐兴起

目前关于能源植物的研究多数尚处于实验和示范阶段，未达到全面推广水平。国外一些国家在能源植物开发方面具有一定的基础和经验。对于我国来讲，作为农业大省的河南省必将走在前列做出示范。河南省具有丰富的能源植物，同时由于石油资源的紧缺，石油供应短缺问题越来越严重，大力发展能生产"绿色石油"的各类植物是解决这些问题的途径之一，为生物质能利用提供丰富的优质资源。

五 河南省生物质能源发展的对策建议

在可再生能源迅速发展、能源转型速度加快的大形势下，河南应充分利用自身能源资源优势，大力发展生物质能源开发利用，在生物质能源发展的顶层规划、应用途径、民众宣传、技术研发、政策补贴等方面持续发力，不断创新，促进全省生物质能源开发利用持续有序地健康发展。

（一）完善生物质能源发展顶层组织管理体系建设

生物质能源建设所涉及的政府部门分散在省发改委、省能源局、农业厅、林业厅等多个部门，这些机构往往负责某一方向或单一技术的推广应用，缺乏对生物质能源发展的全局协调和谋划。要把生物质能源的建设作为"生态文明建设"及"农村能源革命"的重要任务来抓，必须明确各个机构的责任，进行有机的合作，推动和落实相关政策。建议成立生物质能源建设领导小组，统筹各个部门之间的协调管理工作，明确各单位职责，研究制定生物质能源建设发展的重大政策和方案，加强宏观指导，制定有利于促进生物质能源发展的经济政策，形成分工合理、密切配合、整体推进的工作格局。

（二）创新生物质能源应用途径

农村各地区资源、气候、经济发展水平、生活质量需求、环境容量等各方面存在较大差异。应面向农村用户多种用能需求，根据不同地区、不同气候特点以及不同的经济社会发展状况，统筹开发、互补利用传统能源和新能源，因地制宜推广适合本地区的生物质能源创新应用模式和途径。探索"互联网＋"分布式能源模式创新，推广以农林剩余物、畜禽养殖废弃物、有机废水和生活垃圾等为原料的分布式供能模式。围绕新农村建设，因地制宜实施传统能源与生物质能等可再生能源的协同开发利用，推动能源就地清洁生产和就近利用，提高生物质能源的综合利用效率。

（三）加强宣传提高民众生物质能源环保意识

经济较发达地区的农民宁愿多买化肥施肥，从事养殖、企业或外出打工来增加经济收入，也不愿意抽出时间和劳力收集、翻晒秸秆，且秸秆堆积又占地方，所以将秸秆一烧了之；此外，河南地区的夏收夏种季节性强，时间短，劳动力紧张，导致大量秸秆需要短时间内处理而被焚烧。经济不发达地区的农民由于没有地方叠放或担心秸秆资源带来大量草虫等原因，只留足一年所需的燃料，其余的则在田间地头直接焚烧；导致秸秆等生物质能源的严重浪费。所以要加快生物质资源的开发利用，应加大力度宣传生物质能源的利用价值、利用技术以及秸秆焚烧、丢弃对当地农业和环境造成的危害。充分利用网络、电视、报纸、杂志等多种媒体，采取多种形式发放宣传材料等措施，宣传先进生物质能源利用技术的典型案例和成功经验，让农户更全面地了解生物质能源产业化及综合利用的好处，提高农民节能环保意识，鼓励农民接受新能源技术应用，并积极参与新能源投入。

（四）加强生物质能源综合利用技术研发

为了提高生物质能源产业自主创新能力和核心竞争力，突破生物质能源产业结构调整和产业发展中的关键技术装备制约，强化对国家能源产业、农业资源综合利用重大战略任务和重点工程技术的支撑和保障，应集中精力发展一批适合河南省资源优势、科研平台条件和产业基础优势的生物质能源技术，重点发展纤维素类液体燃料技术，如燃料乙醇、丁醇、生物柴油、酯类等，着力发展生物质成型燃料生产及示范关键技术，积极开发沼气提纯以及车用生物柴油配套技术，开发沼气发电、生物质气化发电、混烧发电等生物质发电技术。另外要不断提高生物质能源开发利用队伍的技术水平，加大对技术培训机构等的支持力度，在重点院校增设生物质能源高效开发利用专业，在试点企业开展生物质能源开发利用技术培训，推进生物质能的高效开发利用。

（五）出台支持性土地管理政策和生物质能专项补贴政策

为推动生物质能源产业的发展，建议河南省设立生物质能产业技术支持专项资金，在生物质能产业建设和发展期间，每年扶持专项资金，对示范区项目采取投资、补助、贴息等形式，引导社会和企业资金支持生物质能产业项目建设。借鉴发达国家扶持生物质能发展的经验，参照我国新能源和战略新型产业扶持政策，制定和完善河南省生物质能发展的扶持措施，切实加大扶持力度和强度。建议在基建投资、资源节约及循环经济建设资金、环保专项资金、节能装备资金上对生物质能示范项目建设实现优惠政策，保障建设用地需要，给予优惠的土地供应政策；同时对生物质能产业技术具有重大示范效应的生物质能项目立项、产业扶持等方面给予优先考虑。

参考文献

蔡亚庆等：《中国各区域秸秆资源可能源化利用的潜力分析》，《自然资源学报》2011 年第 26 期。

刘刚等：《能源地理学——中国生物质能源的定量评价及其地理分布》，《自然资源学报》2007 年第 22 期。

郭永奇：《河南省主要农作物秸秆生物质资源定量评价及其地理分布》，《农业现代化研究》2013 年第 34 期。

河南省统计局：《河南省统计年鉴 1997～2011》，中国统计出版社，1997～2011。

河南省统计局：《河南省统计年鉴 2009～2016》，中国统计出版社，2009～2016。

蔡飞等：《基于农林剩余物的河南省生物质能源资源潜力研究》，《北京林业大学学报》（社会科学版）2013 年第 12 期。

王海东等：《黑龙江省秸秆类生物质能源储量测度》，《生态经济》（中文版）2009 年第 11 期。朱纯明等：《河南省秸秆生物质资源量测算》，《现代农业科技》2011 年第 7 期。

吴明作等：《河南省农业剩余物资源潜力分析》，《可再生能源》2014 年第 32 期。

雷廷宙等：《河南省生物质能化产业技术创新路线图》，《创新科技》2014 年第 19 期。

河南省统计局：《河南省统计年鉴 2016》，中国统计出版社，2016。

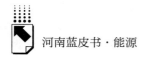
崔保伟等：《河南省农作物秸秆资源综合利用现状及对策研究》，《河南农业》2012年第 13 期。

边英涛等：《河南省农村家庭生活用能消费结构及现状分析》，《江西农业学报》2010 年第 22 期。

王艳锦等：《河南省农村居民生活用能现状及分析》，《河南科学》2011 年第 29 期。

丁兆运：《农村生物质资源的合理利用途径探讨》，《安徽农业科学》2008 年第 36 期。

史建军：《河南生物质燃料产业发展对策研究》，《宏观经济管理》2016 年第 2 期。

洪涛：《能源十三五展望：过剩中求转型，转型中求发展——十三五规划中的能源新亮点》，《中国产业经济动态》2016 年第 8 期。

廖晓东：《我国生物质能产业与技术未来发展趋势与对策研究》，《决策咨询》2015 年第 1 期。

陈舜尧等：《我国石油资源短缺问题及对策选择》，《科技进步与对策》2008 年第 25 期。

2017年河南省能源十大热点事件

李文峰 杨钦臣 *

摘　要： 2017 年是党的十九大召开之年，也是全面实施"十三五"规划的重要一年。报告聚焦能源与环境，介绍了河南 2017 年全年发生的十项重大事件，包括召开 2017 年全省能源工作会议、电力体制改革领导小组会议等重要事件及出台《河南省"十三五"能源发展规划》《河南省"十三五"电力发展规划》《河南省"十三五"节能低碳发展规划》《兰考县农村能源革命试点建设总体方案（2017－2021）》等重要政策，对2017 年全省能源发展重点热点事件进行梳理汇总。

关键词： 河南省　能源　热点事件

一　2017年河南省能源工作会议顺利召开

2017 年 1 月 12 日，全省能源工作会议在郑州召开。会议的主要任务是，贯彻落实省委经济工作会议、全国能源工作会议和全省发展改革工作会议精神，总结 2016 年全省能源工作，提出了 2017 年能源工作总体思路，部署了 2017 年能源重点工作。

＊ 李文峰，国网河南省电力公司经济技术研究院高级工程师，工学博士，主要从事大数据、能源经济研究、电网规划；杨钦臣，国网河南省电力公司经济技术研究院工程师，工学硕士，研究方向为能源电力供需、电网规划。

会议总结了2016年全省能源工作。2016年，全省能源供应保障坚强有力，电力运行平稳有序，煤电互保取得成效，油气供应总体平稳；能源支撑能力显著提升，电网建设步伐加快，电源项目建设有序推进，矿井升级改造加快推进，油气基础设施建设进展顺利；能源转型发展持续推进，化解过剩产能取得积极进展，煤炭清洁生产水平进一步提升，新能源发展成效显著；能源创新发展动力不断积聚，电力体制改革全面启动，光伏项目管理进一步规范，国有煤炭企业改革深入推进，能源价格改革稳步推进；能源普遍服务水平有效提升，能源惠民工程加快实施，大气污染防治全力推进，油气管道保护扎实开展，煤矿安全改造加快实施，大面积停电事件应急预案编制完成；能源开放合作不断深化。

会议提出了2017年全省能源工作总体思路。2017年，全省坚持"内节外引"能源方针，以提高发展质量和效益为中心，以推进供给侧结构性改革为主线，推动能源生产和消费革命，着力化解和防范过剩产能，着力培育创新发展动力，着力补上能源发展短板，着力提升能源服务民生水平，为决胜全面小康、让中原更加出彩提供坚强的能源保障，以优异成绩迎接党的十九大胜利召开。

会议部署了2017年全省能源重点工作。一是全力保障能源有效供应，保障电力平稳运行，着力稳定煤炭市场，努力保障油气安全供应；二是加快能源结构优化升级，推动煤炭行业转型发展，提高非化石能源发展水平，有序推进绿色煤电项目建设；三是加快推进能源输配网络和储备设施建设，优化完善电网网架，加快建设城乡配电网，加快油气输配设施和重大工程建设，推进煤炭储配中心建设；四是深入实施能源惠民利民工程，全面推进农网改造升级，积极推进光伏扶贫，扎实推进大气污染防治，着力加强农村能源建设；五是切实加强能源安全生产监管，重点抓好油气管道保护工作；六是积极推进能源领域改革创新，加快推进电力体制改革，适时启动油气体制改革，大力推进煤电联营发展，持续推进能源价格改革，积极推动能源科技创新，积极推进能源对外合作；七是努力提高推动能源发展的能力水平，加强学习、提高本领，强化责任、敢于担当，拒腐防变、清正廉洁。

二 河南能源领域规划政策密集出台

2017年1月4日，河南省人民政府印发《河南省"十三五"能源发展规划》（简称《规划》），提出了"十三五"全省能源发展的总体思路、基本原则、总体布局、发展目标和主要任务，为全省"十三五"能源发展描绘了清晰的蓝图，是全省"十三五"能源发展的纲领性文件。《规划》指出，"十三五"期间，全省深入贯彻内节外引能源方针，坚持"转换动力、创新发展；系统优化、协调发展；清洁低碳、绿色发展；多元合作、开放发展；普遍服务、共享发展"的基本原则，围绕"深入推进能源领域供给侧结构性改革，提出了加快发展非化石能源、优化发展化石能源、统筹发展现代电力、提升能源装备行业水平、加强农村能源建设、加快转变能源消费方式、构建智慧能源系统、深化能源体制改革"等八项重点任务，到2020年，基本形成以内节外引为基本特征、适应生态文明建设需要、有力支撑全面建成小康社会加快现代化建设的清洁低碳、安全高效的现代能源支撑系统。

2017年7月3日，河南省发改委印发《河南省"十三五"电力发展规划》（简称《电力规划》），阐明了"十三五"时期全省电力发展的指导思想和基本原则，明确主要目标和七大重点任务，是全省电力发展的指导文件和布局电力重大项目的依据。根据《电力规划》，到2020年，全省可再生能源发电装机突破千万千瓦，全部煤电机组实现超低排放；电网整体达到中部地区先进水平；新建煤电机组供电标煤耗控制在290克/千瓦时以内，主要大气污染物排放总量显著下降；城乡户均配变容量大幅提升，电能替代和充电基础设施建设取得突破性进展，电力精准扶贫任务全面完成，促进人民生活水平普遍提高。

2017年7月25日，河南省发改委印发《河南省"十三五"城乡配电网发展规划》，明确主要目标和六大重点任务，是指导全省"十三五"城乡配电网建设改造的行动指南，是省辖市、省直管县（市）编制城乡配电网规划和实施方案的重要依据。2017年底，全省实现自然村动力电"村村通"、平原机井电力"井井通"，全面完成中心村农网改造升级；2018年底，全省将完成所有贫困村电网改造，建成一批小康电示范县；到2020年，全省中心城市（区）供电质量达到国内先进水平，城镇、乡村地区供电质量达到国内平均水平，配电网发展总体水平达到中部地区领先，主要技术指标均达到或高于国家配电网建设改造目标要求。

2017年7月27日，河南省发展和改革委员会河南省扶贫开发办公室关于印发《2017年光伏扶贫工作推进方案》的通知，明确重点任务：一是积极推进易地搬迁光伏扶贫专项工程；二是完成台前县光伏扶贫项目建设；三是有序推进实施方案已上报国家的光伏扶贫工程；四是加快修改完善初审后的实施方案；五是积极开展其他县实施方案编制工作；六是做好并网和电费结算工作；七是开展光伏扶贫建设自查自评。

2017年8月30日，河南省发改委印发《河南省"十三五"可再生能源发展规划》，规划涵盖了风能、太阳能、生物质能、地热能和水能等领域，全面分析了全省可再生能源发展现状及面临形势，提出全省可再生能源发展的指导思想、基本原则、发展目标及七大任务。该规划指出，2020年全省可再生能源将占一次能源消费总量的7%以上，可再生能源发电装机达到1454万千瓦左右，新增风电、光伏发电480万千瓦、450万千瓦，可再生能源供热和民用燃料替代化石能源1184万吨标准煤左右。

三　河南能源体制改革向纵深推进

2017年2月14日，翁杰明常务副省长主持召开省电力体制改革领导小组第一次会议，研究讨论电力体制改革专项试点方案等事宜，安排部署下一步全省电力体制改革工作。会议审议并通过了《河南省相对独立电力交易机构组建和规范运行实施方案》等五项方案制度。会议指出，要通过电力体制改革切实降低实体经济用电成本，提升企业对改革的获得感；重点抓好组建股份制电力交易中心、继续扩大大用户直接交易规模、推动每个集聚区成立售电公司、放开增量配电业务等重点工作；降低电网企业管理成本和电力用户用电成本；推进需求侧改革尤其是倒逼能源性依赖企业进行产业结构调整和优化升级。

2017年5月4日，河南电力交易中心有限公司成立大会暨揭牌仪式在郑州举行。这是河南深入贯彻国家部署，推动构建统一开放、竞争有序的电力市场体系的重大举措。随后河南省发改委出台了《售电公司参与市场化交易实施细则》，推动全省初步建立了电力批发和零售市场。

2017年5月，中共中央、国务院印发了《关于深化石油天然气体制改革的若干意见》，强调深化石油天然气体制改革要坚持问题导向和市场化方向，体现能源商品属性；坚持底线思维，保障国家能源安全；坚持严格管理，确保产业链各环节安全；坚持惠民利民，确保油气供应稳定可靠；坚持科学监管，更好发挥政府作用；坚持节能环保，促进油气资源高效利用。该意见还明确深化石油天然气体制改革的总体思路：针对石油天然气体制存在的深层次矛盾和问题，深化油气勘查开采、进出口管理、管网运营、生产加工、产品定价体制改革和国有油气企业改革，释放竞争性环节市场活力和骨干油气企业活力，提升资源接续保障能力、国际国内资源利用能力和市场风险防范能力、集约输送和公平服务能力、优质油气产品生产供应能力、油气战略安全保障供应能力、全产业链安全清洁运营能力。通过改革促进油气行业持续健康发展，大幅增加探明资源储量，不断提高资源配置效率，实现安全、高效、创新、绿色，保障安全、保证供应、保护资源、保持市场稳定。

2017年7月5日，河南省发改委印发《关于合理调整电价结构有关事项的通知》，正式公布了河南输配电价改革首个监管周期2017～2019年电压等级输配电价标准；明确2017～2019年全省输配电价平均水平为201.4元/千千瓦时，较当前河南输配电价整体水平降低了1.5元/千千瓦时。

2017年7月26日，河南省发改委印发《关于推进产业集聚区售电服务全覆盖工作的通知》。通知要求放开产业集聚区售电服务市场，多途径培育售电主体，鼓励开展充分合理竞争，努力扩大电力交易规模。支持售电服务公司拓展服务范围，鼓励售电公司作为电力市场专业化服务企业，向产业集聚区内电力用户提供购售电服务、供电业务、增值服务等各类专业化服务。

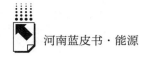

到 2020 年底，基本建立品种齐全、网络健全、服务到位、保障有力的产业集聚区售电服务体系。

2017 年 8 月 29 日，国家发改委印发了《关于核定天然气跨省管道运输价格的通知》，对 13 家跨省管道运输企业进行了定价成本监审，并据此核定了相关管道运输价格。管道运输价格包含输气损耗等费用，管道运输企业不得在运输价格之外加收其他费用。价格放开的天然气，供需双方可在合同中约定气源和运输路径，协商确定气源价格；管道运输企业按规定的管道运输价格向用户收取运输费用。目前，河南油气管网价格、成本核算、油气混改试点等改革已经在中石油、中石化等驻豫央企逐步推进，省内改革配套方案也在起草制定中。

2017 年 8 月 29 日，河南省电力市场管理委员会成立大会暨第一次全体委员会议在河南郑州召开，审议通过了《河南省电力市场管理委员会议事规则》和《河南省电力市场管理委员会秘书处职责》，标志着河南省电力体制改革工作在机构建设和规范运行方面取得了阶段性进展。河南省电力市场管理委员会的成立，标志着河南省电力市场建设迈出了重要一步，对促进河南省电力市场持续健康发展具有重要意义。

2017 年 11 月 21 日，国家发改委、国家能源局印发《关于规范开展第二批增量配电业务改革试点的通知》，批复了全国第二批 89 个增量配电改革试点。河南共有 7 个试点入围，分别是许昌市城乡一体化示范区增量配电业务试点、河南省西华经济技术开发区增量配电业务试点、内乡县产业集聚区增量配电业务试点、开封市汴东产业集聚区增量配电业务试点、永城市永煤矿区增量配电业务试点、禹州市绿色铸造陶瓷示范产业园增量配电业务试点、三门峡高新技术产业开发区增量配电业务试点。

四 河南大气污染防治攻坚战全面深入推进

2017 年 3 月 2 日，河南省政府召开大气污染防治推进会，省长陈润儿出席并讲话，他强调，大气污染治理要打破常规，要有大决心、大魄力、大动作，继续遵循科学治污、依法治污、全民治污，实施更为严格的治本和治标措施，从源头上解决污染问题，有效减少污染排放。会上，省委常委、政法委书记许甘露指出要充分认识到当前全省大气环境的严峻形势和艰巨任务，切实增强责任感、紧迫感，并提出"三治本、三治标"目标任务。

2017年3月7日，河南省发改委出台《河南省"十三五"节能低碳发展规划》，提出构建节能环保型产业体系、构建绿色低碳能源体系、实施重点领域节能低碳行动、实施能源消费总量和强度"双控"行动、实施全民节能低碳行动，到2020年全面实现五大目标：一是能源消费总量得到有效控制，全省能源消费总量不突破2.67亿吨标准煤；二是能源消费强度和碳排放强度稳步下降，万元生产总值能源消耗较2015年降低16%；三是能源结构不断优化，煤炭消费比重降低到70%，非化石能源消费总量比重提高到7%，天然气消费比重提高至7.5%；四是行业能效大幅提升，全省万元工业增加值能耗较2015年降低23%，城镇新建建筑中达到绿色建筑标准的比例达到50%；五是支撑体系更加完善，政府引导、市场推动的节能低碳工作机制基本建立。

2017年4月1日，河南省人民政府印发《河南省"十三五"控制温室气体排放工作实施方案》，提出积极推进绿色能源体系建设、加快构建低碳产业体系、实施绿色城镇行动、推动碳排放权交易市场建设，到2020年单位国内生产总值二氧化碳排放比2015年下降19.5%，并提出全省省辖市、省直管县（市）碳排放强度控制分解目标，确保碳排放总量得到有效控制。

2017年6月30日，河南省人民政府印发《河南省"十三五"生态环境保护规划》，明确了全省"十三五"生态环境保护主要目标的约束性指标，其中，省辖市空气质量优良天数比例提升到65%以上，全省地表水水质优良比例提升到57%以上，受污染耕地安全利用率提升到90%以上。到2020年，全省生产方式和生活方式绿色低碳水平明显上升，主要污染物排放总量大幅减少，环境风险得到有效控制，生物多样性得到有效保护，生态系统稳定性持续增强，生态安全屏障基本形成，生态环境治理体系和治理能力现代化取得重大进展。

2017 年 7 月 9 日，河南省人民政府印发《河南省"十三五"节能减排综合工作方案》，提出通过构建节能环保型产业体系、深入开展全民节能行动、强化污染物减排、大力发展循环经济、推动节能环保产业加速发展等措施，到 2020 年，全省化学需氧量、氨氮、二氧化硫、氮氧化物排放总量分别控制在 105.02 万吨、11.18 万吨、82.37 万吨、90.86 万吨以内，比 2015 年分别下降 18.4%、16.6%、28%、28%；挥发性有机物排放总量比 2015 年下降 10%。

2017 年 7 月 16 日，河南省人民政府印发《河南省"十三五"煤炭消费总量控制工作方案》，要求进一步优化能源结构，严格控制煤炭消费总量，加强大气污染防治，方案指出当前四大重点任务：一是优化产业结构，削减煤炭消费需求；二是治理燃煤设施，提升煤炭利用水平；三是强化准入管理，严控煤炭消费增量；四是优化能源结构，提高清洁能源比重。

2017 年 9 月 20 日，河南省环境污染防治攻坚战领导小组印发了《河南省 2017－2018 年秋冬季工业企业错峰生产实施方案》，要求按照基本抵消冬季取暖新增污染物排放量的原则，组织实施工业企业错峰生产。一是钢铁企业按照污染排放绩效水平和企业所处区域实施限产；二是焦化企业通过延长出焦时间实施限产，铸造企业按燃料类别实施停产；三是水泥、砖瓦窑、陶瓷、岩棉、石膏板、耐材等建材企业，全部实施停产；四是电解铝、氧化铝企业限产 30%，炭素企业根据污染物排放水平，实施停限产，有色再生行业熔铸工序，实施限产 50%；五是原料药生产医药企业和使用有机溶剂的农药企业的涉 VOCs 排放工序，实施停产。

2017 年 10 月 1 日，河南省人民政府印发了《河南省绿色环保调度制度（试行）》（简称《制度》），明确通过改用电或天然气等清洁能源、实现污染物超低排放、实现污染物特别排放限值三种方式减少污染物排放的工业企业，列入电力直接交易环保免审名单、给予优先获得大气污染防治专项资金支持，原则上不再列入各级污染天气管控清单、享受环评审批"绿色"通道、污染物排放总量指标分配倾斜等若干不同的激励政策。对污染物排放未能达到行业领先水平的工业企业等单位，在冬季采暖季、夏季高温时段实行错峰生产管控。《制度》提出，要根据区域空气质量情况和污染天气管控、重大活动保障要求，优先安排环境空气质量严重超标城市的燃煤发电机组实施最低负荷运行，全额消纳省内水电、风电、光伏等清洁能源，优先调度60万千瓦及以上高效机组和燃气机组发电，尽可能降低燃煤发电比例。制度要求，全省要建立动态管理的绿色环保企业名单，依法依规实施污染天气管控。对违反污染天气管控和错峰生产要求的企业，在依法依规进行查处的同时，通过企业信用、土地供应、税收管理、生产许可、安全许可、政府采购等必要的经济、行政手段，实施联合惩戒和信用约束。

2017年12月4日，河南省发改委印发了《关于做好2017-2018年度采暖季电力绿色调度有关工作的通知》。文件指出，自2017年11月15日~2018年3月15日，根据省网3500万千瓦至5000万千瓦不同用电负荷水平，执行阶梯开机方案，根据电、热负荷实际适时调整开机方案。具体事项如下：一是实施电力绿色调度；二是建立利益补偿机制；三是建立电煤保障机制；四是加强组织协调。

2017年12月，河南省多地陆续颁布机动车限行令，18个地市和10个省直管县（市）均已加入"限行大军"。这是河南首次大规模启动限行措施。河南多地市普遍根据各自实际情况制定了限行方案。与周边部分地市"日限两尾数"或"白天限单双号"的政策有所不同，郑州执行的限行条件更为严格：全天24小时单双号限行。作为社会机动车限号通行的配套措施，河南多地还采取了城市建成区内运输易扬尘物品的载货车辆全部停驶禁行、过境货运车辆绕行等交通管理措施。限行全面铺开后，除了空气质量改善，城市拥堵问题也得到缓解。

五 河南省能源大数据应用中心筹建，支撑 河南省大数据综合试验区建设

2017年4月8日，河南省人民政府印发《河南省推进国家大数据综合试验区建设实施方案》，其中"推进大数据创新应用"为试验区建设的八大

重点任务之一，"能源大数据应用"是四大产业大数据创新应用之一，要求依托省电力公司于2017年启动电力行业数据库建设，2018～2020年开展能源大数据应用中心建设，提升能源统计、分析、预测等业务的时效性和准确度，指导监督能源消费总量控制，为能源企业精准化调度生产、精细化设备管理提供支撑，实现远程、友好、互动的智能用能控制。

建设河南省能源大数据应用中心意义重大，是大数据时代下推动能源产业发展创新的重要举措，是构建清洁低碳、安全高效现代能源体系的智力支撑基础。有助于能源大数据的集成融合，推进能源行业数据资源开发共享，打破数据资源壁垒，逐步覆盖电、煤、油、气等能源领域及交通、经济、气象等其他领域；有助于深化数据资源应用，提升能源统计、分析、预测等业务的准确度和时效性；有助于培育新型繁荣的能源产业发展新业态，促进基于能源大数据的创新创业；有助于建立基于能源大数据的行业管理与监管体系，发挥大数据在能源监管和多能协同规划中的重要作用，提升能源监管的效率和效益；有助于为社会公众提供多样化、个性化服务，最终形成政府、企业、社会多方共赢的发展局面。

2017年7月23日，国家能源局公布首批56个"互联网＋"智慧能源（能源互联网）示范项目，河南省安阳鑫贞德多能互补型智能电站、中国平煤神马集团特大型能源化工基地"互联网＋"智慧能源示范2个项目成功入选。这标志着《河南省"十三五"能源发展规划》能源互联网试点建设取得重大进展，有助于加强能源互联网基础设施建设，推进能源生产和利用设施智能化改造，促进能源监测、调度运行和管理智能化体系建设，提高能源发展可持续自适应能力。

六　河南"京津冀大气污染传输通道城市"成品油供应进入国六时代

2017年5月18日，环保部发布了《关于京津冀及周边地区执行大气污染物特别排放限值的公告（征求意见稿）》。公告中明确京津冀大气污染传输通道的城市共有"2＋26"城市，包括河南省郑州、开封、安阳、鹤壁、新乡、焦作和濮阳市。公告要求"2＋26"城市各级环保部门审批新建项目时，应严格按照大气污染物特别排放限值要求，确保满足特别排放限值要求；"2＋26"城市现有企业应采取有效措施，在规定期限内达到大气污染物特别排放限值的要求。逾期仍不能满足特别排放限值要求的，应按照《中华人民共和国环境保护法》《中华人民共和国大气污染防治法》等要求限制生产、停产整治，并按相关规定进行处罚。

2017 年 8 月 1 日，中国石化在安阳第 37 加油站开始销售国六标准成品油，并同步在郑州及豫北地区对外批发国六成品油，正式启动了河南省新一轮油品质量升级工作。本次成品油供应升级主要包括省内纳入京津冀大气污染传输通道的郑州、开封、安阳、焦作、鹤壁、新乡和濮阳 7 个地市，油品置换期间省内国六汽柴油直批零售价格执行提质不提价的政策。2017 年 10 月 1 日，河南"通道城市"已全面供应国六标准成品油，比国家原定时间提前了 15 个月，有力助推了全省大气污染防治工作。

七　国家发展改革委副主任、国家能源局局长努尔·白克力来豫调研

2017 年 6 月 14 日至 16 日，国家发展改革委副主任、国家能源局局长努尔·白克力一行来豫调研。调研组在郑州召开座谈会，听取河南省能源发展情况汇报，并赴平顶山、南阳、洛阳等地，深入平煤神马集团、平高集团、南阳天冠、南阳金冠电气、洛阳石化、孟津电厂和孟津电网等企业进行实地调研。在豫期间，调研组还就河南经济社会发展、能源发展转型和能源民生工程等问题与省委、省政府主要领导进行了交流。

努尔·白克力充分肯定了近年来河南经济社会发展特别是能源发展取得的成绩，并对做好下一步河南能源发展工作提出了三点要求。一是更加注重发挥能源战略规划的引领作用，切实做好河南能源发展"十三五"规划与国家规划的对接协调，严格落实各项规划要求，进一步增强规划的严肃性、

权威性、指导性和约束性，确保能源工作始终沿着正确方向科学健康发展。二是切实加大能源结构调整和转型升级的力度，要清洁高效发展化石能源，做好煤炭去产能和防范化解煤电产能过剩工作，加快推动煤炭、煤电产业转型升级，加快非化石能源开发利用。三是更好发挥河南在国家能源发展大局中的作用，在通道建设、市场开放等方面，更好地促进全国能源资源优化配置，更好地服务东中西部地区协调发展。努尔·白克力表示，对调研中河南方面提出的意见建议，国家发改委、国家能源局将认真梳理，深入研究，积极予以支持。

八 重大能源工程助推河南能源转型

2017年7月22日，历经8年积极谋划推进，备受全省关注的中国石化洛阳分公司炼油结构调整项目建设启动会在洛阳市吉利区举行。该项目总投资45.3995亿元，项目是在洛阳分公司现有800万吨/年炼油装置的基础上，采用"渣油加氢＋加氢裂化"工艺路线，通过新建和改造部分装置，形成1000万吨/年加工能力。项目建成投用后，洛阳石化产品结构将得到进一步优化，生产能力得到提升，年产汽油291.62万吨、航煤183.67万吨、柴油226.07万吨，汽柴油全部达到国六标准，能够有效缓解河南省成品油不断增长的市场需求。目前，炼油结构调整项目2个配套工程即鲁豫管道项目和中国石化洛阳原油商业储备基地项目也在积极推进。

2017年8月8日，青海—河南特高压直流输电工程正式启动，项目总投资约268.3亿元，输电电压等级为±800千伏，输送容量1000万千瓦，全线总长约1582公里，起于青海省海南藏族自治州境内，止于河南驻马店地区，计划2018年开工建设，2020年建成投运。这是落实习总书记关于新型能源产业基地重要指示精神的重要举措，是布局河南的第二条特高压清洁能源输送大通道，是青海省首条特高压外送通道，也是全国乃至全世界首条专为清洁能源外送而建设的特高压通道，将有力推动青海清洁能源示范省建设，促进青海能源资源优势转化。

2017 年 12 月 22 日，位于洛阳市洛宁县境内的洛宁抽水蓄能电站开工建设，计划 2026 年建成投用。作为全省第四座抽水蓄能电站，项目总装机容量为 140 万千瓦，主要承担全省电网的调频、调峰、填谷及紧急事故备用等任务，预计投资 88.8 亿元，增加电工装备制造业产值 16 亿元，拉动 GDP 增长 75 亿元，每年可减少原煤消耗 11.8 万吨，分别减排氮氧化物、二氧化硫、二氧化碳约 0.09 万吨、0.1 万吨、31 万吨，社会经济及环保效果显著。

九 《河南省推进能源业转型发展方案》落地

2017 年 11 月 14 日，河南省人民政府印发《河南省推进能源业转型发展方案》，提出了全省能源转型的总体要求、主要目标及重点领域，以加快推进全省能源业转型发展。该方案提出，2017 年，淘汰煤电落后机组 103 万千瓦，完成 560 万千瓦煤电机组节能升级改造，淘汰煤炭落后产能 2014 万吨；2020 年，可再生能源发电装机占比提高到 15% 以上，全面完成化解煤炭过剩产能任务，农村能源综合创新示范取得突破，体制改革红利初步释放。

2017 年 11 月 16 日，全省能源业转型发展工作推进会议在郑州召开，省委常委、常务副省长翁杰明出席。会议强调，各地各有关单位要按照省委省政府工作部署，坚持节能优先、内源优化、外引多元、创新引领，聚焦重点领域和关键环节，抓好能源业转型发展各项任务落实。以能源业转型发展绿色化、高端化、智能化、融合化为主攻方向，聚焦煤电结构优化、煤炭转型、可再生能源发展、农村能源综合创新、外引通道建设、能源体制改革等六大重点领域，着力提高能源供给体系质量，推动省内能源企业产品优化、技术创新、绿色发展，调减过剩产能、调高效益水平、调优发展质量，着力提升能源企业竞争能力。加快引入清洁能源，提高能源资源配置效率，降低全社会综合用能成本。

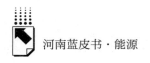
十 河南省出台农村能源革命试点建设总体方案

2017 年 12 月 24 日，河南省发改委向国家能源局报送《兰考县农村能源革命试点建设总体方案（2017－2021）》，聚焦农村散烧煤、农林废弃物、农村垃圾三大问题，坚持资源能源化、供给多样化、生产清洁化、消费绿色化，以分布式、可再生、智能化为实施路径，选择五个方向开展革命：一是坚持清洁绿色，创新能源生产模式，促进农村逐步从能源消费终端向生产前段转变；二是坚持节约低碳，创新能源消费模式，提高农村清洁能源消费比重；三是坚持集约高效，创新能源配置模式，构建农村源网荷储协调发展集成互补的能源互联网；四是坚持普惠共享，创新能源服务模式，改善农民用能条件和便利水平；五是坚持融合互济，创新产业协同发展模式，重新激发农村社会发展内生动力，将兰考打造成为全国农村能源革命的典范，探索出一条可实现、可复制、可推广的农村能源科学发展之路。

参考文献

河南省人民政府：《河南省大气污染防治"三治本三治标"目标任务》，《河南日报》2017 年 5 月 3 日。

河南省人民政府：《河南省人民政府办公厅关于印发河南省"十三五"节能低碳发展规划的通知》（豫政办〔2017〕2 号），2017 年 1 月 4 日。

河南省人民政府：《关于印发河南省 2017 年持续打好打赢大气污染防治攻坚战行动方案的通知》（豫政办〔2017〕7 号），2017 年 1 月 6 日。

河南省人民政府：《河南省人民政府办公厅关于印发河南省"十三五"控制温室气体排放工作实施方案的通知》（豫政办〔2017〕52 号），2017 年 4 月 1 日。

河南省人民政府：《河南省人民政府办公厅关于印发河南省"十三五"生态环境保护规划的通知》（豫政办〔2017〕77 号），2017 年 6 月 30 日。

河南省人民政府：《河南省人民政府办公厅关于印发河南省"十三五"节能减排综合工作方案的通知》（豫政办〔2017〕81 号），2017 年 7 月 9 日。

河南省人民政府：《中共河南省委办公厅河南省人民政府办公厅印发河南省生态文

明建设目标评价考核实施办法》,《河南日报》2017年8月21日。

河南省发改委:《关于印发〈河南省绿色发展指标体系〉〈河南省生态文明建设考核目标体系〉的通知》(豫发改环资〔2017〕839号),2017年8月11日。

河南省发改委:《关于印发河南省"十三五"城乡配电网发展规划的通知》(豫发改能源〔2017〕785号),2017年7月28日。

国家能源局:《国家能源局关于公布首批"互联网+"智慧能源(能源互联网)示范项目的通知》(国能发科技〔2017〕20号),2017年6月28日。

河南省人民政府:《河南省人民政府办公厅关于印发河南省"十三五"能源发展规划的通知》(豫政办〔2017〕2号),2017年1月4日。

河南省人民政府:《河南省人民政府办公厅关于印发河南省"十三五"煤炭消费总量控制工作方案的通知》(豫政办〔2017〕82号),2017年7月16日。

河南省发改委:《河南省发展和改革委员会河南省扶贫开发办公室关于印发〈2017年光伏扶贫工作推进方案〉的通知》(豫发改能源〔2017〕789号),2017年7月27日。

河南省人民政府:《河南省人民政府办公厅关于印发河南省"十三五"能源发展规划的通知》(豫政办〔2017〕2号),2017年1月4日。

河南省发改委:《我省召开电力体制改革领导小组第一次会议提出以电改推动降低企业用电成本》,2017年3月7日。

河南省发改委:《河南省发展和改革委员会关于下达2017年风电建设规模的通知》(豫发改能源〔2017〕912号),2017年8月29日。

河南省发改委:《关于印发〈河南省"十三五"可再生能源发展规划〉的通知》(豫发改能源〔2017〕916号),2017年10月6日。

河南省发改委:《河南省发展和改革委员会关于合理调整电价结构有关事项的通知》(豫发改价管〔2017〕707号),2017年7月5日。

预测评价篇

Prediction and Evaluation

B.10

河南省能源中长期需求预测研究

余 滨 李虎军 韩军锋*

摘 要： 受河南省经济发展方式转变、产业结构调整以及环境条件约束的影响，河南省能源需求、能源结构和电力需求的发展特征正发生深刻变化，考虑到未来较长一段时期全省工业化和城镇化仍处于加快发展阶段，全省能源和电力需求仍将保持刚性增长。报告基于对世界发达国家和国内先进省份能源电力发展特征的分析，采用多种预测方法对中长期河南能源需求水平进行了预测，通过与世界发达国家、国内先进省份进行对比，对未来全省能源供应保障提出政策性建议。

* 余滨，河南省能源规划建设局综合处副处长，工学硕士，研究方向为能源电力发展规划；李虎军，国网河南省电力公司经济技术研究院高级工程师，工学硕士，研究方向为能源电力经济、电力系统规划；韩军锋，河南省电力勘测设计院，工学硕士，研究方向为能源电力规划。

关键词： 河南省 能源经济 产业结构 能源转型 清洁低碳

通过研究发达国家不同阶段能源电力发展态势，分析其在不同工业化阶段能源消费、人均能耗、GDP 单耗、用电量增速、人均用电量、电源结构等能源电力发展指标特征，分析其发展变化规律。结合河南省经济发展以及资源环境约束等因素，通过对比典型发达国家和先进省份的能源电力发展特征，预测河南省中长期能源电力需求水平和主要品类需求水平，并对未来河南能源供应保障提出政策性建议。

一 主要发达国家能源需求特征分析

根据发达国家的历史发展经验，在后工业化社会后期阶段，由于经济结构转型、经济社会高度发达和能耗水平的降低，能源需求总量逐渐达到顶峰，并呈现波动下降的趋势，单位 GDP 能耗和人均能耗同样呈现缓慢下降的趋势。

（一）主要发达国家能源需求特征分析

1. 能源需求总量

从世界主要发达国家人均 GDP 和能源需求情况看，当人均 GDP 超过 7000 ~ 8000 美元后，人均能源需求明显放缓，经济发展与能源需求呈现"解耦"现象（见图 1、图 2）。

2. 单位 GDP 能耗

2015 年美国单位 GDP 能耗基本与世界平均水平相当，为 129 千克石油当量/1000 美元，25 年累计下降 38%；德国、法国和日本单位能耗均低于世界平均水平，2015 年能耗分别为 87 千克石油当量/1000 美元、98 千克石油当量/1000 美元、91 千克石油当量/1000 美元，25 年分别累计下降 38%、25%、22%，主要原因是这些国家主要发展附加值较高的低耗能产业。韩国高于世界平均水平，2015 年能耗为 159 千克石油当量/1000 美元，25 年累计下降约为

151

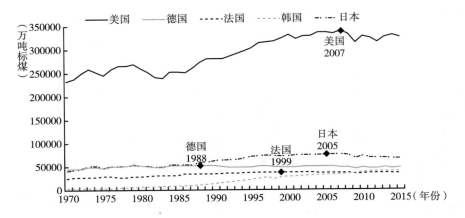

图1 发达国家能源需求峰值

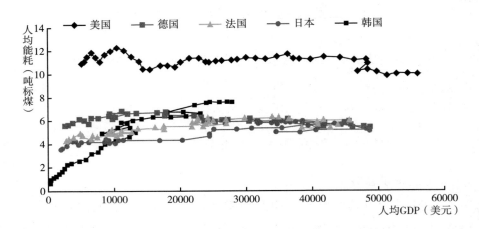

图2 发达国家人均GDP与能源需求关系

12%，主要是由于其处于经济高速发展期，同时经济主要以外贸加工和钢铁水泥等高耗能产业为主，能耗较高。

3.人均能耗

人均能耗主要与所在国的经济水平和用能习惯相关，美国人均能耗较高，2015年美国人均能耗为9.84吨标煤，较1990年水平降低10%左右；德、法、日等国家2015年人均能耗分别为5.31吨标煤、5.27吨标煤和5吨标煤，较1990年水平分别降低16%、4%和2%；而韩国是新兴经济体，经济发展迅速，人均能耗迅速提升，2015 年韩国的人均能耗为 7.55 吨标煤，较 1990 年增长 262%（见图 3、图 4）。

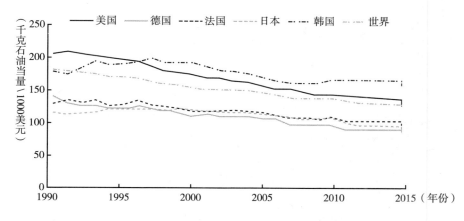

图 3　主要发达国家单位 GDP 能耗趋势

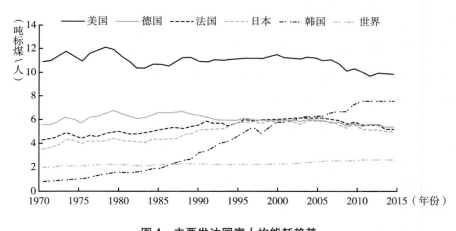

图 4　主要发达国家人均能耗趋势

（二）主要发达国家电力发展特征分析

1. 电力需求发展趋势

目前主要发达国家电力需求已经进入饱和期，电力需求基本维持不变，同时有下降的趋势（见图 5）。

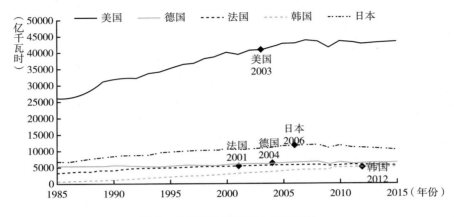

图5　主要发达国家电力需求趋势

2.人均用电量发展趋势

2015年美国、德国、法国和日本人均用电量分别为13200千瓦时、7120千瓦时、7899千瓦时和7442千瓦时，较1990年年均增长率仅为0.5%、0.3%、0.8%和0.9%，欧美日等传统发达国家人均用电量增速较为缓慢，各国人均用电量也已达到饱和。欧洲和日本人均用电量饱和值维持在7000~8000千瓦时。2015年韩国人均用电量10587千瓦时，较1990年年均增长达到6.2%，主要是由于韩国经济结构和高耗能企业的快速发展（见图6）。

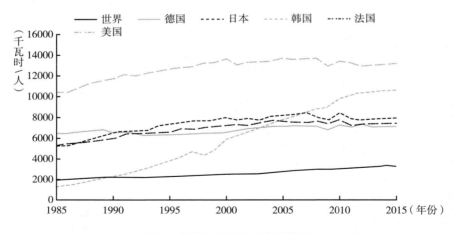

图6　世界各国人均用电量趋势

（三）能源饱和状态分析

1. 能源需求总量饱和趋势

根据发达国家的发展经验，在后工业化社会后期阶段，人均 GDP 达到 2 万美元以上，由于经济结构转型、经济社会高度发达和能耗水平的降低，能源需求逐渐达到顶峰，并呈现波动下降的趋势。

2. 单位 GDP 能耗饱和趋势

目前发达国家产业结构调整基本完成，随着技术的进步和发展，单位 GDP 的能耗还会逐渐下降，但是下降趋势将趋缓，预计单位 GDP 能耗将会达到 50～80 千克石油当量/1000 美元，约为 0.20～0.38 吨标煤/万元人民币。

3. 人均能耗饱和趋势

欧洲和日本国家的人均能耗水平基本达到顶峰，增长缓慢，基本维持在 5 吨标煤左右；美国人均能耗维持在 8 吨标煤左右；韩国经济已经进入新的发展期，随着城镇化进程和人民收入增加，人均能耗水平也会不断增长。

4. 电力饱和状态分析

目前主要发达国家电力需求已经进入饱和期，电力需求平均增速为 0～2% 增速。人均用电量方面，目前主要发达国家人均用电量基本维持不变，各国饱和人均用电量不同，在 7000～11000 千瓦时。

二　河南能源需求总量预测

综合考虑全省能源经济发展、产业结构调整、国家三区一群战略、新型城镇化等因素，采用单位 GDP 能耗法和人均能耗法，对河南省 2020 年、2035 年、2050 年的能源需求总量进行了预测。

（一）单位 GDP 能耗法

2010 年河南单位 GDP 能耗为 0.805 吨标煤/万元（2010 年价），至 2015

年河南单位 GDP 能耗降低为 0.634 吨标煤/万元,五年累计降低21%,降幅远超过全国平均水平(14%),节能减排实施效果较好(见表1、图7)。

表1 全国和河南单位 GDP 能耗历史统计对比情况

	2010	2011	2012	2013	2014	2015
全国						
能源需求总量(万吨标煤)	355344	383993	399332	414858	424339	430575
GDP(折算 2010 年亿元)	397983	435791	470219	506896	543899	579373
GDP 单耗(吨标煤/万元)	0.89	0.88	0.85	0.82	0.78	0.74
GDP 能耗降速(%)		1.3	3.6	3.6	4.7	4.7
河南						
能源需求总量(万吨标煤)	18594	20462	20920	21909	22890	23200
全国占比(%)	5.2	5.3	5.2	5.3	5.4	5.4
GDP(折算 2010 年亿元)	23092	25840	28450	31010	33770	36573
GDP 单耗(吨标煤/万元)	0.805	0.792	0.735	0.707	0.678	0.634
GDP 能耗降速(%)		1.7	7.1	3.9	4.1	6.4

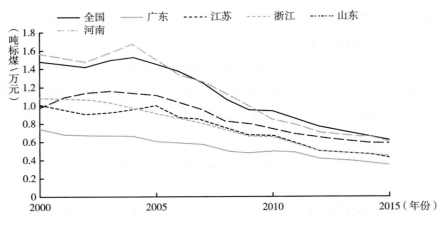

图7 单位 GDP 能耗统计

与发达国家相比,全国和河南的单位 GDP 能耗值偏高,目前欧美等发达国家单位 GDP 能耗已经下降至 100 千克标油/1000 美元,基本稳定在这个水平,韩国由于大力发展工业,单位 GDP 能耗较高,但也维持在较低的水平。与国内先进省份对比，河南比国家的单位 GDP 能耗低，但是比其先进省份单位 GDP 能耗高。

根据《河南省经济和社会发展第十三个五年规划纲要》，"十三五"期间河南省主要经济指标年均增速高于全国平均水平，生产总值年均增长 8% 左右，高于全国平均水平 1 个百分点以上，预计 2020 年地区生产总值将达到 5.2 万亿（2010 年价），人均 GDP 达到 5.4 万元，基本接近全国平均水平。考虑到河南减煤政策以及产业转移和结构调整等因素，预计单位 GDP 能耗将进一步下降 24%。

2020～2035 年，河南省将向工业化后期迈进，主导产业转变为服务业、信息产业和新型工业，全省国内生产总值年均增幅预计在 5.0% 左右，2035 年全省国内生产总值接近 10.8 万亿元（2010 年价），预计单位 GDP 能耗将进一步加快下降 40%。2035～2050 年，随着河南的经济结构转型调整，城镇化水平的提高，第三产业贡献占比将逐渐提高，预计 2035～2050 年河南年均 GDP 增速约为 3.1%，2050 年全省 GDP 总量达到 17 万亿元（2010 年价），人均 GDP 达到 17.9 万元，约为 3 万美元，基本达到中等发达国家水平，预计单位 GDP 能耗将进一步加快下降 30%（见表 2 和表 3）。

表 2　河南经济发展预测

河南	2016 年	2020 年	2035 年	2050 年
GDP 总量（万亿元）	3.95	5.2	10.8	17
GDP 总量全国占比（%）	6.4	6.6	6.8	6.8
年均 GDP 增速（%）	8.1	8.0	5.0	3.1
人均 GDP（万元）	4.1	5.4	11.2	17.9
人均 GDP 全国占比（%）	93	96	101	101
产业结构	10.7:47.4:41.9	10:40:50	7:38:55	5:30:65

表 3　河南能源需求需求总量预测（单位 GDP 能耗法）

项目	2015 年	2020 年	2035 年	2050 年
GDP（2010 亿元）	36573	52505	108000	169008
GDP 单耗（吨标煤/万元）	0.634	0.482	0.287	0.2
GDP 能耗降速（%）	6.4	24.0	40	30
能源需求总量（万吨标煤）	23200	25313	31000	33719
全国占比（%）	5.4	5.0	5.4	5.8

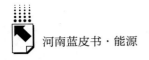

（二）人均能耗法

2015年，美国、德国、法国、日本、韩国人均能耗分别为9.8吨标煤、5.3吨标煤、5.3吨标煤、5.0吨标煤、7.6吨标煤。目前河南能耗约为美国的25%、德国的46%、法国的46%、日本的49%、韩国的32%。与国内省份相比，由于河南人口众多，人均能耗较低，目前与广东相当，与全国平均和其他发达省份相比还有一定的差距，约为江浙的65%（见图8）。

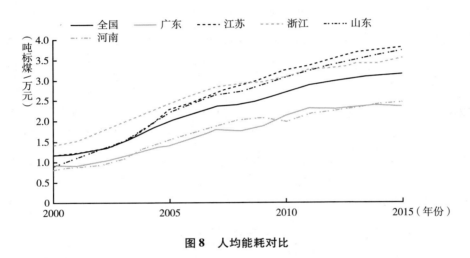

图8　人均能耗对比

"十三五"期间，河南省经济转型逐步深入，随着经济发展减速、产业转移和结构调整，能源需求将明显放缓，人均能耗将保持在国家平均水平以下。随着工业化城镇化的发展，河南人均能源需求不断上升，预计2050年人均能源需求量将达到3.59吨标煤，达到国家86%的水平，能源需求总量33836万吨标煤（见表4）。

（三）能源需求总量预测

根据上述方法，预计2020年、2030年和2050年河南综合推荐为25300万吨标煤、30900万吨标煤、33800万吨标煤（见表5）。

表4　河南能源需求总量预测（人均能耗法）

河南	2015 年	2020 年	2035 年	2050 年
人均能源需求量（吨标煤）	2.45	2.61	3.13	3.59
常住人口（万人）	9480	9705	9820	9417
人口增长率（％）	0.47	0.47	0.12	−0.28
能源需求总量（万吨标煤）	23200	25287	30750	33836
人均能耗全国占比（％）	78	74	80	86

表5　河南能源需求总量预测（综合）

单位：万吨标煤，％

预测方法	2015 年	2020 年	2035 年	2050 年
GDP 单耗法	23200	25313	31000	33719
人均能耗法	23200	25287	30750	33836
综合推荐	23200	25300	30900	33800
全国能源需求总量	430000	500000	560000	580000
河南占比	5.4	5.1	5.5	5.8

三　河南省主要能源品类需求预测

河南省主要能源消费品类包括煤炭、石油、天然气和电力消费。煤炭受大气污染防治、国家减煤方案影响，全省煤炭需求总量稳步下降。石油2035 年前受乘用车和民航发展用油影响逐步达峰，远期随着新能源汽车的推广石油需求逐步回落。天然气受发电、工业燃料、交通用气持续带动仍将保持较快增长。受用能结构调整和电能占终端能源消费比重不断提升影响，未来全省用电量也将保持快速增长。

（一）煤炭需求预测

由于煤炭消费主要受国家的政策影响，按照国务院《“十三五”生态环境保护规划》的要求，河南省 2020 煤炭需求量将在 2015 年 2.37 亿吨的基础上下降10％，降低至 2.13 亿吨。随着环境综合治理力度的加大，未来河南省煤炭需求量将在 2020 年的基础上略微下降，预计 2035 年河南省煤炭需求量为 20400 万吨，比 2020 年下降 4% 左右，2050 年煤炭需求总量为 20300 万吨左右。

（二）石油需求预测

成品油消费主要用于交通运输业、农业牧渔业、工业以及建筑业，其他行业消费量较低。

交通运输业：2015 年河南省机动车保有量达 2180 万辆。根据省公安厅交警总队预测 2020 年、2035 年全省机动车保有量将达到 2800 万辆、3500 万辆，2035 年后增幅将明显放缓。未来随着电动汽车技术的进一步成熟，对燃料型汽车的替代步伐将会加快，2020 年电动汽车保有量将不低于 35 万辆，预计 2035 年、2050 年电动汽车保有量分别达 216 万辆、573 万辆。根据中石油、中石化、延长石油等成品油零售企业的统计分析，车均油耗按 0.39 吨考虑，2020 年、2035 年、2050 年车用汽柴油需求量将到达 1381 万吨、1637 万吨、1460 万吨。2015 年郑州新郑机场航空煤油需求量 52 万吨，"十二五"年均增长 16%。根据《河南省通用航空发展规划（2014 - 2020)》，2020 年前河南省将新增 13 座以上通用机场，此外商丘机场、信阳明港机场等 4 座支线机场列入国家新机场建设规划。考虑高铁快速建设对部分短途航线产生的冲击可能会影响到煤油消费的增速，预计 2020 年、2035 年、2050 年河南省煤油需求将分别达到 192 万吨、353 万吨、540 万吨。

农业：2015 年河南省农机总动力达到 1.2 亿千瓦，农业用油 225 万吨，主要农作物耕种收综合机械化水平达到 77%，其中粮食生产机械化水平达到 80% 以上。到 2020 年，全省主要农作物耕种收综合机械化水平达到 90% 左右。随着河南粮食生产核心区建设规划的逐步实施，预计 2020 年主要农作物耕种收综合机械化水平达到 90% 左右，农业汽柴油需求量约 320 万吨。2035 年以后，农业用油将持续呈下降趋势，2020 ～ 2035 年农业用油将保持在 220 万吨左右，预计 2050 年农业汽柴油需求量约 190 万吨。

工业、建筑业及其他行业：2015 年工业、建筑业及其他行业用油 136

万吨。工矿建设、基础建设等领域中，成品油需求弹性比较大，受成本制约和政策影响较为明显。油价大幅上涨时，部分需求可能会转向天然气、煤等替代能源，该领域油品需求越来越趋于理性化，所占比例有下降趋势，但采掘业、制造业及新兴产业受影响较小。综合各用油行业发展趋势，预计2020年需求量将达到192万吨，预计2035年需求量将达到200万吨，预计2050年需求量将达到180万吨。

综上，预计2020年、2035年、2050年成品油需求量分别为2085万吨、2410万吨、2370万吨（见表6）。

表6　河南省分行业成品油需求预测表

单位：万吨

成品油分行业需求量		2020年	2035年	2050年
交通运输业	机动车	1381	1637	1460
	航空业	192	353	540
农业		320	220	190
工业、建筑业及其他行业		192	200	180
合计		2085	2410	2370

（三）天然气需求预测

河南的天然气消费主要用于城市燃气、工业燃料、天然气发电和天然气化工四大行业。

城市燃气：主要包括居民、公服商业、天然气汽车、城市小工业等。2015年河南全省城市燃气用气量41.6亿立方米，约占天然气消费比重的53.4%。根据《河南省经济社会发展"十三五"规划纲要》，到2020年气化人口达到4000万人，预计到2035年气化人口将超过8000万人，根据未来城镇人口数量、气化水平、公服商业发展、城市小工业燃料升级及未来天然气汽车发展趋势，并考虑大气污染防治力度加大及大力实施清洁能源供暖等因素对气代煤的促进作用，预计2020年、2035年、2050年全省城市燃气天然气需求量分别为80亿立方米、170亿立方米、190亿立方米。

工业燃料：工业燃料是天然气消费的重要市场，也是潜力最大的市场，主要用在陶瓷、玻璃、有色金属冶炼与加工、钢铁制造、建筑材料、食品、造纸、医药等众多领域。2015年河南全省工业燃料用气量29.7亿立方米，约占天然气消费比重的38.1%。未来，在进一步巩固传统工业用气市场的基础上，天然气作为经济转型、结构升级的手段之一，在陶瓷、玻璃、钢铁等领域淘汰落后产能及燃煤、燃油工业锅炉置换等方面将发挥优势。预计2020年、2035年、2050年全省工业燃料用气需求量分别为55亿立方米、147亿立方米、170亿立方米。

天然气发电：主要包括燃气调峰电厂、热电联产电厂和分布式能源站等。2015年河南省天然气发电用气量4.12亿立方米，约占天然气消费比重的5.3%。目前河南已运行的2座调峰电厂分别位于郑州和驻马店，总装机156万千瓦，已核准的热电联产项目有周口、信阳、洛阳3个，装机共计234万千瓦，预计"十三五"期间投产。考虑河南消减煤炭消费总量的因素，"十三五"后，天然气分布式能源项目将因清洁能源供暖的实施得到大力发展。预计2020年、2035年、2050年，全省发电用气需求量分别为30亿立方米、35亿立方米、35亿立方米。

天然气化工行业：主要包括合成氨、甲醇、制氢等。2015年河南全省天然气化工用气量2.5亿立方米，约占天然气消费比重的3.2%。在合成氨、甲醇领域，由于本身产能过剩、市场低迷，在经济上无法与煤炭展开竞争，在制氢领域，与煤炭制氢相比经济优势并不明显。预计2020年、2035年、2050年全省化工行业用气需求量分别为5亿立方米、8亿立方米、10亿立方米。

综上，预计2020年、2035年、2050年天然气需求量分别为170亿立方米、360亿立方米、405亿立方米（见表7）。

（四）电力需求预测

1. 河南电力现况对比分析

河南省与主要发达国家在电力需求总量和结构上有一定的差距，将发达国家的饱和电力需求，作为河南未来发展的方向。河南人均用电量与发达国家相比存在较大的差距，约为美国、韩国的1/4，约为德、日、法国家的40%（见表8）。

表7　河南省分行业天然气需求预测

单位：亿立方米

天然气分行业需求量	2020 年	2035 年	2050 年
城市燃气	80	170	190
工业燃料	55	147	170
天然气发电	30	35	35
天然气化工	5	8	10
合计	170	360	405

表8　河南与世界主要发达国家现况电力指标对比情况

电力指标		世界	美国	德国	法国	日本	韩国	中国	河南
电量	电力需求总量(亿千瓦时)	240997	43030	6471	5688	10355	5223	56900	2880
	电力需求增速(%)	0.9	−0.1	3.5	0.6	−0.2	1.2	0.5	−1.4
	人均用电量(千瓦时)	3280	13200	7120	7442	7899	10587	4140	3038
利用小时数	煤电利用小时(小时)	—	4903	5775	2420	6132	7264	4258	4022
	气电利用小时(小时)	—	3178	2602	1894	8472	3789	2498	1530
	核电利用小时(小时)	—	8447	8488	6932	205	7944	7350	0

河南省与国内经济发达省份进行分析，河南省用电总量和人均用电量均和经济发达省份有一定的差距，电力需求总量约为广东的一半，人均用电量低于全国平均水平（见表9）。

2. 人均用电量法

河南省的人均用电量长期落后于全国平均水平，2015年河南人均用电量仅为3038千瓦时，约为全国平均水平的73%。2015年河南省人均用电量水平约为全国2010年、广东2005年、江苏2006年、浙江2005年、山东2009年的水平，人均用电量落后较大。未来综合考虑河南经济社会发展目标、电量增长历史规律、河南城镇化进程稳步推进、农网改造及机井通电等带来的用电潜能释放以及电能替代等因素，预计河南省2050年全社会用电量约为6500亿～7500亿千瓦时，人均用电量占全国比例将逐步提升至85%～100%，逐步接近全国平均水平（见图9、表10）。

表9　河南与经济发达省份现况电力指标对比情况

	电力指标	全国	河南	广东	江苏	浙江	山东
电量结构	电力需求总量(亿千瓦时)	56900	2880	5311	5115	3554	5182
	电力需求增速(%)	0.9	-1.4	1.4	2	1.4	22.7
	人均用电量(千瓦时)	4140	3038	4895	6412	6416	5263
利用小时数	火电利用小时(小时)	4138	4025	3825	4955	3567	4744
	核电利用小时(小时)	6240	0	7082	7838	7548	0

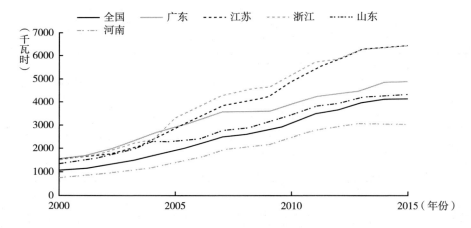

图9　人均用电量对比

表10　河南全社会用电量预测（人均用电量法）

单位：千瓦时，万人，亿千瓦时

		2015年	2016年	2020年	2035年	2050年
人均电量	高	3038	3135	3900	5888	8000
	中	3038	3135	3800	5640	7400
	低	3038	3135	3700	5340	7000
人口		9480	9532	9700	9900	9400

续表

		2015 年	2016 年	2020 年	2035 年	2050 年
全社会用电量	高	2880	2989	3783	5734	7520
	中	2880	2989	3686	5496	6956
	低	2880	2989	3589	5200	6580

3. 弹性系数预测法

目前河南省处于工业化中期后半阶段向工业化后期前半阶段过渡阶段，2006 ~ 2016 年十年间河南电力弹性系数年均为 0.66，未来随着产业结构调整战略的深入实施，新兴服务业的高速发展，河南中长期电力弹性系数将呈下降趋势（见图 10），预测河南省 2020 年电力弹性系数为 0.58 ~ 0.65，2035 年电力弹性系数为 0.54，2050 年电力弹性系数为 0.53。2020 年河南省全社会用电量为 3711 亿千瓦时，2035 年达到 5520 亿千瓦时，2050 年达到 6974 亿千瓦时（见表 11）。

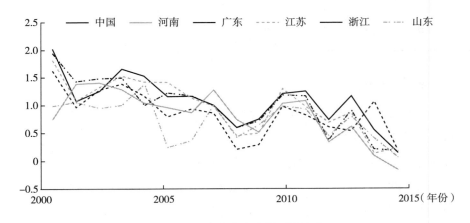

图 10 河南省电力弹性系数趋势

4. 电量综合预测

综合考虑人均用电量法和弹性系数法，河南省电力需求取中方案值，预计 2020 年、2035 年、2050 年全社会用电量分别为 3700 亿千瓦时、5500 亿千瓦时、7000 亿千瓦时（见表 12）。

表11   河南省用电量预测（弹性系数法）

单位：亿元，亿千瓦时，%

	2005 年	2006 年	2010 年	2016 年	2020 年	2035 年	2050 年
GDP	10587	12112	22943	39536	52505	108000	169008
GDP 增长率	14.2	14.4	16.7	8.1	8.0	5.0	3.0
用电量增长率	13.58	12.63	11.7	3.8	5.20	2.68	1.60
电力弹性系数	0.96	0.88	0.70	0.47	0.65	0.54	0.53
全社会用电量	1353	1523	2354	2920	3711	5520	6974

表12   河南省用电量预测汇总

单位：亿千瓦时，%

		2015 年	2020 年	2035 年	2050 年	"十三五"增长率	2020 ~ 2035 年增长率	2035 ~ 2050 年增长率
人均用电量法	高	2880	3783	5734	7520	5.61	3.33	1.82
	中	2880	3686	5496	6956	5.06	3.20	1.61
	低	2880	3589	5200	6580	4.50	3.27	1.43
弹性系数法		2880	3711	5520	6974	5.20	3.15	1.62
全社会用电量	高	2880	3800	5700	7500	5.70	3.38	1.75
	中	2880	3700	5500	7000	5.14	3.06	1.70
	低	2880	3600	5200	6600	4.56	3.13	1.50

5. 最大负荷预测

经济发展水平与产业用电结构是影响电力负荷特性最主要的因素，三产及居民生活用电比重在70%以上的发达国家，其年最大负荷利用小时数仍然保持在一定水平，并未出现大幅降低，西班牙等发达国家的年最大负荷利用小时数6000~7200小时，美国相对略低，在5200小时以上。国内发达省份年最大负荷利用小时数长期在6000小时徘徊，广东省相对略低，总体在5500小时以上（见图11、图12）。

"十三五"期间，随着河南省产业结构不断优化调整，年最大负荷利用小时数将呈现一定幅度的降低，预计未来河南省年最大负荷利用小时数维持在5200小时左右，预计2020年、2035年、2050年河南省最大负荷分别为7300万千瓦、10600万千瓦、13500万千瓦（见表13）。

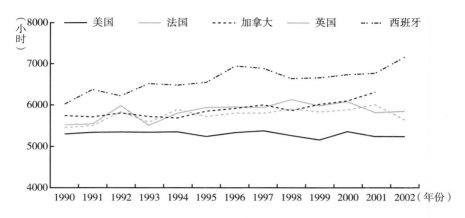

图 11　发达国家逐年负荷利用小时数变化

图 12　国内相关省份逐年负荷利用小时数变化

表 13　河南电力需求预测结果

单位：万千瓦，%

方案		2015 年	2016 年	2020 年	2035 年	2050 年	"十二五"增长率	"十三五"增长率	2020~2035 年增长率	2035~2050 年增长率
全社会最大负荷	高	5350	5450	7500	11100	14400	6.83	6.59	2.65	1.75
	中			7300	10600	13500		6.02	2.52	1.63
	低			7100	10000	12700		5.43	2.30	1.60

四　结论与建议

（一）主要结论

1. 经济与能源电力需求存在"解耦"现象

从美国、德国、法国、日本、韩国等发达国家的发展历程来看，后工业化社会，能源需求达到饱和，出现拐点并呈现缓慢下降的趋势。当人均GDP达到7000～8000美元时，经济保持中高速增长，但能源电力需求增速较低，经济与能源电力需求出现"解耦"现象，能源弹性系数由大于1降低至0～0.3、电力弹性系数由大于1降低至0.5～0.7。当人均GDP达到2万美元以上，能源电力需求达到饱和状态，经济增速维持在较低水平，但能源需求呈现缓慢下降趋势，全社会用电需求增速维持在2%以下的较低增速，基本保持稳定。

2. 河南省能源需求总量2050年将达峰

未来较长一段时期，是实现河南振兴、富民强省战略目标的关键时期，经济社会持续平稳发展和人民群众生活水平的持续提高为全省能源需求稳定增长提供了广阔空间，预计2050年全省能源需求总量为3.38亿吨标煤，将达到峰值，单位GDP能耗下降至0.28吨标煤/万元，人均能耗达到3.59吨标煤。

3. 河南省煤炭、石油需求率先达峰，天然气、电力需求相继达峰

受国家煤炭去产能政策影响，河南省煤炭需求已过峰值，未来随着经济高速增长带动能源需求的增长，2030年前河南省石油需求量为4243万吨，达到峰值，2050年河南省天然气和电力需求总量将同时达峰，分别达到405亿立方米和7000亿千瓦时，单位GDP能耗下降至0.20吨标煤/万元，人均用电量达到7400千瓦时以上。

（二）主要建议

1. 转变能源开发利用方式，推进化石能源的清洁利用

推进煤炭、石油、天然气安全绿色开发和清洁高效利用，实施油品炼能

提升、"气化河南"工程；以冬季采暖、生产制造、交通运输等领域为重点，全力推进"再电气化"深入实施，尽可能利用清洁能源，加快提升清洁能源在能源结构中的占比。中长期逐步形成以可再生能源为主体的能源供给体系，从根本上转变能源开发利用方式，化解能源资源和环境约束，促进能源发展转型。

2. 加快非化石能源开发，持续优化能源结构

鼓励优先开发和利用非化石能源，积极发展风电、光伏发电，推进省内非常规天然气勘探开发，加快省内煤层气、页岩气的开发力度和生物质、地热能资源的高效利用。加大改革创新力度，建立辅助服务市场，激励市场各方提供辅助服务，实现非化石能源和常规能源的深度融合。通过不断扩大非化石能源规模，提高其在能源消费中的比重，持续优化能源结构，促进能源工业健康发展，保障全省经济社会可持续发展。

3. 坚持能源节约和创新发展并重，推动能源绿色低碳转型

实行能源消费强度和总量双控，结合河南能源生产、原材料加工业能源消费强度偏高的特点，重点加强对该类高载能和产能过剩行业的控制和引导；推进终端能源消费的绿色转型，以终端能源消费的清洁低碳化引导能源体系全面转型。在工业、建筑、交通、公共机构等重点领域，推广应用先进的节能低碳新技术、新工艺和新装备，推动工业生产清洁化，普及绿色节能建筑，推进清洁智能交通。倡导分布式能源系统建设，推行多能互补的绿色能源方案，全面推动能源消费方式转变，提高能源综合利用水平。

4. 加大省外能源供应和输运通道建设，切实保障全省能源安全

深化"一带一路"战略实施，充分发挥全省区位、市场和产业优势，深化与资源丰富的国家和地区的产业合作，积极支持省骨干煤炭企业利用自身的优势"走出去"，深化与山西、陕西、内蒙古、新疆等煤炭资源丰富的省份合作，争取开发省外优质煤炭资源，定点向河南输入煤炭产品。积极争取国家跨省输气干线途经河南，优先下载气量。深化省政府与中石油、中石化的战略合作，争取尽快建立省政府与中海油的战略合作关系，抢占先机，

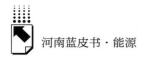

争取用气指标。在省内煤炭消费减量化和能源消费清洁化的背景下，积极争取消纳区外来电，保障省内能源、电力有序供应。

参考文献

国务院：《"十三五"生态环境保护规划》（国发〔2016〕65 号），2016 年 11 月 24 日。

国家统计局：《中国统计年鉴 2016》，中国统计出版社，2016。

国家发改委：《中长期油气管网规划》，（发改基础〔2017〕965 号），2017 年 5 月 19 日。

河南省人民政府：《河南省国民经济和社会发展第十三个五年规划纲要》（豫政办〔2016〕22 号），2016 年 3 月 28 日。

河南省人民政府：《河南省"十三五"能源发展规划》（豫政办〔2017〕2 号），2017 年 1 月 4 日。

河南省人民政府：《河南省"十三五"煤炭消费总量控制工作方案》（豫政办〔2017〕82 号），2017 年 7 月 16 日。

河南省发改委：《河南省"十三五"电力发展规划》（豫发改能源〔2017〕705 号），2017 年 7 月 3 日。

河南省人民政府：《河南省"十三五"生态环境保护规划》（豫政办〔2017〕77 号），2017 年 6 月 30 日。

河南省人民政府：《加快新能源汽车推广应用及产业化发展的实施意见》（豫政办〔2016〕56 号），2016 年 6 月 23 日。

B.11

2017年河南省电力需求
形势回顾与2018年预测

赵文杰　华远鹏　宋大为*

摘　要： 2017年，河南电力消费增速稳步提升，用电结构持续优化，电力增长动力逐步转换，用电负荷再创新高，业扩净增容量大幅上升，全年电力需求增长态势良好。当前，河南经济发展稳中向好、好中蕴新，供给侧结构性改革持续深化，重点行业去产能不断推进，同时节能减排力度不断加大，电力体制改革进度加快，全省电力需求增长的环境愈加复杂。报告通过重点行业分析法等预测手段，预计2018年全省全社会用电量3370亿千瓦时，同比增长6%左右。未来，河南电力消费增长空间广阔，需进一步推进清洁取暖、城乡配电网建设，构建以电力为中心的能源消费新模式，不断促进全省电力消费转型升级。

关键词： 河南省　电力需求　电力需求预测

---

* 赵文杰，国网河南省电力公司经济技术研究院工程师，工学硕士，研究方向为电力供需、电网规划；华远鹏，国网河南省电力公司经济技术研究院工程师，工学硕士，研究方向为能源电力经济与电网规划；宋大为，国网河南省电力公司经济技术研究院经济师，经济学博士，研究方向为能源经济与电力市场。

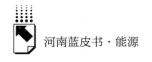

一 2017年河南省电力需求形势回顾

（一）电力消费增速明显回升，影响因素愈加复杂

1. 全社会用电增长态势良好

2017年河南省全社会用电量3166.2亿千瓦时，同比增长5.9%，增速较去年同期提高2.1个百分点，电力消费总体稳中向好，增速明显回升。

从季度看，一、二、三、四季度全社会用电量分别增长4.4%、5.6%、10.8%、2.6%，四个季度用电量同比增速整体呈现"先增后降"的趋势。三季度全社会用电量增速明显高于其他季度，主要原因是受夏季持续极端高温闷热天气影响，第三产业和居民用电量大幅增加。根据气象部门监测，2017年河南夏季全省平均高温日数（最高温大于等于35℃）为24.1天，较常年多10.8天，高温天气导致降温负荷及降温电量激增。四季度用电量增速迅速下降，主要是受冬季大气污染防治力度加大，全省1741家企业限停产错峰运行的影响。

从增速看，2017年全社会三次产业及城乡居民生活用电量均为正增长，分月来看，整体呈现"先增后降，再增再降"的M形增长态势（如图1所示）。第一产业受今年春夏交际降水量偏多、去年用电增速基数大的影响，用电量同比增长5.9%，增速较去年同期下降4.5个百分点；随着供给侧结构性改革持续深化，全省工业生产持续向好，第二产业用电量增速有所回升，达到4.8%，增速较去年同期提高2.9个百分点；2017年夏季出现了1961年以来的极端高温天气，第三产业及城乡居民生活用电快速增长，第三产业用电量增速11.2%，增速与去年基本持平，高于全国0.5个百分点；城乡居民生活用电保持高速增长，同比增长8.1%，高于全国0.3个百分点。

从占比看，2017年三次产业和居民用电结构进一步调整为2.0∶73.5∶10.7∶13.8，第二产业用电比重同比下降0.8个百分点，第三产业和居民用电比重分别上升0.5个和0.3个百分点。其中四大高耗能行业占工业用电比重为46.4%，同比下降1.5个百分点，反映出河南经济结构调整和转型升级过程还在持续。

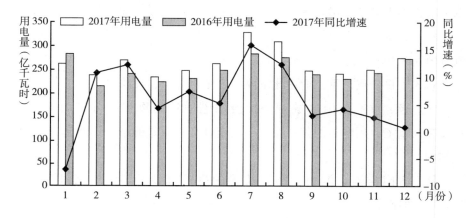

图1　河南省2017年全社会用电量及增速情况

从贡献率看，第一产业对全社会用电增长的贡献率最低，仅为2.0%。第二产业因其电量比重最大，对全社会用电增长贡献率为60.2%，是拉动全社会用电量增长的主要动力。第三产业和居民生活用电对全社会用电增长贡献率合计为37.8%（见表1）。

表1　河南省2017年全社会用电情况

单位：亿千瓦时，%

项目	用电量	占全社会用电比重	占比变化	同比增量	同比增速	对全社会用电增长贡献率
全社会	3166.2	—	—	177.0	5.9	—
第一产	63.6	2.0	0.0	3.5	5.9	2.0
第二产	2326.6	73.5	-0.8	106.6	4.8	60.2
工业	2291.3	72.4	-0.1	98.8	4.5	55.8
重工业	1955.2	61.8	-1.3	71.2	3.8	40.2
轻工业	336.1	10.6	0.3	27.6	8.9	15.6
第三产	337.9	10.7	0.5	33.9	11.2	19.2
居民	438.1	13.8	0.3	33.0	8.1	18.6

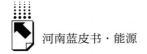

2. 工业用电结构进一步优化

2017年全省工业用电量2291.3亿千瓦时，同比增长4.5%，增速较去年提高2.8个百分点，全省工业用电量增速明显回升。其中，高耗能行业用电量增长动力减弱、增速缓慢，高成长性行业用电量快速增长。

从轻、重工业看，轻工业用电形势持续好于重工业。2017年轻工业用电量增速8.9%，高于重工业5.1个百分点，轻工业占全社会用电量的比重上升0.3个百分点，重工业占比下降1.3个百分点，反映出全省工业结构持续优化。轻、重工业用电量对全社会用电增长的贡献率分别为15.6%、40.2%，重工业用电量因其占比大，对全社会用电量的增长仍然起着基础支撑作用。

从三大门类看，电力、燃气及水的生产和供应业用电量同比增长7.8%，增速较去年提高1.9个百分点；采矿业用电量同比增长2.4%，增速较去年提高11.0个百分点；制造业用电量同比增长3.7%，增速较去年提高2.2个百分点，全省实体经济运行回暖态势明显。

（1）高耗能行业用电量低速增长

高耗能行业用电量的低速增长是造成重工业用电量增长缓慢、占比下降的主要原因。2017年河南省四大高耗能行业用电量1063.0亿千瓦时，同比增长1.2%。其中黑色、有色金属冶炼及压延加工业用电量负增长，非金属矿物制品业用电量低速增长，由于河南农业大省对化学制品的刚性需求，化学原料及化学制品制造业用电量保持中速增长（见表2）。

表2　2017年河南省高耗能行业用电情况

单位：亿千瓦时，%

项目	用电量	占全社会用电比重	同比增速	对全社会用电增长贡献率
四大高耗能行业	1063.0	33.6	1.2	7.2
化学原料及化学制品制造业	263.6	8.3	5.3	7.5
其中：化肥制造	100.2	3.2	-1.0	-0.5
非金属矿物制品业	186.6	5.9	2.0	2.1

项目	用电量	占全社会 用电比重	同比增速	对全社会用电 增长贡献率
其中:水泥制造	48.4	1.5	-2.6	-0.7
黑色金属冶炼及压延加工业	135.5	4.3	-2.5	-2.0
其中:铁合金冶炼	23.1	0.7	-11.0	-1.6
有色金属冶炼及压延加工业	477.2	15.1	-0.2	-0.4
其中:铝冶炼	387.3	12.2	-1.7	-3.9

化学原料及化学制品制造业受去产能政策对化肥供需形势的影响,以及河南农业大省对化学制品的刚性需求,用电量增速较为平稳,较去年用电增长态势良好。2017年全省化学原料及化学制品制造业用电量263.6亿千瓦时,同比增长5.3%。

非金属矿物制品业受基建、房地产开发投资、行业去产能政策、大气污染防治执行情况影响较大。水泥、玻璃工业作为河南省的重要支柱性产业,近年来快速发展,总体规模不断扩大,然而产能过剩、盈利能力持续降低等问题比较突出。2017年一季度后,受产品价格刺激,行业累计用电增速呈缓慢上行趋势,2017年全省非金属矿物制品业用电量186.6亿千瓦时,同比增长2.0%。

黑色金属冶炼及压延加工业为产能绝对过剩行业,受钢铁去产能政策影响,2017年7月以来累计用电量呈逐月下跌态势,且跌幅逐月增大。2017年全省黑色金属冶炼及压延加工业用电量135.5亿千瓦时,同比下降2.5%,为四大高耗能行业中用电量跌幅最大的行业。

有色金属冶炼及压延加工业中铝冶炼用电量占比达到80%左右,受电解铝去产能及大气污染防治政策的影响,全年有色行业用电量增速整体呈现先升后降的态势。2017年1~8月,沪铝期货价格涨幅明显,省内电解铝企业生产速度加快,行业用电量增速随之波动上扬,随着9月以来电解铝去产能、大气污染防治攻坚政策力度的加大,有色行业用电量迅速回落,2017年全省有色金属冶炼及压延加工业用电量477.2亿千瓦时,同比下降

0.2%。

（2）高成长性行业用电量快速增长，已经成为新的电量增长点

随着供给侧结构性改革不断深入，河南加快制造业承接产业转移步伐，高成长性行业已经成为新的电量增长点。2017年河南食品加工业、现代家居业、汽车及零部件业、电子信息业、装备制造业和服装服饰业六大高成长性行业用电量268.1亿千瓦时，同比增长10.1%，远高于工业4.5%的平均增速（见表3）。

表3　2017年河南省高成长性行业用电情况

单位：亿千瓦时，%

	用电量	占工业用电比例	占比变化	同比增量	同比增速	对工业电量增长贡献率
六大高成长性行业	268.2	11.7	0.6	24.6	10.1	24.9
食品加工业	97.9	4.3	0.1	7.4	8.1	7.5
现代家居业	27.8	1.2	0.03	1.9	7.5	2.0
汽车及零部件业	17.8	0.8	0.1	2.6	16.8	2.6
电子信息业	45.8	2.0	0.1	3.6	8.5	3.6
装备制造业	68.2	3.0	0.3	8.4	14.1	8.5
服装服饰业	10.6	0.5	0.01	0.8	7.7	0.8

高成长性行业用电量占工业电量比重仅为11.7%，但对工业用电增长的贡献率达24.9%，成为拉动工业电量增长的重要力量，未来高成长性行业用电发展潜力巨大。随着河南省装备制造业迅速发展，行业用电量也快速增长，装备制造业是高成长性行业中对工业用电量增长贡献率最大的行业；河南作为农业大省，食品加工业优势进一步得到显现，是高成长性行业中用电量最多的行业。

3. 第三产业和城乡居民用电稳步快速增长

2017年全省第三产业用电量337.9亿千瓦时，同比增长11.2%，占全社会用电量比重10.7%。第三产业各主要行业用电量均实现大幅增长，其中交通运输、仓储和邮政业增速11.8%，信息传输、计算机服务和软件业

增速12.0%，公共事业及管理组织增速11.8%，商业、住宿和餐饮业增速11.3%，金融、房地产、商务及居民服务业增速8.9%。

2017年城乡居民生活用电量438.1亿千瓦时，同比增长8.1%，占全社会用电量比重13.8%。随着城镇化和居民生活电气化水平的进一步提高，城镇居民生活用电量达203.5亿千瓦时，同比增长9.5%，在居民用电结构中的比重上升0.6个百分点。农网改造升级加快推进，乡村居民用电量234.5亿千瓦时，同比增长7.0%。

4. 极端高温天气及环保政策对电量增长影响显著

夏季极端高温天气显著拉升了全省的负荷及电量增长。2017年度夏期间，河南省持续高温天气，经测算2017年6~8月河南省降温电量高达188.6亿千瓦时，同比增加了68.9亿千瓦时；降温负荷2300万千瓦，同比增加了400万千瓦，扣除高温影响后，2017年夏季河南全社会用电量自然增长2.9%，低于11.4%的实际增速8.5个百分点，夏季极端高温天气对全省负荷及电量的拉升作用明显加强。

冬季大气污染防治力度空前，高耗能行业用电量大幅下降。2017年11月、12月度冬期间，河南省大气污染防治力度空前加大，全省15大行业、1741家企业执行停限产错峰任务，电解铝、钢铁、化工、建材等行业用电量大幅下降，11月、12月四大高耗能行业累计用电量同比下降4.7%。其中，有色行业受五大铝业集团限产30%及电解铝价格快速下跌的影响，累计用电量同比下降7.4%；黑色行业受环保限产及关停"地条钢"因素影响，累计用电量同比下降4.8%。

电能替代拉升电量增长作用凸显。2017年河南省进一步深入贯彻落实国家《大气污染防治行动计划》，大力推进电能替代工作，全年电能替代新增电量115.6亿千瓦时，拉动全社会用电量增长近4个百分点。同时，取暖季全省大力推进居民"煤改电"清洁取暖工作，推动17个地市出台居民"煤改电"设备购置和电价补贴政策，探索开展安阳居民"电代煤"市场化运营试点建设，累计完成居民"电代煤"用户103万户，全省冬季电采暖电量30亿千瓦时左右，显著拉升了全省冬季用电量的增长。

5. 业扩净增容量大幅上升

2017 年全省业扩净增容量 2457.9 万千伏安，同比增长 9.1%。其中，业扩报装新增容量 3953.4 万千伏安，同比增长 16.9%，主要涉及居民、新能源、批发和零售业等；大工业减容销户较同期有所放缓，但受去产能、大气污染防治等政策影响，建筑业、有色金属冶炼及压延加工业等行业用户减容销户较多。从业扩报装情况来看，全省申请、完成报装较去年均有增加，一般工商业和居民生活净增用电容量较大，后期用电量也将继续增长，支撑电力需求稳定增长的大工业报装容量也大于销户和减容容量，工业用电量有望继续增长。

总体上看，2017 年全省电力消费增长稳中向好，用电结构持续优化，天气及政策因素对电量消费的影响作用愈加凸显。工业用电量增速有所回升，工业用电结构进一步优化，产能过剩行业用电量增速缓慢，高成长性行业用电增长迅速；第三产业和城乡居民用电稳步快速增长，占比持续上升。用电情况表明，全省经济发展方式正在加快转变，产业转型升级已取得初步进展，经济发展新动能正在培育，城镇化率、居民生活水平进一步提升，稳增长调结构保持经济发展良好态势正在形成。

（二）用电负荷再创新高，增速超过预期

2010~2016 年，受全省经济结构调整的影响，全社会最大用电负荷增速逐步趋缓，2017 年受经济形势回暖及持续高温闷热天气影响，全社会最高用电负荷大幅增长。2017 年全社会最高负荷出现在 7 月 24 日，达 6039 万千瓦，较 2016 年的 5450 万千瓦增长 589 万千瓦，同比增长 10.8%，增速超出预期（见图 2）。

从大负荷构成看，第二产业负荷占比下降，第三产业和居民用电负荷占比上升。2017 年夏季大负荷时刻，第二产业负荷占比下降 2.1 个百分点，主要是受去产能及环保治理力度加大的影响，电解铝、钢铁、化工、水泥等行业不同程度减产，大工业用电负荷增速慢于第三产业及城乡居民生活用电负荷增速。第三产业及城乡居民生活用电负荷占比分别上升 1.5 个、0.9 个

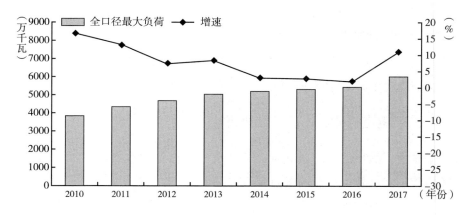

图2 2010～2017年全省最大负荷增长情况

百分点，主要是受城镇化不断推进以及人民生活水平逐步提高，空调负荷不断增加的影响（详见表4）。

表4 2016～2017年统调大负荷分产业构成对比情况

单位：万千瓦，%

	第一产业	第二产业	第三产业	城乡居民生活	厂用电及网损
2016 年	151(2.9)	2225(42.7)	835(16)	1655(31.8)	342(6.6)
2017 年	155(2.7)	2350(40.6)	1010(17.5)	1890(32.7)	380(6.6)
同比	4(2.6)	125(5.6)	175(21)	235(14.2)	38(11.1)

二 影响河南省2018年电力需求的因素分析

（一）经济增长保持稳中向好态势

2017 年全省经济呈现稳中向好、好中蕴新的态势，初步核算全省生产总值增长7.8%，增速高于全国平均水平0.9个百分点。2018 年，全省经济工作将全面贯彻党的十九大精神，认真落实中央经济工作会议精神和省委、省政府各项决策部署，深刻把握高质量发展阶段的基本特征，以深化供给侧结构性改革为主线，以提升经济质量效益为中心，以打好"四张牌"为抓手，以"三区一群"为平台，围绕"固稳、提质、培优、促新"的思路，巩固稳中向好的基础，形成以稳求进、以进提质、以新促优的发展格局。预计2018年河南经济增速会在7.5%~8%区间运行，将保持稳中有进、持续向好态势。

（二）重点行业去产能持续推进

采矿业、黑色、有色金属业、非金属业等产能过剩行业"去产能"力度将持续加大，重点行业用电前景不容乐观。《河南省化解过剩产能攻坚方案》提出，将严格执行能耗、环保、质量、技术、安全等标准，依法依规取缔违法违规产能，加快淘汰落后产能，积极化解煤炭、钢铁、火电、水泥、电解铝等行业过剩产能，预计2018年化解煤炭过剩产能1850万吨以上，关停落后火电机组100万千瓦，退出长期停产电解铝产能50万吨以上。

（三）节能减排力度不断加大

大气污染防治。京津冀及周边地区大气污染防治协作小组第十次会议审议通过了《京津冀及周边地区2017-2018年秋冬季大气污染综合治理攻坚行动方案》（简称《攻坚方案》），方案以压煤减产、提标改造、错峰生产为主攻方向，把重污染天气妥善应对作为重要突破口，加强联防联控，严格执法监管，强化督察问责，全面实施攻坚行动。《攻坚方案》明确要求，2017年10月至2018年3月，京津冀大气污染传输通道城市（河南省郑州、开封、安阳、鹤壁、新乡、焦作、濮阳在内）PM2.5平均浓度同比下降15%以上，重污染天数同比下降15%以上。根据《河南省2017-2018年秋冬季工业企业错峰生产实施方案》要求，2017年11月至2018年3月全省钢铁、建材、有色、化工等15大行业、1741家企业将执行停限产错峰任务，大气污染防治力度的加大，将对2018年重点行业的用电量造成一定影响。

能源结构优化。根据《河南省"十三五"节能减排综合工作方案》，加快实施煤改电工程，减少散烧煤消费，严格控制煤炭消费总量，开展煤电节能减排升级与改造；河南省能源局积极推进全省冬季清洁取暖、"电代煤"、

"气代煤"工作，要求在集中供热管网确实无法覆盖的区域，按照"宜气则气，宜电则电"的原则，郑州、新乡、开封、鹤壁4市列入国家清洁取暖试点城市。2018年随着严控煤炭消费总量及"电代煤"等政策的深入实施，煤炭在能源消费结构中的占比将进一步下降，预计将会对全省电力消费产生积极影响。

（四）电力体制改革进度加快

河南省电力体制改革综合改革试点方案和4个专项试点方案已印发实施，预示着河南省电力体制改革顶层设计基本完成；2017年河南省电力交易中心组织8批电力直接交易，成交电量560亿千瓦时，电量规模相比去年实现翻番，其中第五批直接交易首次准许售电公司代理电力用户进入市场交易，河南电力批发市场和电力零售市场初步形成，预计2018年全省电力直接规模将进一步扩大；国家再次批复河南省7个增量配电试点项目，加上第一批批复的6个项目，数目位居全国第一，全省增量配电业务的稳步推进；电价方面，取消城市公用事业附加费，大工业、一般工商业及其他分别降低1份/度，降低企业用电成本，继续对高耗能行业、产能严重过剩行业实施差别电价、惩罚性电价和阶梯电价政策，促进全省产业结构升级和淘汰落后产能，助力"去降补"工作。电力体制改革持续推进，将会对全省2018年的用电量消费产生一定的促进作用。

三 2018年河南省电力需求趋势预测分析

2018年是全省统筹推进国家战略规划实施和战略平台建设的关键时期，也是转型发展攻坚的重要时期，全省经济平稳增长的基本面将持续向好，用电有望继续保持较快增长。

（一）用电量预测

采用重点行业分析法对河南省2018年电力需求进行预测，并与GDP单耗法、经济电力传导法的预测结果进行校验，最终得到河南省2018年全社会用电量预测值。重点行业分析法结合了当前河南经济发展形势，综合考虑了各类重点行业成本、价格、产量、经营等因素，分别对第一产业、第二产业各重点行业、第三产业及居民用电进行分行业预测，分析维度较为全面，能较好反映全社会用电量的增长情况，因此重点介绍此方法。

1. 重点行业分析法

（1）第一产业用电量预测

河南省作为国家粮食生产核心区，第一产业用电量需求增长潜力较大。随着河南省加快构建现代农业强省，农村配电网改造升级持续推进，第一产业用电潜力将逐步释放，预计2018年第一产业用电量达66亿千瓦时，同比增长4%左右。

（2）第二产业用电量预测

对工业、建筑业用电量进行预测，着重预测、分析占工业用电量比重较大的化工、非金属、黑色、有色金属行业，即四大高耗能行业的用电趋势。

化学原料及化学制品制造业。2017年全省化工行业主要产品产量有升有降，其中纯碱产量368.3万吨，同比增长5.5%，农用氮磷钾化肥（折纯）产量463.5万吨，同比下降9.2%。受去产能政策对化肥供需形势的影响，2017年化肥价格呈先降后升态势（见图3）。河南化工产业结构偏向基础化工，省政府正在实施石化产业调结构促转型增效益工作，严控尿素、电石等过剩行业产能，加快发展尼龙、乙二醇等化工新材料，预计2018年化肥产量下降8%左右，纯碱产量增长5%左右，尼龙等新产品产量将呈快速增长趋势。综合考虑化工行业部分过剩行业去产能、特色化工行业加快发展的形势，以及大气污染防治长期性约束等影响，预计2018年化工行业用电量增速约5%，达到278亿千瓦时。

非金属矿物制品业。受城镇化进程加快、房地产行情和基础设施建设影响，2017年全省水泥产量14938.7万吨，同比增长2.6%，平板玻璃2045.9万重量箱，同比增长84.8%。受去产能政策影响，水泥价格呈波动上升趋势，12月升至369元/吨的高位（见图4）。2018年，受政府房地产调控力

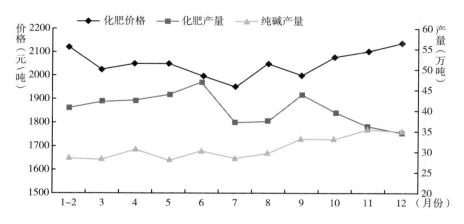

图3 2017年化学原料及化学制品制造业分月主要产品价格与产量

度不断加大的影响，保障房将大量开工建设，商品房中精装房比例也将不断提高，水泥、石材、玻璃需求旺盛。同时，随着河南省城镇化发展和建筑节能标准的提高，以及新能源、高端装备、电子信息等加快发展，平板玻璃将广泛应用，产量有望继续增长。预计2018年全省水泥产量下降2%，平板玻璃产量继续保持增长态势，涨幅略有收窄，建材行业用电量189亿千瓦时，增速1.5%左右。

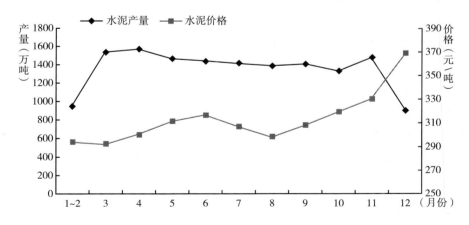

图4 2017年非金属矿物制品业分月主要产品价格与产量

黑色金属冶炼及压延加工业。2017 年全省黑色行业产业增加值同比下降 9.2%，粗钢产量 2954 万吨，同比增长 5.1%，钢材产量 3909.5 万吨，同比下降 7.3%。作为钢材价格的重要指标，同期螺纹钢的价格逐渐攀升，由年初的 3530 元/吨上升至 12 月 5050 元/吨（见图 5），行业形势有所缓解，但钢铁为产能绝对过剩行业，考虑淘汰落后产能及大气污染防治等因素，预计 2018 年钢材产量将继续下降，同比下降 6% 左右。同时，在大气治理的要求下钢铁行业拆除燃煤窑炉，省内大部分钢铁企业将燃煤窑改造为电窑炉，用电量将快速增长。统筹考虑去产能和电能替代的影响，预计 2018 年黑色行业用电量 133 亿千瓦时，增速约 -2.0%。

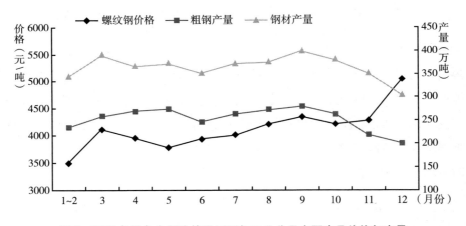

图 5　2017 年黑色金属冶炼及压延加工业分月主要产品价格与产量

有色金属冶炼及压延加工业。有色行业用电量受电解铝行业影响较大，电解铝用电占全省有色行业用电的 80% 左右。2017 年电解铝价格整体呈现先升后降的态势。前三季度受铝价上扬影响，电解铝企业生产积极性增强，主要产品产量增幅明显。第四季度，随着电解铝去产能及大气污染防治政策力度的加大，以及电解铝生产原料氧化铝、预焙阳极等价格大幅上涨，铝价随之出现下跌，由 9 月底的最高 16420 元/吨下降至 12 月上旬最低的 13900元/吨（见图 6）。同时，有色金属作为战略性新兴产业支撑材料的地位不断提升，轻金属结构材料对钢铁、水泥、木材等传统材料的替代作用明显，有色金属的需求正旺。在电解铝去产能政策限制和有色金属需求上涨双重作用下，预计2018年全省电解铝产量将下降4%，精炼铜等有色金属、高端合金材料产量将有所增长，预计有色行业用电量480亿千瓦时，与2017年相比基本持平。

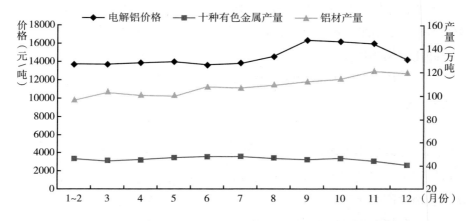

图6　2017年有色金属冶炼及压延加工业分月主要产品价格与产量

除四大高耗能之外的其他工业。受稳增长调结构、产业发展新旧动力转换影响，2017年其他工业用电增速为7.6%。考虑河南省加快构建先进制造业强省，现代食品加工、新能源、汽车制造、金属制品、电子信息等，行业用电量将继续保持稳步增长态势，预计2018年其他工业用电量1327亿千瓦时，增速8.0%。

根据对四大高耗能行业和其他工业用电量预测结果，预计2018年工业用电量2406亿千瓦时，增速5.0%。

2017年建筑行业用电量35.3亿千瓦时，同比增长28.4%。建筑行业用电量受房地产开发投资影响较大，2017年全省房地产开发投资完成7090.3亿元，同比名义增长14.7%，房屋施工面积49942.3万平方米，同比增长5.5%。考虑到河南省城镇化发展长期稳定的良好机遇和房地产开发、销售情况，预计2018年建筑行业用电量达到44亿千瓦时，增速约为25%。

综上，预计2018年第二产业用电量2450亿千瓦时，同比增长5.3%。

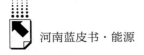

（3）第三产业和城乡居民用电量预测

近年来河南省加快承接产业转移和发展动能转换，大力推进高成长服务业强省、网络经济强省建设，产业结构不断升级优化，第三产业发展潜力巨大。预计2018年全年达到376亿千瓦时，增速约11%。

河南省积极探索新型城镇化发展路径，推动城乡区域协调发展，城镇化率和居民生活水平不断提升。预计2018年城乡居民生活用电量478亿千瓦时，同比增长9.0%。

综合上述分析，预计2018年全省全社会用电量为3370亿千瓦时，同比增长6.4%。

2. GDP单耗法

GDP单耗法根据产业增加值与单位产业增加值电耗来预测用电量。"十二五"以来，河南省加快转变发展方式，产业转型升级取得重大进展，三次产业增加值电耗年均下降5.3%，其中，第一产业年均降幅7.9%，第二产业年均降幅6.0%，第三产业年均降幅1.1%。考虑河南省"十三五"期间能耗发展趋势、环保政策，预计2018年全省三次产业增加值电耗将保持5.0%以上的下降速度，预计2018年全省全社会用电量为3360亿千瓦时，同比增长6.1%（见表5）。

表5　2010～2016年河南省三次产业单位GDP电耗

单位：千瓦时/万元

年份	第一产业	第二产业	第三产业
2010	224.0	1651.7	199.3
2011	236.7	1641.8	200.0
2012	210.2	1473.0	210.5
2013	201.9	1379.6	216.4
2014	169.7	1303.5	202.7
2015	129.2	1198.2	189.4
2016	136.9	1135.3	189.3

注：GDP折算到2015年可比价。

3. 经济电力传导法

经济电力传导模型以全社会及第二、第三产业固定资产投资增速等为输入变量，充分发挥经济对电力的传导机制，分析并构建各个要素之间的传导函数，从而完成对三次产业以及居民用电量的预测。2017年河南省固定资产投资增长10.4%，预计2018年固定资产投资增长11%左右，全社会用电量为3385亿千瓦时，同比增长6.9%。

从重点行业分析法、GDP单耗法、经济电力传导法三种方法的预测结果来看，各方法预测结果均较为接近。综上，预计2018年全省全社会用电量为3370亿千瓦时，同比增长6%左右（见表6）。

表6　2018年全省全社会用电量预测

单位：亿千瓦时，%

全社会用电量	预测值	同比
重点行业分析法	3370	6.4
GDP单耗法	3360	6.1
经济电力传导法	3385	6.9

（二）负荷预测

采用最大负荷利用小时数法对河南省2018年用电负荷进行预测，并采用时间序列法、趋势预测法对预测结果进行校验。

1. 最大负荷利用小时数法

2005～2017年河南省全口径最大负荷利用小时数处于5280～6300小时之间。考虑到经济结构持续调整导致负荷构成的变化，预计2018年全省最大负荷利用小时数约为5185小时，结合2018年全社会用电量预测值3370亿千瓦时，预计2018年全省全口径最大负荷为6500万千瓦，同比增长7.6%。

2. 时间序列法

根据2010～2017年全省最大负荷增长情况，采用时间序列法得到最大负荷的拟合曲线如图7所示。

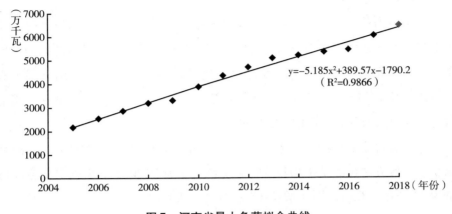

图7 河南省最大负荷拟合曲线

其时间序列方程为：

全口径最大负荷：$y = -5.185x^2 + 389.57x - 1790.2$（$R^2 = 0.9866$）

其中 x 为时间序列号（2010 年时 x = 1，以此类推），y 为最大负荷值，R^2 为拟合优度。据此，预计 2018 年全省全社会最大负荷为 6450 万千瓦，同比增长 6.8%。

3. 趋势预测法

根据近年负荷增速变化情况（见图2），考虑近期负荷增速和用电量增速水平接近，结合经济发展形势与电量预测结果，预计 2018 年全省最大负荷为 6550 万千瓦，同比增长 8.5%。

综上，预计 2018 年全省最大负荷为 6450 万~6550 万千瓦，同比增长6.8%~8.5%（见表7）。

表7 2018 年全省最大负荷预测

单位：万千瓦，%

全社会最大负荷	预测值	同比
最大负荷利用小时数法	6500	7.6
时间序列法	6450	6.8
趋势预测法	6550	8.5

四 结论与建议

（一）主要结论

1. 电力需求将继续保持较快增长态势

2018 年全省经济将进一步以提高发展质量和效益为中心，电力需求将继续保持稳中向好的发展态势，综合考虑经济形势、重点行业发展、电力体制改革等方面因素，预计 2018 年全省全社会用电量约为 3370 亿千瓦时，增速 6% 左右。

2. 第二产业用电比重将继续下降，用电结构持续优化

2018 年工业用电结构将持续优化，高耗能行业用电量持续低迷，占比继续下降，以现代食品加工、电子信息及装备制造业为代表的高成性行业将继续保持快速发展，将成为河南工业用电增长的重要支撑力量。一般工商业发展较快，城镇化率、居民生活水平逐步提高，第三产业、城乡居民用电比重将稳步提升。预计 2018 年全省第二产业用电比重为 72.7%，下降 0.8 个百分点，第三产业、城乡居民用电比重为 25.3%，提高 0.8 个百分点。

3. 电能替代、"煤改电"将显著拉升用电量增长

在国家大力提倡清洁、绿色发展的大背景下，2018 年全省将继续大力推进电能替代、"煤改电"清洁取暖等工程，全年电能替代及"煤改电"工程新增电量将持续增加，将成为拉动全社会用电量增长的主要力量。

（二）主要建议

电力是国民经济的基础能源产业，为保障新时期经济社会较快发展，河南需进一步着力提高全省电气化水平，加快建设中部领先的城乡配电网，积极推进电能替代、清洁取暖工程，构建以电力为中心的高效、清洁、低碳的能源消费新模式，全面推动电力和能源消费革命转型升级。

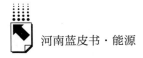

1. 加快建设中部领先配电网，充分释放城乡用电潜能

近年来，河南省城乡配电网建设取得了巨大进展，但仍存在农村电网薄弱、城镇配电网可靠性低、装备水平差等问题。"十三五"是全面建成小康社会的决胜期，为实现全省经济社会的中高速增长，应继续大力加强城乡配电网建设，贯彻落实创新、协调、绿色、开放、共享的发展理念，以推进供给侧结构性改革为主线，以满足城乡用电需求、提高供电质量、促进智能化为目标，着力加强供电保障，服务社会民生；着力完善电网结构，消除城乡配电网薄弱环节；着力推进标准配置，提升装备技术水平；着力推进体制改革，降低用户用电成本，打造中部领先的城乡配电网，充分释放全省城乡的用电潜能。

2. 积极推进清洁取暖，适应大气污染治理新要求

加快提升全省热电联产集中供热能力，鼓励城市及产业集聚区周边煤电机组实施供热改造，引导10万千瓦以下抽凝机组改造为背压机组，继续推进"以电代煤""以电代油"工程，加快"以电代煤""以电代油"相关配套工程建设，保障清洁取暖电能替代的电力需求，以清洁取暖为抓手，提高电能在全省终端能源消费中的比重，推动全省能源消费转型升级。

3. 加快推进以电为中心的能源消费新模式

贯彻落实习总书记关于能源"四个革命"和国家"节约、清洁、安全"能源发展战略，主动适应能源供给侧改革和电力体制改革的新要求，以能源互联网、智慧能源和多能互补为发展方向，以智慧电网、大云物移、互动服务为支撑手段，构建以电为中心，智慧应用的新型能源消费市场，提高电能占终端能源消费的比重，推动全省能源消费转型升级。

参考文献

河南省人民政府：《关于印发河南省2017年国民经济和社会发展计划的通知》（豫政办〔2017〕6号），2017年2月27日。

河南省政府发展研究中心：《2017年河南经济形势分析及2018年展望》，2017年12月26日。

河南省人民政府办公厅：《关于印发河南省"十三五"控制温室气体排放工作实施方案的通知》（豫发改价管〔2017〕52号），2017年4月1日。

河南省人民政府办公厅：《河南省人民政府关于印发河南省化解过剩产能攻坚方案等五个方案的通知》（豫政办〔2017〕22号），2017年6月22日。

河南省人民政府办公厅：《关于印发河南省"十三五"节能减排综合工作方案的通知》（豫政办〔2017〕81号），2017年7月9日。

河南省人民政府：《上网电价涨 销售电价降 河南合理调整输配电价降低企业成本》，2017年7月10日。

中华人民共和国环境保护部：《关于印发〈京津冀及周边地区2017－2018年秋冬季大气污染综合治理攻坚行动方案〉的通知》（环大气〔2017〕110号），2017年8月21日。

河南省发改委：《关于我省电能替代工作实施方案（2016－2020年）》，2016年8月18日。

河南省政府办公厅：《河南省推进供给侧结构性改革降成本专项行动方案》（豫政办〔2016〕96号），2016年6月8日。

工业和信息化部：《工业和信息化部关于印发建材工业发展规划（2016－2020年）的通知》（工信部规〔2016〕315号），2016年10月11日。

工业和信息化部：《工业和信息化部关于印发石化和化学工业发展规划（2016－2020年）的通知》（工信部规〔2016〕318号），2016年10月14日。

工业和信息化部：《工业和信息化部关于印发有色金属工业发展规划（2016－2020年）的通知》（工信部规〔2016〕316号），2016年10月18日。

工业和信息化部：《工业和信息化部关于印发钢铁工业调整升级规划（2016－2020年）的通知》（工信部规〔2016〕358号），2016年11月14日。

B.12
河南省工业部门能源强度
影响因素研究及预测*

蔡玎琰　张　瑾　李金铠**

摘　要： 传统工业为河南省的经济增长和城镇化进程做出了重要贡献，随着资源环境问题的日益突出，传统工业能源效率低、能源强度高等问题日益显现。报告利用 Divisia 因素分解法分析河南 34 个工业部门能源强度，利用 BP 神经网络模型对未来河南省高能耗类行业能源强度变化进行预测研究。研究结果表明：技术因素和结构因素对河南省工业部门能源强度降低起到推动作用，其中结构因素对工业部门能源强度降低的贡献度最高；从高、中、低耗能行业来看，高耗能行业对河南省工业能源强度降低贡献度最高，中、低耗能行业对河南省工业能源强度降低贡献度较小；高能耗行业在 2020 年前能源强度总体不断降低，但整体下降幅度较小；最后基于研究结论为河南省节能减排路径提出优化建议。

关键词： 河南省　能源强度　能源效率　能源结构因素

　* 基金项目：本文研究得到国家自然基金面上项目（71473070）、国家软科学研究计划重大公开招标项目（2012GXS1D003）和河南省政府决策招标项目（2017B102）支持。
** 蔡玎琰，郑州财经学院教师，经济学硕士，研究方向：能源环境经济政策与管理；张瑾，清华大学公共管理学院博士生，河南省 3E 研究创新团队核心骨干，主要从事能源、环境与经济发展研究；李金铠，二级教授，河南省特聘教授，博士生导师，河南财经政法大学研究院院长，主要从事人口资源与环境、能源环境经济与政策、产业经济与政策等研究。

近年来，河南省作为发展较快的中部省份，经济总量不断增大，综合实力不断提升。工业在河南经济发展中有着举足轻重的地位，但与其他经济发达地区相比，河南省的工业无论是在提高能源效率还是节能减排上都存在较大差距，研究河南省工业能源强度变化对做好节能减排工作及制定相关政策，有着重要意义。在新的重要战略机遇期，河南省应该牢固树立绿色发展理念，以改善环境质量和提高能源效率为目标，抓住有利时机，积极稳妥解决"发展与环境保护"问题，掌握绿色发展主动权，实施"双控"管理，推进资源节约型、环境友好型发展模式的建立，实现经济与环境的双赢。

一 河南省工业增加值与能耗强度现状

随着河南省经济体量的不断增大，生态环境日趋好转，河南省的工业转型发展也在稳步进行。产能过剩和高耗能产业逐步被淘汰，高技术含量、高附加值产业蓬勃发展，工业增加值逐年提高，工业占 GDP 比重明显下降。在政府的引导下，河南省工业部门产业结构不断优化，新技术和管理理念得到有效应用，工业生产效率明显提高，能源消耗增速明显下降。

（一）河南省工业增加值稳步增长，占全省 GDP 比重有所下降

"十二五"期间，河南省致力于发展高端装备制造业、现代服务业，加快工业产业结构调整，出台了一系列政策引导产业转型，关停了大量产能落后的高耗能企业，促进高科技、高能效企业的快速发展，全省能源消耗量快速增长态势得到有效控制。

从图 1 可以看出，2000~2016 年间，河南省工业增加值不断攀升，工业增加值占 GDP 比重呈现出先升后降低的"倒 U"形特征。2000 年，河南省工业增加值占全省 GDP 比重为 45.4%，随后不断提升，在 2008 年比重达到最高值 56%。2008 年之后工业增加值占全省 GDP 的比重整体呈现不断下降趋势，2016 年比重降低至 47.6%，较 2008 年下降约 10 个百分点。

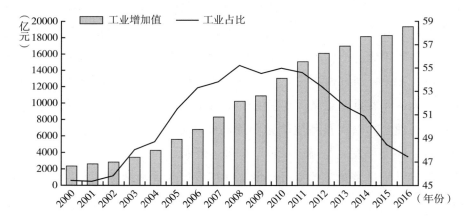

图1 河南省工业增加值及占 GDP 比重变化情况

资料来源：河南省统计年鉴。

（二）工业能源需求增速放缓，但总量并未明显减少

从能源消费总量来看，2005～2016 年河南省工业规模以上能源消费平均增长率为 14.5%。2000～2005 年，河南省工业能源消费量不断上升；2005 年以后能源消费增速明显提升；2012 年以后河南省不断加强产业转型，限制和关停大量高耗能高污染企业，2014 年河南省工业规模以上企业能源消费量达 16769.71 万吨标准煤，随后两年间全省能源消耗有所下降，2016 年消费量降低到 14396 万吨标准煤。从增速来看，随着国家调整产业结构的步伐不断加快，去产能的力度不断加大，河南省能源消费量增速逐年放缓（见图2）。

总体来看，近年来河南省产业调整不仅促进了河南省工业的平稳发展，而且提高了工业生产效率，有效控制了全省能源消耗量的增加，为河南发展高科技产业和新兴产业发展奠定坚实基础。

二　河南省工业部门能源强度影响因素研究

衡量或评价一个国家或地区能源经济效率的指标较多，其中最主要的是

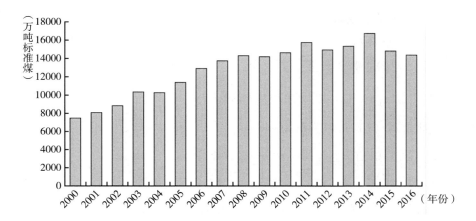

图 2 2000~2016 年河南工业规模以上企业能源消费变化

资料来源：河南省统计年鉴。

用单位国内生产总值（GDP）的能源消耗量表示，部门或行业的能源强度指标则可用单位产值能耗或单位产品（或单位服务）能耗的倒数表示。本报告利用 Divisia 指数①分解法分解各行业能源强度，研究河南省能源强度变化。

（一）Divisia 模型构建

$$I(t) = \frac{E(t)}{G(t)} \tag{1}$$

其中 I（t）是工业部门能源强度（即工业产业增加值每增加一个单位所消耗的能源量），E（t）是工业部门在一定时间内所消耗的能源总量，G（t）是在一段时间内工业部门所产生的增加值总量。

---

① Divisa 指数法源于 1924 年数学家 Divisa 所提出的一种指数形式的微分展开，并由 Theil 在 1967 年完成该指数形式公式的近似计算，使整个迪氏因素分解法形成完备的理论体系。通过众多专家学者的努力使得迪氏分解法具备较好的理论基础，建立起较为统一和简洁的计算公式，使得在实际研究中易于应用与计算。

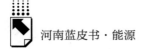

为考虑工业所属子行业对整体公司的影响，则公式（1）中的 $E(t)$。（工业部门总能耗量）可以用工业所属各子行业的能源消耗量 [$E_i(t)$ 是表示第 i 个行业的能源消费量] 表示为：

$$E(t) = \sum_i E_i(t) \tag{2}$$

由此公式（1）可以变形为：

$$I(t) = \frac{\sum_i E_i(t)}{G(t)} = \frac{\sum_i G_i(t) - I_i(t)}{G(t)} = \sum_i \frac{G_i(t)}{G(t)} \cdot I_i(t) = \sum_i S_i(t) \cdot I_i(t) \tag{3}$$

$I_i(t)$ 是第 i 部门单位增加值能耗，$I_i(t) = \dfrac{E_i(t)}{G_i(t)}$ 代表第 i 部门能源强度，$S_i(t)$ 表示工业部门总增加值中第 i 部门的占比，$S_i(t) = \dfrac{G_i(t)}{G(t)}$。

对工业部门能源强度 $I(t)$。求曲面积分可解得等式（4）：

$$\int_\Gamma \dot I(t) = \int_\Gamma \sum_i \frac{E_i(t)\dot S_i(t)}{G(t)S_i(t)} + \int_\Gamma \sum_i \frac{E_i(t)S_i(t)}{G(t)S_i(t)} \tag{4}$$

随后将曲面积分路径 Γ 包含时间区间 $T(t-1, t)$ 和曲线（S，I）带入公式，得到公式（5）：

$$I(t) - I(t-1) = \int_{t-1}^t \sum_i \frac{E_i(t)}{G(t)} d\ln S_i + \int_{t-1}^t \sum_i \frac{E_i(t)}{G(t)} d\ln I_i \tag{5}$$

通过公式变形将公式（5）转化为公式（6）

$$\triangle I = I(t) - I(t-1) = \triangle I_{int} + \triangle I_{str} + \mu \tag{6}$$

$\triangle I$ 可以看成工业部门能源强度在某个时段的变化量，$\triangle I_{int}$ 表示因为技术因素变化所导致的能源强度变化量，$\triangle I_{str}$ 表示结构因素变动对能源强度变化量的影响，μ 为残差项，通过中值定理和 Sato - Vartia 指数法计算可以将 $\triangle I_{str}$ 变为 $\sum_i \omega_i$，$\triangle I_{int}$ 变为 $\sum_i \varphi_i$。采用 Sato - Vartia 指数法得出 ω_i，φ_i 计算公式如下：

$$\omega_i = \left[\left(\frac{E_i(t)}{G(t)} - \frac{E_i(t-1)}{G(t-1)} \right) \middle/ \left(\ln \frac{E_i(t)}{G(t)} - \ln \frac{E_i(t-1)}{G(t-1)} \right) \right] \times \left(\ln S_i(t) - \ln S_i(t-1) \right) \tag{7}$$

$$\varphi_i = \left[\left(\frac{E_i(t)}{G(t)} - \frac{E_i(t-1)}{G(t-1)} \right) \middle/ \left(\ln\frac{E_i(t)}{G(t)} - \ln\frac{E_i(t-1)}{G(t-1)} \right) \right] \times \left(\ln I_i(t) - \ln I_i(t-1) \right) \quad (8)$$

为了便于计算，我们将结构因素和技术因素的贡献率通过下列公式进行计算。

计算结构因素贡献率的公式：

$$C_{str} = \frac{\triangle I_{str}}{\triangle I_{int} + \triangle I_{str}} \times 100\% \qquad (9)$$

计算技术因素贡献率的公式：

$$C_{int} = \frac{\triangle I_{int}}{\triangle I_{int} + \triangle I_{str}} \times 100\% \qquad (10)$$

由以上两个公式可以看出，第 i 个行业对整体工业能源强度下降的贡献度可以表示为：

$$C_i = \frac{\omega_i + \varphi_i}{\triangle I_{int} + \triangle I_{str}} \times 100\% \qquad (11)$$

（二）数据来源

本报告选取河南省规模以上工业部门数据进行计算，具体数据来源于《河南统计年鉴》中规模以上工业各部门增加值表与规模以上工业各部门能源消耗表。

由于河南省统计年鉴中不同年份编制的标准稍有差异，而且能源统计表和工业统计表中的部门分类方法并不完全一致。为方便不同年份的数据对比，保持数据口径一致，文中以《国民经济行业分类》（GB/T4754－2002）和《河南统计年鉴》2016 年工业增加值表的分类标准为基准，把工业部门划分为 34 个子部门。同时为方便分类计算，文中根据《2010 年国民经济和社会发展统计报告》的高耗能行业分类以及 2016 年河南省工业各部门能源强度不同，将 34 个子部门分成高耗能、中耗能和低耗能 3 个类别。具体方法和标准如表 1 所示。

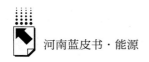

表1　河南省工业部门划分与简称

高耗能行业 （单位 GDP 能耗 ≥0.75 吨/标准煤）	中耗能行业 （0.25 吨/标准煤≤单位 GDP 能耗 <0.75 吨/标准煤）	低耗能行业 （单位 GDP 能耗 <0.25 吨/标准煤）
行业名称	行业名称	行业名称
煤炭开采和洗选业	文教体育用品制造业	农副食品加工业
煤气生产和供应业	水的生产和供应业	纺织服装、鞋、帽制造业
石油和天然气开采业	食品制造业	有色金属矿采选业
石油加工、炼焦业及核燃料加工业	饮料制造业	皮革、毛皮、羽毛（绒）及其制品业
黑色金属冶炼及压延加工业	纺织业	烟草制品业
非金属矿物制品业	木材加工及木、竹、藤、棕、草制品业	仪器仪表及文化、办公用和机械制造业
有色金属冶炼及压延加工业	交通运输设备制造业	专用设备制造业
化学纤维制造业	医药制造业	通信设备、计算机及其他电子设备制造业
造纸及纸制品业印刷和记录媒介的复制业	橡胶制品业塑料制品业	通用设备制造业
化学原料及化学制品制造业	金属制品业	工艺品及其他制造业
电力、热力的生产和供应业	电气机械及器材制造业	家具制造业
	黑色金属矿采选业	废弃资源和废旧材料回收加工业
	非金属矿采选业	

（三）影响因素分析结果

从表2可得，从结构因素和技术因素对能源强度的贡献率上看，结构因素是推动能源强度降低的主导因素。工业产业结构对河南省能源强度的降低起积极的影响，2000～2016年贡献度高达61%；技术因素同样为降低能源强度有着不可忽视的贡献，贡献度达39%。从时间序列来看，结构因素和技术因素对河南省规模以上工业企业的能源强度降低的影响强弱可分成前后两个阶段。

第一阶段，2006年以前，结构因素明显是推动河南省工业能源强度降低的主要因素，相对来说技术因素对于能源强度的降低贡献度不高。由于

2000～2006年工业产业快速扩张，高能耗企业快速发展，使得技术因素对于能源强度减低的贡献度变小。

第二阶段，2007～2016年间，随着生态环境的日趋恶化，河南省对节能减排效果越来越重视，不断促进工业工艺提高，使得工业产业能源强度不断下降，技术进步对于河南省工业部门能源强度下降的影响力不断上升。

表2　2000～2016年河南省工业能源强度变化量及结构因素和技术因素的贡献率

年份	能源强度变化量（即能源强度降低量）	结构因素	结构因素贡献率（%）	技术因素	技术因素贡献率（%）	误差
2000～2001	0.1674	0.1287	77	0.0267	16	0.012
2001～2002	0.2774	0.2095	76	0.0538	19	−0.051
2002～2003	0.1516	0.1306	86	0.0273	18	0.0415
2003～2004	1.1678	0.2332	20	0.9056	78	−0.0248
2004～2005	−0.8095	0.3121	−39	−1.1153	138	−0.0077
2005～2006	−0.0684	0.0128	−19	−0.0992	145	0.2636
2006～2007	0.4421	0.1747	40	0.2908	66	0.053
2007～2008	0.676	0.3232	48	0.3433	51	−0.0142
2008～2009	0.3492	0.1369	39	0.2177	62	0.0153
2009～2010	0.4226	0.2388	57	0.1912	45	0.0176
2010～2011	0.4529	0.1885	42	0.2826	62	0.0404
2011～2012	0.5231	0.3026	58	0.2354	45	0.0286
2012～2013	0.2162	0.1348	62	0.0774	36	−0.0188
2013～2014	0.3133	0.1549	49	0.1657	53	0.0232
2014～2015	0.3197	0.1578	49	0.1733	54	0.0361
2015～2016	0.2733	0.1167	42	0.1601	58	0.0127
2000～2016	4.8747	2.9558	61	1.9364	39	−0.0175

2000～2016年间，借助技术因素、结构因素对工业34部门的影响分析，通过数据统计将高、中、低能耗行业的数据进行分类比对，分析三类部门能源强度变化情况。为便于分析，将能源强度降低的贡献度都转换为数值，以更好地反映技术因素和结构因素对能源强度变化的影响。

（1）高耗能行业能源强度分析

总体来看，高耗能行业的平均能源强度降低幅度较大，近年来河南省高

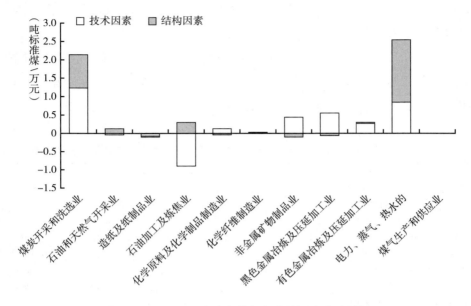

图3　2000～2016 年高耗能行业能源强度变动原因

耗能行业能源利用效率均有大幅提升，这与全省持续调整产业结构，削减过剩产能有着直接的关系。从图 3 可以看出，2000～2016 年，煤炭开采和洗选业和电力、蒸汽、热水供应是能源强度降低程度最大的两个产业，能源强度量分别降低 2.17 吨标准煤/万元和 2.57 吨标准煤/万元，技术因素和结构因素对这两个部门能源强度降低起正向影响。技术进步贡献度最高的行业，如化学原料及化工制品制造业、化学纤维制造业、黑色金属矿物制造业等 8 个行业；同时也有技术因素对能源强度降低起负影响的行业，如石油与天然气开采业、造纸及纸张制品业。

（2）中耗能行业能源强度分析

中耗能行业在 2000～2016 年间工业增加值增长了约 14 倍，2016 年达到 3529 亿元，占当年工业增加值的 27.6%。中耗能行业能源消耗相对较少，整个中耗能行业能源消耗量只有 908.69 万吨标准煤（《河南省统计年鉴》），占整个河南省工业能耗量的 6.3%。中耗能行业对河南省工业能源强度降低贡献度达到 5.62%。

2000～2016年中耗能行业如食品制造业、饮料制造业、纺织业类的轻工企业，已经摆脱了完全依靠廉价劳动力竞争市场的局面，转而利用设备更新和技术革新来加速整个行业的发展，其间上述行业技术因素对能源强度的贡献率分别为117%、121%、93%。而一些高科技含量的产业如医药制造业、交通运输设备制造业、电气机械及器材制造业，更是注重企业技术创新的价值，在降低能耗方面也是技术因素起到决定性的作用，能源强度降低总量中技术因素贡献达到124%、159%、113%。其他中耗能行业能源强度2000～2016年变化幅度不大，但依然可以看出技术进步促进了中耗能行业能源强度的降低（见图4）。

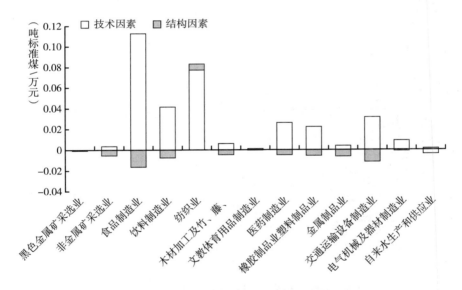

图4　2000～2016年中耗能行业能源强度变动原因

（3）低能耗行业能源强度分析

低耗能行业增加值在2016年达到4952.09亿元，占当年工业增加值的38.8%。在2016年，低耗能行业能源消耗总量只有316.78万吨标准煤，占整个河南省工业能耗量的2.2%。2000～2016年，普通机械制造业、专用设备制造业和电子及通信设备制造业分别影响河南省工业能源强度降低了 0.017 吨标准煤/万元，0.0237 吨标准煤/万元和 0.0014 吨标准煤/万元（见图 5）。虽然整体以上三个行业的能源强度都有所下降，但结构因素对三个行业能强度降低起到了反作用，这一现象可以理解为以上行业的过快发展不利于能源强度的降低，拉低了行业平均能源效率。低耗能行业中大多科技含量高、能源消耗量较小，产品附加值高，具有很大的发展潜力。因此，在发展新兴产业的过程中，为有效提高能源效率，不但要注重对新技术研发和更新设备的投入，还要注意提高生产经营水平，合理规划产业结构。

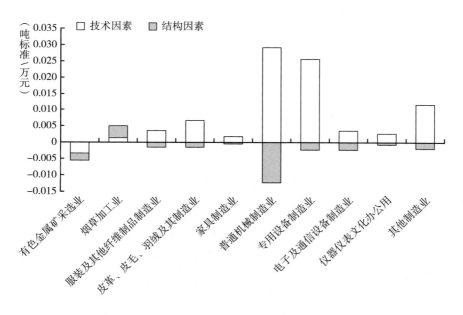

图 5　2000～2016 年低耗能行业能源强度变动原因

三　河南省高耗能行业能源强度预测

河南省经济发展走节能和环保的新型工业化道路，面临的困难和限制条件很多，其发展变化过程也很难用一条线性曲线进行概括和预测。文中利用神经网络模型的非线性预测优势，对 2000～2016 年的河南省工业高耗能行业能源强度数据进行拟合，并对 2018 年和 2020 年能源强度进行预测。

（一）BP 神经网络模型原理

BP 神经网络模型的设计是通过大量神经元建立网络系统的，神经元作为 BP 神经网络的基本元素，是由参考生物神经元细胞传导信息的原理发展而来的。

其数学公式如下：

$$m = \sum_i^n w_i x_i + \mu \tag{12}$$

$$y = f(m,b) \tag{13}$$

x_i 是原始数据组中的第 i 个数据，w_i 是第 i 个数据所对应的权重，μ 为偏置值，m 为输入数据的加权数列和再加上偏置值所形式的纯函数输入值。m 在转移函数 f（x），和阈值 b 的作用下计算出 y，作为神经元模型的输出数据。

误差计算对于 BP 神经网络模型非常重要，一般将误差定义为均方误差的形式，误差计算公式：

$$Er = \frac{\sum_{i=1}^n (r_i - y_i)^2}{n} \tag{14}$$

为了方便误差的回溯，并假设输出层神经元公式为：

$$y_i = f(Sum_i) \qquad i = 1,2,\cdots,n \tag{15}$$

$$Sum_i = \sum_j^m w_{ij} z_j + \mu_j \qquad i = 1,2,\cdots,n \tag{16}$$

（二）河南省高耗能行业能源强度变化预测

利用河南省 2000～2016 年高耗能行业各部门增加值、各行业固定资产投资和各行业技术研发项目数的时间序列数据作为神经网络模型的输入数据（见表 3）。

根据近年来各数据的变化比率，结合《河南省"十三五"国民经济发展规划》相关要求，预计 2020 年河南省固定资产投资增长将维持在 10% 左右，高耗能行业按相应比例进行增长。

表3　2000～2016 年河南省高耗能行业能源强度变化情况

单位：吨标准煤/万元

年份	煤炭采选业	石油天然气开采业	造纸	石油加工	化学制品	化纤制造	非金属	黑色金属	有色金属	电力供给	煤气
2000	2.30	2.65	4.71	1.68	10.40	4.17	8.64	9.40	7.65	8.12	2.68
2001	2.02	2.66	4.65	1.72	9.61	3.32	7.08	8.80	7.08	8.31	2.61
2002	1.77	2.83	3.48	1.744	8.29	2.24	5.58	7.65	5.92	8.51	2.85
2003	1.806	2.72	4.01	1.695	7.82	2.71	5.27	6.76	5.88	8.37	2.62
2004	1.70	2.73	3.48	1.95	7.64	1.90	4.56	6.31	6.45	10.69	2.32
2005	1.73	2.93	3.82	1.64	6.90	3.06	4.11	6.12	6.58	10.27	2.53
2006	1.927	2.69	3.84	1.95	6.13	2.14	4.26	6.03	8.10	9.10	2.74
2007	2.17	2.75	3.34	1.83	5.55	2.70	3.17	5.46	6.79	8.56	2.01
2008	2.29	2.94	2.81	1.82	5.29	2.74	2.73	4.96	5.84	7.91	2.29
2009	2.17	2.63	2.52	1.66	4.15	2.67	2.36	4.28	6.6	7.41	2.02
2010	1.92	2.64	2.14	1.62	3.57	2.38	1.75	3.93	6.24	7.27	2.07
2011	1.59	2.77	1.88	1.07	3.41	1.25	1.49	3.21	5.49	7.84	2.03
2012	1.606	2.61	1.47	1.08	2.91	1.13	1.17	2.87	4.44	8.06	2.16
2013	1.78	2.79	1.14	0.91	2.69	0.93	1.14	2.75	5.13	7.85	1.99
2014	1.653	2.61	0.89	0.87	2.82	0.86	0.94	2.87	5.00	7.56	1.68
2015	1.473	3.18	0.85	0.84	2.74	0.9	0.84	2.71	4.53	7.21	1.72
2016	1.45	2.68	0.94	0.89	2.37	0.75	0.75	2.76	3.80	7.32	1.83

资料来源：历年河南省统计年鉴的数据及相关资料整理。

根据预测结果（见表4）可以看出，河南高耗能行业 2018～2020 年能源效率将会进一步提高，单位增加值的能源消耗量也将不断降低，9 个高耗能行业 2018～2020 年平均每行业能源强度降低 9%。其中，"造纸""石油加工""化纤制造""非金属制造""煤炭开采""电力供给"能源强度下降幅度平均高达 9%，有一定的下降空间。而"黑色金属""化学制品""有色金属"等行业在未来能源强度下降空间有限。从 2020 年的预测结果上看，高耗能行业能源强度仍然普遍高于其他工业行业 2016 年的水平，特别是"黑色金属"、"电力供给"和"有色金属"，能源强度依然远远高于其他行业。从发展趋势上来看，在未来一段时间内整体高耗能行业仍有大幅下降的空间。随着河南现代工业产业结构不断完善，在没有大范围技术革新的前提下，高耗能产业能源强度的下降将不可避免的进入瓶颈期。

表4　高耗能行业能源强度预测值

单位：吨标准煤/万元

年份	煤炭开采	造纸	石油加工	化学制品	化纤制造	非金属	黑色金属	有色金属	电力供给
2018	1.28	0.73	0.84	2.24	0.82	0.75	2.75	3.61	6.98
2019	1.16	0.66	0.82	2.18	0.79	0.71	2.70	3.50	6.54
2020	1.12	0.64	0.74	2.14	0.75	0.63	2.68	3.42	6.42

四　结论及政策建议

随着国家经济发展进入新常态，未来的二十年将是河南省改善能源结构，提高能源效率的关键时期，也是大力改善居住环境、统筹协调经济发展与环境保护的关键时期。在此期间，如何发挥自身地理和区位优势，抓住建设国家中心城市的有利契机，在能源与环境的双重约束下，促进地区经济和居民生活高质量的发展，将是未来河南省工业进一步转型和发展的重点。

（一）研究结论

1. 产业结构不合理是河南能源强度高的主要原因

高耗能行业比重较大的产业结构是河南省工业能源强度高的重要原因。虽然河南省结构因素对能源强度下降起到了重要影响，但由于目前高耗能行业工业增加值所占比重依然很高，低耗能产业才初具规模，其增加值所占比例依然较低，产业结构调整仍需持续推进。为了优化产业结构，构筑节能环保产业体系，需要加快低耗能行业和部分中耗能行业的发展，如"食品制造、材料制造、电子制造"。同时继续依法依规淘汰和退出一些高耗能企业，如"煤炭、钢铁、电力"等，加快河南工业产业改造升级，为河南工业现代化培育新的发展优势。

2. 技术进步（革新）是河南省能源强度降低的重要原因

技术进步是节能降耗的重要途径，要注意到技术因素在降低河南省能源强度中的重要作用。河南省工业各行业中大量的新技术不断应用，促使企业从技术研发中获益的同时，也在不断降低能源强度，提高能源利用效率。综合来看，河南省在发展"四个现代化"的过程中，仍需不断加大投入推进新技术的研发，为河南实现"绿色发展"提供有力保障。

3. 高耗能行业仍是河南省能源强度下降的重要领域

从预测的趋势上看，河南高耗能行业 2018～2020 年能源效率将会进一步提高，单位增加值的能源消耗量也将不断降低，9 个高耗能行业 2018～2020 年平均每行业能源强度降低 20%。从 2020 年的预测结果上看，高耗能行业能源强度仍然普遍高于其他工业行业 2016 年水平，特别是"能源供给和有色金属加工业"，能源强度依然远远高于其他行业，河南省工业部门中高耗能行业能源强度仍有较大的下降空间。

（二）相关建议

1. 整合社会资源，促进关键技术研发

为满足河南省节能减排和产业优化升级的需求，需要在整合各种研发和创新要素的同时，着重加强节能环保关键技术的攻关。比如，节能领域的"非晶体电抗器""工业余热综合利用"等技术难题。促进企业努力实现关键技术及装备的研发，形成一批具有自主知识产权的核心节能技术，鼓励企业和科研院所进行深入合作，推进行业各个环节技术创新，从而整体提升企业效益，有效推动河南工业行业不断做大做强。河南省在引导企业和科研院所不断研发新技术的同时，应该加强新技术的应用和推广力度，加快成果的转化。同时打造节能减排技术服务体系，提高综合资源整合力度，促进节能减排技术的研发和应用。

2. 淘汰过剩产能，优化调整产业结构

产业结构过重是影响河南省能源强度降低的重要因素之一。在工业化过程中，由于高技术含量型企业规模小，传统高耗能行业比重高，过重的产业结构使得河南省能源效率水平仍低于全国先进地区。河南省应该根据自身优势，深化现代工业化改革，优化产业结构，使河南省经济发展模式由粗放型向集约型转变。河南省在调整工业产业结构的过程中，需要围绕先进制造业强省的目标进行布局。对于一些低水平、高耗能产业（如有色、化工、石油石化、煤炭等），制订退出行业时间表，依法依规的执行退出程序；对于一些中耗能产业（如纺织、食品、医药等），应该加快企业改造升级，为这些企业培育新的发展优势，并强化节能环保标准，严格约束行业管理；对于一些低耗能产业（如电子仪器、专用设备、食品制造业），应该给予政策倾斜，着力打造一批有影响力的大型企业，提升整个产业的发展。

3. 引入市场机制，完善绿色低碳体系

积极完善用能权、碳排放权、排污权的交易机制，使企业主体从节能环保中受益，更好地利用市场机制来调配公共资源、激励各地方控制能源消耗，提高能源效率，促进各行业减少能源使用和控制污染物排放。同时要健全市场化的绿色信贷机制，建立健全河南省用能权、碳排放权、排污权等为抵押的绿色信贷。鼓励企业和银行发行绿色债券，鼓励社会资本按市场原则对低能耗环保企业进行融资，促进绿色企业平稳发展。

参考文献

Cheng Han. *Empirical Analysis of the Relationship between Energy Intensity*, *Energy Structure and Energy Conversion Efficiency in China* [J], Energy Proscenia, 2011, 6: 15 – 17.

Birol F., Keppler JH. *Prices. Technology Development and the Rebound Effect* [J]. Energy Policy. 2000, 28: 457 – 469.

齐绍洲、李锴：《区域部门经济增长与能源强度差异收敛分析》，《经济研究》2010年第 2 期。

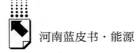

方国昌、田立新等：《新能源发展对能源强度和经济增长的影响》，《系统工程理论与实践》2013 年第 11 期。

周芸：《广东省 FDI 对能源消费强度影响研究》，暨南大学，2013。

李方一、刘卫东：《"十二五"能源强度指标对我国区域经济发展的影响》，《中国软科学》2014 年第 2 期。

国涓：《中国能源强度变动的成因及效应研究》，大连理工大学，2010 年。

魏一鸣、廖华等：《中国能源报告（2010）：能源效率研究》，科学出版社，2010。

B.13
河南省煤电利用小时影响
因素及发展趋势展望

王江波　杨　萌　刘军会*

摘　要： 煤电机组利用小时是衡量一个地区电力供需形势和煤电设备
利用程度的重要指标之一。报告以电力需求、电源结构、用
电结构等影响煤电利用小时的主要因素为切入点，从历史发
展态势、横向典型省份对比等维度对河南省煤电利用小时的
变化情况进行了系统分析，并结合绿色、低碳的能源发展形
势，基于煤电在电力供应格局中角色的逐步转变，对河南省
未来的煤电利用小时进行了预测展望。

关键词： 河南省　煤电利用小时　电源装机　区外来电

　　煤电是河南省电力供应的主力电源，截至 2017 年底，全省煤电装机
及发电量分别占全省的 79.5%、90.9%，较全国同期高 24.3 个、30.4 个
百分点。近年来，受电力需求增速放缓、区外输入电力规模增大及新能源
快速发展等因素影响，全省煤电机组利用小时数持续下降，2016 年首次
跌至 4000 小时以下，仅为 3901 小时，2017 年继续下降至 3880 小时。随

---

* 王江波，国网河南省电力公司经济技术研究院高级工程师、注册咨询师，工学硕士，研究方
向为能源电力经济、电网规划；杨萌，国网河南省电力公司经济技术研究院工程师，工学硕
士，研究方向为能源电力经济；刘军会，国网河南省电力公司经济技术研究院工程师，工学
硕士，研究方向为能源电力供需。

着我国以绿色、低碳为特征的能源革命的推进，煤电机组在电力供应格局中的角色将由保障供应的主体性电源逐步向兼顾电力供应、灵活调峰的基础性电源转变。因此，研究煤电不同角色演变过程中的发电利用小时变化特征，对于明晰区域能源供应变化，促进电源、电网的协同发展规划具有重要意义。

一　2000年以来河南煤电利用小时变化态势

从煤电利用小时的历年数据来看，2000 年以来河南煤电利用小时数呈波动下降的变化态势，具体可分为四个阶段（见图1）。

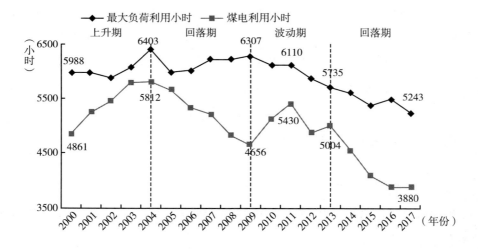

图1　2000～2017 年河南煤电机组利用小时和最大负荷利用小时情况

2000～2004 年为"上升期"：在高耗能等重工业快速发展的带动下，全省电力需求快速增长，河南全社会用电量年均增速高达 13.5%，最大负荷利用小时①由 5998 小时上升至 6403 小时。其间，最大负荷年均增长 165 万

---

① 最大负荷利用小时＝当年全社会用电量/年最大负荷。

千瓦，而煤电平均装机年均仅增长 155 万千瓦，全省呈现"电力供应紧张"的局面，煤电利用小时快速上升，2004 年达到峰值 5812 小时，累计上涨 951 小时。

2005～2009 年为"回落期"：全省用电结构基本保持不变，最大负荷利用小时稳定在 6300 小时左右。其间最大负荷、煤电装机年均分别增长 288 万千瓦、392 万千瓦，电力供应紧张局面明显缓解，煤电利用小时也逐年下降至 4656 小时，累计下降 1156 小时。

2010～2013 年为"波动期"：在全球金融危机、国家经济刺激政策交织影响下，河南经济、工业发展逐步进入调整周期。其间全省电力供需"先紧后松"，煤电利用小时呈现"先升后降"的波动态势。2010～2011 年，河南最大负荷、煤电平均装机年均分别增长 526 万千瓦、151 万千瓦，供需明显趋紧，煤电利用小时迅速上升至 5430 小时；2012～2013 年，全省最大负荷、煤电平均装机年均分别增长 352 万千瓦、405 万千瓦，供需趋于宽松，煤电利用小时逐步回落至 5004 小时。

2014 年至今再次进入"回落期"：经济新常态下，产业结构调整加快，全省电力供需总体宽松，全省最大负荷利用小时逐步下降至 5485 小时。其间最大负荷、煤电装机年均分别增长 132 万千瓦、268 万千瓦，同时跨区电力交易、新能源发电规模快速上升，全省电力供需总体宽松，电力供给阶段性过剩风险逐步显现。煤电利用小时逐年下降，2016 年跌破 4000 小时，2017 年下降至 3880 小时，累计下降 1124 小时。

二 河南煤电利用小时数变化原因分析

（一）煤电机组利用小时数的主要影响因素

煤电机组年利用小时数是煤电机组年发电量折合至额定容量下的运行小时数，是反映地区发电设备利用程度和电力供需形势的主要指标。总体上看，煤电机组利用小时主要受电力需求、电力供给和供需平衡三方面因素的

影响。

需求方面，在经济转型、产业结构升级背景下，电量增速、用电结构、用电政策等因素引起的电网负荷特性变化，是影响发电机组利用小时的根本原因。一般而言，在用电结构中，工业等用电较为稳定、负荷利用小时较高（6000～8000小时）的用户增长较快时，煤电机组利用小时数较高；第三产业、居民等用电峰谷特性突出、负荷利用小时较低（1500～4000小时）的用户增长较快时，将会在一定程度上拉低煤电机组利用小时数。

供给方面，能源转型背景下，清洁能源发电的快速发展，已经成为影响煤电利用小时数的重要因素。分品类来看，抽蓄、燃气发电调峰性能突出，在电力系统中能够优化负荷特性曲线，起到削峰填谷的作用，对煤电机组利用小时具有提升效应。风电等新能源发电逆调峰特征突出，大负荷时刻需要煤电机组提供可靠备用，小负荷时刻又需要为其调峰，挤占了煤电发电空间，对煤电利用小时有替代效应。跨区电力交易实现了资源的大范围优化配置，为受端省份提供了清洁可靠的电力保障，当电力供需宽松时，区外电力会挤压受端地区煤电机组的发电空间；当电力供应紧张时，区外电力对煤电利用小时的影响较小。

供需平衡方面，装机盈余是导致煤电机组利用小时下降的最直接原因。煤电新投产装机在一定程度上分割了原有煤电机组的发电空间，影响机组整体利用小时。尤其当煤电装机增速高于电力需求增速时，煤电机组的利用小时数将明显降低。总体上看，煤电盈余装机越多，对总发电空间的分割效应越明显，煤电利用小时数越低。

（二）河南煤电利用小时变化原因分析

选取煤电利用小时数最高的2004年，与2017年进行对比。从电力需求、电力供应、供需平衡三个方面，量化分析河南煤电利用小时数的变化原因（见表1）。

表 1   2004 年、2017 年河南煤电利用小时主要影响因素指标对比情况

单位：亿千瓦时，小时，万千瓦

年份	需求侧			供给侧		
	全社会用电量	用电结构第一产业:第二产业:居民	最大负荷利用小时	煤电装机容量	净吸纳电量/占用电量比重	新能源发电量
2004	1191	5.9:75.8:8.2:10.1	6403	2179	29/2.4%	—
2017	3166	2.0:73.5:10.7:13.8	5242	6352.1	463.5/14.6%	74.5

用电结构方面，三次产业和居民用电快速增长拉低了全省煤电利用小时数。相比 2004 年，2017 年全省第二产业用电量占比下降了 2.3 个百分点，第三产业和居民生活用电量占比上升了 6.2 个百分点。最大负荷利用小时由 6403 小时下降至 5242 小时，累计下降 1161 小时，经测算，河南省最大负荷利用小时数对煤电利用小时数变化的影响系数约为 0.8，用电结构变化因素导致了河南煤电利用小时数下降 928 小时。

省内电源结构方面，风光新能源发电规模快速增长加剧了煤电利用小时数的下降。2004 年无风电和光伏发电，2017 年风电、光伏装机和发电量为 936 万千瓦、30 亿千瓦时，占全省比重分别为 11.7%、2.3%。经测算，新能源发电量占全省比重每提高 1 个百分点将导致机组利用小时数降低约 30 小时，则新能源发电因素导致了河南煤电利用小时数下降约 70 小时。

跨区输电方面，跨区输电会进一步影响煤电机组利用小时数，随着"天中直流"建成投运，全省吸纳的区外电力规模逐年扩大，经测算，供需平衡条件下，区外电力与煤电装机的比值每上升 1 个百分点，煤电利用小时将下降 5 小时，则跨区输电因素导致了河南煤电利用小时数下降 40 小时。

供需平衡方面，全省电力供给盈余进一步拉低煤电利用小时。2004 年，全省煤电机组大负荷时刻的出力较高，供需相对紧张，2017 年，全省煤电机组出力较 2004 年下降较大，供需较为宽松。经测算，煤电机组出力每下降 1 个百分点将导致机组利用小时数降低 55 小时，则供给盈余因素导致了河南煤电利用小时数下降 870 小时。

总体上看，2017 年全省煤电利用小时较 2004 年累计下降 1932 小时，其中用电结构变化和电力供给过剩是导致全省煤电利用小时数下降的主要原因，分别拉低了 928 小时、870 小时，合计占下降总量的 93%。新能源和跨区输电进一步加剧了煤电利用小时数下降，分别拉低了 70 小时、40 小时，合计占下降总量的 5.7%。其他因素影响约占下降总量的 1.3%。

三 典型省份煤电利用小时数变化对比分析

考虑到数据的可得性，采用 2016 年的数据，选取与河南电源结构相似的山东、江苏两个典型省份进行煤电利用小时数对比分析（见表 2）。

表 2　2016 年河南、山东、江苏三省主要指标对比

单位：小时，亿千瓦时，万千瓦，%

省份	煤电利用小时	需求侧			供给侧			
		全社会用电量	最大用电负荷	最大负荷利用小时数	火电装机占比	新能源占比		跨区输电量占比
						装机	发电量	
河南	3901	2989	5450	5485	89.1	5.4	1.1	13.1
山东	5235	5391	8380	6433	87.2	11.8	3.7	10.0
江苏	5270	5459	9398	5809	85.9	10.9	3.1	12.9

2016 年，山东煤电利用小时数比河南高了 1334 小时。用电结构方面，山东第二产业用电量占比为 79.1%，较河南高 5 个百分点，最大负荷利用小时数 6433 小时，较河南高 948 小时，是山东煤电利用小时数高于河南的主要原因。电源结构方面，2016 年山东风电、光伏新能源装机发电量占比为 11.8%、3.7%，分别较河南高 6.4 个、2.6 个百分点。跨区输电方面，2016 年山东净吸纳区外电量占用电量比重为 10%，略低于河南。新能源发电、跨区输电对两省煤电利用小时的差异影响不大。供需平衡方面，山东煤电机组大负荷时刻出力较河南高 5 个百分点，进一步拉大了两省煤电利用小

时数差距。总体上看，需求侧用电结构差异是山东煤电利用小时高于河南的主要原因。

2016 年，江苏煤电利用小时数比河南高 1369 小时。用电结构方面，江苏最大负荷利用小时为 5809 小时，较河南高 324 小时。电源结构方面，2016 年江苏风电、光伏新能源装机发电量占比为 10.9%、3.1%，分别较河南高 5.5 个、2 个百分点。跨区输电方面，2016 年江苏净吸纳区外电量占用电量比重为 12.9%，与河南基本相当。供需平衡方面，江苏煤电机组大负荷时刻出力较河南高 14 个百分点。总体上看，煤电机组稍显短缺、用电结构差异是江苏煤电利用小时高于河南的主要原因。

四 未来河南煤电利用小时数发展展望

（一）边界条件

1. 电力需求

展望"十三五"，河南处于决胜全面小康、让中原更加出彩的关键时期，全省将深入贯彻习近平总书记调研指导河南工作时的讲话精神，着力发挥优势打好"四张牌"，努力建设经济强省，确保与全国一道全面建成小康社会。在众多国家战略规划实施和战略平台建设叠加带动下，预计河南经济社会仍将保持较快增长，带动全省电力消费刚性稳步增长，根据《河南省"十三五"能源发展规划》，2020 年河南省全社会用电量将达到 3760 亿千瓦时，年均增速 5.5%。

2. 电力供应

火电装机：根据国家能源局《关于衔接河南省"十三五"煤电投产规模的函》及促进煤电健康发展的系列文件，统筹考虑河南电网安全约束，预计"十三五"期间河南共投产煤电机组 1134 万千瓦，关停退役 638 万千瓦，2020 年全省煤电装机将达到 6766 万千瓦。

新能源装机：根据《河南省"十三五"能源发展规划》《河南省"十

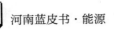

三五"可再生能源发展规划》及新能源项目实际进度，预计2020年全省风电、光伏装机将分别达到600万千瓦、800万千瓦。

区外电力：随着区外第二条特高压直流及驻马店特高压交流的建成投运，预计2020年河南电网吸纳区外电力的能力将提升至2300万千瓦。

（二）河南煤电利用小时数变化趋势展望

1. 煤电利用小时数影响因素

最大负荷利用小时数：随着产业结构调整推进，预计全省最大负荷利用小时数将略有下降。根据电力需求预测，预计2020年河南最大负荷利用小时5100～5400小时，将导致煤电利用小时变化－115～125小时。

煤电机组出力：统筹考虑电力需求、电源装机、区外电力情况，尤其是在煤电建设严格受控的发展形势下，预计2020年河南煤电机组出力将逐步上升，使得煤电利用小时上升275小时。

新能源发电量：根据新能源装机情况，预计2020年河南新能源发电量将达到200亿千瓦时，较2017年增加125亿千瓦时，使得煤电利用小时下降约90小时。

2. 2020年煤电利用小时数展望

综合考虑用电结构、装机容量与结构、供需平衡等因素的影响，通过模型测算，预计2020年河南燃煤机组利用小时数在4000小时左右（详见表3）。

表3　2020年河南电量平衡表

序号	项目	2020（第二直流输送电力200万千瓦）	2020（第二直流输送电力500万千瓦）
1	全社会用电量（亿千瓦时）	3760	3760
2	吸纳外区来电（亿千瓦时）	550	700
	天中直流	360	360
	三峡水电	90	90
	第二直流	100	250

序号	项目	2020（第二直流输送 电力200万千瓦）	2020（第二直流输送 电力500万千瓦）
3	电源装机容量（万千瓦）	8866	8866
	常规水电装机容量	267	267
	抽水蓄能装机容量	132	132
	燃气发电装机容量	301	301
	风力发电装机容量	600	600
	光伏发电装机容量	800	800
	燃煤发电装机容量	6766	6766
	燃煤等效发电容量	6766	6766
4	机组发电量（亿千瓦时）	3210	3060
	常规水电发电量	72	72
	抽水蓄能发电量	21	21
	燃气发电量	66	66
	风力发电量	120	120
	光伏发电量	80	80
5	燃煤机组发电量（亿千瓦时）	2851	2701
6	燃煤机组利用小时数（小时）	4214	3992

五 结论与建议

（一）研究结论

1. 电力供需宽松、用电结构轻型化、区外来电快速增长是河南省煤电利用小时快速下降的主要原因

河南省煤电利用小时数主要受用电结构、电力供应结构、供需平衡三方面因素的影响。当前河南省电力供需较为宽松，用电结构中二产用电占比下降、三产及居民占比升高，以及跨区输电及新能源并网规模快速增长是煤电利用小时数快速下降、处于较低水平的主要原因。

2. 河南省2020年煤电利用小时将保持在4000小时左右

综合考虑国家煤电发展政策的逐步实施，以及用电需求增长、装机结

构、跨区跨省区外来电、新能源发电量等因素的影响，预计2020年河南燃煤机组利用小时数在4000小时左右。

（二）相关建议

当前，河南省电力供应整体呈现宽松状态。在资源环境约束日益加剧的背景下，河南应从电力供给侧、需求侧两方面着手，在提高发电设备利用率的同时，推动能源绿色转型，实现全社会效益最优。

1.统筹省内、省外两种资源，推进电力供给侧结构性改革

在全省电力供需较为宽松格局下，河南应加强电力供给侧的市场和行政调控，抑制煤电过快增长，促进电力供需恢复平衡。同时，跨区输电为受端地区提供有力供电支撑，但其弱调峰性会加大受端地区电网调峰压力，建议跨区输电应与受端地区电源结构、负荷特性相匹配，设计合理的送电曲线，提高区外电力参与受端电网的调峰幅度。

2.借鉴典型省份先进实践，加强电力需求侧管理与电能替代工作

综观全国各省最大负荷利用小时情况，与河南经济发展阶段相似，用电结构、产业结构趋同的省份，最大负荷利用小时数都比较高。河南应推广应用需求侧管理技术，加大用户分时电价、差别电价等行政手段实施力度，优化负荷曲线，提高最大负荷利用小时数；同时应积极推进电力替代技术，释放市场的用电需求潜力，提升电力设备利用效率。

参考文献

袁家海、张文华：《中国煤电过剩规模量化及去产能路径研究》，《中国能源》2017年第8期。

傅莎、邹骥：《"十三五"煤电零增长也能满足中国未来电力需求》，《世界环境》2016年第4期。

刘世宇、王茜：《电源结构逐步优化　火电利用小时下降趋于常态》，《中国电力报》2015年9月。

张栋、白建华:《我国煤电中长期发展形势分析》,《中国电力》2013 年第 2 期。

和联:《供需"晴雨表":火电 5300 小时》,《中国电力企业管理》2011 年第 11 期。

韩新阳、顾宇桂、张玮、赵九斤:《关于发电设备利用小时数的分析》,《能源技术经济》2010 年第 12 期。

吴疆等:《发电设备利用小时数变化的影响因素及变化趋势分析》,《电力技术经济》2009 年第 5 期。

B.14
河南省经济发展方式与碳排放关系研究[*]

张瑾　李金铠　唐亚敏[**]

摘　要： 传统粗放的经济发展方式在给河南经济带来高速增长的同时，也带来了日益严峻的环境问题。为深入分析河南省经济发展方式与碳排放关系，报告基于 1978～2016 年"河南省统计年鉴"能源数据测算河南省 CO_2 排放量（也称碳排放），依据 kaya 恒等式构建计量模型分析经济发展方式核心构成要素变化对碳排放的影响，探索了河南省产业结构调整对碳排放的具体影响机制。研究结果得出河南省经济增长与 CO_2 排放量增长尚未实现脱钩，为有序减少全省碳排放量，河南在制定减排措施时要充分考虑经济承受能力，积极从能效提升和结构优化入手，加快第二产业及能源结构调整。

关键词： 碳排放　产业结构　能源消费结构　能源效率

近年来，控制温室气体排放、积极应对气候变化已成国际共识。在 2009 年哥本哈根气候大会上，我国向国际社会做出了碳减排承诺，即到

---

[*] 基金项目：本文研究得到国家自然基金面上项目（71473070）、国家软科学研究计划重大公开招标项目（2012GXS1D003）和河南省哲学社会科学项目（2017B102和2017JC41）支持。

[**] 张瑾，清华大学公共管理学院博士生，河南省 3E 研究创新团队核心骨干，主要从事能源、环境与经济发展研究；李金铠，二级教授，河南省特聘教授，博士生导师，河南财经政法大学研究院院长，主要从事人口资源与环境、能源环境经济与政策、产业经济与政策等研究；唐亚敏，河南财经政法大学研究生，经济学硕士，研究方向为能源环境经济政策与管理。

2020 年单位 GDP 二氧化碳排放量比 2005 年下降 40% ~ 45%，并将其作为约束性指标纳入了国民经济和社会发展中长期规划。河南省作为经济大省，改革开放以来传统粗放的经济发展方式促进了经济的高速增长，也带来了严重的环境污染和巨大的碳排放量。自"十二五"以来，河南积极转变经济发展方式，加快产业结构转型升级，大力调整以煤为主的生产和能源消费结构，出台了大量优惠政策支持节能减排技术创新，控制二氧化碳排放取得了一定的成效。研究河南省改革开放以来经济发展方式变化与碳排放的关系，分析影响碳排放增长的关键因素，对于制定碳减排政策、实现碳减排目标具有重要意义。

一 河南省碳排放测度分析

（一）测算方法

目前，我国能源消费二氧化碳排放测算模型一般分为两大类。一类是根据国家发改委能源研究所的研究方法，把能源分为四大类：煤炭、石油、天然气、水和核电，分别取不同的排放系数。另一类是根据《IPCC2006 国家温室气体排放指南》中所提供的碳排放核算方法中的计算公式计算，由于各国能源统计的不一致，需要根据各国和地区实际情况进行修正。根据河南省能源统计数据特点，本报告采用国家发改委能源研究所的研究方法。河南省能源消费碳排放的测算模型如下：

$$CO_2 = \sum E_i \times F_i = \sum E \times \frac{E_i}{E} \times F_i$$

其中 CO_2 代表 CO_2 排放量，以万吨计；E 表示能源消费总量，以万吨标煤计，E_i 表示 i 种能源的消费量，以万吨标准煤计；$\frac{E_i}{E}$ 表示第 i 种能源占能源消费总量的比，F_i 表示 i 种能源的碳排放系数，i 代表能源种类。表 1 是根据国家发改委能源研究所公布信息测算的各类能源 CO_2 排放量系数。

表1 各类能源的 CO_2 排放量系数

单位：吨二氧化碳/吨标煤

碳排放系数	煤炭	石油	天然气	水电、核电
F_i	2.64	2.08	1.63	0.0000

注：根据国家发改委能源研究所公布信息测算的各类能源 CO_2 排放量系数。

（二）测算结果分析

根据河南省历史统计数据，GDP 以 1978 年不变价统一折算。CO_2 排放量的计算是能源消费总量乘以各能源所占百分比，再乘以各能源二氧化碳排放系数。经测算得到 1978~2016 年河南省碳排放及增长率结果如表 2 所示。

表2 1978~2016 年河南省 CO_2 排放量和增长率

单位：万吨，%

年份	CO_2排放量	增长率	年份	CO_2排放量	增长率
1978	8644.57	—	1998	18418.30	0.08
1979	8311.97	-0.04	1999	18756.64	0.02
1980	8699.90	0.05	2000	20114.50	0.07
1981	9259.80	0.06	2001	21129.77	0.05
1982	9095.48	-0.02	2002	22623.08	0.07
1983	10300.91	0.13	2003	26650.35	0.18
1984	11440.73	0.11	2004	32818.35	0.23
1985	11768.05	0.03	2005	36838.91	0.12
1986	11968.87	0.02	2006	40820.56	0.11
1987	12736.97	0.06	2007	44958.00	0.10
1988	13436.76	0.05	2008	47646.08	0.06
1989	12952.43	-0.04	2009	49511.02	0.04
1990	13197.31	0.02	2010	45272.30	-0.09
1991	13642.29	0.03	2011	49707.11	0.10
1992	14214.15	0.04	2012	50789.79	0.02
1993	14913.63	0.05	2013	52245.08	0.03
1994	15801.17	0.06	2014	54631.08	0.05
1995	16452.17	0.04	2015	54785.72	0.00
1996	16911.47	0.03	2016	54283.34	-0.01
1997	17081.58	0.01	平均值	25457.20	0.05

注：数据均来自《河南省统计年鉴》及《河南省改革开放 60 年统计资料汇编》。

整体来看，1978～2016 年，河南省 CO_2 排放量总量基本呈现上升的趋势，从 1978 年的 8644.57 万吨到 2016 年的 54283.34 万吨，年平均 CO_2 排放量为 25457.2 万吨。CO_2 排放量增长率波动较大，年平均增长率 5.1%，高于根据 CDIAC 公布的同期中国能源消费 CO_2 排放量计算的年均增长率（4.2%），其中最高为 2004 年比 2003 年增长了 23%，最低为 2010 年比 2009 年降低了 9%。

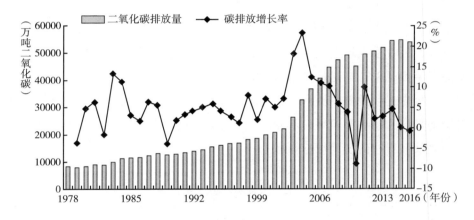

图 1　1978～2016 年河南省二氧化碳排放总量及其增长率

图 1 直观描述了河南省 CO_2 排放总量及增长速度变化趋势。河南省 CO_2 排放量增长情况可以分为三个阶段：缓慢波动增长阶段（1978～1997 年），该阶段河南 CO_2 排放量一直小幅度波动，除 1983 年、1984 年外，其余年份增长率在 -4%～6%，CO_2 排放量由 1978 年的 8644.57 万吨增长至 1997 年的 17081.58 万吨，基本翻一番。剧烈波动增长阶段（1998～2011 年），该阶段河南省 CO_2 排放量呈现出快增快减的不平稳特征，1998～2002 年增长率维持在 8% 以内小幅波动增长，2003 年迅速上升至 20% 以上，到 2010 年又迅速下降至 -9%，2011 年又大幅升至 10%，CO_2 排放量总量一直保持上升状态，2011 年约为 1998 年的 2.7 倍。增速放缓阶段（2012～2016 年），河南省 CO_2 排放量仍然保持小幅上升趋势，但年均增长率低于 5%，CO_2 排放量总量增加量很小。

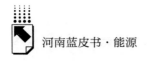

二　经济发展方式变化对河南碳排放的影响

（一）方法及指标

1. 经济发展方式内涵及指标

张友国基于经济发展方式的研究成果与党的十七大报告的相关阐述较为完整地论述了经济发展方式的三个内涵，一是经济发展，不仅强调经济总量的增长，更看重人均发展水平；二是结构调整，主要是指产业结构调整及能源消费结构调整；三是技术水平及能源效率。结合河南省实际情况和数据可得性，报告选取经济发展水平、能源消费结构、产业结构和能源效率四个影响经济发展的核心要素来表示经济发展方式的内涵。表3列出了经济发展方式内涵及其对应的统计指标。

表3　经济发展方式的内涵及指标

	内涵	代理变量	常用指标
经济发展	经济增长	经济发展水平	GDP(万元) 人均GDP(元)
方式	结构调整	能源消费结构	煤炭消费量/能源消费总量(%) 其他能源消费量/能源消费总量(%)
	技术水平	产业结构	第一、二、三产业增加值/GDP(%)
		能源效率	1/单位GDP能耗(吨标准煤/万元)

2. 经济发展方式对碳排放影响因素指标的确定方法

目前，国内经济学对于二氧化碳排放影响因素的研究主要有两种方法，即基于kaya恒等式的CO_2排放影响因素分解分析和基于IPAT方程的驱动力分析。kaya恒等式是由日本学者kaya在1989年联合国环境气候研讨会上提出，其核心观点认为CO_2排放量与人均GDP、人口、能源消费强度和碳排放系数密切相关。kaya恒等式及以其为基础的扩展主要是通过建立数学模型来反映能源效率、经济发展水平、人口、能源结构等因素对二氧化碳排放量的影响，也是本报告研究河南省经济发展方式及转变与 CO_2 排放量关系分析的主要理论依据。kaya 恒等式基本公式表达如下：

$$CO_2 = \sum \frac{CO_2}{E} \times \frac{E}{GDP} \times \frac{GDP}{P} \times P = \sum F \times ET \times \text{RGDP} \times P$$

其中，CO_2 表示二氧化碳排放量，E 表示能源消费量，GDP 表示国内生产总值，P 表示人口数，F 表示碳排放系数，ET 表示能源消费强度，RGDP 表示人均 GDP。

根据 kaya 恒等式可以看出 CO_2 排放量受到碳排放系数、能源强度、人均收入及人口数的影响。现有文献研究表明 CO_2 排放驱动因素不仅包含能源强度、人均收入、人口等，还包括能源结构、产业结构等因素的影响。本文对基于毛明明扩展 kaya 恒等式进行 CO_2 排放因素分析，公式表达如下：

$$CO_2 = \sum_j CO_{2i} = \sum_i \frac{CO_{2i}}{E_i} \times \frac{E_i}{E} \times \frac{E}{CJ_j} \times \frac{CJ_j}{GDP} \times \frac{GDP}{P} \times P$$
$$= \sum_i F_i \times ES_i \times ET_i \times CY_j \times A_i \times P$$

式中，CO_2 表示二氧化碳排放量，指燃烧化石能源（主要包括煤炭、石油、天然气等）释放出的电力和热力所对应的二氧化碳量，用 i 区分各种能源类型或者各种产业，则 CO_2 表示第 i 种能源消耗产生的 CO_2 排放量；E_i 表示第 i 种能源的消费量；E 表示能源消费总量；CJ_j 表示第 j 种产业的生产总值；GDP 表示国内生产总值；P 代表人口。

其中 $F_i = \dfrac{C_i}{E_i}$ 表示第 i 种能源的 CO_2 排放量系数；$ES_i = \dfrac{E_i}{E}$ 表示第 i 种能源消费量占总消费量的比例，即代表能源消费结构；$ET_j = \dfrac{E}{CJ_j}$ 表示第 j 种产业的能源强度；$CY_i = \dfrac{CJ_i}{GDP}$ 表示第 i 种产业的总产值占全部生产总值的比例，即代表产业结构；$A = \dfrac{P}{GDP}$ 表示人均 GDP。

研究经济发展方式对于 CO_2 排放量的影响，根据 kaya 理论可以看出，代表经济发展方式内涵的四个指标，即人均 GDP、产业结构、能源消费结构和能源效率与 CO_2 排放密切相关，表 4 为各变量含义。

表 4　影响 CO_2 排放量的经济发展方式各变量含义

变量	符号	计算说明	单位
碳排放量	CO_2	根据前面测算结果	万吨二氧化碳
人均 GDP	pergdp	国内生产总值/年末总人口（按可比价计算）	元/人
产业结构	CY	各产业增加值/国内生产总值	百分比
能源效率	EE	能源强度的倒数	万元/吨标准煤
能源消费结构	ES	各能源消费量/能源消费总量	百分比

3. 统计性描述分析

经过数据整理，表 5 列出四个变量的统计性描述结果。可以看出，样本期内各变量的平均值显著大于标准偏差，说明数据离散程度不高，可以进一步进行后面的建模分析。人均 GDP 平均值与标准差相差不大，统计上并不显著表现存在异常值，可以计入进一步的模型分析。

表 5　样本统计性描述

变量	平均值	标准差	最大值	最小值	样本数量
碳排放量（万吨）	25457.20	16539.49	54785.72	8311.97	39
人均 GDP（元）	2217.00	2224.17	7819.8	230.54	39
第二产业占比（%）	0.46	0.06	0.56	0.36	39
能源消费结构（%）	0.87	0.04	0.92	0.75	39
能源效率（万元/吨标煤）	0.17	0.09	0.36	0.05	39

图 2 绘制了各变量与 CO_2 排放量的散点图。散点图只描述变量的数字特征，不反映时间趋势，但从横轴、纵轴不同数字的组合可以一定程度的解释经济社会现象。

人均 GDP 与 CO_2 排放量存在较为一致的变动方向，人均 GDP 与 CO_2 排放量正相关；第二产业占比与 CO_2 排放量在统计上显示出较为复杂的对应关系，这表明样本期内存在某时刻高第二产业占比对应高碳排放量，也存在某

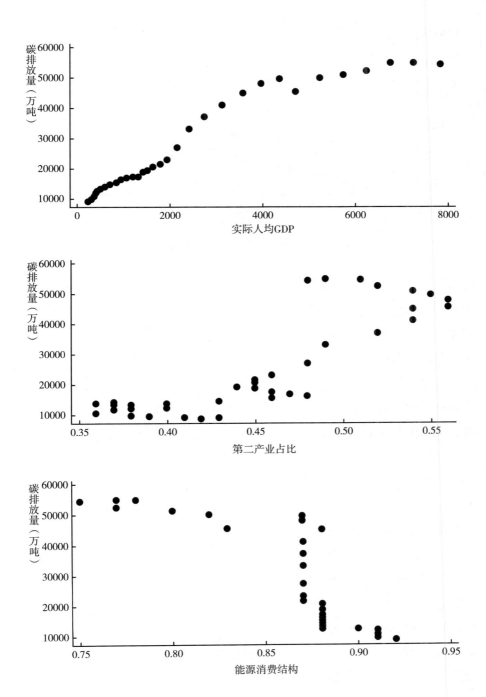

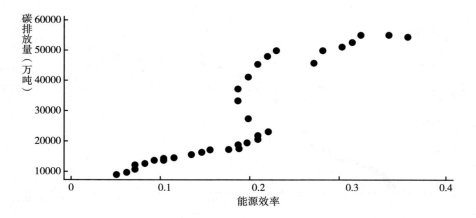

图2　经济发展方式与碳排放散点

时刻低第二产业占比对应高碳排放量。从横轴来看，产业结构在（0.35，0.43）区间内表现为：随着第二产业占比的变化，CO_2排放量未出现明显的同步变化的趋势，在（0.43，0.5）区间内能够显示出第二产业占比与CO_2排放量同向增长，但在（0.5，0.55）区间内就表现出复杂性。

　　能源消费结构中煤炭占比与CO_2排放量、能源效率与CO_2排放量在统计上存在某种相似阶段性。从纵轴来看便于分析，当CO_2排放量在（0，16500）区间时，能源消费结构中煤炭占比处于较高水平，能源效率处在较低水平。需再次声明，散点图只反映坐标轴内两个变量的数字组合，若要有效解释经济社会现实，此处需结合实际人均GDP和产业结构图看。可以发现，在该CO_2排放量区间内，经济发展水平低、第二产业占比低，这很好解释了为什么以前煤炭占比十分高、能源效率十分低但环境却并不差的现象。当CO_2排放量在（16500，51500）区间时，煤炭消费结构、能源效率在横轴上基本未有显著变化，但同区间内人均GDP和第二产业占比则有显著变化，表现出经济增长水平、第二产业占比均与CO_2排放量沿坐标轴同向变化。当CO_2排放量在（51500，58700）区间时，对应煤炭消费结构的点落在低占比区间，能源效率、二产占比、实际人均GDP均落在高数值区间，可以解释为高CO_2排放量区间内，CO_2排放量增长不明显的原因在于能源消费结构调整、产业结构调整以及能源效率提升。

根据以上分析可以得到以下假说：人均 GDP 与 CO_2 排放量的变化呈现一致性；产业结构与 CO_2 排放量呈现复杂相关性；能源消费结构、能源效率与 CO_2 排放的相关性与产业结构、人均 GDP 存在关联。表明数据结构在统计上合理，可进一步计入计量模型，各变量与 CO_2 排放量的具体相关关系将进一步分析。

（二）实证研究及结果分析

结合前面的分析，为消除异方差，本文对各变量进行对数化处理，反映经济发展方式变化对 CO_2 排放量变化的影响。构建的计量回归模型（模型1）：

$$\ln CO_{2_t} = C + \beta_1 \ln pergdp_t + \beta_2 \ln CY_t + \beta_3 \ln ES_t + \beta_4 \ln EE_t + \varepsilon_t \qquad （模型1）$$

表4中模型1是基础模型回归分析的结果，主要表示反映经济发展方式内涵的4个指标对 CO_2 排放的影响。为保证结果稳定性，将模型1中 $\ln pergdp$ 替换为 $\ln gdp$ 进行稳健性检验（Robust）（模型2），即：

$$\ln CO_{2_t} = C + \beta_1 \ln gdp_t + \beta_2 \ln CY_t + \beta_3 \ln ES_t + \beta_4 \ln EE_t + \varepsilon_t \qquad （模型2）$$

根据表4结果"回归分析"列可以看出：人均 GDP（$\ln pergdp$）、能源消费结构（$\ln ES$）与 CO_2 排放（$\ln CO_2$）呈现显著正相关关系，能源效率（$\ln EE$）与 CO_2 排放呈现显著负相关关系，样本期内产业结构（$\ln CY$）与 CO_2 排放（$\ln CO_2$）相关关系未通过显著性检验。为进一步探究产业结构对 CO_2 的影响机理，文章分别在模型1中加入产业结构与能源消费结构的交互项（模型3）、产业结构与能源效率的交互项（模型4），具体机制文后有说明。

$$\ln CO_{2_t} = C + \beta_1 \ln pergdp_t + \beta_2 \ln CY_t + \beta_3 \ln ES_t + \beta_4 \ln EE_t + \beta_5 \ln CY_t \times \ln ES_t + \varepsilon_t$$

$$（模型3）$$

$$\ln CO_{2_t} = C + \beta_1 \ln pergdp_t + \beta_2 \ln CY_t + \beta_3 \ln ES_t + \beta_4 \ln EE_t + \beta_5 \ln CY_t \times \ln EE_t + \varepsilon_t$$

$$（模型4）$$

此外，根据表4中模型1回归结果显示，河南省经济发展对 CO_2 排放影响的系数约为1，文中进一步提出假设：河南省经济发展与碳排放尚未实现"脱钩"。为验证该假设，文章基于传统环境库茨涅茨曲线（EKC）理论[①]，构建模型5，深入探究经济发展与CO_2的EKC关系。根据传统EKC理论，当经济发展与环境污染（此处为CO_2排放）呈现"倒U"形时，则可说明经济发展与环境污染实现"脱钩"。随着EKC理论的不断丰富和发展，目前主流的EKC检验方法主要是构建包含经济发展指标一次方、二次方和三次方项的模型，根据二次方、三次方的系数进行EKC关系判断。因此，当前主要的EKC关系主要包括"倒U"形、"U"形、"N"形和"倒N"形（具体系数判别可参考文献2）。模型6是将模型5中的lnpergdp替换为lngdp，主要为了进行结论稳健性检验。

$$\ln CO_{2_t} = C + \beta_1 \ln pergdp_t + \beta_2 (\ln pergdp_t)^2 + \beta_3 (\ln pergdp_t)^3 + \varepsilon_t \quad （模型5）$$

$$\ln CO_{2_t} = C + \beta_1 \ln gdp_t + \beta_2 (\ln gdp_t)^2 + \beta_3 (\ln gdp_t)^3 + \varepsilon_t \quad （模型6）$$

表6 实证结果

$\ln CO_2$	回归分析		机制探讨		脱钩分析	
	模型1	模型2（Robust）	模型3（交互项）	模型4（交互项）	模型5	模型6（Robust）
lnpergdp	1.0052 (35.18)***		1.0187 (40.92)***	1.0313 (32.64)***	5.5712 (−2.16)**	
lngdp		0.9633 (48.47)***				−4.0428 (−2.17)**
lnCY	−0.0258 (−0.25)	0.0237 (0.26)	0.4610 (2.04)**	−0.3884 (−1.38)		

① 环境库兹涅茨曲线是描述经济发展和环境状况的倒"U"形曲线，说明经济发展与环境污染之间的脱钩关系。其假说验证的基础理论模型是一个包含平方项的一元线性回归 $Y = c + \alpha x + \beta x^2$，其中当 $\alpha > 0$，$\beta < 0$ 时，X 和 Y 表现为倒"U"形关系，经济学中称 X 与 Y "脱钩"；当 $\alpha < 0$，$\beta > 0$ 时，X 和 Y 表现为"U"形关系。

续表

lnCO₂	回归分析		机制探讨		脱钩分析	
$\ln CO_2$	模型 1	模型 2（Robust）	模型 3（交互项）	模型 4（交互项）	模型 5	模型 6（Robust）
$\ln ES$	0.6060 (3.09)**	0.4686 (2.89)**	3.0088 (3.19)**	0.5551 (2.47)**		
$\ln EE$	−0.7723 (−18.10)***	−0.9216 (−27.39)***	−0.8205 (−18.96)***	−0.9556 (−6.03)***		
C	1.2890 (4.13)***		1.4392 (5.00)***	0.7220 (1.40)	20.9526 (3.45)**	17.4077 (4.07)**
$\ln CY \times \ln ES$			3.5467 (2.38)**			
$\ln CY \times \ln EE$				−0.1692 (−1.24)		
$\ln pergdp^2$					0.8175 (2.25)**	
$\ln pergdp^3$					−0.0357 (−2.13)**	
$\ln gdp^2$						0.6085 (2.28)**
$\ln gdp^3$						0.0565 (−2.11)**
R^2	0.9976	0.9982	0.9979	0.9977	0.9799	0.9777
$Adj - R^2$					0.9782	0.9758
obs	39	39	39	39	39	39
F（p 值）	5265.09 (0.000)***	9251.67 (0.0000)***	4575.91 (0.000)***	4022.27 (0.0000)	568.50 (0.000)***	511.74(0.000)***

注：括号里为 t 值，*、**、*** 分别表示 0.1、0.05、0.001 的显著水平。

进行实证验算，结果见表 6，具体分析如下。

1. 经济增长与 CO_2 排放

根据测算结果，人均 GDP 速度每变化 1 单位，会引起 CO_2 排放量速度变化约 1 单位，即全省经济发展水平与 CO_2 排放量近似呈现同步增长。将人均 GDP 换成 GDP 总量计入回归分析（模型 2）进行稳健性检验，同时证明上述结论，发现经济增长与 CO_2 排放量仍然呈现显著正相关关系，同时系数为 0.9633，约等于 1。基于环境库茨涅茨线理论，针对河南省经济增长与 CO_2 排放量进行 EKC 分析，发现无论是用人均 GDP 增长做自变量（模型 5），还是用 GDP 增长做自变量（模型 6），回归分析结果均未显著表现出倒"U"曲线方程的特征，河南省人均 GDP 与 CO_2 排放呈现出统计显著的"N"形，这与王彦彭（2013 年）、冯婷婷（2015 年）研究结果一致，表明河南省经济增长与 CO_2 排放量增长尚未实现脱钩。

2. 能源消费结构、能源效率与 CO_2 排放

根据测算结果，能源消费结构、能源效率对 CO_2 排放影响显著。其中，能源消费结构（即煤炭占比）变化每增加 1 单位，会引起 CO_2 排放变化增加约 0.61 单位，反过来即能源消费结构优化 1 单位，会引起 CO_2 排放变化速度降低 0.61 单位；能源效率速度每提高 1 单位，会引起碳排放速度降低 0.77 单位。显然，能源效率提升更有利于 CO_2 排放的降低。模型 2 的稳健性分析结果也显示能源消费结构与 CO_2 呈现显著负相关关系、能源效率与 CO_2 呈显著正相关关系。

3. 产业结构与 CO_2 排放

根据测算结果，产业结构（即第二产业占比）对于 CO_2 排放的影响并不显著，且系数正负不明确。根据模型 1 和模型 2 的分析结果，二者系数均不显著且正负相反，说明产业结构对 CO_2 排放影响机制存在复杂性。

现有研究中产业结构（即第二产业占比）这一变量对 CO_2 排放的影响关系也存在争议。部分学者认为工业是第二产业的主要组成部分，工业是用能大户，目前全省能源消费结构主要是煤炭，因而第二产业规模扩张速度增加，必然引发煤炭消费增加，继而引起 CO_2 排放的增加，即二者呈现正相关关系；但也有学者认为第二产业是经济的重要组成部分，其发展在某种程度上可促进社会技术效率提高，将降低单位产出能耗，继而引起 CO_2 排放下降，即二者呈现负相关关系。

为进一步厘清经济发展方式中产业结构变化对于河南省 CO_2 排放影响机制，分别在原回归模型中加入产业结构与能源消费结构的交互项（模型 3）、

产业结构与能源效率的交互项（模型4）构建影响机制分析模型。模型3验证产业结构是否与能源消费结构产生交互作用，并与CO_2排放产生正相关关系，即第二产业占比越高，会因为能源消费结构中煤炭占比越高，而对CO_2排放产生促进（或不明显）作用；模型4验证产业结构是否与能源效率互相影响，与CO_2排放产生负相关关系，即第二产业占比越高，会因为能源效率越高，而对CO_2排放产生抑制（或不明显）作用。模型3的分析结果显示，产业结构与能源消费结构的交互项系数显著为正，且产业结构的系数显著为正，说明第二产业占比增加对于CO_2排放的影响会通过能源消费结构中煤炭占比的增加互相增强，显著引起CO_2排放增加。模型4的分析结果中产业结构项、交互项均不显著，这说明能源效率提高引起的CO_2排放减少并不能显著抵消产业结构扩张中引起的CO_2排放增加。

（三）主要结论

1. 近年来河南省 CO_2 减排成效显著

根据统计分析结果显示，河南省1978～2016年CO_2排放量整体呈现增长态势，但增长速度存在明显的三阶段：1978～1997年为缓慢波动增长阶段，1998～2011年为剧烈波动增长阶段，2012～2016年为增速显著放缓阶段；CO_2排放年均增长速度由23%下降至–1%，可以看出，河南省近几年在CO_2减排方面工作成效显著。

2. 河南省经济增长与碳排放尚未"脱钩"

根据回归分析结果，1978～2016年河南省经济增长与CO_2排放量呈现显著的正向相关关系，回归相关系数近似为1，进行EKC检验结果也显示河南省经济增长与CO_2排放未显著表现出倒"U"曲线方程的特征，因此，经济增长与CO_2排放量尚未实现"脱钩"。

3. 能源消费结构优化和能源效率提升可促进 CO_2 减排

根据回归分析结果，能源消费结构与CO_2排放呈显著正相关关系，能源效率与CO_2排放呈显著正相关关系，说明能源消费结构优化、能源效率提升能有效降低CO_2排放量。提高能源效率对于CO_2排放量降低的影响效果显著

大于降低煤炭占比对于 CO_2 排放量降低的影响效果。

4. 产业结构与能源结构调整结合可有效促进 CO_2 减排

根据回归分析结果，产业结构（第二产占比）因素对 CO_2 排放影响的正负关系不显著且复杂。进一步对能源消费与产业结构、能源效率与产业结构的交互进行机制分析后结果显示，能源消费结构优化引起的 CO_2 排放减少可以显著增强产业结构优化引起的 CO_2 排放减少，能源效率提高引起的 CO_2 排放减少并不能显著抵消产业结构扩张引发的 CO_2 排放增加。因此，产业结构和能源结构的变动会对河南省 CO_2 排放产生综合影响，第二产占比和煤炭占比是核心影响因素，第二产业占比增加对于 CO_2 排放的影响会通过能源消费结构中煤炭占比的增加互相增强，显著引起 CO_2 排放增加。因此，产业结构与能源结构调整政策应当综合使用，尤其是注重产业能源消费结构的调整，可有效促进河南省 CO_2 减排。

三　以经济发展方式转变促进碳减排的对策建议

（一）减排措施制定要充分考虑经济承受能力

由于河南经济增长与 CO_2 排放量呈正向相关关系，不能一刀切，一味采取强制措施降低 CO_2 排放量，可能需要损失经济增长机会成本，因此降低 CO_2 排放量应继续推进经济转型发展，划定 CO_2 排放量容忍阈值，积极实施有利于经济绿色低碳转型发展的措施，不宜实施大规模的停产、强拆、交通管制等措施，从而影响经济体的运行秩序和活力。

（二）从能效提升和结构优化入手推进减排工作

由于能源效率提高对 CO_2 减排的作用明显高于煤炭占比降低对 CO_2 减排的作用，考虑到河南省作为煤炭大省的资源禀赋，应该持续鼓励和引导能源技术创新、减排技术创新，以提高能源效率为主降低煤炭占比为辅，有效、合理地推进碳减排工作。

（三）加快第二产业结构及能源消费结构调整

全省仍然处在工业化发展进程，过快的削减第二产业占比不利于全省经济的健康发展。在河南省的产业结构优化过程中应高度重视高能耗、高煤耗产业控制和削减，采取积极措施调节第二产业的能源消费结构，大力开展绿色工业化改造，以抵消第二产业发展过程中由于煤炭消费占比过高而引发的 CO_2 排放量提升。

参考文献

张友国：《经济发展方式变化对中国碳排放量强度的影响》，《经济研究》2010 年第 4 期。

郑松华：《甘肃省碳排放量的影响因素研究》，兰州大学，2013 年。

邓荣荣、陈鸣：《经济发展方式转变是否降低了中国的碳排放量强度？——基于 IO–SDA 模型的分析》，《科学决策》2017 年第 5 期。

赵博：《河南省碳排放量测度与时空演化研究》，河南大学，2014 年。

毛明明：《中国碳排放量影响因素及减排情景研究》，重庆工商大学，2016 年。

薛贺香：《河南省经济发展方式转变影响因素实证分析》，《商业时代》2012 年第 3 期。

张明志：《经济增长与产业结构变动的碳排放量效应研究》，山东大学，2017 年。

任静：《河南省社会经济发展与碳排放量"脱钩"关系研究》，郑州大学，2012 年。

王彦彭：《河南省能源消费碳排放的演变与预测》，《企业经济》2013 年第 6 期。

林伯强、毛东昕：《中国碳排放量强度下降的阶段性特征研究》，《金融研究》2014 年第 8 期。

任晓松、赵涛：《中国碳排放量强度及其影响因素间动态因果关系研究——以扩展型 KAYA 公式为视角》，《干旱区资源与环境》2014 年第 3 期。

冯婷婷、杨芷晴：《河南省碳排放的特点及影响因素——基于 EKC 和 VAR 模型》，《技术经济》2015 年第 10 期。

王玲：《经济发展方式变化对中国碳排放量强度的影响》，《现代经济信息》2016 年第 5 期。

B.15
河南省能源消费回弹效应研究[*]

李金铠　刘宗项　张　瑾[**]

摘　要：　能源消费回弹效应的存在，表明技术进步并不能完全实现理论预期的节能效果，理论能源节约量会被能源消费回弹效应抵消。本报告通过对回弹效应定义的梳理，构建了回弹效应测算模型，对河南省能源消费回弹效应进行了测算。结果表明，改革开放以来，河南省技术进步促进的实际节能量只占理论节能量的85%，其余15%节能量则被能源消费回弹量抵消。2009年之前，河南省回弹效应水平呈上升趋势，2009年之后呈下降趋势，但与其他省份比较，河南省回弹效应仍比较大。未来，河南能源政策制定应充分考虑能源回弹效应的影响，确保能效提高产生的节能效果最大限度地实现。

关键词：　河南省　回弹效应　能源效率　回弹测算

一　能源消费回弹效应的定义

能源消费回弹效应是指，当技术进步导致能源效率提高、单位产品能耗

---

* 基金项目：本文研究得到国家自然基金面上项目（71473070）、国家软科学研究计划重大公开招标项目（2012GXS1D003）和河南省政府决策招标项目（2017B102）支持。

** 李金铠，二级教授，河南省特聘教授，博士生导师，河南财经政法大学研究院院长，主要从事人口资源与环境、能源环境经济与政策、产业经济与政策等研究；刘宗项，河南财经政法大学研究生，经济学硕士，研究方向：能源环境经济政策与管理；张瑾，清华大学公共管理学院博士生，河南省3E研究创新团队核心骨干，主要从事能源、环境与经济发展研究。

减少、能源价格降低时，产品生产者倾向于使用更多的能源代替其他投入要素，能源消费者倾向于消费更多的能源，从而导致理论上由能效提高所产生的节能量中的一部分被额外的能源消耗所抵消，抵消的这部分节能量占理论节能量的比重就代表回弹效应，见公式（1）。技术进步导致能源消费回弹的原理如图 1 所示。

$$回弹效应 = \frac{理论节能量 - 实际节能量}{理论节能量} \times 100\% \tag{1}$$

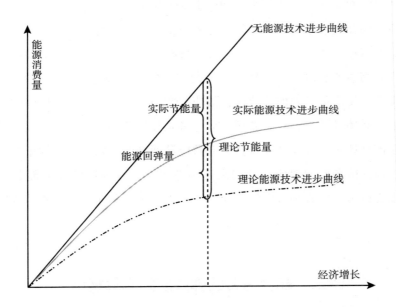

图 1　能源消费回弹效应原理解析

能源回弹效应的一个比较直观的定义是能源需求的能源效率弹性，就是当能源效率提高一个百分比的时候，导致能源需求的变化率。Khazzoom 最早提出了该定义，Berkhout 和 Sorrell 在定义回弹效应时引用了这一定义，得出能源回弹效应为：

$$\eta_\varepsilon(E) = \eta_\varepsilon(S) - 1 \tag{2}$$

$\eta_\varepsilon(E)$ 表示能源消费对能源效率的弹性，也即当能源效率变化一个百分

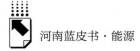

比时，导致能源投入变化的百分比；$\eta_\varepsilon(S)$ 表示有效产出的能源需求对能源效率的弹性，也就是能源回弹效应。当 $\eta_\varepsilon(S)=0$ 时，表示不存在回弹效应，能效提高产生的能源节约量等于理论的能源节约量；$\eta_\varepsilon(S)>0$ 时存在正回弹效应，$0<\eta_\varepsilon(S)<1$ 表示部分回弹效应，能效提高会产生一部分能源节约量，但是能源实际节约量小于理论能源节约量；$\eta_\varepsilon(S)>1$ 时，表示存在"回火"效应（也称为逆反效应），这时能效提高不仅没能节约能源，反而导致能源消费量增加；$\eta_\varepsilon(S)<0$ 时为过度储蓄效应，表明能源效率提高所产生的实际能源节约量大于理论上的能源节约量。

根据回弹效应定义，回弹效应测量方法主要有两种：一种是基于调查统计数据的直接方法，另一种是基于统计数据的间接测算方法。能源回弹效应的测算思路主要有两种：一种是在消费端，技术进步导致能源效率提高后，能源服务价格降低导致的能源回弹效应，常用于测量居民用能回弹效应，从微观视角具体到某一行业、领域；另一种是在生产端，技术进步促进经济增长、生产规模扩大以及产业调整等导致能源回弹效应发生，常用于测量某一国家、地区能源回弹效应，从宏观视角考虑一国或地区整体的能源回弹效应。本文根据河南省统计数据，在生产端从宏观视角研究河南省能源回弹效应。

二 能源消费回弹效应的测算模型

（一）回弹效应测算模型

1. 模型构建

从宏观角度，依据 Berkhout 的定义将回弹效应直接用公式表示为：

$$RE=\frac{\text{理论节能量}-\text{实际节能量}}{\text{理论节能量}}=\frac{\text{能源回弹量}}{\text{理论节能量}}=\frac{PM-A}{PM} \tag{3}$$

其中，RE、PM 和 A 分别表示能源回弹效应、理论节能量和实际节能量。由于理论节能量以及实际节能量很难通过经济学的方法准确估算，国外文献对回弹效应测算所采用的模型中，还需要有翔实的能源价格，要求价格能够反映市场竞争状况。基于我国的特点，本文以一种替代方法估算河南省的回弹效应值，基本思路及计算方法如下：

假定第 t 年，地区经济产出为 Y_t，能源强度为 EI_t，则根据定义，第 t 年的能源消费量为：

$$E_t = Y_T \times EI_t \tag{4}$$

在第 $t+1$ 年的经济活动中，假设由于技术进步，能源强度下降为 EI_{t+1}，经济产出为 Y_{t+1}。根据定义，技术进步产生的能源节约量为：

$$\Delta E_{t+1} = Y_{t+1} \times (EI_t - EI_{t+1}) \tag{5}$$

由于技术进步不仅有利于提高能源效率，还能促进经济增长，不考虑其他导致经济增长的因素，那么由技术进步导致的经济增加量为：

$$\Delta Y = \lambda_{t+1} \times (Y_{t+1} - Y_t) \tag{6}$$

λ_{t+1} 表示 $t+1$ 年技术进步对经济增长的贡献率。根据定义，经济增长又会带来新的能源需求，也即能源消费回弹量为：

$$\Delta E_{t+1}^* = EI_{t+1} \times \Delta Y = EI_{t+1} \times (Y_{t+1} - Y_t) \times \lambda_{t+1} \tag{7}$$

因此，根据能源回弹效应的定义，$t+1$ 年技术进步的回弹效应为：

$$RE_{t+1} = \frac{\Delta E_{t+1} - (\Delta E_{t+1} - \Delta E_{t+1}^*)}{\Delta E_{t+1}} = \frac{\Delta E_{t+1}^*}{\Delta E_{t+1}} = \frac{EI_{t+1} \times (Y_{t+1} - Y_t) \times \lambda_{t+1}}{Y_{t+1} \times (EI_t - EI_{t+1})} \tag{8}$$

式中，RE_{t+1} 表示第 $t+1$ 年回弹效应。由于经济产出、能源强度等指标能够根据统计数据经过计算得出，而技术进步对经济增长的贡献率 λ 需要选择合适的方法进行测算，所以测算技术进步对经济增长的贡献率 λ 成为测算回弹效应的关键一步。

2. 技术进步对经济增长的贡献率

技术进步分为广义技术进步和狭义技术进步，狭义技术进步通常指生产工艺、中间投入品以及制造技能等方面的革新和改进，而广义技术进步指在

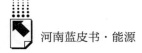

产出的增长中，不能被劳动、资本和能源等要素投入解释的那一部分产出，也就是全要素生产率（TFP）。在宏观经济研究中，通常采用广义技术进步。经测算全要素生产率增长率占产出增长率的份额就可以揭示出技术进步对经济增长的贡献水平。

全要素生产率的测算方法使用较多的是非参数的数据包络分析方法（DEA）。数据包络分析方法不用考虑投入－产出函数的形态，模型中变量权重根据数学规划模型和数据，经过软件计算自动生成。后来学者在 DEA 模型基础上，提出了 Malmquist 效率指数为 TFP_{t+1}/TFP_t ，用来测度全要素生产率变动情况，全要素生产率增长率可以表示为：

$$GTFP = \frac{TFP_{t+1} - TFP_t}{TFP_t} \times 100\% = (\frac{TFP_{t+1}}{TFP_t} - 1) \times 100\% \tag{9}$$

由此可得第 $t+1$ 年技术进步对经济增长的贡献率为：

$$\lambda_{t+1} = \frac{GTFP}{GY} \times 100\% \tag{10}$$

其中，GY 是经济增长率。将计算出来的技术进步对经济增长贡献率代入公式（6）（7）（8），就可以计算出第 $t+1$ 年的能源回弹效应。

（二）变量选择及数据准备

本文测算 1978～2015 年河南经济发展过程中技术进步带来能源消费的回弹效应。根据模型，回弹效应的测算需要有经济产出变量 Y、能源强度变量 EI 和技术进步对经济增长的贡献率 λ。Malmquist 指数计算 λ 需要河南省的投入产出数据，选择经济产出 GDP 作为产出指标，选择劳动量、资本存量和能源消费量作为投入指标。

1. 总产出指标

河南省各年 GDP（单位：亿元）作为总产出指标，为了消除通货膨胀带来的影响，以更真实地反映各年度能源回弹效应的变化，选择 1978 年价格作为不变价格，使用 GDP（生产总值）增长指数对各年 GDP 进行折算。

2. 劳动投入指标

劳动投入是指在生产中实际投入的劳动量，一般用标准劳动强度的劳动时间来衡量。在市场经济中，收入报酬通常能够反映劳动的质量、时间、强度和劳动投入量变化，但是中国收入分配体制、市场调节机制都不够完善，因此选择河南省历年社会就业人数（单位：万人）作为劳动投入指标。

3. 资本投入指标

资本投入指标以河南省各年的资本存量（单位：万元）来衡量。目前现有的公开资料没有公布资本存量数据，需要对其进行测算，被普遍认可的方法是"永续盘存法"，计算公式如下：

$$K_t = I_t + (1 - \theta_t) \times K_{t-1} \tag{11}$$

其中，K_t 表示第 t 年的资本存量，θ 表示固定资本存量折旧率，I 表示当年的投资（单位：亿元），相关价格以 1978 年不变价格计算。本文参考姚李亭、彭香的研究成果，河南省历年固定资本存量折旧率是 10.25，基年（1978 年）资本存量 274.61 亿元。

4. 能源投入数据及能源强度指标

考虑到技术进步对所有能源消耗（而非某种单一能源）产生影响，因此选择河南省历年能源消费总量来衡量（单位：万吨标准煤）能源投入，能源消耗强度可以根据能源消费总量除以 GDP 得到。

三　河南省能源消费回弹效应测算

（一）测算结果

根据河南省 1978~2015 年的实际产出与要素投入数据，利用 DEAP2.1 软件，得到河南省历年 Malmquist 生产率指数 TFP_{t+1}/TFP_t，结合公式（7）和公式（9）分别计算出能源消费减少量 ΔE（万吨标准煤）和增加量 ΔE^*

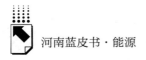
（万吨标准煤），再代入公式（8），计算得到历年基于技术进步对河南省能源消费回弹效应（见表1）。

表1　基于技术进步的河南省能源回弹效应

年份	GTFP	GY	λ	ΔE	ΔE^*	RE（%）
1979	1.095	0.087	1.09	637.4	503.8	79.0
1980	1.133	0.154	0.87	448.0	500.2	111.7
1981	1.021	0.078	0.27	71.1	79.8	112.2
1982	1.009	0.043	0.21	217.1	38.6	17.8
1983	1.138	0.238	0.58	346.2	460.6	133
1984	1.016	0.101	0.16	66.7	80.8	121
1985	1.011	0.135	0.08	664.0	67.9	10.2
1986	0.945	0.046	−1.20	319.4	−575.1	−180
1987	1.034	0.150	0.23	492.5	198.2	40.2
1988	0.985	0.098	−0.15	538.7	−151	−28.0
1989	1.025	0.070	0.36	530.3	217.8	41.1
1990	0.977	0.045	−0.51	230.5	−240	−104
1991	0.984	0.069	−0.23	247.8	−131	−53.1
1992	1.038	0.137	0.28	488.8	283.2	57.9
1993	1.038	0.158	0.24	614.4	323.5	52.7
1994	1.005	0.138	0.04	608.1	56.4	9.3
1995	1.01	0.148	0.07	619.9	112.9	18.2
1996	0.999	0.139	−0.01	368.9	−8.5	−2.3
1997	0.989	0.104	−0.11	206.5	−71.3	−34.5
1998	0.978	0.088	−0.25	−27.4	−112.6	411.2
1999	0.995	0.081	−0.06	68.5	−21.1	−30.9
2000	0.987	0.095	−0.14	103.7	−115.0	−110.9
2001	1.027	0.090	0.30	93.7	217.4	232.0
2002	1.027	0.095	0.29	37.7	213.9	568.0
2003	1.019	0.107	0.18	−104.7	229.0	−218.7
2004	1.019	0.137	0.14	33.5	357.2	1065.3
2005	1.012	0.142	0.08	394.3	237.4	60.2
2006	1.005	0.144	0.03	209.2	80.9	38.7
2007	0.999	0.146	−0.01	439.1	−21.6	−4.9
2008	0.976	0.121	−0.20	532.2	−627.8	−118.0
2009	0.961	0.109	−0.36	171.5	−529.4	−308.6

续表

年份	GTFP	GY	λ	ΔE	ΔE*	RE（%）
2010	1.058	0.125	0.46	1026.1	1349.6	131.5
2011	1.001	0.119	0.01	249.9	24.5	9.8
2012	0.991	0.101	−0.09	321.4	−167.3	−52.1
2013	0.979	0.090	−0.23	173.0	−411.7	−238.0
2014	0.979	0.089	−0.24	183.0	−424.6	−232.0
2015	0.983	0.083	−0.20	227.7	−264.6	−116.2
1979~1998	135.6%	2000~2011		112%		
1999~2008	392.8%	2009~2011		−55.8%		
2009~2015	70.66%	2012~2015		−159.5%	1979~2015	15.0%

注：数据均来源于《河南省统计年鉴》《河南六十年》。

（二）结果分析

1. 技术进步引起的实际节能量占理论节能量的85%

根据表1的结果，得到基于技术进步引起的实际能源节约量（$ΔE − ΔE^*$）与理论能源节约量 $ΔE$ 如图2所示。在大多数年份，由于能源消费回弹效应的存在，实际能源节约量小于理论能源节约量。整体来看，1979~2015年河南回弹效应平均值为15%，即技术进步促进的实际节能量只占理论节能量的85%，而剩余15%的节能量则被能源消费的回弹量抵消，即由于回弹效应的存在，技术进步只能实现部分的节能。

2. 不同年份回弹效应波动大与经济发展有关

根据时间顺序来看，结果显示1979~1998年，回弹效应平均值为135.6%；1999~2008年，回弹效应平均值进一步上升为392.8%；而2009~2015年则下降为70.7%。河南省能源消费回弹效应整体上在2008年之前呈上升趋势，而在2008年之后呈下降趋势。这种趋势反映出河南省通过技术进步来提高能源效率的政策在一定程度上是有效的。图3是历年能源消费回弹效应折线图，由图可知，历年的能源消费回弹效应变化较大，没有较为明显的趋势。

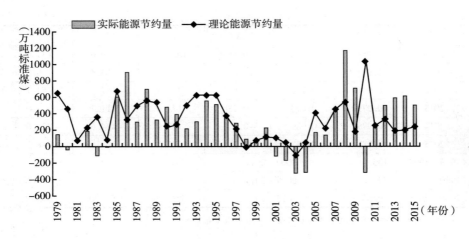

图 2　理论节能量与实际节能量

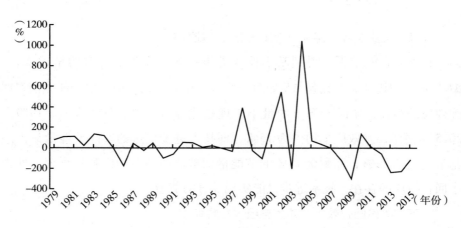

图 3　河南省历年能源回弹效应（1979～2015 年）

　　根据回弹效应的类别来看，结果显示，在部分回弹效应阶段：2009～2015 年河南能源消费回弹效应平均值为 70.66%，表示能源消费回弹量小于能源消费理论节约量，此时实际能源消费节约量大于零而小于理论能源节约量；"回火"效应阶段：2000～2011 年回弹效应平均值为 112%，表示能源消费回弹量大于能源消费理论节约量，此时实际能源消费节约量小于零；过度储蓄效应阶段：2009 ~ 2011 年、2012 ~ 2015 年回弹效应值分别是 −55.8% 和 −159.5%，表示能源消费回弹量小于零，此时实际能源消费节约量大于理论节约量。考虑到 2008 年金融危机爆发后对经济的冲击，以及 2012 ~ 2015 年，我国经济逐渐进入新常态，特别是 2012 年我国 GDP 开始回落，经济增长速度降低，能源消费结构逐渐由高耗能向低耗能转变，这些因素叠加使得回弹效应降低乃至为负。

综合上述分析，可以看出不同年份回弹效应波动较大，这和经济发展有一定关系。具体来说，1982 年 GDP 增长率4.3%，能源回弹效应为17.8%；1983 年 GDP 增长率23.8%，能源回弹效应则达到了133%。这主要是因为河南经济增长和能源消费有一定的耦合关系，经济的快速增长伴随着能源消费的快速增长，考虑到技术进步促进经济增长因素，在经济快速增长的年份，能源消费的回弹效应偏大。此外，2001 ~ 2004 年，由于技术进步促进能源节约量较少，而能源消费增加量较多，此时回弹效应值也较大。通过2000 年及 2012 年之后平均回弹效应的比较，考虑到 2000 年之后河南经济体量增大、经济增长较快，导致能源消费快速增加，且技术进步促进能源节约量较少，这说明 2000 ~ 2011 年回弹效应的增大主要是由于经济的扩张，同时经济的体量比较大，而经济增长的来源主要是产业规模的扩大，经济增长的质量较低，即经济是外延式的增长，技术进步和产业结构调整不足，此时经济的快速增长会导致较大的能源回弹的发生。

3. 河南回弹效应水平处于全国较高水平

大部分研究指出全国平均水平回弹效应在 30% ~ 80%，国外发达国家回弹效应值一般小于50%。虽然有个别研究，认为全国平均回弹效应属于逆反水平，即回弹效应值大于100%。从表 1 数据可以看出，2008 年之后河南省能源回弹效应有下降趋势，2009 ~ 2015 年河南能源消费回弹效应是70.66%，而有研究表明全国和中部地区的平均值分别是 35.85% 和32.28%，河南比全国以及中部地区的平均水平都高。河南省作为能源消费大省，如何降低能源消费回弹效应，控制能源消费总量成为眼下亟须解决的问题。回弹效应的存在表明，技术进步并不能全部实现所预期的节能效果，也不是提高能源效率、降低能源消耗的唯一手段。在保证经济发展的同时，充分利用技术进步，同时结合产业结构优化、适当的经济手段以及政府管制等手段共同作用，对控制能源消费总量效果更好。

四 河南省应对能源消费回弹效应政策建议

河南能源消费总量大，节能空间广阔，但由于能源消费回弹效应的存在，单纯依靠改进能效的节能政策只能部分地解决问题。未来河南在制定能源政策时应充分考虑回弹效应的影响，确保能效提高产生的节能效果最大限度地实现。

1. 优化产业结构

根据能源消费回弹效应测算公式，降低能源强度可以减小回弹效应，河南应大力利用技术，调整能源结构，优化产业结构，改造传统工业，大力发展高新技术产业和第三产业。首先，2016 年河南煤炭消费量占能源消费总量的 75.1%，比全国高 13.1 个百分点，大力开发新能源，提升能源生产和消费中新能源的比重。其次，应用先进能源技术可以提高化石能源的开采、转换、利用效率，减少能量的流失和浪费，着重做好煤炭的清洁高效开发利用，积极发展煤炭高效洁净燃烧技术、集成气化联合循环技术等，提高煤炭利用效率。最后，淘汰落后产能、优化产业结构。一般而言，对于技术水平不同、规模效应不同的产能来说，同样的能源投入，效率截然不同，小钢铁厂、水泥厂、造纸厂等能耗高污染重，导致能源强度高，因此淘汰落后产能、优化产业结构可以降低能源强度，减小回弹效应。

2. 强化科技创新对降低回弹效应的拉动作用

提高经济增长质量，控制经济发展速度，强化科技创新以降低回弹效应，减少能源消费的增长。转变经济发展方式，实现由投资消费拉动经济增长向技术进步驱动经济增长方式转变，推动产业结构优化，是提升经济发展质量的关键。为此，应加大对科技研发的投入，特别是对可再生能源、新型节能技术的研发投入，加大对成熟技术的推广和应用，积极开发化石能源的替代产品。

3. 制定更加合理的能源价格体系

根据回弹效应的定义及作用机制可知，能源价格的降低或偏低是导致回弹效应发生的关键因素之一。这就需要制定更加合理的能源价格体系，建立和完善能反映市场供需以及资源稀缺性的能源价格机制，根据不同的用能主体、不同的用能时段以及对能源需求的不同情况，制定灵活不同的价格，保持甚至提高能源价格。同时要更好地发挥价格加上税收的机制作用，对使用化石能源的企业征税，增加其用能成本，迫使其向低能耗转变，同时对于技术先进、能源效率低的企业，鼓励并给予一定的用能优惠政策。

4. 提高居民节能意识

能源回弹效应不只存在于生产部门，也存在于生活部门，居民节能意识的提高、消费观念的转变，将使得在能源价格降低后，能源消费的回弹量大幅减小、回弹效应减弱。因此，应加大宣传力度，提高民众的节能意识，转变能源消费观念，提倡诸如步行、共享单车等环保出行方式。能源消费涉及每一个人，从宏观上控制能源消费总量，离不开从微观上影响每一个个体的消费，利用不同的宣传手段包括大众传媒工具进行广泛宣传，让民众了解基本国情省情，明白能源节约的意义，通过提高人们的节能意识，有效地降低能源消费回弹效应。

参考文献

林民书、杨治国：《国外能源回弹效应研究进展评述》，《当代经济管理》2010 年。

Khazzoom J. D.. *Economic Implications of Mandated Efficiency in Standards for Household Appliances* [J]，Energy Journal，1980，1（4）：21 – 40.

Haas R.，Biermayr P.. *The Rebound Effect for Space Heating Empirical Evidence from Austria* [J]，Energy Policy，2000，28（6 – 7）：403 – 410.

Wei T.. A *General Equilibrium View of Global Rebound Effects* [J]，Energy Economics，2010，32（3）：661 – 672.

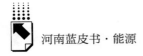
Berkhout P. H. G., Muskens J. C., *Velthuijsen J W. Defining the Rebound Effect* ［J］, Energy Policy, 2000, 28 (6 - 7): 425 - 432.

Sorrell S., Dimitropoulos J., *The Rebound Effect: Microeconomic Definitions, Limitations and Extensions* ［J］, Ecological Economics, 2008, 65 (3): 636 - 649.

王群伟、周德群：《能源回弹效应测算的改进模型及其实证研究》，《管理学报》2008 年第 5 期。

姚李亭、彭香：《改革开放以来河南省资本存量分产业测算》，《商》2014 年第 20 期。

周勇、林源源：《技术进步对能源消费回报效应的估算》，《经济学家》2007 年第 2 期。

肖卫国、刘杰：《前瞻性、后顾性与混合型泰勒规则政策效果的动态模拟》，《金融经济学研究》2014 年第 3 期。

高辉、冯梦黎、甘雨婕：《基于技术进步的中国能源回弹效应分析》，《河南经贸大学学报》2013 年第 11 期。

李福柱、杨跃峰：《全要素生产率增长率的测算方法应用述评》，《济南大学学报》（社会科学版）2013 年第 2 期。

高辉、高碧凤、吴昊：《基于 LMDI 分解的我国能源回弹效应实证分析》，《国土资源科技管理》2014 年第 10 期。

张军、章元：《对中国资本存量 K 的再估计》，《经济研究》2003 年第 7 期。

吴文洁、杨洋：《陕西省能源消费回弹效应的实证研究》，《西安石油大学学报》（社会科学版）2015 年第 3 期。

陈燕：《能源回弹效应的实证分析——以湖北省数据为例》，《经济问题》2011 年第 2 期。

薛丹：《我国居民生活用能能源效率回弹效应研究》，《北京大学学报》（自然科学版）2014 年第 2 期。

刘源远、刘凤朝：《基于技术进步的中国能源消费反弹效应——使用省际面板数据的实证检验》，《资源科学》2008 年第 9 期。

调查分析篇

Investigation and Analysis

B.16

河南省"千户百村"农村家庭
能源消费情况调查分析

——基于兰考县、洛宁县的调查

李 鹏 罗潘 付科源*

摘　要： 本报告秉持"差异化"的原则,选择豫东平原兰考县和豫西山区洛宁县作为研究对象,开展了河南"千户百村"农村家庭生产生活能源消费调查工作。以调查数据为基础,分析兰考和洛宁农村家庭特征、用能设备情况、能源消费结构、生物质资源利用情况等多个方面,以此摸清农村能源消费现状,找准推进农村能源革命面临的突出问题。围绕清洁生产与绿

---

* 李鹏,国网河南省电力公司经济技术研究院经济师,管理学博士,研究方向为能源电力、配网规划与技术;罗潘,国网河南省电力公司经济技术研究院工程师,工学博士,研究方向为配网规划与技术;付科源,国网河南省电力公司经济技术研究院工程师,工学博士,研究方向为分布式能源、配网规划。

色消费这一主线，加快推进能源生产与消费环节再电气化，积极探索传统能源高效清洁利用新模式，完善升级农村电网基础设施网络，构建"以电为中心"的农村能源利用体系，实现农村能源的清洁、低碳、安全、高效利用，促进农村地区能源资源优势转化为经济发展优势，推动乡村振兴战略实施，助力农民增收、农业增产和农村社会建设，为农村地区产业结构升级和社会经济跨越式发展提供强劲动力保障。

关键词： 能源革命 农村能源 家庭能源消费

2014 年 6 月，习近平总书记在主持召开中央财经领导小组第六次会议时提出"推动能源生产和消费革命"，掀起了我国能源革命的序幕。十九大报告再次强调"推进能源生产和消费革命，构建清洁低碳、安全高效的能源体系"。这一重要举措为农村地区能源转型发展指明了方向。河南是全国第一人口大省、全国第一农业大省、第一粮食生产大省，作为首批开展建设农村能源革命示范区，拥有丰富的农村能源问题研究样本。为厘清河南农村家庭能源消费现状，加速推进河南省农村能源革命步伐，以典型县为样本开展河南"千户百村"农村家庭能源消费结构调查活动，摸清现状找准农村能源革命面临的问题，寻求农村能源未来发展新方向。

一 调查概述

（一）调查对象情况

本着典型性、代表性、差异性原则，选择豫东平原兰考县（已脱贫的国家级贫困县）、豫西山区洛宁县（国家级贫困县）为调查样本。

兰考县地处豫东平原，是国家农村能源革命试点县、焦裕禄精神的发源地、习近平总书记第二批党的群众路线教育实践活动联系点，国家级扶贫开发工作重点县。兰考县土地面积 1116km²，辖 3 个街道、5 个镇、8 个乡、1 个产业集聚区、1 个商务中心区和 450 个行政村，总人口 85 万人，城镇化率 38.3%。兰考县是以粮食生产为主体的欠发达农业县，2016 年全县生产总值 257 亿元，三次产业结构比为 16.7∶44.2∶39.1，人均 GDP 为 3.03 万元，城镇居民、农村居民人均可支配收入分别为 2.18 万元、1.01 万元。

洛宁县地处豫西山区，是典型的山区农业县和林业县，是全国"造林绿化模范县"，国家扶贫开发重点县。全县总面积为 2306km²，地貌总体呈现"七山二塬一分川"，辖 10 镇 8 乡，388 个行政村，总人口 48 万人，城镇化率 32.4%。洛宁县是以农业生产为主体的欠发达山区农业县，2016 年洛宁全县生产总值为 169.6 亿元，三次产业占比为 16.4∶40.8∶42.8，人均 GDP 为 3.44 万元，城镇居民、农村居民人均可支配收入分别为 2.43 万元、0.9 万元。

（二）调查样本情况

考虑到全面普查的难度，本次调查采取典型调查方式（如图 1 所示），主要集中在兰考和洛宁两县，从两县随机抽取 107 个村、1121 户农村家庭（样本如表 1、表 2 所示），进行家庭能源消费情况抽样调查。

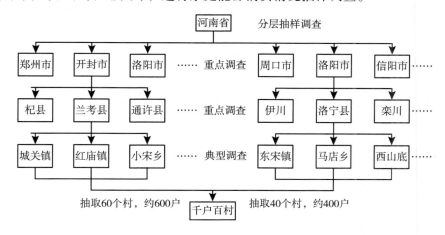

图 1　河南"千户百村"农村家庭能源消费调查结构图

表1　兰考县调查村详细情况

序号	村名称	序号	村名称	序号	村名称	序号	村名称	序号	村名称	序号	村名称
1	张庄	12	高寨二	23	候寨	34	刘井	45	郑庄	56	城内
2	雷集	13	陈庄村	24	野庄	35	曲庄	46	南望	57	东村
3	前雷集	14	代寨	25	白口	36	张丙	47	关庄	58	袁砦
4	朱庄	15	东张	26	圈头	37	南孙庄	48	刘楼	59	王岗
5	坝头	16	新庄	27	张寨	38	翟庄	49	范寨	60	张笔彩
6	高寨	17	张庄	28	朱寨	39	小李庄	50	曹寨	61	王园子
7	后雷集	18	金庙	29	杨庄	40	刘圆子	51	西关	62	三合义
8	杨庄	19	蔡集	30	李寨	41	西李庄	52	东一	63	东少岗
9	陈庄	20	凡集	31	王双庙	42	王庄	53	范场	64	小宋西
10	朱庵	21	谢庄	32	胡园子	43	程庄	54	东三	65	小宋西南
11	高寨一	22	仪封	33	牛马口	44	石楼	55	东二	66	西邵岗

表2　洛宁县调查村详细情况

序号	村名称	序号	村名称	序号	村名称	序号	村名称	序号	村名称	序号	村名称
1	东宋	8	崛西	15	前桥	22	彭凹	29	后湾	36	徐村
2	丈村	9	张村	16	上窑	23	亢洼	30	皮坡	37	王村
3	贾窑	10	关庙	17	张沟	24	张洼	31	纸房	38	王窑
4	大宋	11	田庄	18	汤沟	25	中方	32	讲理	39	李家原
5	小宋	12	东仇	19	洪岭	26	后阴坡	33	贾沟	40	宝家营
6	温庄	13	马店	20	郭庄	27	西街	34	槐树原	41	窑沟
7	崛东	14	乔村	21	杨岭	28	长水	35	梅窑	42	—

二　河南农村家庭能源消费调查分析

（一）农村家庭基本情况

1. 人员构成

农村家庭总人口数以4～5人为主，常住人口多为老弱妇孺，受教育水平较低。在所有被调查家庭中，家庭人口数量3人及以下有243户（占比22%），4～5人的有482户（占比43%），6人及以上的有396户（占比

35%);在所有被调查者中,女性 587 人（占比 52%）,男性 542 人（占比 48%);被调查者平均年龄约为 51 岁,调查人年龄在 30 岁及以下有 118 人（占比 11%）;31~40 岁有 133 人（占比 12%）,41~50 岁有 279 人（占比 25%）,51~60 岁有 311 人（占比 28%）,61~70 岁有 208 人（占比 19%）,71 岁及以上有 72 人（占比 6%）;初中及以下学历 967 人（86%）,高中学历 133 人（占比 12%）,大学及以上学历 21 人（占比 2%）（见图 2）。

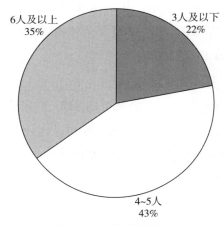

调查户家庭成员数量分布

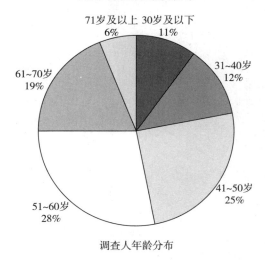

调查人年龄分布

图 2　调查户家庭人数与调查人年龄分布情况

2. 住房情况

房屋结构以砖混结构为主。在本次调查访问 1121 户中，房屋结构为砖木结构的有 107 户（10%），砖混结构有 714 户（64%），钢混结构有 284 户（25%），其他结构（主要为泡沫板房和土坯房）为 16 户（1%）。调查家庭住房空间多为一层。住房空间集中在一层 780 户（70%），二层 328 户（29%），三层 13 户（1%）。家庭居住面积相对较大。测算结果显示每户家庭平均居住面积为 145.3 平方米，其中家庭居住面积 100 平方米及以下有 472 户（42%），居住面积在 101~200 平方米有 505 户（45%），居住面积 200 平方米以上有 144 户（13%）。

3. 种植情况

户均耕地面积约 6.3 亩。本次调查的 1121 户家庭中，无耕地农户 38 户，占比 3%；耕地面积在 3 亩及以下 376 户，占比 34%；耕地面积 3~6 亩（含 6 亩）335 户，占比 30%；耕地面积 6~10 亩（含 10 亩）230 户，占比 21%；耕地面积 10 亩以上有 142 户，占比 13%（见图 3）。

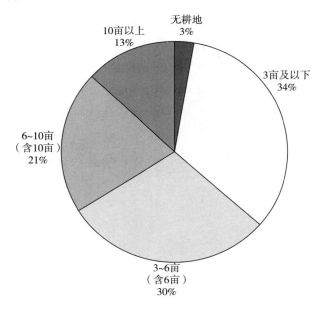

图 3　调查户家庭耕地面积分布

种植方式以自种为主，出现多种新趋势。农户自种为 964 户，占比 86%；土地转包有 112 户，占比 10%；土地代种有 22 户，占比 2%；其他耕地利用形式，包括种树、政府或村集体征收等，占比 2%。

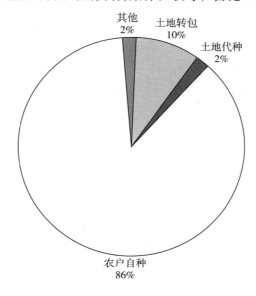

图 4　调查户家庭土地种植方式

种植作物以玉米和小麦为主，经济作物为辅。调查区域家庭种植作物类型较多，呈现多种作物套种的模式，逐步从传统的小麦和玉米种植转向经济作物种植，包括花生、大豆、烤烟、蔬菜等。本次调查中种植小麦有 926 户，占比 83%；种植玉米有 851 户，占比 76%；种植花生有 187 户，占比 17%；种植其他经济作物，包括烤烟、大豆、蔬菜、水果、棉花等有 142 户，占比 13%（见图 5）。

4. 收支情况

农村家庭收入以非农收入为主且收入水平相对较低，本次调查的 1121 户家庭中，家庭平均年收入为 3.91 万元（人均年收入为 0.81 万元，远低于 2016 年我国农村居民人均可支配收入 1.2 万元），其中，非农收入 3.41 万元，占比总收入 87%；农业收入为 0.5 万元，占比总收入仅 13%。消费支

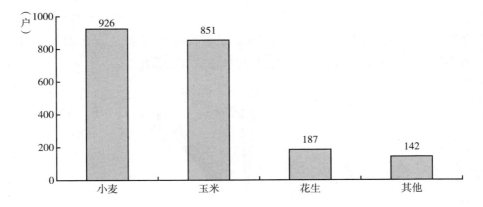

图 5 调查户家庭种植作物类型

出水平低，能源消费支出占比高，家庭平均年消费支出为 2.01 万元（折合人均年支出为 0.42 万元，远低于 2016 年我国农村居民人均消费支出 1.01 万元），户均能源支出 0.34 万元/年，占比家庭总支出 17%（见图 6、图 7）。

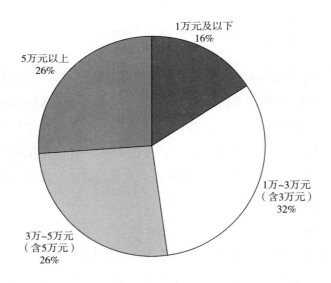

图 6 调查户家庭年收入分布

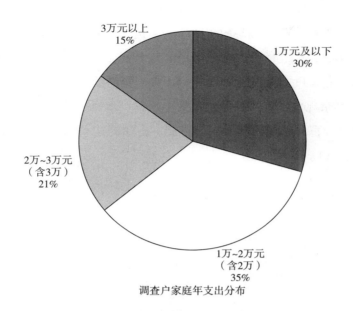

调查户家庭年支出分布

图7　调查户家庭年收入与支出情况

5. 用能设备

农村家庭用能设备数量多、种类丰富、电气化水平较高。本次调查的1121户家庭中，生活领域，百户家庭拥有电视机104台、洗衣机92台、电冰箱78台、空调60台、电热水器14台、太阳能热水器44台、电脑32台，其中空调、太阳能热水器和电脑拥有量均高于全省平均水平，电视机、洗衣机、电冰箱和电热水器略低于全省平均水平。炊事领域百户家庭拥有电饭煲66台、电热壶51台、电磁炉56台、压力锅25台、电饼铛19台。抽油烟机百户拥有量为14台（2016年全省平均拥有量6.3台）。交通领域百户家庭拥有电动自行车79辆、摩托车40辆、家用汽车15辆，其中家用汽车数目高于全省平均水平，其他均略低于全省平均水平。

6. 畜禽养殖情况

农村家庭畜禽养殖由散养型向规模化转变，畜禽粪便处理简单化未得到充分利用。畜禽养殖需要足够大的空间，还可能造成一定的环境污染。随着农村生活水平的提高，住房条件改善，家庭养殖畜禽呈现逐步减少的趋势，规模化养殖变成主流。在调查的1121户家庭中，仅有173户家庭仍然进行少量畜禽养殖，占比15%，规模化养殖有19户，占比2%。在规模化养殖中，养猪场有9户，规模为户均约140头；养鸡场有4户，规模为户均约4000只；其余规模化养殖畜禽还包括羊、鸭、蜜蜂以及肉狗等。在有畜禽养殖的家庭，畜禽粪便大部分用于堆肥，占比高达69%，未得到高效高质利用（见图8）。

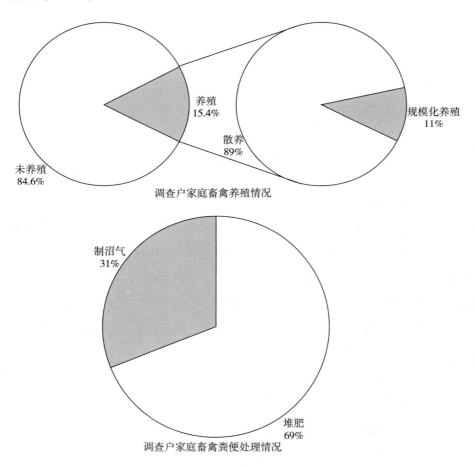

图8　调查户家庭畜禽养殖及粪便处理情况

7. 生活垃圾、秸秆处理情况

农村家庭生活垃圾实现集中化处理，农业废弃物未实现资源化利用。随着美丽乡村建设的逐步推行，生活垃圾处理趋于规范化。在调查的 1121 户家庭中，实现生活垃圾集中处理有 990 户，占比 88%；生活垃圾直接扔掉的有 82 户，占比 7%；生活垃圾进行焚烧的有 25 户，占比 2%；其他处理方式有 24 户，占比 2%。农业废弃物"用则利，废则害"，随着禁止焚烧秸秆政策的落地实施，农村地区秸秆处理方式由以往的直接焚烧向多元化发展。在调研的 1121 户家庭中，秸秆处理方式为回田的农户有 823 户，占比 73%；秸秆处理方式为制作饲料的农户有 182 户，占比 16%；秸秆以出售方式处理的农户有 49 户，占比 4%；秸秆直接用于炊事农户有 29 户，占比 3%（见图 9）。

（二）农村家庭能源消费总体特征

农村经济社会快速发展，人民生活水平日益提高，农村能源消费品种面临商品化与非商品化、高品质与低品质、现代化与传统式并存状态，农村能源消费品类呈现多样化。本轮调查显示，河南农村家庭生产生活消费能源种类有电力、煤炭、天然气、液化石油气、沼气、汽油、柴油、太阳能、薪柴9 种之多。从形成条件可以分为一次能源（如生物质能、太阳能）、二次能源（如电力、液化石油气、沼气）；从能源使用的消耗来讲，有可再生能源（如太阳能）和非可再生能源（如煤炭、石油）；从商品性角度又分为商品性能源和非商品性能源；从能源使用的方式上讲，既有高品质能源（如电力、液化石油气），也有低品质能源（如薪柴、秸秆直接燃烧）（见图 9）。

1. 能源普及情况

从普及率来看，电力、液化气、薪柴在农村地区普遍使用。电力作为重要的基础设施，国家高度重视并投入多轮资金农网改造，基本解决了农村电网落后的问题，显著提升了农村电气化水平，同时对推动农村家庭应用起到巨大的作用，促使电力成为农村普遍使用能源，家庭普及达到 100%；天然气管网设施目前仅限县城周边尚未延伸至大多数农村，普及率非常低，农村

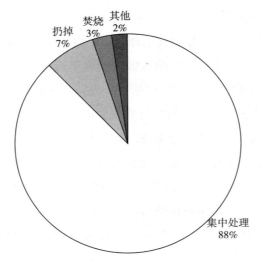

调查户家庭生活垃圾处理情况

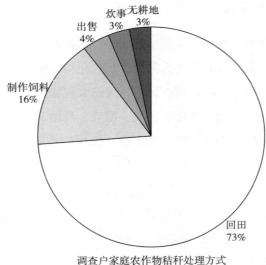

调查户家庭农作物秸秆处理方式

图9　调查户家庭生活垃圾、秸秆处理情况

家庭燃气消费普遍以罐装液化石油气为主，普及率达75.6%；薪柴作为非商品化能源在农村地区获取相对容易且不需付费，成为山区农村家庭取暖、炊事的不二之选，薪柴使用普及率达到54.8%（见图10）。

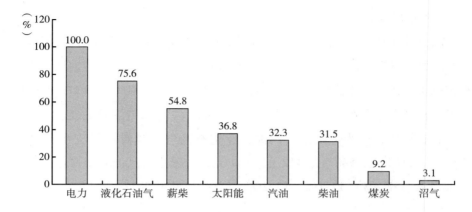

图10 调查区域农村家庭能源普及情况

2. 能源用途情况

从能源用途来看,电力主要用于夏季降温、冬季取暖、炊事、交通以及日常生活等,电器有各种规格的电风扇、空调、电脑、电视机、电冰箱、洗衣机、电磁炉、电饭煲等,呈现出多样化的特点;液化气的利用形式为瓶装的液化气(主要是15kg/瓶的规格),主要用途为炊事;柴油用于农业生产;汽油用于出行;太阳能仅限于热水沐浴;薪柴主要用于炊事、取暖(见表3)。

表3 调查区域能源主要用途统计

单位:户

	照明	炊事	取暖	沐浴	出行	农业生产
电力	1121	882	303	109	780	
液化气		787	9	4		
沼气		29				
煤炭		24	80	2		9
汽油					130	69
柴油					440	322
薪柴		585	203			

3. 商品能源使用情况

调查发现农村家庭使用能源既有商品能源也有非商品能源，商品能源主要为电力、煤炭、液化石油气、汽油和柴油，非商品能源主要为薪柴、沼气和太阳能。其中，商品性能源、非商品性能源占比为 81%、19%。调查区域内农村家庭年商品能源平均支出约为 3400 元/户，占家庭总支出 17%。在商品能源中，电力、柴油、汽油、液化石油气、煤炭消费支出分别为1125 元、1102 元、580 元、449 元、144 元，占家庭商品能源消费比例分别为 33.1%、32.4%、17.1%、13.2%、4.2%（见图 11）。

4. 能源消费趋势

炊事电气化趋势明显。随着人民生活水平的提高，越来越多的家庭抛弃秸秆薪柴直接燃烧逐渐使用更为清洁高效的电能、液化气等高品质能源进行炊事。在调查的 1121 户家庭中，882 户正在使用电力作为炊事能源，普及率达 79%；平均每个家庭拥有 2 种以上炊事电器，其中百户拥有电饭煲 66个、电热水壶 51 个、电磁炉 46 台。

电动车出行与日俱增。电动车具有便捷、能耗低、清洁等多方优势，在农村地区被广泛使用。在调查的 1121 户家庭中，780 户正在使用电动车（主要以电动三轮车、电动自行车为主），百户拥有量 79 台。

5. 清洁能源认知水平

清洁能源作为未来农村能源发展的主要方向，目前的绝大多数农村家庭还不了解。在对 1121 户家庭的调查中发现，对清洁能源非常了解的有 48户，占比 4.3%；对清洁能源了解程度为一般的有 95 户，占比 8.5%；对清洁能源不太了解的有 126 户，占比 11.2%；完全没有听说过清洁能源的调查人有 852 户，占比 76%。

（三）农村家庭能源消费区域结构特征

根据调查数据进行测算，一个普通农村家庭年生产生活能源消费量为1.06 吨标准煤。其中电力、薪柴、柴油、液化石油气、汽油、煤炭、太阳能、沼气占能源总量消费比分别为 34.2%、18.0%、18.0%、16.2%、

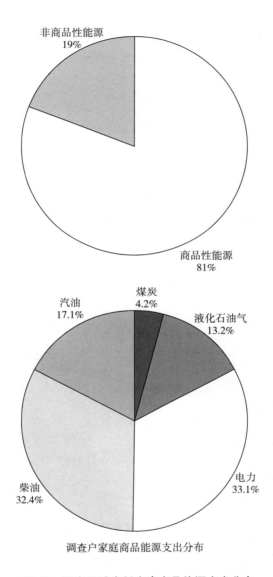

调查户家庭商品能源支出分布

图 11 调查区域农村家庭商品能源支出分布

7. 0% 、4. 0% 、3. 0% 、0. 2%。从总体情况来看,河南农村家庭消费呈现能源种类丰富 (使用的能源类型有 8 种)、地区差异较大,商品能源消费占比较高 (商品能源消费占比约 79%) 的特征 (见图 10、图 11)。

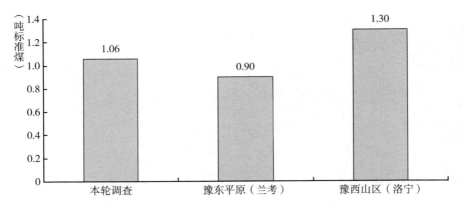

图12　调查区域农村家庭年生产生活能源消费总量

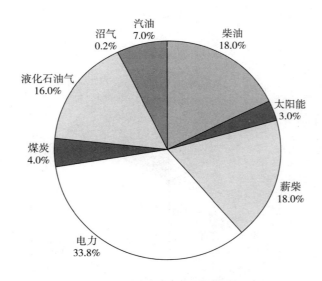

图13　调查农村地区家庭能源消费结构图

1. 能源消费区域特征

从能源消费总量看，山区能源消费总量明显高于平原地区（见图14）。兰考农村家庭能源总消费量为0.90吨标准煤，洛宁农村家庭能源总消费量为1.30吨标准煤。

从能源消费品种看，山区农村能源使用品类数量多于平原地区，平原地区

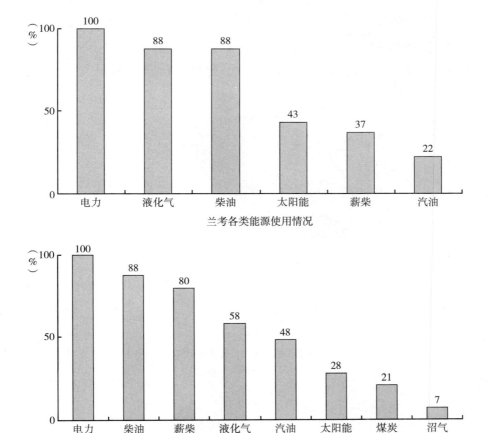

兰考各类能源使用情况

洛宁各类能源使用情况

图14 兰考和洛宁各类能源使用情况

农村家庭商品能源消费占比高于山区。豫东平原（兰考）农村家庭使用能源品类6种，其中商品能源主要为电力、液化气、柴油、汽油4种，消费量占比90%，非商品能源有薪柴和太阳能2种，仅占比10%。豫西山区（洛宁）农村家庭能源使用品类8种，其中商品能源主要是电力、液化气、柴油、汽油、煤炭5种，消费量占比63%，非商品能源有薪柴、沼气、太阳能3种，共计占比37%。

从能源消费占比看，地域分布带来能源消费结构差异明显。豫东平原（兰考）基本上呈现电力、液化气和柴油三足鼎立局势，占比分别为40%、22%和22%，汽油、薪柴、太阳能仅作为辅助能源，共计占比16%。豫西山区（洛宁）基本上呈现"品类多样、寡头发展"的特性，薪柴和电力消费占比较高，分别为34%和26%；柴油和煤炭作为农业生产主要能源，消费占比分别为12%和10%；液化气、汽油、太阳能、沼气仅作为辅助能源，共计占比17%（见图15）。

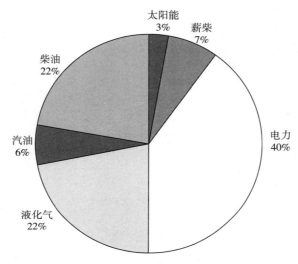

兰考县农村家庭能源消费结构

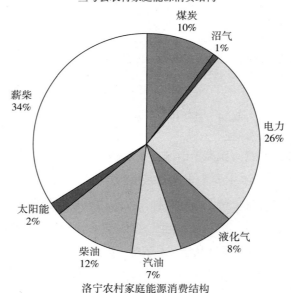

洛宁农村家庭能源消费结构

图15 兰考和洛宁农村家庭能源消费结构

2. 炊事领域能源消费

平原地区农村家庭炊事以"电力 + 液化气"为主,山区农村炊事以"薪柴 + 电力 + 液化气"为主。兰考处于大气污染通道治理城市范围,近年来政府加大力度推行电能替代、天然气替代,加上人民生活水平提升(2016年实现脱贫),农村家庭炊事能源消费品质有所提升。电力、液化气以其便捷、稳定和清洁性成为老百姓的主要选择能源("电力 + 液化气"组合占比高达53%),同时也受传统炊事习惯影响,少量使用薪柴进行蒸馍、炖菜。洛宁地处豫西山区,林木覆盖率高,林木枝柴比较丰富,且农民人均收入水平较低,农村家庭炊事能源呈现多样性,既有电力、液化气等高品质能源也有薪柴、煤炭等低品质能源。薪柴获取容易且不需付费,在农村家庭炊事中广泛使用。"薪柴 + 电力 + 液化气"成为家庭炊事能源选择首选组合,占比32%(见图16、图17)。

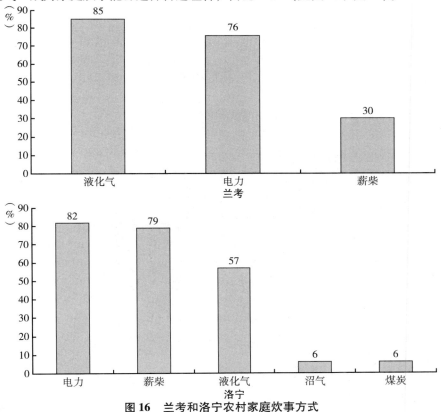

图16　兰考和洛宁农村家庭炊事方式

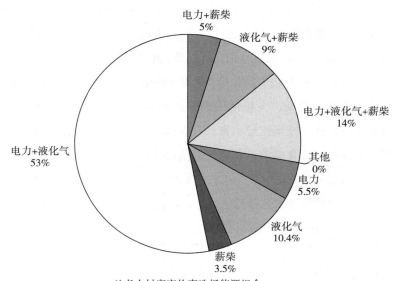

兰考农村家庭炊事选择能源组合

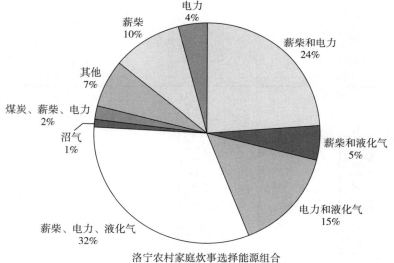

洛宁农村家庭炊事选择能源组合

图 17 兰考、洛宁农村家庭炊事使用能源组合情况

3. 取暖领域能源消费

平原地区农村冬季取暖能源以电力为主，薪柴、煤炭为辅；山区以薪柴、煤炭为主，电力为辅。调查显示，兰考农村大多数农户冬季不取暖（占55%），取暖家庭主要以电力为能源进行取暖，利用空调和电暖气取暖的家庭占比分别为26%和14%，利用薪柴和煤炭取暖的农户较少，分别为6%和2%。洛宁农村大多数农户选择利用薪柴进行冬季取暖。洛宁农村冬季利用薪柴取暖农户约为52%，选择利用煤炭取暖的农户占比为17%，冬季不取暖的农户约为16%，而选择利用空调和电暖气取暖农户相对兰考较少，分别约为12%和10%（见图18）。

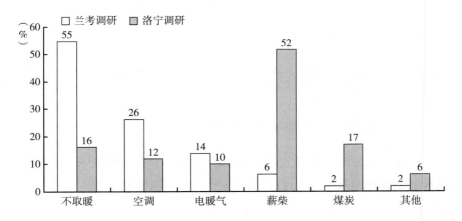

图18 兰考和洛宁农村冬季取暖方式

4. 交通领域能源消费

平原地区农村交通以电动车为主，山区农村交通依然以燃油车为主。豫东平原（兰考），地势平坦，农户出行以电动自行车和电动三轮车为主，兰考电动自行车和电动三轮车百户拥有量分别为96辆和70辆。豫西山区（洛宁），山多路险，农户出行以摩托车为主，洛宁燃油摩托车百户拥有量为58辆，远高于兰考；洛宁电动自行车和电动三轮车百户拥有量分别为54辆和11辆，远低于兰考（见图19）。

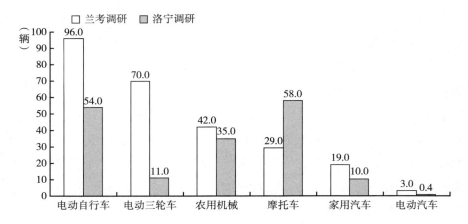

图19　兰考和洛宁农村拥有交通工具情况

三　河南农村家庭能源消费存在问题

（一）能源利用整体水平依旧较低

近年来，农村经济社会发展，农民生活水平提升，农村家庭秸秆、薪柴低效利用逐渐减少（占比18%），清洁高效的能源品类逐渐增多（电力占比34.2%、液化气占比16.2%），能源利用水平实现一定程度提高。经过多轮农村电网改造后，电网供电能力和供电质量有了长足进步，家庭电器设备数量和种类迅速增加，电力消费在农村家庭能源消费中持续增长，电能占终端能源消费比增加，能源消费结构获得改善。同时，农村还有一部分贫困或者以留守儿童和老人为主的家庭，还在原始利用薪柴、秸秆以及散煤，既污染环境又效率低下。此外，农村住房建筑面积普遍较大（户均使用面积约145平方米），且层高基本在4米左右，大部分未进行保温处理，房屋外门窗热工性能和气密性较差，墙体和屋顶未采用保温材料建造，传热系数过大，散热量高，节能效果差，冬季实现同等供热效果平均单位面积能耗约为城市建筑能耗的2~3倍。进入新时代，人民美好生活需求日益广泛，农村能源消费趋势将向城镇化靠拢，能源消费结构、消费质量需持续优化。

（二）生物质资源未得到充分利用

农村生物质资源丰富，但目前73%的农作物秸秆直接粉碎回田、69%的畜禽粪便用于堆肥、林木枝柴直接燃烧或废弃、大量的户用生物质沼气池荒废，造成农村生物质资源的大量浪费。例如，兰考秸秆发电厂设计秸秆年消耗量40万吨，但受制于秸秆收集困难年实际消耗量仅为5万~8万吨，大部分小麦、玉米、花生等秸秆通过收割粉碎翻耕进行还田处理，少部分秸秆被养殖户收割制作饲料，导致秸秆电厂绝大部分燃料需要去周边地市甚至邻省进行收购。面对节能减排目标和大气的治理的双重压力，秉持"就地就近解决农村能源问题"的思路，充分发掘农村地区现有生物质资源潜力，提升生物质综合利用水平，优化农村能源结构。

（三）冬季清洁供暖需求有待满足

农村地区基础设施网络建设落后，基本上无集中供暖热源和管网，随着散烧煤利用的禁止，农村地区冬季取暖产生新问题。一方面，廉价的散煤取缔后，冬季取暖成本大幅提高，部分家庭选择冬季不采暖；另一方面，山区家庭直接使用薪柴取暖比例仍旧较高，能耗大。本次调研的所有家庭中，冬季不取暖农户有431户，占比38%；利用薪柴取暖农户有278户，占比25%；利用空调取暖农户有226户，占比20%，其他取暖方式占比17%。随着全面建设小康社会逐步推进，农民对生活舒适性需求持续增加，进一步引发农村地区冬季取暖需求增加，因此，综合考虑经济发展水平、群众承受能力、资源状况等因素，因地制宜推进农村清洁供暖工作，加快构建以电力为主要能源，天然气、秸秆、薪柴为辅的清洁供暖用能体系，满足农村冬季供暖用能需求。

（四）收入与资源制约能源消费选择

兰考和洛宁家庭能源消费结构差异明显，兰考农村家庭能源消费中电力、液化气和柴油占比较高，薪柴利用占比较低，洛宁农村能源消费中薪柴占比较高，电力和柴油依次递减。分析原因主要体现在：一是收入水平高低直接影响家庭能源消费，兰考农村居民收入水平高于洛宁（兰考 2016 年实现脱贫，洛宁预计 2018 年才能实现脱贫），商品能源消费承受能力更强，因此，更多家庭有能力选择电力、液化气作为家用消费能源；二是资源禀赋带来的能源获得性对能源选择具有重要影响，洛宁地处山区，林木覆盖率高，林木枝柴废弃物较多，薪柴获取容易且不需付出成本，在农村家庭能源使用中占有传统的强势地位，兰考地处平原，虽然也有农作物秸秆等低成本生物质资源，但机械化水平较高，大多数秸秆直接粉碎回田，少有在家庭炊事中利用。综合考虑农村收入水平与能源资源禀赋现状，需要同步推进能源扶贫与能源提升相关工作，方能有效解决农村能源利用问题。

四　加快推进河南农村能源革命的思路与建议

（一）总体思路

进入新时代，我国社会主要矛盾转变为人民日益增长的美好生活需求和不平衡不充分的发展之间的矛盾。作为农村人口大省，作为农业人口大省，河南农村能源发展不仅面临转型提质的新要求，也要应对农村能源发展滞后带来的经济社会发展与能源生产消费之间矛盾突出的问题。针对新时代河南省农村能源转型发展需求，紧紧抓住农村能源革命这一契机，加快推进河南省农村能源革命落地实施，助力实现决胜全面小康让中原更出彩的奋斗目标。河南农村能源转型发展的总体思路：全面贯彻党的十九大精神，以习近平新时代中国特色社会主义思想为指引，围绕清洁生产与绿色消费这一主线，加快推进能源生产与消费环节再电气化，积极探索传统能源高效清洁利用新模式，完善升级农村电网基础设施网络，构建"以电为中心"的农村能源利用体系，实现农村能源的清洁、低碳、安全、高效利用，促进农村地区能源资源优势转化为经济发展优势，推动乡村振兴战略实施，助力农民增收、农业增产和农村社会建设，为农村地区产业结构升级和社会经济跨越式发展提供强劲动力保障。

（二）实施建议

1. 推进风力光伏发电开发利用

充分发挥农村地区太阳能、风能等可再生资源优势，统筹考虑电网消纳能力，坚持分散式和集中式并举，充分发挥政府、企业和农户三方协同效力，大力推进风力发电、光伏发电项目开发。建立专业化新能源发电项目运维团队，创新运维模式，提高发电利用小时数，降低发电成本，实现清洁电力长效自主供应。

光伏发电方面，在土地资源比较丰富的区域（采空区、荒地等），建设集中式光伏电站，进行市场化建设运维。以分布式光伏与特色农业相结合，在有条件的地方发展高效、集约的农光互补大型光伏电站，主要模式包括：光伏＋种植、养殖业。在资源丰富、条件优越的公共区域，租用小区、厂房房顶发展光伏＋社区、光伏＋工业园区等形式光伏电站。以光伏扶贫为契机，充分运用贫困户屋顶进行分布式光伏建设，发挥能源扶贫效力，形成"阳光普照大地，处处都是能源，人人都能受益"发展格局。

风力发电方面，在乡镇负荷中心附近，距离35千伏和10千伏变电站较近的区域，根据消纳能力适当建设分散式风力发电，与其他分布式能源形成多能互补微网体系，实现风力资源的有效开发利用。在负荷较高、居民点分布稀疏、产业分布较多的区域重点开发集中式规模化风电工程。

2. 完善升级农村电网基础设施

优化完善网架结构。加快构建110千伏链式、环网或双辐射网络，中心城区尽快形成双侧电源的链式结构，城镇地区加快形成链式、环网为主的网架结构，农村地区适度增加110千伏变电站布点，缩短供电半径，解决高压配电网单电源供电安全问题，提升电网防灾容灾能力。按照供电区"不交叉、不重叠"的原则，合理划分变电站供电范围，加快10千伏主干网架建设，加快解决现有线路过载、供电半径超标、供电分区交叉、分级分支过多、无效联络和分段不合理等问题，提高供电可靠性。

加强农网升级改造。积极适应农业生产和农村消费新需求，突出小城镇（中心村）电网升级改造、机井通电、村村动力电三个重点领域，诊断农村电网薄弱环节，厘清供电范围、优化网架结构、提升装备水平、提高建设标准、注重供电质量、保障优质服务，加快实施农网户均配变容量倍增工程，彻底扭转农网发展滞后局面，全面建成结构合理、技术先进、安全可靠、智能高效的现代农村电网。

3. 提高农民生活领域电气化水平

率先开展农村居民生活"煤改电""柴改电"试点和推广应用。发挥政府、企业、商家三方各自优势，通过政府购置补贴引导，商家线上线下促销，供电企业提供用电增值服务等手段，结合村庄人居环境整治及新型农村社区建设，推广电采暖技术；进一步推广采用电磁炉、微波炉、电饭煲等电炊具替代厨炊散烧用煤（柴），不断提高农村居民生活电气化水平，降低农村散煤使用和秸秆使用比重，倡导"零排放"生活，优化农村家庭能源消费结构。

完善充电基础设施建设推进交通领域电能替代。制订新能源车辆推广计划和鼓励使用新能源汽车的相关优惠补贴政策，出台充换电设施服务价格，加快推进电动汽车充换电基础设施建设，推动电动汽车普及应用。个人出行方面，推行电动自行车、电动三轮车、电动汽车替代燃油摩托车、燃油汽车，倡导绿色出行。公共出行方面，对县城主要公交干线配换电动公交车，建设配套充电桩，实现公共交通电能替代。在国有企业、事业单位等公共服务行业率先推广电动汽车，开展公务用车电动化示范。

4. 实施农业生产领域电能替代

加快推进农田机井通电工程建设。积极实施柴油机井通电工程和电力机井改造，实现现有农田机井"井井通电"，积极推进新建机井同步通电，确保灌溉区域全覆盖。政府整合资金，推进农田机井通电配变低压母线侧（含配电房土建）至机井井口配套建设，供电公司负责投资建设配变低压母线侧及以上电网工程,确保高低压供电设施同步建设、一体化投运。

挖掘其他生产领域"煤改电"潜力。政府联合供电公司全面排查燃煤锅炉、炉窑等用户,宣传电能替代技术优势,落实客户改造意愿,厘清替代潜力项目清单,按照"一户一策"原则制定替代方案,跟踪落实,促进工业生产领域"电代煤"战略实施。在生产工艺需要热水、蒸汽、热风的各类行业,逐步推进蓄热式与直热式工业电锅炉及热泵应用;在服装、纺织、木材加工、水产养殖加工等行业,推广蓄热式工业电锅炉替代燃煤锅炉;在金属加工、铸造、陶瓷、耐材、玻璃制品等行业,推广电窑炉;在采矿、建材、食品加工等企业生产过程中的物料运输环节,推广电驱动皮带传输。

5. 引导偏远地区传统能源高效利用

在相对偏远山区,充分发挥林木资源丰富薪柴易于且零成本获取优势,示范推广薪柴清洁高效利用,就近就地解决农村炊事和取暖能源问题。

示范引导薪柴清洁高效利用。通过推广节能薪柴炉灶,提高薪柴燃烧热转换效率,改善家庭生活用能条件。鼓励农户采用薪柴、秸秆置换固体成型燃料的方式,进一步提高家庭生活用能质量,同时丰富生物质固体成型燃料加工厂原材料来源。

推广应用清洁煤炭和炉具。将散煤清洁化治理和民用清洁煤炭推广使用工作列入民生重点工程,设立专项奖补资金,进行补贴,推进农村居民使用清洁型煤利用和更换使用节能环保炉具。

6. 探索建设新型分布式能源网络

针对偏远山区居民分散居住、基础设施网络相对匮乏(除了供电实现覆盖外)这类村落,按照"因地制宜、多能互补、灵活配置、经济高效"的思路,采用"政府出资+企业出技术+农户受益"的改造方式,利用合同能源管理运营模式,发展"生物质+光伏+微电网+储能"的分布式能源网络,创新区域内居民协同消费模式,实现理性分工合作,共创能源共享经济生态。

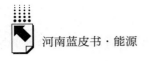
参考文献

习近平：《决胜全面建成小康社会　夺取新时代中国特色社会主义伟大胜利》，中国共产党第十九次全国代表大会上的报告。

《能源发展"十三五"规划（公开发布稿）》，2016年12月。

《河南省"十三五"能源发展规划》，2017年1月。

《河南省"十三五"城乡配电网发展规划》，2017年7月。

郑新业、魏楚、宋枫：《中国家庭能源消费研究报告2015》，科学出版社，2016。

李彦普：《城镇化过程中河南农村能源问题分析及对策研究》，《改革与战略》2013年第11期。

张力小、胡秋红、王长波：《中国农村能源消费的时空分布特征及其政策演变》，《农业工程学报》2011年第1期。

B.17
河南省火电行业污染物排放状况调查分析

袁彩凤　王凯丽　陈　静[*]

摘　要： 火电是河南电力供应的主体性电源，历年来占全省发电总量的比例都在 90% 左右。河南火力发电又以燃煤机组为主，是煤炭消费的主要行业，也是大气污染的主要来源。我国电力行业的污染物治理从烟粉尘开始，"十一五"开始进行的二氧化硫污染物排放治理，"十二五"开始氮氧化物的治理，随着国家《大气污染防治行动计划》和河南《蓝天行动计划》的实施，以及大气污染防治攻坚战的打响，火电行业污染防治水平不断提高。本报告在梳理河南火电行业污染物排放治理政策的基础上，结合环境统计数据，深入分析了"十二五"以来河南火电污染物排放的变化趋势，同时，对 2018年火电污染物排放水平进行了展望；最后，提出了促进河南火电行业污染物减排的对策建议。

关键词： 河南省　火电　污染物　排放分析

* 袁彩凤，河南省环境保护科学研究院，教授级高级工程师，研究方向为环境规划；王凯丽，河南省环境保护科学研究院，工程师，研究方向为环境规划；陈静，河南省环境监测中心，高级工程师，研究方向为环境监测和统计。

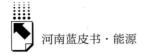

一 河南省火电行业概况

（一）火电装机总体情况

1. 火电装机容量稳步增长

2010～2017年，河南省电力总装机容量快速增长，由5056.6万千瓦增至7992.6万千瓦，年均增长6.7%。截至2017年底，河南省共有火电装机6657万千瓦，约占全省电力总装机的83.3%；水电装机399万千瓦，占总装机的5.0%；风电装机233.1万千瓦，占总装机的2.9%；光伏装机703.5万千瓦，占总装机的8.8%。2010～2017年全省发电总装机容量及其增速变化如图1所示。

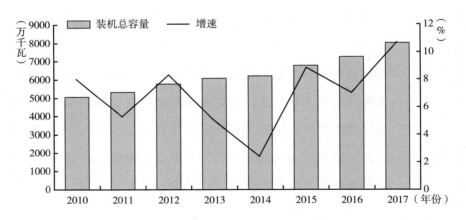

图1 2010～2017年河南省电力装机总容量及其增速变化情况

2010年以来河南省火电装机容量总体上保持了平稳增长的态势。2010～2015年全省火电装机由4687万千瓦增至6213.1万千瓦，年均增长5.8%。2016年以来，受国家防范煤电产能过剩风险以及电力供需整体宽松等因素影响，河南火电装机增速有所放缓，截至2017年底全省火电装机总容量为6657万千瓦，2016～2017年年均增长3.5%。

从全省电力装机结构看，2010～2015年火电在全省电力装机中的占比始终保持在93%左右。2016～2017年随着风电、光伏装机快速增长，火电装机占比明显下降，分别降至89.1%、83.3%（见图2）。

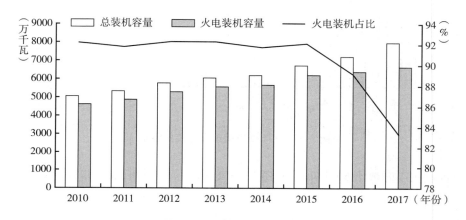

图2 2010～2017年河南省火电装机容量及其占比变化情况

2.火电装机主要集中在豫西北

河南火电装机相对集中，主要分布在全省西北部、京广线以西地区。分区域看，截至2017年底，全省火电装机超过300万千瓦的地市有8个，按装机容量从大到小排序依次是郑州、洛阳、平顶山、三门峡、新乡、济源、焦作、鹤壁，8个地市火电装机约占全省总容量的72%。2017年各省辖市火电装机情况见图3。

（二）火电机组设备利用情况

火电是保障河南电力供应的基础性电源，2017年河南火电发电量为2528.4亿千瓦时，同比增长2.2%，占全省发电量的比重为93.6%。近年来，随着新能源快速发展和区外输入电力规模的逐步扩大，河南火电机组利用率有所下降。发电量方面，2010～2017年全省火电发电量由2197.6亿千瓦时增加至2528.4亿千瓦时，年均增长2%；火电发电量占比略有下降，由96.2%降至93.6%。发电设备利用小时数方面，2010～2017年全省火电

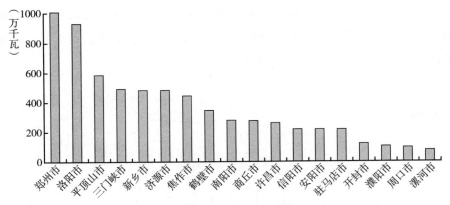

图3　2017年各省辖市火电装机容量

机组利用小时数由5031小时下降至3855小时，累计下降了1176小时，降幅高达23.4%。当前河南火电机组利用率整体上偏低。从各省辖市的情况来看，河南火电发电利用小时数超过4000小时的省辖市依次是洛阳、焦作、商丘、郑州、南阳（见图4）。

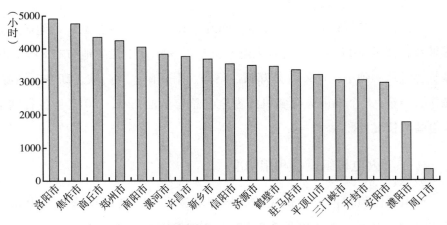

图4　2017年各省辖市火电电源发电利用小时数

（三）火电行业煤炭消费状况

火电是河南煤炭消费大户，近年来电煤占全省煤炭消费的比重始终在

40% 以上。随着河南大气污染防治工作的持续推进，省内工业用煤、民用散烧煤消费量逐步下降，电煤在全省煤炭消费中的比重有所上升。根据河南统计局公布的数据，2016 年全省火电行业煤炭消费量为 10672.4 万吨，占全省煤炭消费总量的 45.9%。与 2010 年相比，2016 年河南火电行业煤炭消费量增加了 250 万吨，在全省煤炭消费中的比重上升了 5.9 个百分点。

二 河南火电行业污染物排放状况分析与展望

河南火电行业产生污染物的主要原因在于煤炭的燃烧和使用，排放的污染物主要包括二氧化硫、氮氧化物和烟（粉）尘三类。

（一）火电行业二氧化硫排放状况分析

1. 河南控制火电行业二氧化硫排放的政策历程

"十一五"起，河南逐步开始重视二氧化硫污染物治理工作，并以火电行业为重点，相继出台了《关于强化燃煤电厂二氧化硫总量减排工作的通知》《河南省燃煤电厂脱硫设施运行环境监察现场核查办法》《关于进一步加强燃煤电厂脱硫设施管理的通知》等一系列政策文件，加强火电行业二氧化硫减排管理。2011 年，国家出台《火电厂大气污染物排放标准》（GB13223 - 2011），进一步提高火电厂大气污染物排放标准。河南省政府也在《河南省环境保护"十二五"规划》中提出明确要求，严格执行火电厂大气污染物排放标准，取消燃煤机组脱硫设施烟气旁路，进一步提高综合脱硫的效率。

2013 年以来，河南生态环境约束越发趋紧，特别是大气污染防治形势日益严峻，省政府启动了《蓝天工程行动计划》，火电行业二氧化硫减排成为重点任务之一。随着二氧化硫减排工作的持续推进，2015 年全省火电燃煤机组已经全部配套安装了脱硫设施，脱硫设施的投运率达到 90% 以上，脱硫效率达到 95% 以上。2017 年，在河南"大气污染防治攻坚战"推动下，全省在运的燃煤电厂全部完成了超低排放改造，火电机组二氧化物污染物排放浓度低于为 35mg/m³，行业减排水平大幅提升。

2. "十二五"期间火电行业二氧化硫排放变化趋势

2011～2015 年，随着减排措施的不断进步，全省火电行业二氧化硫排放量逐年下降，由 2011 年的 65.45 万吨，一路降至 2015 年的 38.08 万吨。2011～2015 年，全省火电行业二氧化硫排放量累计下降了 41.8%，年均下降 10% 左右；全省二氧化硫排放绩效值①由 2.59g/（kW·h）下降至 1.53g/（kW·h），累计降幅达到 40.9%（见图 5）。

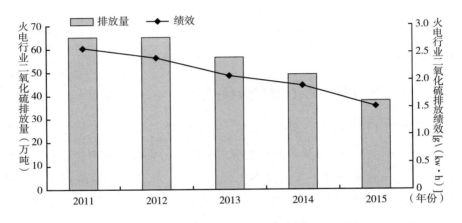

图 5　2011～2015 年河南省火电行业二氧化硫排放量和排放绩效值

二氧化硫排放源包括工业源和生活源，火电行业有力助推了河南二氧化硫减排。分行业看，2011～2015 年火电行业占全省二氧化硫排放量的比重由 47.8% 下降至 33.3%，累计下降了 14.5 个百分点；从工业内部看，火电行业占全省工业源二氧化硫排放总量比重由 53.3% 下降至 41.6%，累计下降了 11.7 个百分点。分地市看，2011～2015 年，全省 18 个地市火电行业二氧化硫排放量均呈现不同程度的下降，其中下降幅度最大的是周口市，其次是开封市；从火电行业占二氧化硫排放总量的比重变化看，18 个地市中

---

① 二氧化硫［氮氧化物、烟（粉）尘］排放绩效值是指每发一度电排放的二氧化硫［氮氧化物、烟（粉）尘］的质量，以克/千瓦时为单位。

下降幅度最大的是漯河市，其次是信阳市；从火电行业占工业源二氧化硫排放量的比重变化看，18 个地市中占比下降最大的是开封市，其次是信阳市；从二氧化硫排放绩效值看，18 个地市中下降幅度最大的是许昌市，其次是开封市。

3. 2016年河南火电行业二氧化硫排放状况

2016 年河南对全省燃煤机组进行了超低排放改造，火电行业二氧化硫排放量迅猛下降，全年火电行业二氧化硫排放量为 9.49 万吨，较 2015 年同比降低 75% 左右，下降幅度超过了"十二五"期间总和。分地市看，安阳、洛阳、三门峡、郑州和焦作火电行业二氧化硫排放量位居全省前 5 位，5 个地市火电行业二氧化硫排放量占全省火电行业排放量的 65.3%；火电行业排放量最小的是濮阳，其次是周口和信阳，三市排放总量为 0.1 万吨，占全省的比重仅为 1.1%（见图 6）。

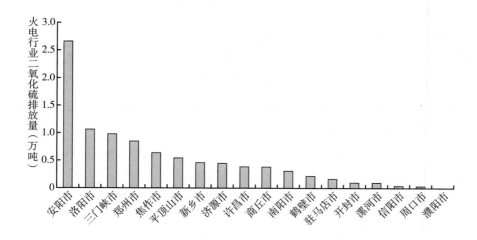

图 6　2016 年河南省各地市火电行业二氧化硫排放量

从全省二氧化硫排放结构上看，工业是河南二氧化硫排放的主要污染源，2016 年河南工业源二氧化硫排放量为 28.47 万吨，占全省总排放量的 68.8%。火电行业是全省工业源的第二大污染源，仅次于非金属制造业，火电行业二氧化硫排放量占工业源排放总量的 33.3%，在全省二氧化硫排放

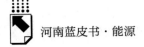

量中的占比为22.9%。

18个地市中火电行业二氧化硫排放量占工业源比重超过全省平均值的有漯河、安阳、焦作、三门峡、洛阳、南阳、新乡。其中，漯河和安阳占比超过50%，焦作、三门峡占比超过40%。火电行业占工业源二氧化硫排放量较小的地市包括信阳、周口、濮阳，比重均低于10%。

2016年河南省火电行业平均二氧化硫排放绩效值为0.38g/kW·h，较2015年下降了75.1%。其中，排放绩效值高于全省平均值的城市依次为安阳、周口、三门峡和许昌，分别为3.04 g/kW·h、1.02 g/kW·h、0.95g/kW·h和0.42g/kW·h。

（二）火电行业氮氧化物排放状况分析

1. 河南控制火电行业氮氧化物排放的政策历程

"十二五"起，河南开始逐步推进氮氧化物污染物治理工作。政府在《河南省环境保护"十二五"规划》明确提出，要严格执行火电厂大气污染物排放标准，全面推进电力行业脱硝工程建设，对未采用低氮燃烧技术或低氮燃烧效率低下的现役燃煤机组进行更新改造，单机容量30万千瓦以上燃煤机组全部加装脱硝设施，脱硝效率达到70%以上，新建燃煤机组必须配套建设高效脱硫脱硝设施，脱硝效率达到80%以上。

2013年以来，河南结合《蓝天工程行动计划》，深入推进火电行业氮氧化物排放治理工作，2014年6月全省所有燃煤机组锅炉烟气完成了脱硝治理，氮氧化物浓度达到国家推行火电厂大气污染物排放标准。2017年，在河南"大气污染防治攻坚战"推动下，全省在运的燃煤电厂全部完成了超低排放改造，氮氧化物污染物排放浓度低于50mg/m³，行业减排水平大幅提升。

2. "十二五"期间火电行业氮氧化物排放变化趋势

2011~2015年，全省火电行业氮氧化物排放量呈逐年下降态势，由2011年的86.33万吨降至2015年的37.83万吨，全省火电行业二氧化硫排放量累计下降了56.18%，年均下降14.1%；全省氮氧化物排放绩效值由3.42g/kW·h下降至1.52g/kW·h，累计降幅达到55.56%（见图7）。

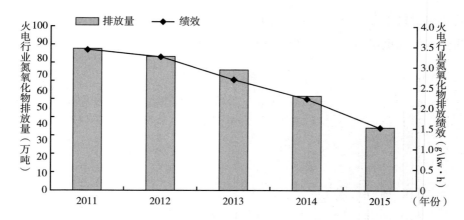

图7　2011~2015年河南省火电行业氮氧化物排放量和排放绩效值

分行业看，2011~2015年火电行业占全省氮氧化物排放量的比重由51.8%下降至30.0%，累计下降了21.8个百分点；从工业内部看，火电行业占全省工业源氮氧化物排放总量比重由75.5%下降至52.6%，累计下降了22.9个百分点。分地市看，2011~2015年，全省18个地市中，除安阳火电行业氮氧化物排放量略有增加外，其余17个地市火电行业氮氧化物排放量均呈现不同程度的下降，其中下降幅度最大的是周口市，其次是鹤壁市；从火电行业占氮氧化物排放总量的比重变化看，18个地市中下降幅度最大的是鹤壁市，其次是信阳市；从火电行业占工业源氮氧化物排放量的比重变化看，18个地市中占比下降最大的是鹤壁市，其次是开封市；从氮氧化物排放绩效值看，18个地市中下降幅度最大的是鹤壁市，其次是信阳市。

3. 2016年河南火电行业氮氧化物排放状况

2016年河南对全省燃煤机组进行了超低排放改造，火电行业氮氧化物排放量迅猛下降，全年火电行业氮氧化物排放量为10.8万吨，较2015年同比降低71%左右，总体排放量下降幅度接近"十二五"期间总和。分地市看，安阳、三门峡、洛阳、郑州和平顶山氮氧化物排放量位居全省前5位，5个地市火电行业氮氧化物排放量占全省火电行业排放量的61.6%；火电行业排放量最小的是濮阳，其次是周口和信阳，三市排放总量为0.15万吨，占全省的比重仅为1.5%（见图8）。

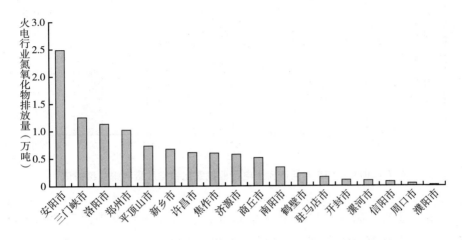

图8 2016年河南省各地市火电行业氮氧化物排放量

从全省氮氧化物排放结构上看，工业是主要污染源之一，2016年河南工业源氮氧化物排放量为30.3万吨，占全省总排放量的37.5%。火电行业占工业氮氧化物排放量的比重为35.6%，占全省氮氧化物排放量的比重为13.4%。18个地市中火电行业氮氧化物排放量占工业源比重超过全省平均值的有安阳、三门峡、漯河、焦作、济源、洛阳、商丘。

2016年河南省火电行业平均氮氧化物排放绩效值为0.43g/kW·h，其中排放绩效值大于全省平均值的城市依次为安阳、周口、三门峡、许昌和商丘。

（三）火电行业烟（粉）尘排放状况分析

1. 河南控制火电行业烟（粉）尘排放的政策历程

全省火电行业污染物排放管理起步于烟（粉）尘治理，从20世纪80年代开始政府就已经出台了火电生产烟（粉）尘治理的相关措施，"十一五""十二五"治理工作的重点集中在逐步提高烟（粉）尘污染物治理环保设施运行效率上，省发改委和省环保厅还印发了《关于转发燃煤发电机组环保电价及环保设施运行监管办法的通知》，督促发电企业提高环保设施运行效率。

2013 年以来，河南结合《蓝天工程行动计划》，深入推进火电行业烟（粉）尘排放治理工作，分期分批对全省各类燃煤机组的锅炉烟气除尘设施实施了提标改造，改造后，省内大气污染防治重点区域的郑州、开封、洛阳、平顶山、安阳、新乡、焦作、许昌、三门峡 9 个省辖市火电机组烟（粉）尘减排控制水平大幅提升，烟尘排放浓度已经达到了国家燃煤机组大气污染物特别排放限值水平。2017 年，在河南"大气污染防治攻坚战"推动下，全省在运的燃煤电厂全部完成了超低排放改造，火电机组烟（粉）尘污染物排放浓度低于 $10mg/m^3$，行业减排水平大幅提升。

2. "十二五"期间火电行业烟（粉）尘排放变化趋势

2011～2015 年，全省火电行业烟（粉）尘排放量总体呈现"先升后降"的态势。其中 2011～2014 年，火电行业氮氧化物排放量由 18.4 万吨上升至 23.3 万吨，达到峰值；2015 年，随着全省严控火电行业烟（粉）尘排放，火电行业烟（粉）尘排放量快速下降至 18.25 万吨，当年下降幅度超过了前三年增量总和。2011～2015 年，全省火电行业二氧化硫排放量累计下降了 0.89%。2015 年全省烟（粉）尘排放绩效值与 2010 年持平，降幅不大（见图 9）。

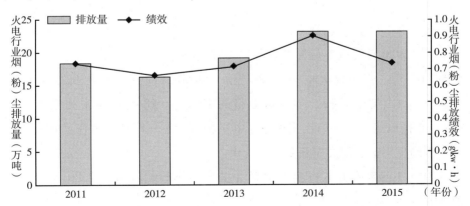

图 9　2011～2015 年河南省火电行业烟（粉）尘排放量和排放绩效值

分行业看，2011～2015 年火电行业占全省烟（粉）尘排放量的比重由 27.6% 下降至 21.6%，累计下降了 6.0 个百分点；从工业内部看，火电行业占全省工业源烟（粉）尘排放总量比重由 31.99% 下降至 27.40%，累计下降了 4.59 个百分点。分地市看，2010～2015 年，全省 18 个地市中，安阳、商丘、驻马店、新乡、郑州、开封、济源、濮阳 8 市 2015 年火电行业烟（粉）尘排放量与 2010 年相比有所增加，其他 10 个地市均有所减少，下降幅度最大的是周口市，其次是南阳市；从火电行业占烟（粉）尘排放总量的比重变化看，18 个地市中下降幅度最大的是漯河市，其次是济源市，安阳、驻马店、商丘、新乡、濮阳、开封 6 市比重有所上升；从火电行业占工业源烟（粉）尘排放量的比重变化看，18 个地市中占比下降最大的是济源市，其次是南阳市，驻马店、安阳、商丘、新乡、濮阳、郑州 6 市比重不同程度的上升；从烟（粉）尘排放绩效值看，18 个地市中下降幅度最大的是周口市，其次是焦作市。

3. 2016 年河南火电行业烟（粉）尘排放状况

2016 年河南火电行业烟（粉）尘排放量为 7.39 万吨，同比下降 59.5%，创历史最大降幅。分地市看，安阳、三门峡、焦作、济源和洛阳烟（粉）尘排放量位居全省前 5 位，5 个地市火电行业氮氧化物排放量占全省火电行业排放量的 68.9%；火电行业排放量最小的是周口，其次是信阳和濮阳，三市排放总量为 0.03 万吨，占全省的比重仅为 0.4%（见图 10）。

从全省烟（粉）尘排放结构上看，工业是河南烟（粉）尘排放的主要污染源，2016 年河南工业源烟（粉）尘排放量为 30.7 万吨，占全省总排放量的 71.7%。其中，火电行业烟（粉）尘排放量占工业源排放总量的 24.0%，占全省烟（粉）尘排放总量的 17.2%。18 个地市中火电行业烟（粉）尘排放量占工业源比重超过全省平均值的有三门峡、焦作、安阳、商丘、洛阳、鹤壁、漯河、新乡 8 个地市。

2016 年河南省火电行业平均烟（粉）尘排放绩效值为 0.30g/kW·h，较 2015 年下降了 58.9%。其中，排放绩效值高于全省平均值的城市依次为安阳、三门峡、商丘、济源和焦作 5 个地市。

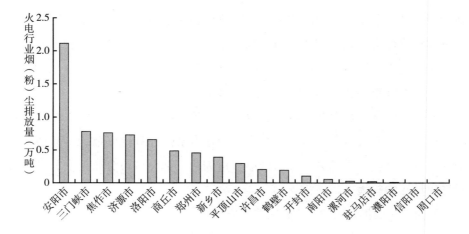

图 10　2016 年河南省各地市火电行业烟（粉）尘排放量

（四）2018年河南火电行业污染物排放状况量预测展望

本次火电行业大气污染物排放量预测主要依据《第一次全国污染源普查工业污染源产排污系数手册》中火电行业产排污系数，结合发电量、电厂火力发电标准煤耗值计算得到的燃煤量，计算得出火电行业废气排放量。

根据电力行业发展预测，河南省火电行业 2018 年发电量为 2640 亿千瓦时，按照发电标准煤耗值为 3.08 万吨标准煤/亿千瓦时，2018 年火电行业燃煤量为 8131.2 万吨。据此预测 2018 年火电行业二氧化硫排放量为 7.0 万吨，氮氧化物排放量为 9.9 万吨，烟（粉）尘排放量为 6.4 万吨。火电行业污染物减排水平将继续提升。

三　结论与建议

（一）主要结论

1. 河南火电行业污染治理水平居全国先进水平

河南火电机组装机容量占全国火电总装机容量的 6.1%，火电分布密度高于全国平均水平。河南从 2015 年开始推行超低排放技术，2017 年燃煤机组全部实现污染物超低排放，居全国先进水平，单位煤耗和污染物排放绩效值低于全国平均水平。

2. 河南火电行业布局集中区域污染严重

河南省内 9 个煤电装机容量超过 250 万千瓦的地市，集中分布在京广线以西地区，位于太行山东南山麓、豫西山地东部山麓和南阳盆地，易造成污染物集聚。且电厂大部分位于市区或城市周边，部分城市分布集中，对城市空气质量影响较大。

3. 火电行业仍是大气污染的主要污染源

目前，全省燃煤发电机组已全部实现超低排放，大气污染物排放总量大幅度下降，但火电行业仍然是大气污染的主要污染源，二氧化硫和氮氧化物排放量占工业源排放量的比例均在 30% 以上，烟（粉）尘排放量占工业源排放量的比例大于 20% 以上。高架烟囱排放，对区域污染贡献较大。实现超低排放后，通过烟囱排放的大气污染物浓度虽已接近天然气发电机组，但达标排放之后污染物浓度仍是环境质量标准浓度 3 个数量级倍数。且煤炭是固体燃料，产生大量的粉煤灰和脱硫石膏等固体废物，在运输和储存过程中产生扬尘，对大气环境造成二次污染。另煤炭中伴有多种重金属，对环境可能造成重金属污染。

（二）促进河南火电行业污染物减排的对策建议

1. 进一步研究低成本污染控制超低排放技术

现阶段河南采用的超低排放技术是通过多污染物高效协同控制技术，使燃煤机组的烟（粉）尘、二氧化硫、氮氧化物等大气主要污染物排放标准达到燃气机组的排放标准，但现有超低排放改造运行维护费用高，稳定性难以保证，火电行业在今后的一段时间内仍是河南电力供应的主体电源，建议结合全省实际进一步研究低成本超低排放技术。

2. 持续加强火电行业的环境管理

从控制煤炭的硫分和灰分含量开始，实施火电行业全过程污染控制超低排放理念，不断提高燃煤机组及其他工艺的污染治理水平，满足环保设施不断精细化管理要求。同时优化燃煤机组运行方式，适应经济社会发展对煤电机组频繁参与调峰的需求，减少污染物的顺时超标排放。

3. 进一步优化电厂布局

河南火电装机集中分布在全省西北部、京广线以西地区，基于目前除郑州、洛阳、平顶山、三门峡的县区外，其他省辖市县区的产业集聚区和城镇集中供热缺乏热源，以及九大火电装机的污染物治理水平明显高于其他小火电装机的状况，建议结合目前由于疆电入豫和经济发展换挡等影响火电利用小时数下降的形势，进一步淘汰小型火电机组，并结合集中供热需求优化电厂布局。

参考文献

《大气污染防治行动计划》（国发〔2013〕37号），2013年9月13日。

河南省人民政府：《河南省蓝天工程行动计划》（豫政〔2014〕32号），2014年3月22日。

河南省人民政府：《河南省环境保护"十二五"规划》（豫政〔2011〕96号），2012年2月9日

河南省统计局、国家统计局河南调查总队：《河南统计年鉴2017年》，中国统计出版社，2017。

环境保护部：《京津冀及周边地区秋冬季大气污染综合治理攻坚行动新闻发布会实录》，《中国环境报》2017年9月4日，第3版。

王志轩、潘荔、张晶杰等：《我国燃煤电厂"十二五"大气污染物控制规划的思考》，《环境工程技术学报》2011年第1期，第63~71页。

王占山、潘丽波：《火电厂大气污染物排放标准实施效果的数值模拟研究》，《环境科学》2014年第3期，第853~863页。

王树民、宋畅、陈寅彪等：《燃煤电厂大气污染物"近零排放"技术研究及工程应用》，《环境科学研究》2015年第4期，第487~494页。

王跃：《国内火电厂脱硫技术现状》，《广东化工》2015年第13期，第134~135页。

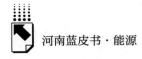
郦建国、朱法华、刘含笑等:《燃煤电厂烟气超低排放的技术经济性探讨》,载中国环境保护产业协会电除尘委员会《第十六届中国电除尘学术会议论文集》,2015。

张建宇、潘荔、杨帆等:《中国燃煤电厂大气污染物控制现状分析》,《环境工程技术学报》2011年第3期,第185~196页。

朱法华、王临清:《煤电超低排放的技术经济与环境效益分析》,《环境保护》2014年第21期,第28~33页。

B.18
河南省农网改造升级社会效益调查分析

刘凤玲 李立军 关朝杰*

摘 要： 随着近年来农网投入的不断增大，农网供电能力和供电可靠性持续提升，为乡村振兴战略的实施和农业农村现代化提供了可靠的电力保障。为全面了解、客观反映农网投入对促进农业发展、农村繁荣、农民增收带来的社会效益，本报告根据农网改造升级专项任务和农村居民用电特点，针对农网已改造和未改造两类调查对象，从居民生活用电、家电保有量、特色产业用电、耕地灌溉用电、供电满意度等方面，多维度收集调查基础数据，全方位分析农民用电感受，深层次挖掘农网社会效益，提出扩大农网改造范围、统筹农网投入的强度和节奏、加大农网改造舆论宣传、建立第三方评价长效机制、保障落地农网工程发挥长久效益等五个方面的措施建议。

关键词： 农网改造 攻坚战 社会效益 改善民生

一 调查概述

（一）调查背景

农村电网（以下简称"农网"）是河南电网的重要组成部分，是服务县

---

* 刘凤玲，河南省地方经济社会调查队调研员；李立军，国网河南省电力公司高级工程师，工程硕士，研究方向为电网规划计划；关朝杰，国网河南省电力公司经济技术研究院工程师，工学硕士，研究方向为配网规划技术。

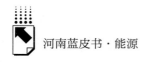
域经济社会发展和保障改善民生的重要基础设施。近年来，河南省持续加大农网投入力度，2015～2017年三年累计投入510亿元，发展短板逐渐补齐，薄弱局面加速扭转，供电保障能力持续提升，服务经济社会发展能力显著增强。

为深入了解农网改造升级对保障和改善民生、促进农民节支增收等方面的拉动效应，以及农网近几年未集中改造地区的用户对尽快改造的诉求，通过农村居民用电情况问卷调查形式，开展农网改造升级社会效益分析，反馈农村居民用电的真实感受，从农村居民的角度总结农网改造升级成效，梳理农网发展过程中的不足，为今后科学安排农网项目、提高农网投资精准性提供有力支撑，力求最大限度发挥农网投入效益，让更多的农村居民有充足的电力"获得感"。

（二）调查对象

本次问卷调查对象分为两类，一类是农网近三年已整村集中改造（以下简称"已改造"）村的用户，另一类是农网近三年未整村集中改造（以下简称"未改造"）村的用户。调查在65个县479个调查样本点（样本点以村为单位）中开展，包括城乡接合部调查样本点及农村调查样本点，共计4808户调查记账户。根据统计，在回收的4808份有效样本中，农网已改造地区问卷3633份，未改造地区1175份。

（三）调查方法

针对调查点分布广、问卷题目多等因素，本次采用入户调查的方法，以河南省地调队负责统筹安排、各县统计局（调查队）负责入户调查、国网河南省电力公司协助配合的形式，完成问卷发放、回收及数据汇总、校核工作。

（四）调查内容

根据农网改造升级专项任务和农村居民用电特点，针对农网已改造和未改造两类对象，重点从居民生活用电、家电拥有量、特色产业用电、耕地灌溉用电、供电满意度等方面入手，全面了解农网发展对农村地区经济社会发展的促进作用。

二 调查发现

（一）农网改造升级有效保障农村居民生活用电

1. 农村居民用电热情高涨，电费支出显著增加

在 3633 个农网已改造调查户中，45.4% 的调查户月均电费支出在 80 元以上，其中 16.7% 的调查户超过 120 元，农网改造前分别为 25.3% 和 6%；月均电费支出在 40 元以下的占 14.2%，而改造前这一比例为 32.6%（见图 1）。

根据调查，73% 的农网已改造调查户电费支出明显增加。其中主要原因：一是随着家庭收入增加，农村居民对高品质生活的追求越来越强烈；二

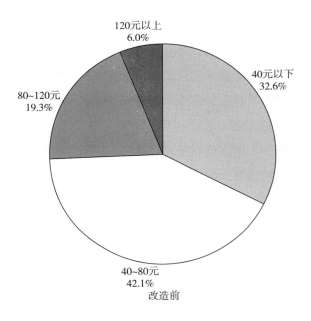

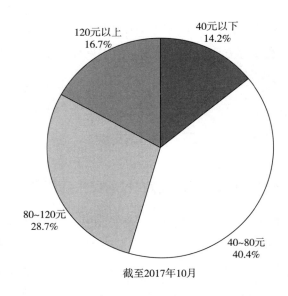

图1　农网改造前后月均电费支出情况

是农网改造后，供电能力大幅跃升，低压用户端电压合格率显著提高，"低电压"问题得到解决，更坚强的农网能够满足各类家电需求；三是多年的家电下乡政策刺激，空调等大功率家电价格不断降低，多种原因叠加，极大地刺激了电力消费的增长。

2. 农村地区家电拥有量大幅提高，家电种类日益丰富

家用电器拥有量是衡量城乡居民物质生活水平的重要指标，也是反映电网建设效果的重要参考依据。在农网已改造调查户中，有2308户在农网改造后购入了至少一种家电，占比达到63.5%。改造前后家用电器百户拥有量更能直观地反映出农网改造对于农村地区家用电器消费的刺激作用。

如表1所示，经过新一轮农网改造升级攻坚，空调、微波炉、电热水器等家用电器在农村地区的百户拥有量均有不同程度的增长。其中，空调的百户拥有量在农网改造后增加了40.2台/百户，增长81.5%；电热水器的百户拥有量增加了13.1台/百户，增长64.2%；家用电脑的百户拥有量增加了16.7台/百户，增长63.5%；厨炊电器百户拥有量增长效果也比较明显，增幅均超过40%。农网改造升级后，空调、电热水器等大功率家电购入量

明显高于电视机、洗衣机等传统家电，在新购入家电占当前拥有量的比例来看，大功率家电的比例也是最高的（见图2）。

表1　农网改造前后百户家电拥有量情况

家电类型	农网改造前百户拥有量（台）	截至目前百户拥有量（台）	百户拥有量增长率（%）
电视机	91.3	117.2	28.4
洗衣机	74.6	98.2	31.6
电冰箱	63.5	92.3	45.4
空调	49.3	89.5	81.5
电饭锅	54.5	78.7	44.4
电磁炉	40	62.9	57.3
饮水机	32.5	48	47.7
电脑	26.3	43	63.5
电热水器	20.4	33.5	64.2
抽油烟机	14.5	25	72.4
电暖气	13.7	22	60.6
微波炉	8.5	15.4	81.2

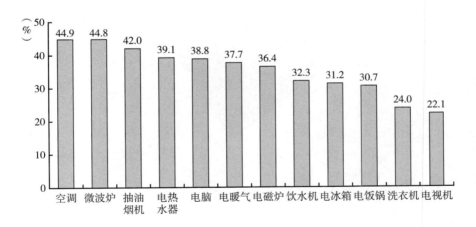

图2　农网改造后新购入家电占当前家电拥有量比例

针对上述12种家电，统计农网已改造调查户中家电种类情况，结果显示，农网改造后农村居民家用电器种类日益丰富，家庭拥有家电种类7

种及以上的占比超过52%，在农网改造前这一比例为26.5%；拥有家电种类不超过 3 种的占比也从改造前的 36.0% 下降至 9.0%，降幅明显（见图3）。

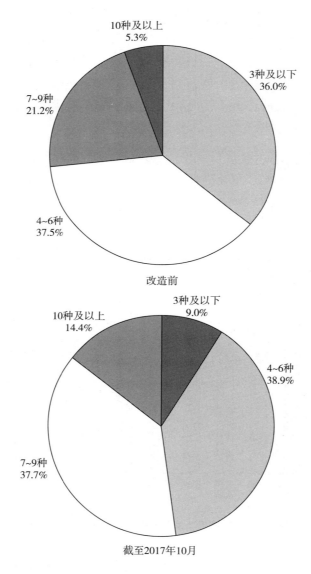

图3 农网改造前后家电拥有种类分布情况

3. 供电质量提高成为农村居民家电消费的重要驱动力

随着家庭收入的增加和生活水平的提高，农村居民对起居舒适性、厨浴便捷性、娱乐多样性的优质生活的向往空前高涨，安全、可靠的供电保障，极大地促进了农村居民家电购买潜能的释放，推动多种家电的全面普及。

根据调查结果，在农网改造后购入家电的 2308 调查户中，有 728 户表示农网改造后电压更加稳定、使用家电更有保障是购入家电最直接的原因，占比 31.5%，1207 户（占 52.3%）从家庭生活需要的原因购买家电，由于收入增加和家电价格便宜购买家电的户数分别为 267 户（占 11.6%）和 106 户（占 4.6%）。

4. 农网建设为农村居民生活提供可靠充足的电力保障

按照"整村推进"思路建设的农网改造升级工程批量投运后，村级电网电能质量、供电能力提升效果显著，"低电压""卡脖子"等问题逐渐消除，农村居民的用电需求得到有效保障。

在农网已改造调查户中，有 3489 户表示农网改造后家庭用电质量提高，能够带动所有家电，满足生活用电需求，占比达到 96%，改造前这一比例为 62.2%。

从全年停电次数同样能够反映农网改造后的电力保障更加可靠。调查结果显示，在农网已改造调查户中，全年停电 5 次及以下的有 2731 户，占比为 75.2%，停电 9 次及以上的有 444 户，占比 12.2%。有 3438 户（占 94.6%）表示农网改造后家里停电次数有明显减少，电能质量明显改善。

（二）农村地区电能替代成效显著

1. 电能将逐渐成为农村地区主要厨炊用能

由于电能具有使用方便、价格低廉、清洁无污染等优点，同时受传统能源成本、大气污染防治等其他因素影响，农村地区厨炊用能电气化趋势明显。在全部 4808 个调查户中，主要使用电能做饭的最多，达到 2014 户（占 41.9%），其中农网已改造调查户用电做饭比例更高，达到 44.1%；其次是使用液化气，有 1661 户（占 34.5%）；使用天然气和其他能源的占比分别

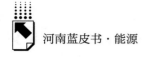

为 3.8% 和 19.8%。

根据调查，在电能不是主要厨炊用能的家庭中，电磁炉、电饭锅等家用电器也是重要的辅助厨炊工具，普及率逐步提升。2794 户电能非主要厨炊用能调查户中，2052 户有意愿在供电质量改善后，主要使用电器做饭，占比达到 73.4%，希望继续使用传统能源的仅 168 户（占 6.0%）。电能正取代传统能源成为农村地区主要的厨炊用能（见图4）。

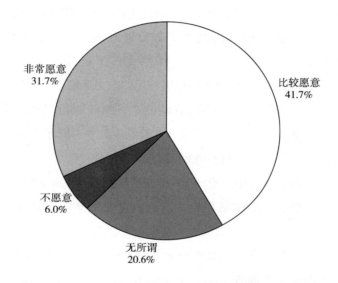

图4 电能非主要厨炊用能调查户主要使用电能做饭意愿

2. 电能成为农村地区出行主要动力来源

电动车具有价格便宜、充电方便、续航能力强等特点，成为城乡居民出行短途代步的首选。在全部调查户中，3511 户出行主要使用电动车作为交通工具，占比 73%；其次为摩托车，有 903 户（占 18.8%）；使用自行车或不使用交通工具的占比分别为 4.3% 和 3.9%。

在 1101 个没有电动车的调查户中，有 725 户有打算购买电动车，并将其作为出行主要交通工具，占比 65.8%。电动车作为农村地区当前首选的交通工具，在未来的占有份额也会越来越高，更加坚强的农网将为电能在交通领域的替代效应提供更加充足稳定的保障。

3. 电能替代电器迅速普及，农村地区能源结构持续优化

除厨炊电气化之外，农村居民在取暖、沐浴等方面的消费需求逐年增加，电采暖、电窑炉等生产生活领域的电能替代，不仅提高电能在能源消费中的占比，优化农村能源结构，而且在消费终端减少硫氧化物、氮氧化物等大气污染物的排放，环保效果同样十分显著。

以电暖气和电热水器为例，在农网已改造调查户中，改造后百户拥有量分别为 22 台/百户和 33.5 台/百户，较改造前的增长率均超过 60%，增幅远超传统家电。电暖气和电热水器的普及，在满足农村居民生活需要的同时，减少传统薪柴秸秆、散烧煤炭等高排放能源的使用，能够有效防治大气污染，保护和改善生态环境。

（三）农网改造升级为农村特色产业用电提供充足动力

动力电也叫"三相电"，为三条火线一条零线，零线和每条火线之间的电压为 220 伏，而每两条火线之间为 380 伏。动力电可满足大型机床、机械、搅拌机、电动机等工业生产用电。农村地区农副产品加工、规模性养殖、手工作坊、自办工厂等农村经济产业迅速兴起，对动力用电的需求不断加大。

农网的改造升级，改善了农村电力基础设施，给农村居民带来了致富契机，同时也助推了"大众创业、万众创新"在农村地区落地生根。在所有调查户中，有 2466 户反映村里有人开办加工作坊，占比 51.3%，在农网已改造调查户中这一比例为 57%。在开办的加工作坊类型中，农副产品加工占 51.6%，木材制品加工占 11.3%，特色养殖占 8.6%，其他加工业占28.5%。

本次调查开办的加工作坊中，使用动力电的占比达到 93.7%，其中61.1% 是因为近年来农网改造通动力电后才开办起来的。充足的动力电，为农民就地创业提供坚实的电力保障（见图 5）。

此外，根据调查结果，在农网已改造地区走访的 3633 户调查户中有2082 户（占 57.3%）认为将有更多的村民打算开办加工作坊，借助可靠的动力电发展非农产业。

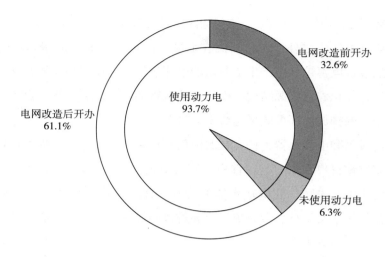

图5 加工作坊使用动力电情况

（四）机井通电工程促进农业生产节支增收

1. 电力灌溉支出较以往灌溉方式明显减少

通过实施"井井通电"工程，为38万眼机井建设电力配套设施，实现河南平原地区机井通电全覆盖，在提供灌溉便利的同时，有效降低了农业生产成本支出，节约了农民的人力和时间成本。

在3246户机井通电调查户中，机井通电前每亩地灌溉支出15元以上的占比超过60%，达到60.5%（1963户），其中支出20元以上的占比最高，为35.4%（1150户）；支出10元以下的最少，仅508户（占15.7%）。

机井通电后每亩地灌溉支出，10元以下占比超过60%，达到60.8%（1975户），其中支出5~10元的占比最高，为43.2%（1403户）；支出15元以上的仅有319户，占比9.8%。每亩地灌溉支出10元以下的调查户从通电前的508户增加到通电后的1975户，增长了2.9倍；支出15元以上的调查户从1963户减少到319户，下降了84%（见图6）。

2. 机井通电后，农民对种植经济作物意愿强烈

机井通电工程不仅减少了单位灌溉支出，而且使灌溉更加便捷，农民

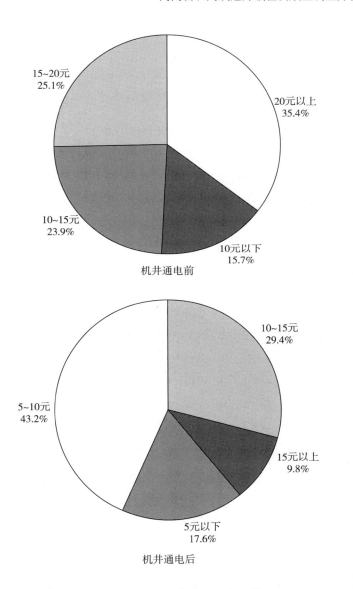

图6 机井通电前后每亩地灌溉支出情况

对于耕种对象不再局限于粮食作物，倾向于种植更高收益的经济作物。根据调查，在机井通电调查中，有1874户（占57.7%）有意愿将部分耕地由种植粮食作物改为种植经济作物，其中，731户打算种植油料作物（花

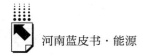

生、油菜、芝麻等），占比39.0%，690户（占36.8%）打算种植蔬菜或水果。

（五）农村地区用电满意度保持较高水平

1. 与其他公用事业相比，供电服务满意度较高

在农网改造升级提升供电保障能力的同时，提供了更加优质的供电服务，使农村居民也能享受到城市用电的便捷服务。

在所有调查户中，认为供电服务质量好于通信、有线电视、供水等公用事业的有2085户，占比为43.4%；认为差不多的有2536户，占比52.7%；认为差于其他公用事业的占2.1%（101户）；表示不清楚的占1.8%（86户）。调查户对供电服务的认可程度较高（见图7）。

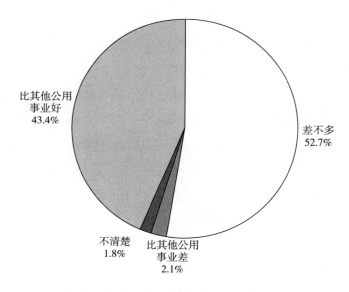

图7　与其他公用事业相比供电服务满意度情况

供电交费渠道趋于多样化，为农村居民及时交纳电费提供了极大的便利。农村居民不仅可以到营业厅和自助服务终端交纳电费，也可以通过邮政、商业银行网点及村级收费点交费，还可以通过电e宝、掌上电力、支付

宝等电子化交费渠道，实现足不出户查询及交纳电费。根据调查结果，93.6%的调查户（4500户）认为当前交纳电费十分便利，尤其是移动支付方式的普及，使得交费变得"易如反掌"。

2. 相较整体物价上涨速度，电价水平满意度较高

相较于整体物价的上涨幅度，电价长时间处于较低的水平，同时，电价对于居民消费价格指数（CPI）的影响也微乎其微。作为与人民生活密切相关的电能，与其他能源类型相比，是名副其实的"廉价品"。

根据调查，4283户调查户对当前的电价水平持满意态度，占比达到89.1%，其中32.4%（1558户）的调查户表示很满意，不满意和不清楚的分别占10.2%（489户）和0.7%（36户）（见图8）。

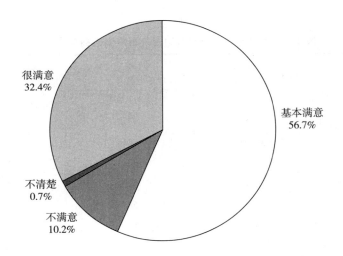

图8　与整体物价水平相比电价水平满意度情况

（六）农网未改造地区用电需求亟须释放

1. 农网未改造地区家电消费存在很大潜力

农网改造对农村地区家用电器消费的拉动效应显著，根据调查结果，农网未改造地区家用电器普及率低于已改造地区，这些地区家电的市场容量和需求潜力仍然不小。

需要说明的是，此处提及的农网未改造地区，是指近三年没有进行过整村集中改造的地区。从 2010 年国家开展农网改造以来，这些地区农网都进行过不同程度的零星改造，但标准不高、范围有限。

对比 1175 户农网未改造调查户和 3633 户已改造调查户，分析家电拥有量情况。如表 2 所示，在调查的 12 种家电中，农网未改造地区百户家电拥有量均低于已改造地区。特别是大功率家电方面，已改造地区与未改造地区相比，电暖气百户拥有量多出的百分比为 50.7%，微波炉百户拥有量多出的百分比为 28.3%，电热水器百户拥有量多出的百分比为 16.7%，空调百户拥有量多出的百分比为 7.2%。另外，已改造地区的抽油烟机、电饭锅等较大功率家电百户拥有量水平也比未改造地区高出较多。

表 2　农网已改造和未改造调查户百户家电拥有量情况

家电类型	农网已改造地区 百户家电拥有量（台）	农网未改造地区 百户家电拥有量（台）	已改造地区比未改造 地区多出的百分比（%）
电视机	117.2	114.6	2.3
洗衣机	98.2	97.0	1.2
电冰箱	92.3	88.4	4.4
空调	89.5	83.5	7.2
电饭锅	78.7	68.3	15.2
电磁炉	62.9	58.0	8.4
饮水机	48	47.7	0.6
电脑	43	35.1	22.5
电热水器	33.5	28.7	16.7
抽油烟机	25	20.1	24.4
电暖气	22	14.6	50.7
微波炉	15.4	12.0	28.3

2. 农网未改造地区用电需求旺盛

家电需求直接反映地区电能消费需求，调查结果表明，如果未来进行农网改造，997 户（占 84.9%）农网未改造调查户有购买家用电器的打算

（详见表3）。

从未改造地区调查户购入家电打算来看，空调、电热水器等大功率家电是优先购入的家电，这也与已改造地区大功率家电拥有量增长最快呈对应关系，反映农网改造对大功率家电消费的释放效应十分显著；另外，电磁炉等厨用电器需求同样旺盛，也侧面反映出电能替代已深入人心，价格低廉、使用方便的电能将用于更多的生产生活领域。

表3　未来农网改造后调查户购入家电打算

家电类型	拟购入数量（台）	占有购买意愿调查户比例（%）
空调	522	52.4
电冰箱、洗衣机或电视机	166	16.6
电热水器	285	28.6
电脑	229	23.0
电暖气	201	20.2
电磁炉等厨用电器	375	37.6

注：①未改造调查户中997户在未来改造后有购入家电打算；
②多选，比例合计大于100%。

3. 农网未改造地区用户对尽早改造农网意愿强烈

农网改造升级工程是保障农业生产、增进农民福祉、促进农村繁荣的基础设施工程。相比于农网已改造地区，未改造地区的农网依然比较薄弱，无法充分满足农村居民生产生活需求，该地区的广大群众对尽早改造农网的意愿十分强烈。在1175户农网未改造调查户中，1098户希望尽早改造本村电网，占比高达93.4%，其中非常迫切的有725户（占61.7%），比较希望的有373户（占31.7%），无所谓或不希望改造的仅占6.3%（见图9）。

在希望农网尽早改造的1098户调查户中，608户（占55.4%）是为了保证当前生活用电需求，403户（占36.7%）是由于新增家用电器需要，出于家庭创业需要和其他原因的分别占3.5%和4.4%（见图10）。

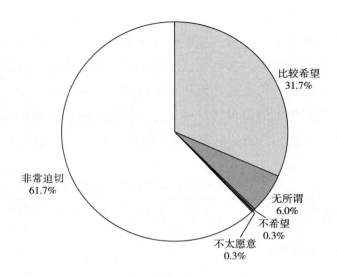

图 9　农网未改造调查户对尽早改造农网意愿

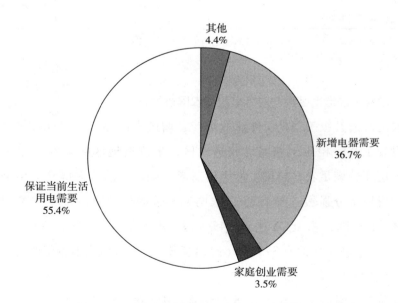

图 10　农网未改造调查户希望尽早改造农网原因分类

三 调查结论

（一）农网改造极大地促进了电能及家电消费，农网供电能力不足会严重制约农村地区居民生活水平提高

大规模的农网改造升级，使村级电网更加坚强，农村居民生活用电大幅增加，农网已改造调查户月均电费支出 80 元以上的占比从改造前的 25.3%增加到45.4%；同时，供电能力提升使农网对更多大功率家电的承载能力更强，空调百户拥有量从改造前的 49.3 台大幅提升到了 89.5 台。

农网水平对农村居民家电拥有量有重大影响，农网供电能力不足会严重制约农村居民对舒适美好生活的追求。在调查的 12 种家电中，农网未改造地区百户家电拥有量均低于已改造地区，缺少空调、电热水器等品质生活的标配家电，农村居民生活舒适性、便捷性大打折扣。

（二）农网改造改变农村居民用电方式，引导农村能源消费转型

随着城镇化进程的不断加快，城乡差距正在进一步缩小，农村地区的生活方式，尤其是用电方式越来越城市化。调查发现，41.9%的调查户主要用电做饭，其余的调查户中有 73.4%希望将来主要使用电器做饭；已改造调查户的电热水器和电暖气拥有量较改造前大幅增长 60% 以上。早期的生活用电习惯已经基本扭转，更多的农村居民热衷于"出水即热、通电即暖"的生活方式，电能已经渗透到农村居民生活起居的方方面面。

廉价的电能使生产生活各个领域电能替代的应用更加广泛，厨炊、取暖、短途出行的电气化更加普及，电能将逐渐成为农村地区主要用能，用电方式的转变，直接影响农村地区能源消费的深度转型。农村地区"以电代柴""以电代煤""以电代油"，对推进大气污染防治，打赢蓝天保卫战有重要的现实意义。

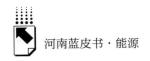

（三）农网改造有效保障"家门口创业"，积极助推农村经济发展转型

小城镇（中心村）电网改造、村村通动力电等农网改造工程，改善了农村基础设施，为农民就地就业、就地创业提供了坚实的电力保障，农民"家门口创业"的热情不断高涨。调查结果反映，93.7%的加工作坊使用了动力电，其中65.2%是因为近年来农网改造通动力电后才开办起来的；已改造地区57.3%的用户对将有更多的村民开办加工作坊充满信心。可靠的电力供应，在保障农民就业创业的同时，也为优化农村地区产业结构，促进第一、第二、第三产业融合发展，加快推进农业农村现代化创造便利条件。

（四）机井通电工程实现电力反哺农业，为全省粮食生产提供强力支撑

河南素有"国家粮仓"之誉，是国家粮食生产核心区。农田机井通电工程改善了农用排灌用电设施，确保了农田及时灌溉，实现了旱涝保收，促进了粮食增产，是典型的民生工程。

机井通电工程不仅为农业生产提供了极大的便利，还有效降低了农民的灌溉成本。根据调查，机井通电后每亩地每次灌溉支出10元以下的由通电前的15.7%大幅上升到60.8%，每亩地每次灌溉支出15元以上的则由通电前的60.5%大幅下降到9.8%，可见广大农民从机井通电工程中得到了实惠。另外，便捷的灌溉方式也提高了农民的种植热情，57.7%的调查户有意愿将部分耕地由种植粮食作物改为更高产值的经济作物，拓宽增收渠道。2016～2017年，河南省累计完成38万眼机井通电，受益农田1900万亩，根据测算，相比2015年，每年可节省农业生产成本支出11.4亿元。

（五）农网依然薄弱，农网改造之路仍任重而道远

农网改造虽然取得了一系列显著成效，但农网发展短板仍未补齐，距党的十九大提出的满足"人民日益增长的美好生活需要"的标准仍有较大差

距。根据统计，河南新一轮农网改造升级"两年攻坚战"累计完成 1.8 万个行政村的电网改造，在全省 4.3 万个行政村中占比仅 42%，剩余 2.5 万个行政村电网还需整体改造或部分改造。在本次调查中，农网未改造村 93.4% 的调查户希望尽早改造本村电网，以满足保障生活用电、新增电器、家庭创业需要。农网改造任务仍十分艰巨，投资需求依然较大。

四　措施建议

（一）继续扩大农网改造范围，推进农网服务普惠化、均等化

截至 2017 年底，全省仍有 2.5 万个行政村的电网需要改造，需改造的村级电网存在容量不足、线径细等问题，无法满足农村居民对舒适生活的需要，农网未改造地区广大群众对农网改造意愿强烈。建议结合城乡发展规划，进一步完善修改农网发展规划，按照"基本公共服务均等化"基本实现的目标，积极推进农网改造升级，持续提升农村地区特别是农网未改造地区的供电保障能力。

（二）统筹农网改造投入的强度和节奏，推动农网高效益、可持续发展

2014 年以来，河南农网累计投入近 600 亿元，对农网进行升级改造，但由于底子薄、欠账多，实现全省农网升级仍需大量资金投入；另外，国网河南省电力公司经营指标在全国仍比较落后，资产负债率在国网系统中最高，影响持续投资能力和农网发展能力。建议坚持"质量第一、效益优先"的原则，开展农网投资策略研究，统筹发展目标、改造范围、改造重点、投资规模、投资能力等方面因素，制定远近结合、主次分明、务实可行的投资方案，推动农网高效益、可持续发展。

（三）加大农网改造舆论宣传，营造农网改造工作良好环境

农网改造升级是牵涉千家万户的大事，应该得到社会的理解和支持，但

随着广大群众生命安全意识、环保意识、维权意识的提升，农网改造工程与当地群众产生矛盾的现象时有发生，甚至有个别公共意识淡薄的群众过度维权、恶意阻工，造成不良的社会影响。建议将调查的惠民成效多形式、多渠道、多角度广泛宣传，拓宽宣传思路，创新宣传方式，增强宣传的渗透力、辐射力，让广大人民群众了解农网发展在服务保障民生等方面的推动作用，为农网建设、农网发展营造良好的舆论环境。

（四）建立第三方评价长效机制，客观评价和指导农网发展

国网河南省电力公司作为农网工程的实施主体，在促进地区经济社会发展、保障改善民生等社会效益方面进行自我评价时，有意无意地会突出正面成效、回避负面影响。建议建立长期的第三方专业机构对农网发展的调查评价机制，以此为重要抓手，通过问卷调查、入户走访、重点调研等方式，摸清用户用电需求和诉求，了解用户真实感受，从而明确农网发展方向和重点，指导农网建设，提升农网改造工程成效和供电服务品质。

（五）提高施工质量、加强维护管理，保障落地农网工程发挥长久的经济效益和社会效益

现阶段，农村居民的用电强度和用电量与城市相比还有相当大的差距，农网工程经济效益差、投资回收期长，是典型的为民工程、德政工程，特别是农田机井通电工程，建成后每个配电台区每年将亏损近1万元。因此，提高施工质量、加强维护管理，保障落地农网工程发挥长久的经济效益和社会效益就显得尤为重要。建议国网河南省电力公司加强工程综合管理，优化设备选型、提高施工工艺，确保工程质量，确保农网工程发挥长久的经济效益；机井通电各相关方共同建立农田机井通电工程协同共管机制，明确主体责任，调动各方积极性，加强非灌溉期的维护管理，避免遭到盗窃和损坏，确保机井通电工程发挥长久的社会效益。

参考文献

国务院办公厅：《国务院办公厅转发国家发展改革委关于"十三五"期间实施新一轮农村电网改造升级工程意见的通知》（国办发〔2016〕9 号），2016 年 2 月。

国家发展和改革委员会、国家能源局：《关于印发小城镇和中心村农网改造升级工程 2016－2017 年实施方案的通知》（发改能源〔2016〕580 号），2016 年 3 月。

中共河南省委：《中共河南省委关于印发省第十次党代会报告的通知》（豫发〔2016〕35 号），2016 年 11 月。

河南省社会科学院：《河南电网发展的经济社会效应研究》，2016 年 6 月。

国网河南省电力公司：《河南省"十三五"新一轮农网改造升级规划报告》，2016 年 9 月。

绿色发展篇

Green Development

B.19
河南省成品油供给高质量发展研究

刘可非 *

摘　要： 河南省作为农业大省和人口大省，打造美丽河南任重而道远。
"十三五"期间，全省社会经济发展对成品油供给的依赖程
度依然较高，全面推行国六升级是生态文明建设的必然选择。
全省石油化工发展应加快产业布局和集约发展步伐，提速国
六质量升级步伐，推进企地深化合作和支持重点项目建设，
引导石油化工产业向中高端迈进，支持企业提升技术水平，
进一步巩固其基础产业的地位。本报告在对成品油质量升级
回顾的基础上，提出国六质量升级的难点，并对国六质量升
级的技术与典型流程进行分析，从而对河南省成品油高质量
供给策略推出相应的建议。

* 刘可非，教授级高工，中国石化洛阳分公司发展规划处副处长，从事石油化工技术管理和发
展规划工作。

关键词： 河南省 成品油 质量升级 炼油技术

党的十九大报告提出：树立新发展理念，坚持人与自然和谐共生，满足人民日益增长的优美生态环境需要。作为农业大省和人口大省，美丽河南的建设任务任重而道远。从河南近年的经济发展看，对石油能源的依赖程度依然较高，2017年成品油销售量1820万吨，对外依存度高达74.7%。河南省地处华北地区南端，雾霾天气占比较高，环境治理压力大。能源清洁化进程加快，随着2017年全面实施国五后，河南很快又将全面进入国六时代。文中简要回顾成品油的升级历程，全面梳理了成品油生产和质量升级的方法，提出河南省炼油工业"十三五"努力的方向并提出建议措施。

一 成品油质量升级回顾

（一）国二到国三

国三排放标准参照欧三制定，汽油硫含量由国二的500微克/克降低到国三的150微克/克，主要指标变化情况如表1所示。柴油硫含量由2000微克/克降低到350微克/克。2007年7月1日，国三标准开始在部分城市试行，2009年12月31日在全国范围完成了升级置换，河南省也同期升级。包括洛阳石化总厂、中原油田石化总厂和河南油田精蜡厂这三家中国石化所属炼厂及一家地炼企业，2006年底全省炼油能力约为700万吨/年，几家企业均采用投资和成本较为低廉的产品精制生产工艺（一般汽油精制采用碱洗/电化学精制－硫醇氧化工艺，而柴油精制则采用碱洗－电化学精制工艺），升级国三中逐步向采用汽柴油加氢精制工艺过渡，从而完成了按国三标准生产的结构性调整。

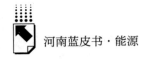
表1　车用汽油国二与国三主要指标差异对比情况

单位：微克/克

成分	车用汽油国二标准	车用汽油国三标准
硫含量	0 .05%（重量）	0.015%（重量）
组分	芳烃≤40%（体积）、烯烃≤35%（体积）	芳烃≤40%（体积）、烯烃≤35%（体积）
杂质	铅≤0.005 克/升、锰≤0.018 克/升	铅≤0.005 克/升、锰≤0.016 克/升

洛阳石化作为中国石化集团在豫的大型炼化企业，紧跟油品升级步伐。1993 年建成国内单系列最大的 500 万吨/年炼油工程，配套建设了柴油加氢精制生产装置，在国二标准阶段，该企业通过"短流程、深加工"方案，将原料油"吃干榨净"，汽柴油精制采用常规碱洗及硫醇氧化工艺，降低运行成本，取得良好的经济效益。1995 年加工原油 263 万吨，实现利税 13.2 亿元，仅利润就高达 5 亿元以上，吨油利税达到 505 元，2005 年投运了汽柴油加氢精制装置，提前完成了向市场供应国三标准汽柴油的任务。

（二）国三到国四

2011 年 5 月，国家发布国四车用汽油标准 GB17930 - 2011，将核心指标之一的硫含量降为 50 微克/克，其他指标：芳烃未变、烯烃降低为小于等于 28%（体积）、锰小于等于 0.008 克/升，规定不得人为加铅；乙醇汽油基础油则参照车用汽油标准制定，主要指标与其一致。相应地，国四标准 GB19147 -2013《车用柴油》于 2013 年 2 月发布，0 号车用柴油硫含量也为 50 微克/克，其他指标主要为十六烷值为大于等于 51、密度为 820～845 克/升等。

由于国四标准油品硫含量比国三标准大幅度下降，同时随着国内原油依存度下降、劣质化趋势加剧，多数国内炼油企业所加工的原料硫含量还在不同程度的上升，因此在这一阶段到来之前国内炼厂普遍实施了油品质量升级改造措施，在加工流程中大量采用加氢精制手段，针对性改造催化裂化装置以降低汽油烯烃含量等。中石化河南油田精蜡厂在这一阶段，充分利用油田自产原油的低硫石蜡基特性，建设了汽油后加氢等精制装置，并充分利用石蜡、润滑油生产系统，实现了产品质量升级，特种蜡产量达8万吨/年，润滑油、石蜡、微晶蜡、特种蜡等品种远销美国、韩国、越南、丹麦等地，这一利用自身优势、自我发展的案例，也在省内石化企业中独树一帜。2013年12月1日，河南省完成了包括乙醇汽油基础油在内的系统升级置换。

（三）国四到国五

随着大气环境质量下降，成品油升级节奏不断加快、指标日趋严格，实施国五标准后汽柴油硫含量再次大幅降低，三个阶段的国二到国三硫降幅70%、国三到国六硫降幅66.7%，而到了国五硫含量进一步降到了10微克/克，降幅达80%，2017年1月1日实行国五后，汽柴油硫含量指标从2007年到2017年十年间降幅98%。进入国五阶段，新建项目较多采用常减压蒸馏—渣油加氢—催化裂化—加氢裂化、常减压蒸馏—延迟焦化－蜡油加氢—催化裂化等加工流程；而现有炼油企业或采用汽油加氢、Szorb脱硫、柴油加氢以强化脱硫的手段，或改变为渣油加氢、催化裂化配套加工流程以实现质量升级。这一阶段较小规模的炼油企业由于升级带来成本的大幅升高，将面临巨大压力（见图1）。

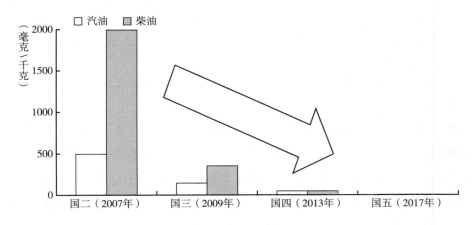

图1　从国二到国五四个阶段的汽柴油硫含量消减示意

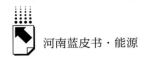

二 国六质量升级及难点

治理汽车尾气是蓝天行动计划的重大任务，降低机动车一氧化碳和氮氧化物排放必须同步改进车辆发动机和燃油配方，经论证，国家环保部等部委提出：加快国六汽柴油质量升级。从国六标准的数字看，虽硫含量指标并未进一步"加码"，维持了与国五的 10 微克/克同等水平，但对油品结构组成的影响却是根本性的。本阶段质量升级工作的推行，深化了传统炼油手段的更替，潜在加速了小炼油淘汰的进程。

统计显示，我国汽油资源催化汽油比例较高，占 65% 左右，而饱和调和组分较少，国六汽油推出触及了现有加工方式仅能生产较高烯烃产品的"软肋"，随着升级倒计时来临，对现有炼油流程提出挑战，表 2 列出了国六与国五车用汽油主要指标的差异。

表 2 国六与国五车用汽油主要指标比较情况

项 目	单位	国五质量指标	国六 A 质量指标	国六 B 质量指标
牌号		89/92/95	89/92/95	89/92/95
硫含量,不大于	毫克/千克	10	10	10
苯含量,不大于	%（体积）	1.0	0.8	0.8
芳烃含量,不大于	%（体积）	40	35	35
烯烃含量,不大于	%（体积）	24	18	15
锰含量,不大于	克/升	0.002	0.002	0.002

前文所述，多数炼油企业近年来原料油硫含量普遍上升。按原料含硫 1.5% 考虑，为保证汽柴油产品硫为 10 微克/克的限定值，加上工艺炉、动力锅炉烟气的二氧化硫排放达标，基于不同的产品结构全厂脱硫率一般需达到 86%~91%，需设置可靠的硫回收装置；由于汽油配方限制了烯烃、芳烃含量，为此需添加更多的如烷基化油等饱和高辛烷值组分，进入汽油池以"稀释"烯芳组分含量，否则无法实现合格出厂；柴油升级难度甚至大于汽油，主要是选择有效的低十六烷值的催化柴油加工手段以实现达标。

以国内某千万吨级炼厂为例，该厂的汽油池中催化汽油占比为71%、重整汽油占比为13%，调入MTBE、甲苯、乙苯等其他组分后，现状生产92号汽油烯烃为22.3%、芳烃为26.6%，这与国六A/国六B质量指标相差4.3/7.3个百分点。为使汽油池烯烃等参数达标只能采取调入烷基化油等饱和高辛烷值组分的方法，通过建设一个20万～30万吨/年级的烷基化装置，完成汽油迈入国六阶段的目标，但同时也带来成本增加等方面的代价，预估升幅150～240元/吨。

柴油升级方面，主要是多环芳烃指标"勒紧"，增加了总污染物含量限制指标。面对2019年1月1日倒计时阶段，炼油企业更是多方发力，比如采用深度加氢、柴油回炼及LTAG技术，以满足柴油配方达标的需要，表3列出了国六与国五车用柴油主要指标比较差异。

表3　国六与国五车用柴油主要指标比较

项　目	单位	国五质量指标(0号)	国六质量指标(0号)
硫含量,不大于	毫克/千克	10	10
多环芳烃,不大于	%(重量)	11	7
总污染物,不大于	%(体积)	无	24
密度	千克/立方米	810～850	820～845

三　国六升级技术和典型流程分析

（一）国六升级技术扫描

下面就炼油加工技术的发展动态作以简述，这些工艺促进了国六质量升级的实现。

1. 催化裂化——效益提升推动机

催化裂化技术使用的三十余年来，这项技术以其重油向轻质产品转化的高效能，在炼油流程中的核心地位仍然不可撼动。近年来，技术朝向精准方向进展，如国产技术开发有两段提升管（TSRFCC）技术、多产异构烷烃（MIP）技术、生产清洁汽油和增产丙烯（MIP-CGP）技术、灵活多效催化裂化（FDFCC）技术、深度催化裂化（DCC）技术、最大汽油和气体的（MGG）技术及多产气体异构烯烃（MIO）、常压重油多产气体（ARGG）多种技术，国六阶段选择流程更是首先选用。

2. 加氢裂化——工艺路线选择键

加氢裂化恰如不同炼油加工模式的一个选择键，由此可以导入化工模式或航煤模式，同时它也是清洁生产的首选工艺。近年来，应用较为广泛的技术有美国环球油品（UOP）公司的联合裂化技术（Unicracking），CHEVRON的异构裂化（Isocracking）技术，IFP的加氢裂化（Hydrocracking）技术等。以抚顺石油化工研究院、石油化工科学研究院为代表的国内研究机构，以催化剂活性、选择性和稳定性的研发为目标，推出了多个加氢裂化催化剂牌号，工艺技术有了很大的发展，在部分指标上达到了国际先进水平。

3. 延迟焦化——多产柴油加速器

延迟焦化以其脱碳工艺以及生产数量较大的石油焦，在高油价时代一度被认为是即将淘汰的工艺技术。然而，随着原油的劣质化加剧、加氢技术向重质原料拓展，这一工艺被应用到如重油加氢—催化裂化—延迟焦化—加氢裂化工艺、延迟焦化—溶剂脱沥青—重油加氢组合工艺中，强化了重劣质原料处理的"垃圾桶"作用，尤其是优化已有本装置的炼厂流程，可以使其"焕发青春"。

4. 连续重整——廉价氢获取手段

连续重整装置的重要性不言而喻，它不仅是汽油调和组分的生产器，更是与加氢装置形成"姊妹花"，为其提供廉价氢源。长期以来，美国环球油品（UOP）公司和法国石油研究院（IFP）的连续重整工艺技术独霸世界。进入 2000 年后，石油化工科学研究院与中石化洛阳工程公司等联合开发"国产连续重整成套技术"（SLCR），在国内的炼油企业逐步得到应用，国六升级流程的设计，采用 SLCR 重整技术无疑是首选。

5. 汽油脱硫——必完成的选择题

汽油脱硫是炼油流程中的重要一环。由于催化裂化汽油馏分中含有400～1000毫克/千克的硫化物，必须经过脱硫处理方可使硫含量满足要求。目前主要有两种汽油脱硫工艺，即选择性加氢脱硫和吸附脱硫（Szorb）。选择性脱硫是将汽油先分割为轻重两种组分，轻组分进行脱硫醇，重组分进行加氢脱硫，是保持较小的辛烷值损失的一种技术。汽油吸附脱硫（Szorb）原是美国康菲石油公司针对超低硫汽油而开发的技术，中石化2005年引进该项技术，进行工程开发并建成工业装置，2007年实现对该技术的独立运营权，完成技术、设备国产化。目前，实现汽油向国四迈进，国产技术全部可以满足需要。

6. 渣油加氢——高硫原油的克星

渣油加氢可分为固定床工艺和浮动床工艺两种，固定床技术日趋成熟，浆态床和沸腾床技术应用呈现加快态势。国外的固定床技术如美国环球油品（UOP）公司的 RCD Unibon、雪佛龙公司的 RDS 和 VRDS、埃克森公司的 Residfining 等应用较为普及；国内固定床技术主要有石油化工科学研究院的 RHT、抚顺石油化工研究院的 FRIPP 等，均有多个工业应用案例。国外的沸腾床技术主要是烃研究公司的 H-oil 和 Lummus 城市服务研究发展公司的 LC-Fining；国内的有中石化抚顺石油化工研究院研发的沸腾床 STRONG 工艺技术，其示范装置已通过中石化集团组织的技术鉴定；国外浆态床技术如德国的 VCC（韦伯联合裂化法）等，国内中国石油大学与石油天然气集团联合开发的渣油悬浮床技术也取得重大进展。渣油加氢是加工高硫原油，生产清洁油品的首要选择。

7. 烷基化——国六汽油充电宝

说到国六汽油升级，就要提到烷基化装置，这是一个生产饱和高辛烷值汽油组分的装置。我国汽油生产长期依赖催化裂化，考虑大部分炼油装置配置的实际情况，国家一直未对汽油配方的烯烃含量"动刀子"。欧美国家经长期研究推出了低烯烃含量的汽油环保配方，并以标准为先导，在烷基化技术的工业化方面走在了前面。按照采用不同的强酸催化剂，目前形成了氢氟酸法、硫酸法、复合离子液体和固体酸法四类主要技术。

在四种技术中目前硫酸法和氢氟酸法二种烷基化为主流技术，美国企业生产烷基化油当前采用硫酸法与氢氟酸法两种技术的业绩几近平分秋色，但随着环保法规的日益严格，氢氟酸烷基化获批越来越困难。较早实现氢氟酸法烷基化技术工业化的是美国环球油品（UOP）和飞利浦（PHLLIPS）两家公司，后来 UOP 收购了 PHILLIPS 烷基化推出 AlkyPlus 技术，成为绝对占优的氢氟酸法技术商；硫酸法比较有代表性的技术有杜邦公司的 STRATCO、LUMMUS 公司的 CDAlky，以及石科院近年开发的 SINOALKY 等。离子液体烷基化和固体酸烷基化技术近年快速发展并有所突破，已建成了山东德阳 10 万吨/年离子液体法工业装置、山东汇丰 10 万吨/年固体酸法工业装置。

8. 异构化——低辛汽油升值手

炼油厂 C_5、C_6 轻石脑油一般是作为汽油组分调和汽油，但由于其辛烷值较低，调入后稀释了较高的辛烷值。异构化技术开发被用作实现汽油升级的重要手段，C_5、C_6 经过转化可以获得 RON 为 85 以上的汽油组分。装置一般采用金属/酸性载体双功能催化剂，因其反应温度不同划分为低温型、固体超强酸型和高温型三类。一般认为，配置有异构化装置的炼油厂，其对烷基化装置的依赖程度将有所缓解。

（二）典型生产流程与分析

1. 加氢型流程及产品

加氢型流程是加工含硫（含酸）或高硫原油炼厂的首选流程。采用加氢型流程，通常根据原料性质不同设置有渣油加氢、加氢裂化、连续重整及汽柴油加氢等装置。表 4 列出了国内某炼油项目的装置配置案例。

从表 4 中看出，采用加氢型流程属清洁的生产工艺，特点是对原料适应能力较强，化工废弃物大为减少，但同时增加了生产成本，因而较为适合于1000 万吨/年以上规模的炼厂选用。

2. 化工型流程及产品

化工型流程由于目标产品不同，设置的流程有所不同。走气体路线的可采用 DCC 等装置提高丙烯等气体收率，走芳烃路线的可通过重整装置提高

表 4　国内某炼油项目主要装置结构一览

序号	装置名称	规模	序号	装置名称	规模
1	常减压蒸馏	1000 万吨/年	7	航煤加氢	150 万吨/年
2	渣油加氢脱硫	440 万吨/年	8	汽油脱硫 S zorb	240 万吨/年
3	连续重整	180 万吨/年	9	气体分馏	70 万吨/年
4	加氢裂化	200 万吨/年	10	烷基化	30 万吨/年
5	催化裂化	420 万吨/年	11	硫回收	39 万吨/年
6	柴油加氢	420 万吨/年	12	POX	18 万标立/时

PX 等芳烃产率，走乙烯路线的则可通过轻质化提高乙烯、丙烯产率，图 2 示意了一种化工型炼厂的流程。

采用化工型流程并继续延伸化工产业链，将有利于降低炼油板块的经营风险。但同时也导致了整体项目投资较为庞大，所以流程选择也应以一定规模为基础，例如 1000 万吨/年炼油规模再配套联动一个百万吨级乙烯项目为宜。

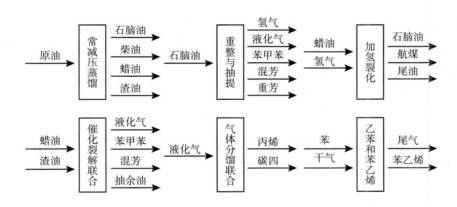

图 2　国内某炼油项目加工流程示意

3. 脱碳型流程及产品

脱碳型流程一般采用延迟焦化、催化裂化等为主体装置，同时配套设置产品加氢等装置，但由于主体装置特性所限，一般所产汽油的烯烃含量均较高。一座以生产成品油为主要目标的炼厂，质量升级国六阶段后，通常需配

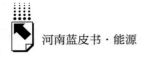

套以烷基化及馏分油加氢等装置，如山东一家地炼企业，就新建了 10 万吨/年烷基化装置用于汽油质量升级。这类处在 500 万吨/年规模上下的炼厂可以通过装置改造提升产品档次，获得生存空间。

（三）河南省炼油企业质量升级情况

河南省现有的 1010 万吨/年炼油能力，在国六质量升级过程中面临着非常大的压力。现有四家企业按加工规模可分为两类，一类是千万吨级规模，比如洛阳石化，该企业拟立足现有 800 万吨/年炼油规模积极应对国六质量升级，提出实施炼油结构调整及产品升级项目，新建渣油加氢、烷基化、硫黄回收及改造部分装置，形成 1000 万吨/年原油加工能力，完成向国六质量升级；同时拟配套的原油管道、航煤管道等项目建设，可以在工程建成投产后进一步增强产品保障能力。另一类企业是 500 万吨/年以下规模的企业，面临着资源保障和产品升级双重压力，或在升级中所负担的成本增加难以承受，面临进退维谷，应积极寻求生存发展空间。"十三五"期间，随着民营企业的涌入，全国炼油板块将进一步"洗牌"，河南省必将适应供给侧结构性改革以整合现有炼油产能，支持河南省炼油企业尽快落实升级改造措施，加速淘汰落后装置、落后产能步伐，完成汽柴油国六质量升级任务。

四　河南省成品油高质量供给策略建议

面临油品升级和供给侧结构性调整的双重任务，河南省应从政策导向和宏观规划等方面积极应对，建议措施如下。

（一）提速国六质量升级步伐

立足省情，从建设美丽河南、打造优美生态环境出发，切实推进国六质量升级工程。经济发展对石油能源的依赖程度依然较高，为应对环境敏感度高、大气雾霾治理难度大的挑战，推进能源清洁化工作必须加强政策引导和措施落实，争取提前实现汽柴油质量升级，营造良好的经营环境，规范和整治成品油流通体系，严格打击低标油品的流通和销售。

（二）加快产业布局和集约发展

积极落实供给侧结构性改革措施，优化河南省石油产业布局，坚持集约化发展，保障区域内能源供应。瞄准难点热点问题，认真分析和规划做好国六质量升级策略，寻求突破手段，推进原油加工向技术先进、清洁生产、生态可持续化迈进；整合现有炼油产能，坚持向炼化一体化、园区化、集约化发展，通过产业链延伸和联合融合，发挥专业优势，努力打造集约型产业基地。

（三）引导炼化企业提升技术水平

引导石油化工产业向中高端迈进，走上下游一体化发展之路，增强企业造血能力和抗风险能力。积极拓展和发展下游化工链条，大力发展石化下游产品和高端石化产品，加快产业平台搭建，完善原油、成品油和航煤管道输送网络，推动石油化工、煤化工、盐化工融合发展，促进石油化工与生态文明建设协同发展。

（四）推进企地深化合作和项目谋划

深入推进与中石化、中石油两大央企的战略合作，增强骨干企业综合实力和发展后劲。支持全省炼油企业尽快落实升级改造措施，加速淘汰落后装置、落后产能步伐，迎接炼油化工产业转型升级；积极推进洛阳石化质量升级改造等一批重点项目建设，积极谋划培育新项目，着力延伸产业链条，加快结构调整和积极谋划生态优势项目的落地。

参考文献

任文坡等：《炼油技术新进展——2013 年 AFPM 年会论文述》，《石化技术与应用》

2014 年第 2 期。

马会霞等：《液体酸烷基化技术进展》，《化工进展》2014 年第 33 卷增刊 1。

马玲玲等：《烷基化技术工业应用综述》，《化工技术与开发》2013 年第 12 期。

张珂等：《烷基化技术进展及其在汽油升级中的关键作用分析》，《中外能源》2017 年第 6 期。

齐万松等：《汽油吸附脱硫 S Zorb 装置长周期运行的影响因素和技术措施》，《炼油与石化工业技术进展》（2016）论文集。

河南省发展和改革委员会：《关于印发河南省石油化工产业发展规划的通知》（豫发改工业〔2012〕405 号）。

B.20
电力引领河南能源转型发展路径研究

白宏坤　杨萌　王江波*

摘　要： 当前，河南能源发展已经进入由总量扩张向提质增效转变的关键时期，充分发挥电力在能源转型中的核心引领作用，是实现能源低碳绿色发展的必由之路。本文以翔实的数据为依托，系统总结了2010年以来河南能源转型取得的显著成效，分析了全省能源发展面临的突出困难和挑战，提出河南应以能源供给侧结构性改革为主线，秉承"能源转型—电为中心—电网先行"的发展思路，探索能源转型发展的可行途径，加快构建清洁低碳、安全高效的现代能源体系，促进资源、环境与经济的协调可持续发展，为决胜全面小康、让中原更加出彩提供坚强能源保障。

关键词： 河南省　电力引领　能源革命

　　能源的清洁可靠供应，是推动经济社会绿色发展、低碳转型的前提和基础。当前，我国经济发展进入新常态，经济增速变化、结构优化、动力转换等特征凸显。同时，新一轮能源革命和产业变革孕育兴起，能源发展既处于适应新形势的转型攻坚期，也处于提质增效的战略机遇期。河南作为能源大

---

* 白宏坤，国网河南省电力公司经济技术研究院教授级高级工程师，工学博士，研究方向为能源电力经济、电网规划设计；杨萌，国网河南省电力公司经济技术研究院工程师，工学硕士，研究方向为能源电力经济；王江波，国网河南省电力公司经济技术研究院高级工程师，工学硕士，研究方向为能源电力经济、电网规划。

省，近年来深入推进能源供给侧结构性改革，全省能源发展呈现出结构优化、效率提升的良好态势。但从绿色低碳发展角度看，河南仍然面临着传统能源产能过剩、能源整体利用效率偏低、总量控制和减排难度大、"雾霾围城"等现状问题。为适应能源发展新形势、破解自身难题，河南应紧扣能源革命要求，以党的十九大精神为指引，以供给侧结构性改革为主线，突出电力在现代能源格局中的中心地位，充分发挥电网的基础支撑作用，优化能源结构，提升能源发展的质量和效益，促进河南能源绿色转型发展。

一　能源转型发展亟须发挥电力引领作用

党的十九大提出了建立健全绿色低碳循环发展的经济体系，推进能源生产和消费革命，构建清洁低碳、安全高效的能源体系，促进人与自然和谐共生的发展方向，为河南当前和今后的能源发展提供了基本遵循。近年来，河南围绕经济强省建设，着力发挥优势打好"四张牌"，以"三区一群"国家战略为引领，努力打造"三个高低"、实现"三大提升"，全省经济发展呈现结构加速优化、增长动力转换的良好态势。另外，在生态环境约束日益趋紧的背景下，河南以化石能源为主的能源体系及其粗放式发展，与经济高质量发展要求的不协调问题越发凸显，已经成为经济社会发展的主要制约因素，全省能源发展亟待转型。

以电力为中心引领能源转型发展，是河南实现绿色低碳发展的可行途径和必然选择。生产侧，化石能源利用方面，电煤占煤炭消费的比重是衡量煤炭高效利用水平的重要指标，据国际能源署（IEA）统计，发达国家大多在80%以上，2016年河南电煤占比仅为46%左右，远低于发达国家，且距离我国提出的2020年达到60%以上的目标也存在较大差距，仍然存在较大提升空间；非化石能源开发方面，电力是能源领域的"转化良媒"，是风、光、生物质、地热等清洁可再生能源开发利用的最主要载体，因此，推动能源生产结构优化必须树立电力的中心地位。消费侧，电力是能源领域的"通用货币"，是应用最广泛的清洁终端能源，电能占终端能源消费比重是衡量地区能源体系电气化水平和现代化程度的重要指标，日本该指标全世界最高，2014 年就达到了 28%，中国在 21%～22%，2016 年河南电能占终端能源消费比重仅为 19.5%，较全国低近 2 个百分点。河南电力行业通过超低排放改造，已经全面实现了煤炭的清洁高效利用，在全省以煤为主的能源特征仍将持续较长一段时间的背景下，以电力为中心，推动能源生产和消费革命，提高电煤占煤炭消费、电能占终端能源消费的比重，引领全省绿色低碳转型已经成为河南能源发展的当务之急。

二 河南能源转型发展的成效与问题

（一）河南能源转型发展取得显著成效

近年来，河南坚持"内节外引"能源方针，主动转变能源发展方式，着力构建统筹内外的多元能源供给体系，保持了能源的平稳有序供应，在能源消费控制、结构优化、效率提升、基础设施建设等方面取得了一系列显著成绩，有力支撑和保障了经济社会的持续健康发展。

1. 能源消费由外延式增长向内涵式增长转变

2010 年至今，河南着力提升能源发展的质量和效益，深入推进能源革命，实施能源消费总量和强度双控，有效扭转了全省能源消费快速增长的势头，推动了能源发展方式由外延式向内涵式增长转变，以较低的能源消费增速保障了经济社会发展的中高速增长。2010～2017 年，河南省经济发展进入新常态，GDP 增速逐步由 10% 以上的高速增长向 7%～9% 的中高速增长过渡，要素集约型、环境友好型产业快速发展，全省经济呈现出产业结构优化、增长动力转换的良好态势。与宏观经济形势一致，全省能源消费也进入了提质发展的关键时期。2010～2017 年，河南能源消费量年均增长 3.4%，较"十一五"年均增速降低了 1.5 个百分点；全省全社会用电量年均增长 4.3%，较"十一五"年均增速降低了 7.4 个百分点（见图 1 和图 2）。

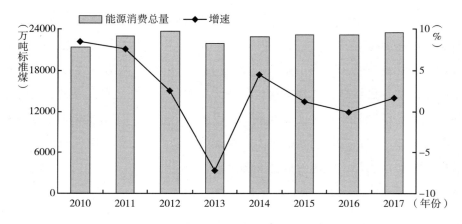

图1 2010～2017年河南省能源消费量及增速变化

资料来源：《河南省统计年鉴2017》。

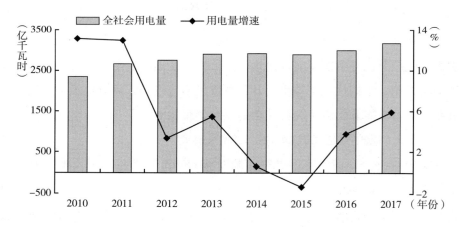

图2 2010～2017年河南省全社会用电量及增速变化

资料来源：行业数据统计。

2. 能源供给由省内生产为主向统筹省内外资源转变

河南是传统能源大省，受资源禀赋及内外部环境变化影响，近年来全省能源发展战略经历了由"建设综合能源基地"到"内增外引"再到"内节外引"的转变。2010～2017年，河南能源对外依存度由6.2%迅速上升至59.1%，能源净调入量由1156万吨标准煤增至13900万吨标准煤，净吸纳区外电量由 58 亿千瓦时上升至 457 亿千瓦时。为提升全省能源供给保障能力，河南按照"内节外引"的能源方针，统筹省内省外"两个市场、两种资源"，持续加快能源重大工程建设：蒙华、晋豫鲁、宁西等国家煤炭铁路运输通道相继投入运行或开工建设，现代煤炭物流体系初步形成；洛炼1800 万吨/年炼油扩能改造项目正式开工，兰州—郑州—长沙成品油、禹州—许昌、开封—通许、博郑线—郑州西四环、西气东输二线等输气管道建成，全省累计油气长输管道达到 8250 公里；晋东南—南阳 - 荆门特高压交流示范工程和天山—中州 ±800 千伏特高压直流输电工程相继投运，河南成为全国首个特高压交直流混联运行的省级电网，吸纳区外电力的能力达到了1300 万千瓦。当前，河南已经形成了统筹省内省外、多元支撑的现代能源保障体系。

3. 能源结构由整体单一化向低碳多元化转变

2010 年以来，河南坚持绿色低碳的发展理念，大力发展清洁能源，优化能源生产、消费结构，逐步改善了全省以煤为主的单一能源结构，天然气、风、光等清洁能源占比显著提升。能源生产方面，2010 ~ 2016 年，煤炭在全省一次能源生产中的占比由 92.4% 降至 88.9%，累计下降了 3.5 个百分点；天然气、非化石等清洁能源占比由 3.5% 上升至 6.5%，累计上升了 3 个百分点；但总体上看，河南能源生产结构仍然偏重，煤炭占比较全国平均高 19.3 个百分点、清洁能源占比较全国低 15.7 个百分点。能源消费方面，能源发展低碳转型态势明显，2010 ~ 2016 年，煤炭占全省能源消费的比重由 82.8% 下降至 75.1%，累计降低了 7.7 个百分点；天然气、非化石等清洁能源占比由 7.9% 上升至 11.4%，累计提升了 3.5 个百分点，清洁能源消费逐步成为全省能源消费增量的主体。从终端能源消费结构看，2010 ~ 2016 年，电力作为最为广泛应用的清洁能源，在全省终端能源消费中的占比由 15.6% 上升至 19.5%，累计提升了 3.9 个百分点（见图 3）。

4. 能效排放由粗放高污染向高效清洁化转变

2010 年以来，河南主动转变能源发展方式，着力提升能源发展质量和效益，全省能效和控制污染物排放水平持续提升。能耗方面，2010 ~ 2016 年，

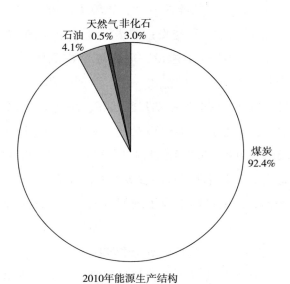

2010年能源生产结构

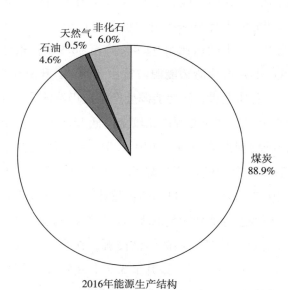

2016年能源生产结构

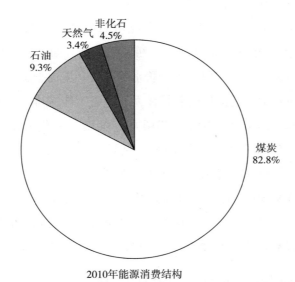

2010年能源消费结构

2016年能源消费结构

图3 2010 年、2016 年河南省能源生产和消费结构对比

资料来源：《河南省统计年鉴 2017》。

全省单位 GDP 能耗年均下降 5.5%，由 0.81 吨标准煤/万元下降至 0.58 吨标准煤/万元，其中工业单位 GDP 能耗由 1.43 吨标准煤/万元下降至 0.71 吨标准煤/万元，年均下降 10.9%。污染物减排方面，近年来河南深入推进环境治理攻坚战，全面实施蓝天、碧水等重大环境保护工程，建立了较为完善的节能减排和大气污染防治管控体系，全省节能减排取得了良好成效，主要污染物指标持续下降。2010~2016 年，河南二氧化硫排放量由 134 万吨下降至 41.4 万吨，年均下降 17.8%；氮氧化物排放量由 121.2 万吨下降至 80.8 万吨，年均下降 6.5%；烟（粉）尘排放量由 77.3 万吨下降至 42.9 万吨，年均下降 9.3%。针对全省排放大户——火电行业，2016~2017 年河南通过大规模超低排放改造，实现了全省全部统调在运机组的超低排放，预计每年可减排二氧化硫 2.8 万吨、二氧化氮 2.3 万吨，烟（粉）尘 7.1 万吨。

（二）河南能源转型发展面临的挑战

2016 年底，国家印发了《能源生产和消费革命战略（2016－2030）》，明确提出坚持安全为本、节约优先、绿色低碳、主动创新的战略取向，全面实现我国能源战略性转型，实现能源生产和消费方式根本性转变。河南受资源禀赋、经济发展水平等多方面因素影响，能源生产和消费粗放式增长、高排放、高污染特征突出。能源发展水平与河南建设经济强省、决胜全面小康、让中原更加出彩的目标相比仍有较大差距，能源绿色、低碳转型仍然面临诸多困难和挑战。

1. 资源禀赋方面，河南接续可开发资源严重不足

总体上，全省一次能源呈现"有煤、少油、乏气"的特点。煤炭方面，河南是国家确定的 14 个大型煤炭基地之一，历来是产煤大省，但全省煤炭基础储量仅占全国总量的 3.5%，可供建井的后备精查储量较少；油气方面，全省石油、天然气基础储量分别仅占全国的 1.3%、0.14%，人均储量分别仅为全国的 19.6%、2.0%，且常规油气资源经过三十余年的快速开发，已经进入枯竭期；可再生能源方面，河南水能资源基本开发殆尽，光伏、风电等非化石能源在较长时期内只能作为补充能源。全省后续可开发能

源资源不足问题突出。

2. 能源保障方面，河南能源对外依存度持续上升

河南是传统能源生产基地，也曾经是能源输出大省，随着经济和能源消费的增长，以及受资源和环境约束的日益加剧，2005 年起，河南成为能源净调入省份，能源调入量逐年增大，2016 年全省能源对外依存度达到了56.7%。分能源品类看，河南 2006 年起成为煤炭净调入省，2016 年全省煤炭净调入量为 1.21 亿吨，占全省煤炭消费量的 50%；2016 年石油调入量占消费量的 66%，天然气调入量占消费量的 95%；2009 年起，河南成为电力净输入省，2016 年吸纳省外电量 389.5 亿千瓦时，占全省电力消费的 13%。未来河南能源调入量将进一步增大，全省能源输运通道输送能力亟须继续提升。

3. 能源结构方面，河南以煤为主的能源特征突出

煤炭是河南的主体能源，长期以来煤炭在能源生产、消费结构中的占比均在 75% 以上。2016 年，河南一次能源生产、消费结构中，煤炭的占比达到 88.9%、75.1%，较全国水平分别高 19.3 个、13.1 个百分点；非化石能源占比为 6.0%、6.2%，分别仅为全国的 1/3、1/2。当前，在国家实施能源消费总量和碳排放强度"双控"目标下，河南调整能源结构，降低煤炭消费、提高清洁能源比重的任务十分艰巨。

4. 生态环境方面，河南面临的环境约束日益趋紧

以煤为主的能源结构，带来了环境、生态等一系列问题，全省各类大气污染物排放量居高不下。2016 年河南二氧化硫、氮氧化物排放量分别为41.4 万吨、80.8 万吨，均超出了全省生态环境承载能力，超载率分别为78%、50%。近期，国家印发了《京津冀及周边地区 2017 年大气污染防治工作方案》，将河南郑州等 7 个地市纳入了京津冀大气污染传输通道城市，制定了严格的减排措施。生态环境已经成为河南经济社会和能源发展的硬约束。

因此，主动破解困局、加快能源转型发展，探索提升能源保障能力、优化能源结构、改善生态环境的有效途径，已经成为河南能源发展的必然选择。

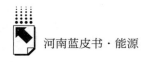

三　电力引领河南能源转型的路径分析

2014 年，习近平总书记提出了"推动中国能源生产和消费革命"能源发展国策和"四个革命、一个合作"的战略思想。当前，能源供需格局总体宽松、新能源快速发展、能源技术创新步伐加快，为能源转型发展提供了难得机遇。河南应紧扣国家能源发展要求，以能源供给侧结构性改革为重点，发挥电力在能源转型发展中的引领作用，推动能源多元供给、绿色消费，实现河南能源由粗放到低碳高效的跨越式发展。

（一）以电力为载体，推进能源生产革命

立足河南省情，转变能源开发利用方式，优化能源供给结构，形成以电力为中心的能源供应格局，构建多轮驱动、清洁可靠的能源供给体系。从能源生产角度看，电力是可再生能源开发利用的最主要载体。河南提出到 2020 年，非化石能源发电装机、发电量占比分别达到 16.1%、8.5%，较 2015 年分别提高 7 个、2.2 个百分点。以分布式和集中式并举的方式加快发展风能、太阳能等非化石能源发电，大幅提升清洁能源生产供应，是实现清洁发展的可行途径。从供应保障角度看，电力是实现能源清洁转型的重要支撑，以"晋东南—南阳—荆门的特高压交流工程"和"天山—中州特高压直流工程"为代表的特高压电网为河南引入了区外清洁电力，在全国范围内实现了资源的优化配置，缓解了资源、环境约束。河南应依托电力工业，推动清洁能源成为能源增量主体，开启低碳供应新时代。

（二）以电力为中心，推进能源消费革命

坚持能源节约和绿色转型并重，发挥电力在能源消费革命中的核心作用，推进河南产业结构和能源消费结构调整，提高能源利用效率。从消费角度看，电力是能源领域应用最广泛的清洁终端能源。河南提出到 2020 年，实现电能占终端能源消费比重较 2015 年提高 2 个百分点以上。据研究，电

能占终端能源消费比重每提高 1 个百分点，能源效率将提升 3.7 个百分点。拓宽电力使用领域，实施终端用能电能替代，在工业生产、居民采暖、交通运输等领域推进以电代煤、以电代油，是实现河南发展目标的有效途径。河南应着力提高终端电气化水平，优化能源消费结构，开创以清洁化、低碳化为特征的终端能源消费新时代。

（三）以电力为引领，推进能源技术革命

技术创新在能源革命中具有决定性作用，河南应立足优势技术和产业，发挥电力在能源技术革命中的引领作用，以绿色低碳为主攻方向，加强能源领域的自主创新能力。从技术角度看，电力是实现能源互联、资源优化配置的"高效平台"。河南在电力互联、电力设备制造、大数据技术、新能源等领域有较好的基础，应加快推动先进电网技术、分布式能源技术等与互联网的深度融合，促进能源互联、多能互补和智慧协同，引领能源技术革命，培育能源发展、转型升级的新支点。

（四）以电力为先锋，推进能源体制革命

河南能源已经步入了需要实现更高水平、更高质量、更高效率发展的新阶段，只有不断深化体制机制创新，加速释放市场活力，才能打通能源发展的快车道，实现河南能源又好又快健康发展。作为能源领域改革的先锋，河南新一轮电力体制改革首个监管周期输配电价已经落地、电力市场建设取得了阶段性成果、增量配电改革持续向纵深推进，为能源其他领域改革提供了良好的示范。河南应以电力体制改革为引领，统筹推进能源体制机制改革和完善，以还原能源商品属性、充分发挥市场配置资源的决定性作用为重点，加快形成现代化的能源市场体系，为全省能源转型发展提供制度支撑和基础保障。

四　建设坚强现代电网引领河南能源转型的对策建议

电网建设先行，打造坚强可靠、智能开放的现代电网，是拓展电力应用

领域，助推电力发挥能源转型引领作用的基础和前提。发挥电网在能源转型中的先行作用，建设坚强现代电网，重点加强特高压输电通道和智能配电网建设，是提升能源保障能力、优化能源结构，促进能源领域绿色低碳转型，实现由量变到质变的能源领域跨越式发展的重要支撑。

（一）建设特高压交直流电网，为河南能源供应提供坚强保障

河南是我国首个实现特高压交直流混联运行的省级电网，晋东南—南阳—荆门特高压交流示范工程和天山—中州特高压直流工程相继投运，全省区外电力输入能力从2010年的400万千瓦上升至2016年的1300万千瓦，推动形成了以铁路网、公路网、油气管网、特高压交直流电网为支撑的清洁低碳、安全高效的现代能源保障体系。当前，在国家明确要求河南"十三五"期间实现煤炭消费总量下降10%目标的形势下，特高压交直流电网为河南兼顾煤炭消费减量替代和能源供应保障提供了有效解决方案。根据规划，2030年河南将建成围绕中原城市群的"两交三直"特高压网架结构，形成"强交强直"特高压供电格局，"外电入豫"能力达到3300万千瓦，服务和支撑全省能源转型发展。

（二）建设现代智能配电网，为河南能源清洁转型提供有力服务支撑

风电、光伏等新能源快速发展，交通出行、冬季采暖等居民生活领域的电能替代，都离不开坚强智能、开放互动的配电网支撑。长期以来，由于底子薄、电价水平低，河南配电网总体发展水平滞后，对新能源消纳和居民用能消费方式升级的承载能力不足。为服务新能源发展、电能替代和脱贫攻坚目标实现，国网河南电力持续加大投资，2015年全省电网发展总投入首次突破300亿元，2016年达到380亿元，其中，城乡配网投资达到259亿元，全年完成了25.3万眼机井通电、106万户"低电压"治理、电能替代电量81亿千瓦时，全省所有乡镇实现了双电源供电，有力保障了城乡居民生产生活和新能源发电的全额消纳。"十三五"期间，河南将进一步加大投资力

度，计划投资超过 1700 亿元，努力实现光纤通信覆盖所有 35 千伏变电站和供电所、智能电能表覆盖所有电力用户、机井通电覆盖平原地区所有农田，打造坚强智能配电网，为新能源发展、居民生产生活、电能替代提供更加便捷、优质的服务，有力支撑河南能源清洁低碳转型。

五　结语

能源清洁低碳发展已经成为社会共识。电网建设先行，充分发挥电力在能源革命中的核心引领作用，是实现能源供给、消费方式绿色转型的必由之路。河南能源转型发展，应坚持"创新、协调、绿色、开放、共享"发展理念，推进能源供给侧结构性改革，秉承"能源转型—电为中心—电网先行"的发展思路，加快构建清洁低碳、安全高效的现代能源体系，促进资源、环境与经济的协调可持续发展，为决胜全面小康、让中原更加出彩提供坚强能源保障。

参考文献

国家统计局：《中国统计年鉴 2017》，中国统计出版社，2017。

河南省统计局：《河南省统计年鉴 2017》，中国统计出版社，2017。

国家发展改革委员会、国家能源局：《能源生产和消费革命战略（2016－2030）》（发改基础〔2016〕2795 号），2016 年 12 月。

白宏坤、尹硕、王江波：《从一组数据看河南能源转型发展成效》，《河南日报》2017 年 7 月 3 日。

B.21
河南省煤电灵活性改造研究

张金柱　李虎军*

摘　要： 近几年随着全省电力需求增速放缓、新能源的快速发展以及天中直流送入河南电量持续增大，省内煤电机组出现调峰运行困难问题。尤其在冬季采暖季，煤电还因为供热导致全网最小可调出力大幅上升，使得电网运行调度和热网调度难度逐年增大。本文通过对国内相关政策以及煤电灵活性改造技术进行梳理和研究，提出了适合河南省煤电灵活性改造技术路线及相关灵活性改造建议，对于煤电适应新的能源战略要求，更好地消纳新能源有现实意义。

关键词： 煤电灵活性改造　调峰　储能技术　运行改造

一　国内煤电机组灵活性改造情况

目前，我国大容量煤电机组的调峰深度不到50%，北方地区热电机组的调峰深度只有20%左右。受新能源迅猛发展、用电负荷峰谷差持续加大、调峰电源建设缓慢、大规模储能技术未取得突破等因素影响，电网调峰困难日益加剧。尤其是冬季供暖期，部分省份电源结构以火电为主，抽蓄、水电

---

* 张金柱，华电郑州机械设计研究院有限公司高级工程师，工学硕士，研究方向为热工汽机；李虎军，国网河南省电力公司经济技术研究院高级工程师，工学硕士，研究方向为能源经济电网规划。

等调峰电源占比较低，供热煤电机组常常因为供热导致最小可调出力大幅上升，机组调峰能力逐年下降，风电、光伏的上网空间非常有限，造成我国"三北"地区弃风、弃光严重。为解决弃风弃光问题，2015年5月国家能源局、国家发改委《关于改善电力运行调节促进清洁能源多发满发的指导意见》就改善电力运行调节、促进清洁能源持续健康发展提出指导意见，要求通过合理编制年度发电计划、安排机组调峰、加强电力需求侧管理手段，提高清洁能源发电量。国家能源局在2016年6~7月发布了两批火电灵活性改造试点项目的通知，确定丹东电厂、长春热电厂等22个项目为提升火电灵活性改造试点项目，共涉及火电容量1818万千瓦。2016年11月，《电力发展"十三五"规划（2016－2020年)》明确要充分挖掘现有系统调峰潜力，着力增强火电机组的灵活性，增加系统调峰能力。2017年9月，国家能源局、国家发改委《关于促进储能技术与产业发展的指导意见》提出发展储能技术要进一步提高电网调峰能力。灵活运行包括降低机组负荷、快速升降负荷、强制停机、快速启动等，需要对电厂现有系统进行改造，灵活性调节一定程度上会降低机组的经济性。

2015年以前，辅助服务的补偿价格都很低，远低于机组提供辅助服务的成本，各个电厂对辅助服务的需求并不强烈。从2015年开始，随着弃风弃光问题的逐步凸显，原有的辅助服务政策已经不能满足形势发展的需要。根据国家相关文件要求，各地相继出台了更贴合实际的辅助服务政策文件，旨在提高辅助服务的补贴额度，鼓励电厂积极主动参与灵活性运行。其中东北地区火电机组出力有偿调峰的基准值在40%范围内，补贴标准为0~0.4元/千瓦时，出力低于40%时，补贴标准为0.4~1元/千瓦时，京津唐地区调峰补偿标准为0.25元/千瓦时，山东省调峰报价的交易价格由自行报价或双方协商，新疆地区火电机组出力在有偿调峰的基准值至40%范围内，补贴标准为0~0.22元/千瓦时，出力低于40%时，补贴标准为0.22~0.5元/千瓦时，灵活性改造试点省份辅助服务配套政策如表1所示。

表1 灵活性改造试点省份辅助服务配套政策

序号	区域	有偿调峰基准				调峰报价					
		非供热期		供热期		非供热			供热		
		纯凝	热电	纯凝	热电	纯凝	热电机组	全部火电	纯凝	热电机组	全部火电
1	东北 2017.01.01	50%	48%	48%	50%	(40%,50%]	(40%,48%]	≤40%	(40%,48%]	(40%,50%]	≤40%
						0~0.4元/千瓦时	0~0.4元/千瓦时	0.4~1元/千瓦时	0~0.4元/千瓦时	0~0.4元/千瓦时	0.4~1元/千瓦时
2	京津唐修订 2017.01.13	0.25元/千瓦时									
3	山东 2017.05.31	70%				(70%,60%]	(60%,50%]	(50%,40%]	(40%,30%]	(30%,20%] (20%,10%]	(10%,0%]
		交易价格均为自行报价或双方协商,没有规定上下限									
		非供热期		供热期		非供热			供热		
		纯凝	热电	纯凝	热电	纯凝	热电机组	全部火电	纯凝	热电机组	全部火电
4	新疆 2017.09.25	50%	45%	45%	50%	(40%,50%]	(40%,45%]	≤40%	(40%,45%]	(40%,50%]	≤40%
						0~0.22元/千瓦时	0.22~0.5元/千瓦时		0~0.22元/千瓦时		0.22~0.5元/千瓦时

二 煤电机组灵活性改造技术概况

根据技术类型不同,煤电灵活性改造技术可以分为蓄能技术、电极热水锅炉技术、火电机组低负荷运行控制技术、锅炉低负荷脱硝技术、火电厂供热改造技术。

(一)蓄能技术

蓄能技术又分为热水储罐技术、固体蓄热技术。

1. 热水储罐技术

利用水的吸热升温将热量存储到储热罐内，通常采用常压或承压式；一般情况，当热网供水温度低于 98 摄氏度时设置常压储热罐，高于 98 摄氏度时设置承压储热罐。常压储热罐最高工作温度一般为 95～98 摄氏度，承压储热罐最高工作温度一般为 110～125 摄氏度。热介质存储在储罐的上方，冷介质在储罐的下部，依靠密度差，中间形成一段温度梯度层——斜温层。储热罐在热负荷较低工况下将多余热量储存，在热负荷较低工况下再放出，通过储热罐的调节，可以使用户热负荷曲线趋于平滑，有助于机组保持较高效率运行。储热完成后，机组可在夜间或者特定时间内降低负荷甚至停机而不会对供热产生影响。

2. 固体蓄热锅炉

高压固体电蓄热锅炉由高压电发热体、高温蓄能体、高温热交换器、热输出控制器、耐高温保温外壳和自动控制系统组成。在电网低谷或弃风时段，通过自动控制系统将电能转换为热能，当高温蓄热体温度达到设定上限值或电网低谷或弃风电时段结束时，通过自动控制系统切断高压开关使得高压电发热体停止工作。通过热输出控制器将高温蓄热体与高温热交换器连接，高温热交换器将高温蓄热体储存的热能在 24 小时连续均匀地释放到热网循环水中。同时通过快放功能，可实现 7 小时调峰蓄热，14 小时快速放热或 10 小时快速放热，以适应极端天气温度下的热网调节。固体蓄热锅炉也可以直接采用锅炉主蒸汽作为热源直接加热蓄热体，提高整体热效率。

（二）电极热水锅炉技术

电极热水锅炉采用 10 千伏～20 千伏高压电通过电极直接加热水，通过与热网供回水管道进行换热向热网供热。可在热电厂或热用户处建设电极热水锅炉，在夜晚社会用电负荷低谷、供暖高峰阶段，降低机组热负荷提高电网负荷，把负荷空间让给可再生能源和清洁能源（风电，核电等），还可以弥补机组夜晚低负荷运行而带来的用于供热抽气不足带来的供热能力不足的问题。由于电锅炉只在夜晚运行，且机组白天通常是高负荷运行，可以保证白天供热的抽气量要求。

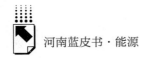

（三）煤电机组低负荷运行改造技术

煤电机组低负荷运行主要包括锅炉低负荷运行及汽轮机低负荷运行，锅炉低负荷运行可采用燃烧器改造实现，辅以制粉系统磨煤机、送粉管道改造来实现，同时为了保证低负荷燃烧的安全性，增加必要的温度测点。燃烧器改造包括等离子燃烧器、富氧燃烧器等，运行的经济性需要准确详细的计算分析。汽轮机低负荷运行需要对汽轮机高压调节汽门配汽方式进行优化，对低负荷滑压运行曲线进行试验优化。汽轮机采用反动式设计技术来替代原汽轮机冲动式设计方案，对汽轮机末级叶片强度进行核算改造。

通过对机组全负荷范围内自动有功控制系统协调、汽温及脱硝优化控制改造及对现有分散集中控制系统进行相应的优化，可实现控制系统在低负荷状态下自动投入，保证机组运行的安全性和经济性。

（四）锅炉低负荷脱硝技术

常规的实现低负荷脱硝技术主要包括以下三大类。

1. 调整运行方式提高脱硝入口烟气温度

锅炉运行时，通过调整锅炉运行方式可以适当提高脱销装置反应器入口烟气温度，比如：调整低负荷投运的煤粉燃烧器层次，当投入上层煤粉燃烧器时必然引起锅炉排烟温度升高；延长吹灰时间间隔，在换热管壁上有积灰会使得烟气放热量减少，也会引起排烟温度升高；调整烟气挡板开度、调整磨煤机出口温度、调整锅炉风量等也都会改变脱销装置入口烟气温度，但是本项技术对烟气温度升高影响有限，而且有些运行方式不利于机组稳定运行，只能作为辅助手段。

2. 采用特殊催化剂实现低负荷脱硝

目前电厂普遍存在烟气温度偏低脱硝不能投运的问题，通过使用脱硝催化剂可以改善上述问题，一般常规脱硝催化剂推荐的使用烟气温度范围是320摄氏度至420摄氏度，宽温差脱硝催化剂的使用烟气温度范围是250摄氏度至450摄氏度。宽温差脱硝催化剂主要是在常规催化剂基础上进行如下改进：调整钒钛系催化剂的活性组份，抑制在较低温度下二氧化硫向三氧化硫的转化及硫酸氢铵的生成；增加催化剂表面改性剂材料避免硫酸氢铵沉积及催化剂中毒。目前该催化剂技术还在研究试验阶段。

3. 烟风汽水系统改造提高烟气温度

通过对机组现有烟风汽水系统进行改造，提高脱硝反应器入口的烟气温度，能够使得机组在更低的负荷工况下达到脱硝投入运行的烟气温度要求。改造方案包括省煤器分级方案、省煤器烟气旁路方案、省煤器给水旁路方案、省煤器给水置换方案、新增 0 号高加方案、增加天然气喷枪等。

（1）省煤器分级方案

锅炉尾部烟气经过省煤器，将烟气中热量传递给给水，烟气温度降低，给水温度升高，以此回收排烟余热提高锅炉热效率。省煤器入口烟气温度一般在 500 摄氏度左右，省煤器出口烟气温度一般在 350 摄氏度左右，脱硝催化剂对烟气温度的要求范围是 320 摄氏度至 420 摄氏度，所以脱硝一般就从省煤器出口引接。省煤器出口最高温度一般在 400 摄氏度左右，最低温度随着锅炉负荷变化波动比较大，最低能到 250 摄氏度左右。若将省煤器分成两级，将脱硝从两级省煤器中间引接，可以保证高负荷时烟气不超温，低负荷时烟气温度提高，则就可以提高脱硝的投运负荷范围。将原省煤器分成两级，第一级省煤器为脱硝装置后受热面作，第二级省煤器为现有省煤器剩余受热面，通过省煤器布置位置的变化提高脱硝装置入口烟气温度的同时可以保证空气预热器进口的烟气温度不变，以达到不影响排烟温度及锅炉效率的目的。

（2）省煤器烟气旁路方案

锅炉尾部烟气经过省煤器，将烟气中热量传递给给水，烟气温度降低，给水温度升高，以此回收排烟预热提高锅炉热效率。若将省煤器前的高温烟气分成两路，一路通过旁路烟道引至省煤器后，一路正常通过省煤器，两路烟气在省煤器后脱销装置反应器前混合。由于通过省煤器的烟气量减少了，烟气的总放热量势必减少，脱销装置反应器入口烟气温度就会升高。在旁路烟道上安装可调节开度的烟气挡板，通过控制旁路烟道挡板、锅炉竖井烟道中低温再热器挡板门和省煤器挡板门就可以调整经过旁路的烟气量，最终可以调节脱销装置入口烟气温度，满足在低负荷时脱硝投运的需要。

一般旁路烟道入口位置可选在后包墙一、二级省煤器之间，或后包墙低过出口和省煤器进口之间，或后包墙低过进口处。烟温选取点温度越高，旁通量越小，对锅炉的影响也越低。入口位置不同的区别是旁路的烟气温度不同，高温烟气旁路烟气温度高，要提高脱销装置入口烟气温度，只需要旁路很小的烟气量就可以满足要求，烟气温度提升明显。低温烟气旁路烟气温度低，提温不明显，达不到很好的效果。

（3）省煤器给水旁路方案

通过减少进入省煤器换热面管内的水流量可以减少省煤器的换热量，提高省煤器出口烟气温度。未进入省煤器换热面管的水量通过旁路管道进入省煤器出口。由于水换热系数大，需旁路输出较大比例的流量才能提高省煤器出口烟气温度，但同时有可能导致省煤器内汽化，影响安全。

在省煤器进口集箱前设置水路旁路管道，通过调节旁路管道调节阀及主给水管路调节阀可以调节旁路给水流量，调节给水在省煤器中吸热量，调节省煤器出口烟温。

（4）省煤器给水置换方案

该方案综合考虑省煤器水侧旁路及热水循环方案，在省煤器进口集箱前设置给水管道设旁路管道和循环管道，旁路管道使部分给水直接进入省煤器出口给水管道，循环管道上设置循环泵，将省煤器出口部分给水送入省煤器入口。低负荷时，一部分水经旁路管道直接进入省煤器出口，通过将与旁路水流量相当的高温水与温度较低给水混合，从而提高省煤器出口烟温。由于方案循环泵基础、循环泵安装、给水旁路管道及循环管道安装不受机组运行影响（或受到影响较小）可先期施工，施工在时间安排上较为灵活，管道合岔及系统调试需停炉工期约10天。

（5）新增0号高加方案

在锅炉给水管道上1号高加之后增加0号高压加热器，高加抽取汽轮机高压缸蒸汽，1号高加出口给水经过0号高加加热后进入锅炉省煤器，进而提高给水温度。

（6）增加天然气喷枪

改造增设天然气系统，可以在锅炉省煤器旁路挡板门后，离催化剂最远侧安装燃用天然气的尾部烟气加热装置，对锅炉尾部烟气进行加热，确保烟气温度提高10摄氏度以上，即可保证脱销装置投入。

（五）煤电机组供热改造技术

可行的供热改造技术有：汽轮机本体抽汽改造技术、吸收式热泵供热技术、高背压供热技术、低真空循环水供热技术。

1. 本体抽汽改造技术

从现有汽轮机的某一级抽气，经过减温减压装置或压力匹配器，为工业用汽用户提供相匹配的蒸汽，或者经过供热首站为居民采暖用户提供持续稳定的采暖热负荷。例如从再热热段管道、再热冷段管道或者中低压联通管进行开孔，抽取供热蒸汽满足供热需要。

再热冷段抽气量受到锅炉再热器的制约，如果抽气量大则锅炉再热器可能存在超温的问题。一般锅炉厂允许的抽气量为再热蒸汽量的10%以下，需要锅炉厂详细核算。再热段由于温度较高，仅适用于个别用户需要较高温度的情况，由于汽轮机高压缸末级叶片强度问题抽气量也不能太大。中低压联通管开孔抽气压力温度较低，抽气量受到低压缸最小进汽量的限制，一般为低压缸进汽量的60%。该技术抽气量受限，但是由于系统简单、改造量小、投资低，在供热改造项目中应用广泛。

2. 吸收式热供热泵技术

吸收式热泵能够从低温热源吸收热量送往高温热源，以汽轮机抽气为驱动能源，产生制冷效应，回收循环水余热，加热热网回水，热网供热量为消耗的蒸汽热量与回收的循环水余热量之和。热泵运行需要压力0.2~0.8兆帕的驱动蒸汽，汽源一般来自汽轮机低压抽气。低温余热的温度大于等于15摄氏度即可利用，可提供的热水温度一般不超过98摄氏度，热水温度越高则效率越低。热泵用于加热热网循环水，进水温度一般在50~60摄氏度，出水温度一般为 70~80 摄氏度，蒸汽型吸收式热泵单机容量最大可达到 5 万千瓦。

3. 高背压供热技术

以零冷源损失为目标衍生出多种供热改造的形式，其中高背压循环水直接供热是其中经济性较好的一种方式，具有供热量大并能在排汽冷源损失为零的前提下保证较高的电热比的优点，在我国北方地区获得了一定程度的应用。目前较成熟的技术有：串联加热技术、低压缸转子光轴供热技术、3 秒靠背轮脱开技术。

（1）串联加热技术

0.6 万千瓦至 5 万千瓦的纯凝或抽凝机组将凝汽器作为一级加热器，机组背压提高至 28 千帕左右，利用热网循环水冷却汽轮机排汽以回收余热，排汽温度一般不超过 67 摄氏度，汽轮机低压转子不改造，然后利用机组抽气把循环热水出水加热到要求的温度。2001 年国家经贸委、国家发展计划委、建设部三部委联合发布《热电联产项目可行性研究技术规定》，规定"在有条件的地区，在采暖期间可考虑抽凝机组低真空运行，循环水供热采暖的方案，在非采暖期恢复常规运行"。

0.6 万千瓦机组通过该技术可以增加供热负荷 1.5 万千瓦。本技术的优点是改造工作量小、费用低；可实现机组冷源零损失。缺点是出口温度常常达不到要求，需要大量抽取其他机组中排抽气。由于机组排汽温度升高较多、不易控制，且低压部分容积流量小，容易引发末级叶片颤振，操作不当可能引起安全、可靠性问题。

（2）低压缸转子光轴供热技术

在供热期时，将低压转子更换为光轴，把中压排汽全部供热用户使用，或进入换热站加热热网循环水，机组实现背压机运行。非采暖期，若热负荷高则仍旧维持光轴背压机运行，若热负荷低则使用原纯凝转子抽凝机运行。可以配套两根低压缸轴，一个轴为非采暖期抽凝运行，一个光轴为采暖期背压机运行。也可以配套一个轴，在采暖期将轴上的叶片拆除，以光轴方式运行，非采暖期再将叶片装回去，实现抽凝运行。

本技术优点是机组供热期内冷源损失为零，电热比高、供热经济性好。缺点是电热比较低，影响发电量较多；对于中排压力高的机组不太适合。每年更换转子需要停机两次。

（3）3秒靠背轮脱开技术

发电机安置在汽机前部，低压缸与高压缸通过3秒靠背轮连接（可自动连接与脱开），供热期内中压排汽可以全部进入换热站，不进入低压缸，减少热能损失。此外，与此类似的还有采用双发电机（汽轮机高中压部分和低压部分分别连接一台发电机，其中低压缸分缸压力一般取0.25兆帕左右）的凝抽备机组。

本技术优点是调节灵活，安全性高；供热和纯凝切换时，3秒靠背轮可以自行连接和脱开，无须停机。缺点是热电比差，发电量受影响较多；排汽参数偏高；改造工作量大，不适合改造项目。

三 河南省煤电机组灵活性技术研究

结合河南省煤电现状、调峰需求以及国内试点省份开展煤电灵活性改造的具体实施路径，对河南省开展煤电灵活性技术改造工作提出了具体的改造思路。

（一）煤电机组现状

截至2017年底，河南省电厂总装机容量为7992.6万千瓦，年发电量2703亿千瓦时。全省装机中，火电装机容量6657万千瓦（其中煤电装机6352万千瓦），水电装机容量399万千瓦，风电装机容量233万千瓦，光伏装机容量703万千瓦。火电装机容量占全省比例高达83.3%，水电、光伏和风电装机占比为16.7%。2017年全省发电量2703亿千瓦时，同比增加4.11%。其中，火电发电量2528.4亿千瓦时，水电发电量99.8亿千瓦时，其他装机发电量99.7亿千瓦时。

近年来，随着全省产业结构调整升级和居民生活水平的不断提高，全省用电结构、负荷特性发生明显改变，电力负荷波动的速率及幅度越来越大，年最大峰谷差率达到40%左右，省内煤电机组调峰压力加大。同时，全省新能源迅猛发展导致部分时段腰荷调峰困难，且吸收外省电力不断加大一定程度上加重了省内机组调峰压力。从省内调峰机组来看，特别是冬季采暖季期间，全省供热机组受节能减排、"电代煤"政策等不断提高，自备电厂基本不参与调峰，导致煤电机组最小技术出力大幅提升，导致煤电整体调峰能力进一步下降，而河南抽蓄、燃机等调峰电源装机比例小，调峰能力不足已成为河南电力发展面临的主要问题。

（二）实施路径研究

1. 国内改造案例

典型60万千瓦超临界、30万千瓦亚临界抽凝湿冷机组各负荷运行参数情况如表2所示，60万千瓦超临界机组降低50%负荷供电煤耗升高23.98克/千瓦时，30万千瓦亚临界机组供电煤耗升高30.57克/千瓦时，在同等条件下应优先选择60万千瓦超临界机组调峰。

表2 典型60万千瓦、30万千瓦机组运行参数表

序号	单位	60万千瓦超临界			30万千瓦亚临界		
		100%额定	75%额定	50%额定	100%额定	75%额定	50%额定
功率	万千瓦	60	42	30	30	22.5	15
热耗	千焦/千瓦时	7574	7700	7976	8005.8	8130.2	8521.1
锅炉效率	%	93.03	92.89	92.57	92.56	92.49	92.32
热效率	%	43.78	42.99	41.36	41.21	40.54	38.61
发电标煤耗	克/千瓦时	280.98	286.08	297.36	298.50	303.37	318.54
主汽压力	兆帕	25.4	20.59	13.86	16.7	16.7	16.7
主汽温度	摄氏度	571	571	571	537	537	537
厂用电率	%	5	6	7	6	7	8.5
供电煤耗	克/千瓦时	295.76	304.34	319.74	317.56	326.21	348.13

2015年底，国电庄河为两台60万千瓦超临界纯凝机组进行了机组灵活性改造，改造后机组可以在30%负荷下连续稳定运行，达到了深度调峰的

需要。改造内容如下。

解决机组低于 50% 负荷运行存在问题，对机组进行安全性核算，对汽轮机本体及锅炉本体进行必要的改造；对辅助设备进行核算，进行必要的改造确保低负荷运行稳定；改造锅炉制粉系统、燃烧系统，保证机组不在低负荷不投油稳燃；对机组进行协调优化，确保低负荷调峰期间 AGC 正常投运无调节限制；进行省煤器给水旁路改造，提高脱硝入口烟温，保证脱硝系统在全负荷状态下投入。

2016 年下半，年华电丹东金山热电厂为两台 35 万千瓦亚临界热电联产机组进行了机组灵活性改造，改造后机组可以保证非供热期可以实现 30% 负荷下连续稳定运行。改造内容如下。

在厂外新建 26 万千瓦的固体储热锅炉，供热能力为 7.2 万千瓦，可增加供热面积约 147 万平方米；利用电能加热蓄热时长为 7 小时（22 点 ~ 5 点），白天蓄热装置仅靠蓄热满足白天供热需求，不再消耗电能。

2017 年，国电吉林江南热电厂为两台 30 万千瓦亚临界热电联产机组，编制了灵活性改造工程可研并分步实施，改造后机组可以保证非供热期可以实现 30% 负荷下连续稳定运行。改造实施内容如下。

在原有工业供热、采暖供热的情况下增加了两级减温减压供热系统，将部分主蒸汽或再热热段蒸汽经过减温减压后增加工业及采暖供热能力；在供热系统增加了 2.2 万立方米常压热水储罐，可以实现白天热网负荷低时 18 小时蓄热，夜间热网负荷高时 6 小时放热，调节热网、电网峰谷差。

2. 河南省火电灵活性改造思路

建议河南省结合电网运行的调峰需要，通过对不同容量火电机组的供电煤耗等指标进行比选，选择几个试点电厂进行灵活性改造，由于改造会增加投资，而且灵活性运行方式一般都会引起供电、供热耗能增加，应配套出台相应的调峰经济补偿政策。具体技术改造思路如下。

第一步：参考试点地区项目开展情况开展机组深度调峰改造，保证纯凝工况可以实现 30% 负荷下连续稳定运行，提高机组深度调峰能力。针对不同的机组情况改造方案略有不同，主要在锅炉、汽机本体，改造技术都很成熟。

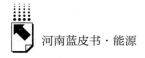

第二步：对锅炉尾部除尘系统、脱硫系统进行摸底核算，对脱硝系统进行改造，提高低负荷脱硝入口烟温，实现在30%负荷运行时脱硝能够正常稳定运行，烟气排放达标。

第三步：对现有供热机组进行升级改造，通过提高机组供热抽气能力、回收余热等措施挖掘机组抽气供热能力，提高机组热电比。

第四步：对供热机组进行热电解耦改造进一步解决供热供电的矛盾，考虑到节能因素，建议在热电厂配套建设热水储罐，白天电负荷高、热负荷低的时候用热水储罐蓄热，晚上电负荷低、热负荷高的时候用热水储罐供热。

四　结论及建议

未来受新能源迅猛发展、用电负荷峰谷差持续加大、调峰电源建设缓慢、大规模储能技术未取得突破等因素影响，河南省电网调峰困难日益加剧，亟须灵活性改造提高电网灵活运行能力。主要建议如下。

（一）科学制定煤电灵活改造技术路线

灵活性改造按大类可分为蓄能技术、电极热水锅炉技术、煤电机组低负荷运行控制技术、锅炉低负荷脱硝技术、煤电厂供热改造技术。各技术均有其优缺点及局限性，具体采用何种技术路线应多方面分析确定，在提高电网灵活性的时候保持较高的能源利用效率。

（二）政府出台辅助服务支持政策

随着电力市场体制改革的有序推进，通过在发电侧引入竞争机制，可再生能源处于优先地位，传统煤电不仅承担了调峰任务，还面临利润压缩的风险，国家陆续推出了一系列电网调度运行、新能源发电消纳、煤电机组灵活性改造的政策文件，个别调峰问题突出的地区也纷纷推出了适合当地的灵活性改造政策文件，河南省也需尽快制定出台灵活性政策文件，配套建设和火电灵活性改造相适应的调峰市场规则，合理考虑市场主题的投资和运行成本问题，合理引导煤电进行灵活性改造，激励市场中的运行主体主动，提升煤电企业参与辅助服务积极性。

（三）加快实施煤电灵活性改造工程

结合未来电力需求的变化趋势，根据省内电厂分布、电负荷热负荷分布确定灵活性改造机组容量及改造电厂，提出灵活性改造容量要求，进行机组深度调峰改造及热电解耦改造，满足省内供电、供热及新能源上网需求。

（四）多措并举同步提升系统调峰能力

提前研究大规模煤电灵活性改造对电网的影响，配套完善电网网架建设，促进新能源的消纳。同时提倡用户在电力交易过程中利用最低的边界成本购买电能，促进电力供需达到优化平衡的目的，有效提升煤电机组的运行灵活性，从而改善电网调峰问题。

参考文献

国务院：《关于进一步深化电力体制改革的若干意见》（中发〔2015〕9号），2015年3月15日。

国家发改委：《关于改善电力运行调节促进清洁能源多发满发的指导意见》（发改运行〔2015〕518号），2015年3月20日。

国家发改委：《可再生能源发电全额保障性收购管理办法》（发改能源〔2016〕5625号），2016年3月24日。

国家能源局：《关于下达火电灵活性改造试点项目的通知》（国能综电力〔2016〕397号），2016年6月28日。

国家发改委：《可再生能源调峰机组优先发电试行办法》（发改运行〔2016〕1558号），2016年7月14日。

国家能源局：《关于下达第二批火电灵活性改造试点项目的通知》（国能综电力〔2016〕474号），2016年7月28日。

国家发改委：《关于促进储能技术与产业发展的指导意见》（发改能源〔2017〕1701号），2017月9日22。

B.22
河南省农村"煤改电"
清洁供暖研究及政策建议

武玉丰　邓方钊　刘军会　陈　重*

摘　要： 推进河南省大气污染传输通道城市冬季清洁供暖工作，是实施乡村振兴战略、加强大气环境治理、推进电能替代的重要举措，"煤改电"作为清洁供暖的有效技术手段之一，应用前景广阔。河南农村面积广阔，实施"煤改电"清洁供暖拥有难得的历史机遇和良好的基础环境，同时也存在不少困难和问题。大力推进"煤改电"清洁供暖，需要因地制宜，根据不同电供暖方案技术经济特性，选择合理的技术路线和商业模式。未来，河南需进一步协同统筹推进、加大政策支持、提升建筑节能、加强配网建设，有效保障"煤改电"清洁供暖顺利实施。本文论述了推进农村"煤改电"清洁供暖的内涵与意义，从而进一步论述河南省农村"煤改电"清洁供暖的机遇与条件，以及面临的主要问题，最后提出河南农村"煤改电"清洁供暖的对策建议。

关键词： 清洁取暖　煤改电　电采暖　技术经济性

---

* 武玉丰，河南省电力公司营销部市场处处长，高级工程师，研究方向为电能替代和综合能源服务；邓方钊，国网河南省电力公司经济技术研究院工程师，工学硕士，研究方向为能源电力供需、电网规划；刘军会，国网河南省电力公司经济技术研究院工程师，工学硕士，研究方向为能源电力供需；陈重，河南省电力公司营销部市场处，高级工程师，研究方向为电能替代。

长期以来，河南广大农村地区、一些城镇及部分大中城市的周边区域，大量采用分散燃煤和散烧煤取暖，既影响了居民基本生活改善，也加重了冬季雾霾天气，造成能源资源浪费。党中央、国务院高度重视北方地区冬季清洁取暖工作，习近平总书记强调，推进北方地区冬季清洁取暖关系广大人民群众生活，是重大的民生工程、民心工程。2017 年河南省先后出台了推进清洁取暖实施方案、清洁供暖价格支持等政策，郑州、安阳、开封等 17 个地市也出台具体的"煤改电"设备购置和电价补贴政策，完成居民"煤改电"111 万户，供暖季共减少燃煤约 168 万吨，减排二氧化碳 299 万吨，有效改善了大气环境质量和农村家庭生活条件。

一 推进农村"煤改电"清洁供暖的内涵与意义

"煤改电"清洁供暖，或电供暖，是指利用电力向用户供暖的方式，具有清洁高效、电能利用品质高、布置和运行方式灵活等优势。在热力管网覆盖不到的城乡接合部、农村等地区推广"煤改电"清洁供暖，对于实现乡村振兴，加强环境治理和推动能源转型具有重要意义。

（一）"煤改电"清洁供暖的内涵

清洁供暖，或清洁取暖，是指利用清洁化燃煤（超低排放）、天然气、太阳能、电、地热、生物质、工业余热、核能等清洁化能源，通过高效用能系统实现低排放、低能耗的取暖方式，包含以降低污染排放和能源消耗为目标的取暖全过程，涉及清洁热源、高效输配管网、节能建筑等环节。截至 2016 年底，我国北方地区城乡建筑取暖总面积约 206 亿平方米，燃煤取暖面积占 83%，用煤年消耗约 4 亿吨标准煤，其中散烧煤约 2 亿吨标准煤，主要分布在农村地区；天然气、太阳能、电、地热、生物质、工业余热等合计约 17%。

"煤改电"清洁供暖，或电供暖，是指利用电力，使用电锅炉等集中供暖设施或发热电缆、电热膜、蓄热电暖器等分散式电供暖设施，以及各类电

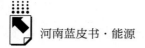

驱动热泵向用户供暖，具有布置和运行方式灵活，可提高电能占终端能源消费的比重等。蓄热式电锅炉还可以配合电网调峰，促进可再生能源消纳。截至2016年底，我国北方地区电供暖面积约4亿平方米，占取暖总面积比重约2%。

目前，国家大力推动在北方地区，尤其是在大气污染传输通道城市实施冬季清洁供暖，满足居民清洁取暖需求。其中，电供暖因其清洁高效、电能利用品质高、布置和运行方式灵活等优势，在热力管网覆盖不到的城乡接合部、农村等地区得到大力推广。

（二）"煤改电"清洁供暖的意义

1. 推进"煤改电"清洁供暖，是实现乡村振兴的必然要求

中央农村工作会议围绕党的十九大报告中提出的实施乡村振兴战略，提出走中国特色社会主义乡村振兴道路，必须重塑城乡关系，走城乡融合发展之路；必须坚持人与自然和谐共生，走乡村绿色发展之路。当前，河南广大城乡接合部、农村等地区在冬季多采用分散供暖，大量使用柴灶、火炕、炉子、土暖气等，经济性差、污染严重、能源效率低、安全性堪忧，农民过冬生活环境与城镇居民差距巨大。加快推进农村地区清洁供暖工作，对改善农村人居环境、提升农民生活水平、加快城乡一体化进程等都具有重要作用，必须将农村清洁取暖工作和扶贫攻坚、美丽乡村建设、现代农业发展等进行统一规划，作为乡村振兴的重要内容统筹推进。受农村基础设施和热力、天然气管网分布等条件限制，选择合适的电采暖方式，推进"煤改电"清洁供暖，成为补齐农村供暖配套短板、改善农村居民居住条件的重要选择，也成为促进城乡一体融入式发展、提高广大人民群众获得感的一项重要民生工程。

2. 推进"煤改电"清洁供暖，是强化环境治理的重大举措

近年来，我国华北、河南北部地区空气污染情况严重，尤其在秋冬季节，雾霾天气频发，对人民群众健康生活造成了严重影响。数据显示，京津冀地区全年PM2.5平均浓度为每立方米88微克，供暖季平均浓度为每立方

米 111 微克,是全年的 1.26 倍。采暖期燃煤总量大、强度高、方式落后,燃煤采暖锅炉和散煤燃烧是造成雾霾的重要诱因。研究表明,90% 以上的散煤用于城市和农村生活采暖,冬季供暖使得 PM2.5 浓度增加 50% 以上,显著加重冬季空气污染。供暖方式落后、散煤污染排放严重已经成为影响人民对美好生活需要的关键短板,治理散煤燃烧、推行清洁取暖已经尤为紧迫和重要。推进"煤改电"清洁供暖,是强化大气污染防治、推进生态文明建设的重大举措,对改善秋冬季空气质量、培养农村绿色生活方式具有重大意义。

3. 推进"煤改电"清洁供暖,是推动能源转型的迫切需要

当前,河南能源消耗总量大、煤炭消费占比高、能源"最后一公里"短板突出,与全面建成小康社会、建设现代化能源体系的要求差距较大,亟须实施能源消耗总量和能耗强度双控、降低煤炭尤其是散煤消费比重、增强能源基础设施薄弱环节。大力推进"煤改电"等清洁供暖方式,是改变城乡能源发展不平衡、农村能源发展方式落后局面的重要突破口,是推动农村能源革命、实现全省能源转型的迫切需要。从总量上看,推进"煤改电"清洁供暖,能有效降低全省冬季供暖用能量。目前北方地区供热平均综合能耗约 22 千克标准煤/平方米,其中城镇约 19 千克标准煤/平方米,农村约 27 千克标准煤/平方米。推进"煤改电"清洁供暖,能充分发挥电能优质高效的优势,显著降低供暖能耗和用能总量。从结构上看,推进"煤改电"清洁供暖,能有效降低冬季煤炭尤其是散煤利用,提高电能占终端能源消费比重,优化全省能源结构。从能源基础设施上看,推进"煤改电"清洁供暖,需要统筹做好配电网、农网升级改造,解决电网局部"卡脖子"问题,有利于加快补足电网短板,建设中部领先城乡配电网。

二 河南农村"煤改电"清洁供暖的机遇与条件

当前各级政府积极推动,用电采暖技术日趋成熟,商业模式不断创新,

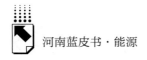

为在河南农村推广"煤改电"提供了重大机遇。价格支持政策不断完善，年度煤改电任务超额完成，配电网支撑能力显著增强，"煤改电"市场化运营得到突破，为河南农村推广"煤改电"夯实了基础。

（一）重大机遇

1. 各级政府积极推动，为推进"煤改电"创造了良好政策环境

国家层面，2016 年 12 月中央财经领导小组第十四次会议指出，推进北方地区冬季清洁取暖，要按照企业为主、政府推动、居民可承受的方针，宜气则气，宜电则电，尽可能利用清洁能源，加快提高清洁供暖比重；2017 年 2 月《京津冀及周边地区 2017 年大气污染防治工作方案》明确，"2 + 26"城市列为北方地区冬季清洁取暖规划首批实施范围，要求豫北五市、郑州、开封于 10 月底前分别完成 5 万～10 万户以气代煤或以电代煤工程；2017 年 5 月四部委联合下发《关于开展中央财政支持北方地区冬季清洁取暖试点工作的通知》，河南郑州、开封、鹤壁、新乡四地市入选试点城市，实施期为 2017 年 6 月至 2020 年 5 月，三年内每年可争取中央财政专项补助资金 22 亿元，3 年共计 66 亿元；2017 年 12 月国家发改委印发《北方地区冬季清洁取暖规划（2017－2021 年）》，对北方地区未来推进"煤改电"等清洁取暖做出了全面部署。

省级层面，2017 年 3 月河南省发改委印发的《河南省 2017 年电代煤、气代煤工作推进方案》中提出在供热管网无法覆盖区域，完成气代煤、电代煤改造民生工程 100 万户，20 万户以上农村居民永久性实现厨炊电气化，其中全省七个京津冀大气污染传输通道城市电代煤、气代煤目标任务为 41 万户；2017 年 4 月，河南省政府公布"十件重点民生实事"工作方案，"加快推进冬季清洁取暖"入选，并明确提出了全年全省完成电代煤、气代煤合计 100 万户的目标。

市级层面，河南省各地市均已印发 2017 年电代煤、气代煤工作推进方案。全省除信阳市其余 17 个地市均出台了居民"电代煤"设备购置和电价补贴政策，设备购置补贴在 500～3500 元，郑州、安阳、新乡三个地市最高

为 3500 元；电价补贴在每千瓦时 0.1 ~ 0.4 元，焦作最高为每千瓦时 0.4 元（最高补贴 2500 度），其次为开封每千瓦时 0.3 元（最高补贴 3000 度），其余城市除商丘每千瓦时补贴 0.1 元外，基本按照每千瓦时 0.2 元（最高补贴 3000 度）进行补贴（见表1）。

表1 河南省各地市"煤改电"完成及补贴情况

序号	地市	"双替代"目标	电代煤完成户数	设备购置补贴	电价补贴标准
1	郑 州	9	9.80 万户	3500 元	0.2 元(3000 度)
2	开 封	6	5.50 万户	2000 元	0.3 元(3000 度)
3	洛 阳	7	6.74 万户	2000 元	/
4	平顶山	6	4.79 万户	3000 元	0.2 元(1200 度)
5	安 阳	6	16.01 万户	3500 元	0.2 元(3000 度)
6	鹤 壁	4	5.07 万户	2500 元	0.2 元(3000 度)
7	新 乡	6	6.35 万户	3500 元	0.2 元(3000 度)
8	焦 作	5	5.82 万户	2000 元	0.4 元(2500 度)
9	许 昌	3	3.13 万户	下发补贴资金 650 万元	
10	漯 河	3	2.97 万户	1750 元	0.2 元(3000 度)
11	商 丘	5	5.18 万户	2800 元	0.1 元(1500 度)
12	周 口	7	9.72 万户	2800 元	0.2 元(300 度/月)
13	济 源	2	1.91 万户	600 元	0.2 元(3000 度)
14	驻马店	5	5.14 万户	1000 元	0.2 元(1000 度)
15	濮 阳	5	1.87 万户	下发补贴资金 2000 万元	
16	南 阳	8	8.06 万户	1750 元	/
17	三门峡	5	4.51 万户	500 元	0.2 元(2500 度)
18	信 阳	8	8.58 万户	/	/
	合 计	100	111.15 万户		

2. 用电采暖技术进步，为推进"煤改电"提供了有力基础支撑

目前，市场上用电采暖技术经过长足发展，已经比较成熟。冬季电供暖按供热方式不同主要分为集中式电供暖和分散式电供暖。集中式电供暖主要包括蓄热式电锅炉、热泵等技术，分散式电供暖包含高温碳晶、发热电缆、电热膜、分体式空气源热泵等技术。蓄热式电锅炉利用电网低谷时段低价电将电能转换成热能，通过蓄热介质储存并在电网高峰时段释放热

能以满足采暖和生活热水需求，蓄热式电锅炉热效率可达98%，自动化程度高，安全可靠。热泵是一种高效节能设备，可通过少量的电能输入，实现大气、水、土壤中的低位热能向高位热能转移，热泵分为空气源热泵、水源热泵、土壤源热泵，能效比达到3~5.5，具有清洁环保、运行成本低等优点，可广泛应用于居民小区、学校、宾馆等行业的热水及供暖场合。碳晶材料、发热电缆、电热膜等分散式电供暖是以新型材料为发热体将电能转化为热能，以低温辐射的方式，把热量送入房间，分散电采暖制热均匀、舒适、不干燥，安全性能优良，可控性强，可实现分户分时控制，效率接近100%。各种用电采暖方式的进步，为推进"煤改电"提供了有力技术支撑。

3. 商业模式不断创新，为推进"煤改电"提供了坚强运营保障

当前，推进"煤改电"清洁供暖，进行供暖设备的投资和运营，按照投资来源不同，基本可分为企业投资模式和居民自投模式两种。其中，企业投资模式的思路为，按照"企业为主、政府推动、居民可承受"的方针要求，由企业进行设备投资和商业化运营，并享受政府给予的各项"煤改电"政策补贴，居民按照可承受价格支付供暖等费用；居民自投模式的思路为，居民对设备进行投资，每年只需支付电费、设备维修等纯成本费用。此外，鼓励支持开展政府和社会资本合作（PPP）等方式支持项目建设运营，鼓励社会资本设立清洁取暖产业资金，支持符合条件的清洁供暖企业首次公开发行（IPO）股票并上市，支持"煤改电"清洁能源供暖项目参与温室气体自愿减排交易，支持电网企业转型为综合能源服务商，发挥责任央企表率，开展冷热电三联供和合同能源管理。

（二）基础条件

2017年，河南省发改委、各地市、电力公司陆续出台各项"煤改电"、电能替代工作实施方案，提出多项居民电采暖设备补贴标准和电价支持政策，年度"煤改电"任务超额完成，配电网支撑能力显著增强，市场化运营成效显著，河南农村"煤改电"清洁供暖基础得到不断夯实。

1. 价格支持政策不断完善

2017 年 10 月，省发改委出台《关于转发〈国家发改委关于印发北方地区清洁供暖价格政策意见的通知〉的通知》，全面推行居民峰谷电价和供暖期阶梯电价，探索集中清洁供暖用电电力市场化交易，降低"电代煤"用电成本。一是在全省范围内全面推行居民峰谷分时电价政策，充分利用低谷电价优势，每日 22 时至次日 8 时在分档电价的基础上每千瓦时降低 0.12 元，鼓励用户选择应用蓄能电采暖设备。二是实行供暖期阶梯电价政策，采暖期 4 个月第一档电量每月增加 100 度并取消第三档电价，大大减轻了居民"电代煤"取暖负担。三是将集中管理清洁供暖用电纳入电能替代"打包交易"，通过电力交易平台组织交易，每千瓦时可降低供暖成本 0.1 元左右。同时明确集中电供暖项目可选择执行居民合表电价。

2. 年度煤改电任务超额完成

根据河南省政府十件重点民生实事进展情况的通报，在 2017 年供暖季到来之前，冬季清洁取暖工作涉及的气代煤、电代煤、分散燃煤锅炉拆改等 8 项指标任务均已超额或全部完成年度目标。其中，2017 年全省"双替代"清洁供暖累计完成 122 万户，"电代煤"完成 111.1 万户，"气代煤"完成 11.3 万户。七个传输通道城市完成 58.0 万户，其中，电代煤完成 50.4 万户，气代煤 7.6 万户。

3. 配电网支撑能力显著增强

2017 年，河南省政府十件重点民生实事中"新一轮农村电网改造"任务超额完成，提前 3 个月完成 1900 个中心村（小城镇）电网改造升级、3900 个贫困村通动力电，2017~2018 年两年计划脱贫的 38 个贫困县电网脱贫工程全部完成。通过大规模集中改造，河南基本解决了农村和城市郊区 10 千伏电网"卡脖子"、低电压问题，用电"最后一公里"问题得到有效缓解。与 2015 年底相比，河南农村电网 110 千伏、35 千伏容载比分别由 1.7、1.66 提升至 1.82、1.73，户均配变容量由 1.05 千伏安提升至 1.86 千伏安，全省农网薄弱局面基本得到扭转，为大规模实施"煤改电"提供了必要条件。2017 年安排 35.3 亿元专项资金，用于大气污染传输通道城市

"煤改电"配套电网建设，新建 10 千伏开闭所 2 个，新建改造 10 千伏配变 8234 台容量 222.5 万千伏安，10 千伏及以下线路 1.48 万公里，实现户均供电能力平均提升 40% 以上，全力保障冬季电采暖可靠供电。

4. "煤改电"市场化运营得到突破

为落实国家推进清洁供暖"企业为主、政府推动、居民可承受"的方针，探索实践居民电清洁取暖市场化运营模式，破解居民电清洁取暖难题，河南省电力公司在京津冀大气污染治理通道城市安阳选取了以新型农村社区为代表的楼房小区和以常规分散居住为代表的农村平房作为试点，采用先进的相变储能供热技术实现居民清洁供暖。在商业运用模式上通过电能替代"打包交易"、政府电价补贴等支持政策，按照居民可承受原则收取供暖费用，结合政府设备购置补贴政策，实现了社会企业在居民电清洁取暖领域商业化市场运营，通过 2017 年取暖季试运行，取得了较好的效果。

三　河南农村"煤改电"清洁供暖面临的主要问题

从实际推广情况来看，目前河南省清洁取暖比例仍然较低，特别是农村地区仍有大量的燃散煤居民用户，"煤改电"替代潜力和发展空间巨大，仍需持续发挥电能清洁、安全、便捷的优势，助力全省乡村振兴、环境治理、能源转型。但与此同时，高昂的电采暖设备购置费用和后期运行费用制约农村居民"煤改电"的实施，农村居民房屋保温性能不达标严重影响取暖效果，农村配电网支撑能力需进一步提高，"煤改电"推广过程中还存在一些突出问题亟待解决。

（一）缺乏"煤改电"长效支持政策

电采暖成本较高、经济性较差，对财政、电价补贴的依赖性较强。按照河南地区 100 平方米常用节能建筑面积住宅，供暖季 120 天，对普通燃煤炉、清洁燃煤炉、燃气壁挂炉、直热电采暖、空气源热泵、蓄热电暖器等六种常见取暖方式进行测算，测算结果如表 2 所示。

表2　不同能源取暖方式下经济性比较

采暖方式		普通燃煤炉	清洁燃煤炉	燃气壁挂炉	直热电采暖	蓄热电暖器	空气源热泵
建设费用	主设备及配套(元)	1150	2000	5000	8000	11000	15000
	室内末端(元)	2000	2000	2000	0	0	2000
	总计(元)	3150	4000	7000	8000	11000	17000
运行成本	当前能源单价	600元/吨	1000元/吨	2.25元/立方阶梯气价	居民阶梯峰谷电价	居民阶梯峰谷电价	居民阶梯峰谷电价
	运行效率	50%	60%	80%	98%	98%	230%
	发热量	4500千卡/公斤	5500千卡/公斤	8400千卡/立方	860千卡/千瓦时	860千卡/千瓦时	860千卡/千瓦时
	采暖季能源用量	2.3吨	1.5吨	750立方	6000千瓦时	6000千瓦时	2600千瓦时
	采暖费用(元/平方米)	13.8	15.0	20.6	34.0	29.0	14.5
	年运行费用(元)	1380	1500	2060	3400	2900	1450

可以看出，清洁取暖方式中，直热电采暖运行成本最高达每平方米34.0元，分别是普通燃煤炉、空气源热泵、清洁燃煤炉、燃气壁挂炉、蓄热电暖器取暖的2.5倍、2.3倍、2.3倍、1.7倍、1.2倍。空气源热泵运行成本较低，但建设费用最高达1.7万元，分别是普通燃煤炉、清洁燃煤炉、燃气壁挂炉、直热电采暖、蓄热电暖器设备的5.4倍、4.3倍、2.4倍、2.1倍、1.5倍。从运行成本、建设费用来看，电采暖成本较高、经济性较差，对财政、电价补贴的依赖性较强。河南是农业大省、人口大省，农村人口超过5000万人，是全国农村人口最多的省份，农村地区"煤改电"需求大，但目前农村取暖无规划、无管理、无支持，政府财政补贴压力较大。若没有统筹规划和长效政策支持，可能出现冬季取暖"反替代"现象。

（二）农村居民住房保温性能低

目前河南农村地区大部分房屋建筑层高过高、围护构造简单、窗墙比偏大、密闭性差，基本无任何保温措施，保温性差，造成室内外因空气对流、辐射造成的热损失较大，相当一部分取暖能源被浪费掉。据测算，相同面积

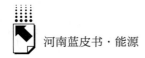
下，取暖季河南农村地区房屋比国家65%建筑节能强制性标准的居民建筑增加能耗50%以上，造成供暖成本高、取暖效果差，不利于节约能源和降低供暖成本。

（三）"煤改电"对配套电网提出更高要求

近年来，河南农网发展成效显著，用电"最后一公里"问题得到有效缓解，为大规模实施"煤改电"提供了必要条件。但也应该看到，随着乡村振兴战略深入实施，未来河南农村地区用电水平将逐步升高，在电采暖方面，受地域环境、生活水平等因素影响，居民供暖需求将呈现多样化，采用蓄热电暖器、空气源热泵等技术的用户将逐渐增多，此类用户对取暖要求较高，户均供电能力需达到5千瓦以上，是目前河南农村户均供电能力（1.86千瓦）的近3倍，对配套电网建设标准提出更高要求。

四　河南推进农村"煤改电"清洁供暖的对策建议

为保障农村居民"煤改电"实现"企业为主、政府推动、居民可承受"，推进河南农村"煤改电"项目顺利实施，需要在统筹规划、政策支持、建筑能耗改造、配电网建设上予以长期稳定的支持。

（一）协同推进统筹规划

清洁取暖是一项系统性工程，需要各级政府明确责任部门，建立管理机制，加强各部门协调，保障农村取暖特别是"煤改电"清洁取暖科学有序发展，要结合实际，建议在电网配套、技术路线、项目运行、建筑节能、环保要求、体制机制改革、舆论宣传等各个环节落实责任和细化措施，保障工作有序稳妥落实。

（二）加大政策支持力度

加强投资、价格、交易等政策支持，研究建立全社会分担成本的政策机制，建议尽快出台鼓励发展市场化运营电能清洁取暖的支持政策，实施电厂侧峰谷电价政策，降低发电企业谷段上网电价，进一步降低用户取暖成本；进一步加大清洁取暖电量参与"打包交易"的支持力度；地方政府设备购置和运行补贴政策应直接补贴至社会企业，并保持政策的延续性。通过财政补贴、配套费支持、税费减免、金融扶持、电价支持等手段，积极引导社会资本参与实施清洁取暖，构建"企业为主、政府推动、居民可承受"的运营模式。

（三）提高建筑用能效率

明确建筑、电采暖设备、工程、温度、环保有关标准和要求，城镇新建建筑全面执行国家65%建筑节能强制性标准，推动严寒及寒冷地区新建居住建筑加快实施更高水平节能强制性标准，提高建筑门窗等关键部位节能性能要求。稳步推进既有建筑节能改造，积极推进超低能耗建筑、近零能耗建筑建设示范，鼓励农房按照节能标准建设和改造，推动农村建筑节能保温改造与"煤改电"同步实施，促进电采暖持续健康发展。

（四）加强配电网建设

电网企业应加强与相关城市"煤改电"规划的协调配合，加快配电网改造，结合国家配电网建设行动计划和农网改造计划，有效利用农网改造中央预算内投资、电网企业资金等资金渠道；由地方政府承担电网征地拆迁等前期工作和费用，将相关投资纳入输配电成本，支持配套电网建设；加快研究出台电力普遍服务补偿机制，支持企业在偏远地区做好电网建设和运行维护工作，满足电采暖区域用电需求。

参考文献

国家发展改革委、国家能源局：《京津冀及周边地区2017年大气污染防治工作方

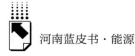

案》（环大气〔2017〕29 号），2017 年 2 月 17 日。

国家发展改革委：《北方地区冬季清洁取暖规划（2017－2021 年）》（发改能源〔2017〕2100 号），2017 年 12 月 5 日。

国家能源局：《关于做好北方地区"煤改电"供暖工作保障群众温暖过冬的通知》（国能综通电力〔2017〕131 号），2017 年 12 月 25 日。

河南省人民政府办公厅：《河南省"十三五"能源发展规划》（豫政办〔2017〕2 号），2017 年 1 月 4 日。

河南省人民政府办公厅：《河南省 2017 年持续打好打赢大气污染防治攻坚战行动方案》（豫政办〔2017〕7 号），2017 年 1 月 6 日。

河南省发展改革委：《关于组织开展河南省全民节能行动的通知》（豫发改环资〔2017〕334 号），2017 年 4 月 1 日。

河南省人民政府办公厅：《河南省"十三五"节能减排综合工作方案》（豫政办〔2017〕81 号），2017 年 7 月 9 日。

B.23
郑州市煤电结构调整策略研究

郭 颖 张兴华 庞红媛*

摘 要： 郑州着力建设国家中心城市，经济社会高速发展。在能源转型发展背景下，开展郑州煤电结构调整研究，对构建清洁低碳、安全高效的现代能源体系，保障郑州国家中心城市建设，改善区域大气环境质量具有重要意义。本文深入分析了郑州市煤电结构现状和特点，明晰煤电与大气污染的关系和存在的问题，在借鉴国内外先进经验基础上，从保障郑州能源电力可靠供应的角度出发，提出了郑州市煤电"搬、关、改、治、引"的结构调整策略。

关键词： 郑州市 煤电结构 燃煤机组 大气污染

近年来郑州市经济规模持续快速增长，保持了在全国省会城市中良好的经济发展态势。2017 年 1 月，国家正式出台《关于支持郑州建设国家中心城市的指导意见》，明确提出郑州要在引领中原城市群一体化发展、支撑中部崛起和服务全国发展大局中做出更大贡献，郑州也提出了打造现代化国际商都的宏伟目标。经济的快速增长和较为粗放的发展方式，使得郑州面临的生态环境压力日益增大，全市能源电力发展亟待转型。

郑州市包括郑州市区、新郑、登封、巩义、新密、荥阳、中牟一市区六县

---

* 郭颖，河南省电力勘测设计院高级工程师，工学博士，研究方向为能源电力规划与技术；张兴华，河南省电力勘测设计院高级工程师，工学硕士，研究方向为能源电力规划与技术；庞红媛，河南省电力勘测设计院高级工程师，工学硕士，研究方向为电力系统规划、电磁暂态研究。

（市），总面积 7446 平方公里，人口 968 万人，人口密度居全国省会城市第二位，是河南省能源生产和消费大市。郑州市环境质量形势严峻，由于一次能源消费结构以煤炭为主的特性，污染源解析结果表明燃煤是郑州市大气污染物的主要来源之一。当前，在国家关于河南省煤炭消费总量在"十三五"期间下降 10% 和全省打赢大气污染防治攻坚战一系列决策部署下，抓住我国能源消费减速换挡、供需相对宽松的有利时机，开展郑州市煤电结构调整研究，对保障郑州国家中心城市建设、改善区域大气环境质量、支撑经济社会健康快速发展具有重要意义。

一　郑州市煤电结构现状

（一）电力生产消费现状

郑州市位于河南电网的中部，至 2017 年底，郑州市电源总装机容量为 1038.03 万千瓦，总发电量为 430.2 亿千瓦时，其中统调电厂装机容量 947.3 万千瓦；地方及企业自备电厂装机容量 73.73 万千瓦。郑州市电源结构以煤电为主，燃煤发电装机容量为 930.1 万千瓦，占总装机容量的 89.6%，其中新密市、登封市和郑州市区装机容量分列前三；燃煤电站发电量约 410 亿千瓦时。天然气装机规模 78 万千瓦，发电量约 14.85 亿千瓦时；风电装机规模 4.8 万千瓦，发电量约 1.09 亿千瓦时；光伏装机规模 11.7 万千瓦；生物质（含垃圾）装机规模 9.868 万千瓦。

随着郑州市国家中心城市的建设和国民经济发展的快速发展，用电需求也不断增长。2017 年郑州供电区最大负荷 1044.4 万千瓦，全社会用电量 543.2 亿千瓦时，分别增长 15.6%、8.0%。

（二）燃煤机组占比高

合理降低燃煤机组比例，优化电源结构，是构建清洁低碳、安全高效的现代能源体系的关键，也是打赢大气污染防治攻坚战的必然选择。截至 2017 年，郑州电网总装机中超过 900 万千瓦的为燃煤机组，占比高达 89.6%，约占全省燃煤总装机的 1/6。而受资源禀赋影响，郑州地区燃气机组、生物质能、风电和光伏等清洁能源装机规模不足9%，整个地区电源严重依赖于煤电。随着经济社会快速发展郑州市对热源的需求不断加大，在全市燃煤发电30余台机组中，承担供热任务的有24台机组，占郑州市煤电装机规模的59.6%。热电企业已成为郑州市居民采暖和工业企业生产用热的主力。

同北京、天津、上海、广州、重庆等国家中心城市相比，郑州燃煤机组装机规模占地区总装机规模的比例最高，达到89.60%，远远高于天津的81.19%、上海的65.31%、广州的76.24%和重庆的57.25%[①]。而北京已在2017年3月成为全国首个实现全部清洁能源发电的城市，达到发电"无煤化"目标。郑州地区燃煤机组占比高，地区用能对煤炭的依赖性较强，根据统计，2016年燃煤电厂发电、供热共消费煤炭2015.69万吨，占全市煤炭消费总量的71.9%。燃煤机组污染排放所带来的环保压力巨大，地区电源装机结构亟待优化调整（见图1、图2）。

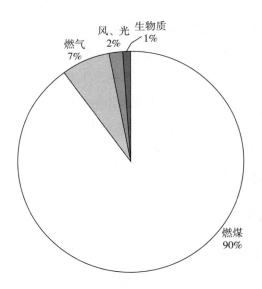

图1　2017年郑州地区装机结构

资料来源：行业统计数据。

---

① 除广州外，电源装机结构均为2015年数据。

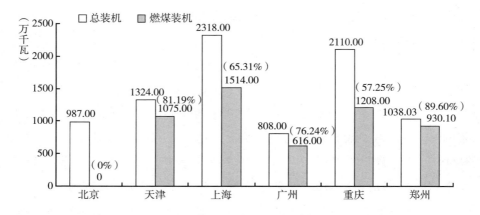

图 2 郑州同部分国家中心城市燃煤装机比例比较

（三）小机组数量多

推动传统能源转型升级，提高能源发展的质量和效益，必须坚定不移地加快淘汰落后产能，摒弃低效、高污染的能源生产方式。从单台机组容量上看，郑州现役 30 台燃煤机组 919.1 万千瓦，装机容量在 20 万千瓦级及以下的热电机组台数多达 17 台，占总燃煤机组数量的 57%，装机规模占比 26%（见图 3、图 4）。而运行效率更高、设备更先进的 60 万千瓦级机组全市仅 4 台，数量占燃煤机组总数 20%，装机规模占比不到 50%；百万千瓦级机组仅 2 台，数量占燃煤机组总数不到 7%，装机规模占比不到 23%。

（四）燃煤电厂超低排放改造完成

为降低燃煤电厂污染物排放量，减少雾霾来源，提高空气质量，减少重污染天气，依据《河南省发展和改革委员会、河南省环境保护厅关于印发〈河南省燃煤机组超低排放改造专项行动方案〉的通知》（豫发改能源〔2015〕1497 号）等相关文件要求，截至 2016 年底，除中铝电厂和长铝河南自备电厂外（中铝电厂和长铝河南自备电厂机组已长期停运，暂无改造计划），郑州市燃煤发电机组已全部完成超低排放改造。

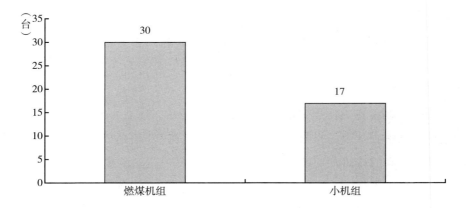

图3 郑州小机组数量占比

资料来源：行业统计数据。

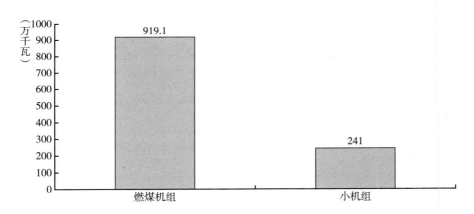

图4 郑州小机组规模占比

资料来源：行业统计数据。

二 郑州市大气污染与煤电关系

（一）郑州市大气污染治理形势

自 2013 年发布京津冀、长三角、珠三角区域和直辖市、省会城市

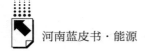
及计划单列市共74个城市空气质量状况以来，郑州城市空气质量连续排名全国倒数。2017年郑州市空气质量优良天数为201天，占比仅为54.9%，比2016年增加43天，重污染天气依然存在，大气污染治理形势严峻。

近两年出台的《促进中部地区崛起"十三五"规划》和《关于支持郑州建设国家中心城市的指导意见》，明确提出支持郑州建设国家中心城市。面对越来越高的城市发展定位和发展要求，大气污染防治成为目前郑州市最迫切的任务。

近年来的郑州市环境质量状况公报显示，郑州市城区以及市辖五县（市）（不含巩义）、上街区城市环境空气的主要污染物均为细颗粒物（PM2.5）。2015年郑州市PM2.5源解析结果表明：从郑州市全市范围来看，燃煤是大气PM2.5的主要来源，贡献率达到31%；其次是机动车，扬尘和工业过程分列三、四位，他们对郑州市大气PM2.5的贡献率如图5所示。其中，在春、夏、秋季郑州市的PM2.5主要来自机动车，贡献率分别为28%、26%、27%；冬季采暖季，化石燃料的大量燃烧导致燃煤对大气PM2.5的贡献率显著增加，达到47%。

从郑州市主城区来看，扬尘对郑州市主城区的PM2.5影响较大，贡献率达到25.4%，是郑州市大气PM2.5的第一大来源；工业过程、燃煤、机动车和其他分列二、三、四和五位（见图5）。

（二）煤电对大气环境的影响

1. 燃烧烟气污染物排放

燃煤电厂排放烟气中的二氧化硫、氮氧化物、烟尘等是空气当中的主要污染物。2016年底，郑州市燃煤发电机组超低排放改造后，机组主要大气污染物排放全面执行燃气轮机组排放浓度限值，即在基准含量6%条件下，烟尘、二氧化硫、氮氧化物排放浓度分别不高于5毫克/立方米、35毫克/立方米、50毫克/立方米。燃煤发电机组实现燃气发电机组排放限值的超低

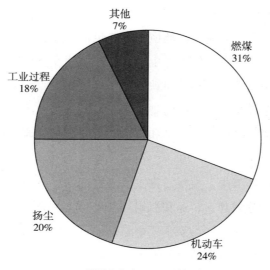

郑州市全市PM2.5贡献比例

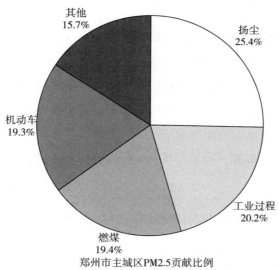

郑州市主城区PM2.5贡献比例

图5 郑州市 PM2.5 源解析情况

资料来源：河南省大气灰霾污染专项研究报告。

排放，同等条件下较《火电厂大气污染物排放标准》可减少烟尘排放 83%、
二氧化硫排放 66% 和氮氧化物排放 50%。

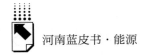

2. 煤炭储运和灰渣处理过程排放

煤炭储运过程中，影响大气环境的主要包括厂外运输环节和厂内转运环节。郑州市燃煤电厂现有运煤方式主要有铁路运输及公路运输两类。铁路运输一般为电力机车或内燃机车牵引铁路敞车运输煤炭，污染来自内燃机车燃油的污染和运煤车辆敞篷引起的污染。汽车运输过程中污染主要来自运输汽车尾气排放、车辆敞篷引起的污染和汽车运行时扬起的地面积尘的二次扬尘污染。

煤炭厂内转运环节中，大气污染主要来自卸煤环节中扬尘，未采取全封闭的煤场储存，筛分破碎、转运和混煤环节中粉尘污染。

灰渣处理过程中，大气污染主要来自运输汽车尾气排放，粉煤灰装车和卸车过程的粉尘泄漏和汽车运行引发的二次扬尘污染。

（三）煤电结构亟待调整

燃煤电站排放的烟尘、二氧化硫和氮氧化物等大气污染物，同时运行环节中的无组织排放和运输机动车排放，这些都对大气环境产生重要影响。而郑州市电源结构以煤电为主，燃煤机组占比高，小机组数量多，这是郑州市空气质量恶劣的主要成因之一，同时也加剧了郑州市大气污染治理难度。因此做好郑州市区煤电结构调整对于深入贯彻落实关于持续打好打赢大气污染防治攻坚战的决策部署，改善区域大气环境具有重要意义。

三 郑州市煤电结构调整策略

（一）煤电结构调整目标

在郑州建设国家中心城市的形势下，贯彻落实创新、协调、绿色、开放、共享的发展理念，以减少燃煤消费、优化能源结构、改善大气环境质量为目标，在保障全市电力系统安全稳定运行和供热可靠的前提下，提高天然气等清洁能源比重，将郑州煤电由主力电源转变成调节型基础电源和集中供热主力热源，努力为郑州市建设国家中心城市提供安全可靠的能源保障，促进区域大气环境质量改善。

"十三五"期间，围绕减少燃煤消费、优化能源结构和改善大气环境质量为目标，着力推进郑州市煤电及供热结构调整，主城区实现"零煤电"，建成网络可靠、结构合理、运行灵活、绿色智能的现代化电网和多源、多向、多级天然气接收供应体系，能源供应保障体系更加清洁、完善。

到"十三五"末，郑州市燃煤机组容量减少，60万千瓦及以上机组占比提高，减少煤炭消费量，煤炭储运及灰渣处理清洁生产率达到100%。远期基本完成煤电机组由主力电源到调节型基础电源和集中供热主力热源的转变。

（二）煤电结构调整路径

河南省的资源禀赋和能源安全战略决定了过去及未来一段时期内，煤电都将是电源结构中的重要组成部分，面对当前环保、能源转型发展、区域发展等形势，优化郑州煤电结构，促进煤电行业转型升级是郑州市能源发展的重要任务之一。借鉴国内外先进地区能源结构调整和降低燃煤污染的经验，考虑郑州电热的可靠供应，提出郑州市煤电"搬、关、改、治、引"的结构调整策略。

1. 搬

加快主城区煤电机组外迁。加快郑州市内燃煤热电厂环保搬迁至主城区外区域，原主城区内机组关停。

2. 关

加快位于主城区、未取得发电业务许可证、平均供电标准煤耗高于331克/千瓦时的燃煤小机组关停。一方面关停主城区小机组，工业供热由燃气锅炉或天然气分布式能源站供应；另一方面关停市辖区内未取得发电业务许可证、平均供电标准煤耗高于331克/千瓦时的小机组，供热由附近热源点替代，同时考虑原自备电厂配套变电站和线路建设。

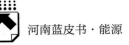

3. 改

推动煤电机组燃气化改造，实施燃煤机组的先进煤耗行动，推动现有30万千瓦级煤电机组改背压，有效降低燃煤消费量及大气污染物排放量。

（1）推进重要的电源、热源支撑点燃气化改造。原有燃煤热电机组清洁化改造成燃气联合循环热电机组、燃气锅炉房或天然气分布式能源站，承担原供热负荷，并承担备用电源的任务。需保障供热可靠性，煤电机组燃气化改造应先建燃气机组再停燃煤机组。煤电机组燃气化改造后运行及所能承担的采暖负荷应考虑其兼顾电力调峰及天然气调峰的因素。

（2）实施先进煤耗行动。30万千瓦及以上机组能效指标达到全国领先水平。全面实施郑州市30万千瓦及以上燃煤机组节能升级改造，实现供电煤耗、污染排放、煤炭占能源消费比重"三降低"和安全运行质量、技术装备水平、电煤占煤炭消费比重"三提高"，保证大型燃煤机组平均供电标煤耗达到现役同类型机组先进水平。适时开展大型煤电机组灵活性改造，通过增设蓄能设施，增设电锅炉，对锅炉、汽轮机本体及辅助系统进行改造等措施，热电机组增加20%额定容量调峰能力，最小技术出力达到40%~50%，纯凝机组增加15%~20%额定容量调峰能力，最小技术出力达到30%~35%，为机组参与深度调峰创造条件。

（3）推动现有30万千瓦级煤电机组改背压。在充分调查30万千瓦机组周边合理供热范围内的采暖及工业供热负荷的基础上，深入开展专题研究，在确保改造后机组运行安全、可靠的前提下，适时启动离郑州市主城区距离较近的30万千瓦级煤电机组改背压。

4. 治

加强大型煤电机组发电关键环节污染治理。实施"煤电机组超清洁生产行动"，解决燃煤发电过程中的污染问题，加强大型在役煤电大气污染物治理。

（1）燃烧后烟气排放环节治理。一方面通过实施机组节能减排一体化改造，提高燃煤质量标准，即严格控制燃煤硫分、灰分，禁止使用劣质煤，开展节能环保"领跑者"引领行动等措施，提高机组能效水平，使燃煤锅炉污染物排放达到全国领先水平；另一方面通过提高机组运行水平，实现火电厂大气污染物排放进一步降低。

（2）煤炭储运环节治理。尽量采用铁路运输，减少公路运输比例；条件合适时设置区域煤炭中心，通过管带运输进厂；铁路运输采用翻车机，应采用干雾抑尘设施，若采用卸煤沟，螺旋卸车机应设置干雾抑尘设施，煤沟应封闭。对于公路运输，运输车辆不能采用敞篷，应加盖篷布；公路运输车辆进厂、出厂时均应设有冲洗设施；车辆在厂内所经道路应有水冲洗条件；汽车卸煤沟处应全封闭；汽车卸煤沟处应设干雾抑尘设施；煤场采用全封闭形式；煤炭在厂内转运等环节均应采用国内最先进防抑尘设施。

（3）灰渣处理环节治理。粉煤灰运输采用专用密闭罐车、干灰装车设备自带除尘器、装车过程采用干雾抑尘装置、车辆装车完毕出灰场时进行冲洗、卸灰时设负压吸尘，以减少扬尘污染；炉渣干渣调湿、渣和石膏运输加盖篷布、车辆出厂时冲洗车轮，以防止抛洒和扬尘；运输车辆适时采用清洁能源；条件合适时直接通过管道气力直接输送粉煤灰，以减少运输车辆尾气排放；灰渣综合利用率达到100％；加强事故灰场管理。

5. 引

提高外电消纳比例，加大周边地区煤电热力引入，强化燃气供应能力，提升郑州市电、热、气的保障能力。

（1）引电，完善电网结构，提高外电消纳比例。受制于土地资源以及风、光、生物质等可再生能源资源禀赋，郑州市未来可再生能源发展思路是积极推进分布式光伏、因地制宜发展风电、有序推进生物质热电联产，可再生能源开发利用规模有限。要实现非化石能源对传统能源的替代作用主要靠外引清洁电力。郑州市煤电结构调整后，20万千瓦及以下机组关停或燃气化改造将降低郑州220千伏电网供、受电能力，需提前谋划建设电网补强工程。"网格化"规划配电网络，差异化配置开闭站，提升配电网络自动化水平，全面实施配电网络升级改造。郑州市煤电结构调整后，郑州电网整体电量缺口增大，郑州市外电消纳比例明显提高。

（2）引热，加大周边地区煤电热力引入，满足主城区集中供热负荷增长。

城市规模的不断扩大，郑州市主城区集中供热用热需求不断扩大；郑州市主城区将实现"零煤电"后，主城区集中供热用热缺口进一步增大。因此需增加郑州市周边地区大型煤电机组供热能力，加大热力引入。近期应按照"以热定电"原则，对郑州市周边大型燃煤机组进行供热改造，并采用长输管网等先进技术，强化供热管网配套建设，以满足主城区集中供热用热需求。在集中供热没有覆盖的地区按照"宜气则气，宜电则电"的原则推进清洁能源取暖。

（3）引气，强化气源保障，确保煤电机组燃气化改造顺利实施。要根据郑州市现状气源及规划中的西气东输三线和新疆煤制气等情况，做好主干管网及区域管网互联互通，提前研究落实天然气资源，预留天然气配套供应设施线路走廊和站址用地，加快推进配套天然气管网建设，满足郑州市部分电厂燃气化改造和新建燃气热源的用气要求。

（三）社会效益评估

郑州市能源结构是基于资源禀赋长期发展形成的，要将燃煤型的能源结构逐步转变为以优质清洁能源为主的能源结构，任务十分艰巨，必须采取切实可行的强有力的措施，才能实现煤电及供热结构调整的目标。

通过实施调整方案中的"搬、关、改、治、引"等措施，预计"十三五"末，20万千瓦级及以下煤电机组装机容量减少224.1万千瓦。

考虑进一步减少煤炭消费量，要求现役煤电机组优化运行，基本形成以60万千瓦及以上机组为发电和供热主力，30万千瓦级机组为供热补充和发电备用的格局。其中，60万千瓦级及以上机组，要参与深度调峰，在保证电网安全稳定运行和供热稳定的前提下，压低机组负荷，尽量减少发电用煤；30万千瓦级煤电机组用于居民采暖的，原则上仅采暖期运行，其他时段备用并尽量少开机。

若上述要求得到有效实施，预计"十三五"末，郑州市及所属区县燃煤机组年可减少煤炭消费量约550万吨，较2015年煤炭消费量3023万吨，煤炭消耗量下降18%。若按超低排放标准测算，年分别减少烟尘、二氧化硫、氮氧化物排放量约320吨、2210吨、3200吨。

四 结论和建议

（一）主要结论

（1）河南省的资源禀赋和能源安全战略决定了过去及未来一段时期内，煤电都将是电源结构中的重要组成部分，面对当前环保、能源转型发展、区域发展等形势，借鉴国内外先进地区能源结构调整和降低燃煤污染的经验，考虑郑州电热的可靠供应，提出郑州市煤电"搬、关、改、治、引"的结构调整策略。

（2）预计到"十三五"末，推行调整方案中的"搬、关、改、治、引"等策略后，可实现郑州市燃煤机组容量明显减少，20万千瓦级及以下煤电机组装机容量减少224.1万千瓦。

（3）实现现役煤电机组优化运行后，预计"十三五"末，郑州市及所属区县燃煤机组年可减少煤炭消费量约550万吨，年减少烟尘、二氧化硫、氮氧化物排放量分别约320吨、2210吨、3200吨。

（二）对策建议

（1）郑州市能源结构调整任务艰巨，必须做好规划引领、加强组织领导、完善相关政策法规，强化资金保障等对策措施工作，才能保证调整目标如期完成。

（2）若实现郑州市煤电结构调整目标，郑州市电量、热负荷和燃气缺口增大，需完善电网结构，提高外电消纳比例；需加大周边地区煤电热力引入，满足主城区集中供热负荷增长；需强化燃气保障，满足郑州市部分电厂燃气化改造和新建燃气热源的用气要求。

（3）为更好地指导方案实施，提高煤电结构调整方案的科学性和可操作性，建议进一步开展电网、供热、燃气等专题研究工作，如研究搬、关、改涉及的电网工程的过渡及并网方案的论证，郑州周边地区"十三五"期末及远景供热负荷预测、供需平衡分析、缺口解决方案等。

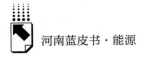

参考文献

国家发展和改革委员会：《国家发改委关于支持郑州建设国家中心城市的指导意见》（发改规划〔2017〕154 号），2017 年 1 月 25 日。

郑州市人民政府：《郑州市国民经济与社会发展第十三个五年规划纲要》（郑政〔2016〕19 号），2016 年 6 月 29 日。

郑州市人民政府：《郑州都市区总体规划（2012－2030）》，2014 年 3 月 31 日。

国家发展和改革委员会：《中原经济区规划（2012－2020 年）》，2012 年 12 月 3 日。

国家发展和改革委员会：《促进中部崛起"十三五"规划》，2016 年 12 月 20 日。

郑州市人民政府：《郑州市城市总体规划（2010－2020 年）》（2017 年修订），2017 年 7 月 19 日。

国家发展和改革委员会：《郑州航空港经济综合实验区发展规划（2013－2025）》（发改地区〔2013〕481 号），2013 年 3 月 8 日。

国务院：《"十三五"生态环境保护规划》（国发〔2016〕65 号），2016 年 11 月 24 日。

国家发展改革委、国家能源局：《关于加快推进能源生产和消费革命战略（2016－2030 年）的实施意见》（发改基础〔2016〕2795 号），2016 年 12 月 29 日。

国家发展改革委、环境保护部、国家能源局：《河南省发展改革委〈关于印发 2014－2020 年煤电节能减排与升级改造行动计划〉的通知》（发改能源〔2014〕2093 号），2014 年 9 月 12 日。

河南省人民政府办：《河南省 2017 年持续打好打赢大气污染防治攻坚战行动方案》（豫政办〔2017〕7 号），2017 年 1 月 6 日。

中共郑州市委、郑州市人民政府：《关于印发〈打赢打好转型发展攻坚战的实施方案〉的通知》（郑发〔2017〕15 号），2017 年 8 月 25 日。

河南省人民政府：《关于印发河南省化解过剩产能攻坚方案等五个方案的通知》（豫政〔2017〕22 号），2017 年 6 月 22 日。

河南省发展和改革委员会、河南省环境保护厅：《关于印发〈河南省燃煤机组超低排放改造专项行动方案〉的通知》（豫发改能源〔2015〕1497 号），2016 年 3 月 24 日。

环境保护部、国家质量监督检验检疫总局：《火电厂大气污染物排放标准》（GB13223－2011），2011 年。

国家发展改革委、国家能源局、财政部、住房城乡建设部、环境保护部：《关于印发〈热电联产管理办法〉的通知》（发改能源〔2016〕617 号），2016 年 3 月 22 日。

黑龙江省林业设计研究院：《郑州市城市热电联产规划（2015－2020）》。

河南省环保厅：《河南省大气灰霾污染专项研究报告》，2015 年 5 月。

《常规燃煤发电机组单位产品能源消耗限额》（GB 21258 - 2013），2013 年 12 月 18 日。

郑州市人民政府：《郑州清洁取暖实施方案》，2017 年 5 月。

河南省发展和改革委员会：《河南省发展和改革委员会关于印发河南省"十三五"电力发展规划的通知》（豫发改能源〔2017〕705 号），2017 年 7 月 3 日。

郑州市规划勘测设计研究院：《郑州都市区电网电力设施布局规划（2015 - 2030 年）》，2015 年 11 月。

B.24
河南省中长期电力外引方案比选研究

薛志勇　李虎军　赵　璐*

摘　要：　河南电力供应主要依赖煤电机组，在国家明确要求河南"十三五"期间实现煤炭消费总量下降10%的背景下，进一步扩大区外电力引入规模，对于优化全省电力供给结构、提升能源保障能力具有重要意义。本文深入分析了河南远期电力需求和供应情况，在探讨外省能源基地电力外送潜力的基础上，分析了河南扩大电力外引规模的可行性，并从经济性、可持续、清洁性、安全可靠性，负荷匹配五个方面，对省外水电、新能源、火电基地的电力外引方案进行了全方位比选，提出了河南扩大电力外引规模的相关对策建议。

关键词：　河南省　区外来电　外引原则　外引可行性

　　河南省能源资源呈现"有煤、贫油、乏气、少水"的特征，新能源资源较为匮乏且开发成本高，核电厂址资源近期难以形成电源装机，煤电在河南省电力供应格局中占有举足轻重的地位。电源结构中煤电装机占比在80%以上，发电量占比达到90%以上，远高于全国平均水平。目前国家大力实施绿色低碳化发展政策，严控煤电项目建设，电源装机的放缓以及电力

---

* 薛志勇，河南省能源规划建设局综合处处长，工学学士，研究方向为能源电力发展规划；李虎军，国网河南省电力公司经济技术研究院高级工程师，工学硕士，研究方向为能源电力经济、电力系统规划；赵璐，电力规划设计总院高级工程师，工学硕士，研究方向为电力系统规划。

需求的刚性增长，未来河南省内的电力供应将难以满足经济社会发展的用电需求，亟须对河南电力外引方案进行深入研究。

一 河南省电力供需总体情况

（一）河南省电力需求情况

近年来，河南省电力供需总体平稳，电力供应保障能力逐步增强。河南省用电量从 2000 年的 719 亿千瓦时增长至 2017 年的 3166 亿千瓦时，年均增速 9.1%；人均用电量由 2000 年的 757 千瓦时增加至 2017 年的 3300 千瓦时，年均增速 9.0%；河南省最大负荷由 2000 年的 1200 万千瓦增长至 2017 年的 6039 万千瓦，用电负荷稳步增长；全省电厂总装机容量从 2000 年的 1532 万千瓦增长至 2017 年 7992 万千瓦，年均增长 10.2%。

随着"三区一群"的深入实施，河南省经济发展正处于动力转换、转型升级的关键阶段，经济的持续平稳健康发展有助于电力需求的稳步提升，电能在终端能源消费比重呈上升趋势。从结构上看，第二产业用电仍将居于主导地位，但消费比重和用电单耗将呈现逐步下降的趋势，第三产业、居民生活用电将快速增长，综合人均用电量法、产业分类法、弹性系数法等用电量预测方法，预计 2020 年、2030 年河南省全社会用电量将分别达到 3760 亿千瓦时、5000 亿千瓦时。"十三五"期间，随着河南省产业结构不断优化调整，年最大负荷利用小时数将呈现一定幅度降低，2020 年后逐步趋于平稳，预计 2020 年河南省最大负荷约为 7300 万千瓦，2030 年河南省最大负荷约为 9500 万千瓦。

（二）河南省电力供应情况

河南是煤电大省，煤电在河南省电力供应格局中占有举足轻重的地位。截至 2017 年底，河南电源总装机 7992.58 万千瓦，其中煤电装机达 6352.14 万千瓦，占河南电源总装机容量的 79.48%，发电量占比达到 90.89%，远高于全国平均水平。在国家大力实施绿色低碳化发展政策的指引下，2016年以来国家发改委、能源局陆续出台一系列文件，打出严控煤电行业产能"组合拳"，明确要求电力冗余省份采取"取消一批、缓核一批、缓建一批"等措施，严控煤电项目建设。河南"十三五"期间投产煤电规模要控制在832万千瓦以内，共5项合计550万千瓦核准（在建）的煤电项目需推迟。

（三）河南省电力供需情况

根据电力平衡分析（见表1），河南省2020年、2030年电力缺口分别达到206万千瓦、1922万千瓦。河南作为京津冀鲁豫减煤地区，根据国家的煤电建设相关政策，未来新建煤电的可能性较小，河南煤电采取"退役一批、新增一批"的等量替换原则，保证河南煤电装机规模维持在目前的水平以上；随着全省新能源的快速发展，预计2020年、2030年装机将分别突破1600万千瓦、3640万千瓦，由于其出力具有间断性和随机性，可以起到一定程度的补充作用；考虑页岩气开采技术近期未能大范围利用，且前期开发成本较高，预计天然气发电成本仍然高于煤电发电成本，未来河南省天然气发电主要以调峰、供热为主；而内陆核电重启可能性较小，河南的电力电量缺额主要由外来电补充。

表1　河南省电力平衡分析

单位：万千瓦

项　目	2020年	2030年	项　目	2020年	2030年
1. 全社会最大负荷	7300	9500	风电装机	600	2640
2. 备用容量	1095	1425	光伏装机	1000	1000
3. 电网需要容量	8395	10925	5. 省内电力盈亏	−1146	−2818
4. 装机容量	8895	11821	6. 外区电力送入	940	940
其中:煤电装机	6559	6749	其中:三峡	200	200
燃机装机	332	428	新疆电力	740	740
水电装机	272	272	其他外电	0	0
抽蓄装机	132	732	7. 电力盈亏（考虑外电）	−206	−1922

预计到 2030 年，煤电和外来电将成为河南主要的供电电源，分别占总电量的 53% 和 30%，非化石能源（含外电）电量占比将达到 38%，非水可再生能源发电量占比将达到 24%，全省煤电的利用小时数达到 3973 小时左右。

从中长期来看，随着新能源规模化效益显现、上网电价大幅降低、新技术和装备水平逐步提高，河南省光伏、风电等新能源发电具备大规模发展的条件；而煤电定位将逐步由提供电力、电量的主体性电源，向提供可靠电力、调峰调频能力的基础性电源转变；河南的电力缺口逐渐增大，省外来电是省内电源的有效补充，建议河南率先引入清洁能源外来电，争取较优的电价，调整能源消费结构，提高清洁能源占比。

二 区外电力基地外送潜力分析

（一）区外来电基地分布

全国煤电基地主要集中在三北地区（准东、哈密、宁东、鄂尔多斯、陕北、晋北、晋中、晋东、锡盟），还有陇彬和呼盟；新能源基地主要集中在三北地区以及青海；待开发的水电基地主要集中在西南地区，主要有四川和云南（大渡河、金沙江上游、雅砻江中游、乌东德、白鹤滩、澜沧江、怒江）、西藏（澜沧江上游、雅鲁藏布江）。

具体到河南省，当前电力"外引"方向选择较多，火电主要集中在新疆、蒙西、陕北、甘肃等西北地区；新能源电力主要集中在青海、蒙西等西北部地区；水电主要集中在白鹤滩、金沙江上游（川藏段）、雅鲁藏布江下游、澜沧江上游等西南地区。

（二）煤电基地送电潜力分析

我国煤炭资源丰富，仅次于美国和俄罗斯，居世界第三位。根据《全国煤炭资源潜力评价》初步成果，全国煤炭资源总量 5.91 万亿吨。累计探获资源量 2.02 万亿吨，预测资源量 3.88 万亿吨。截至 2011 年底，全国已探明保有资源储量为 13778 亿吨，基础储量为 2158 亿吨。如果仅从资源量上来看，煤炭生产能力可以继续增长并保持长期供应。

虽然我国煤炭资源总体丰富，但区域分布严重不均，北方资源量占 90%，南方仅占 10%，而且南方 77% 的煤炭资源在经济相对落后的云南和贵州地区，能源消费占比重较大的华中、长江三角洲、珠江三角洲、京津冀鲁地区煤炭资源量较低，能源生产区域与能源消费中心区域分布差异较大。

煤炭一直是我国的主体能源，长期以来一直占我国能源生产总量和消费总量的 70% 左右，预计未来我国煤炭生产仍占能源生产的 50% 以上。2012 年全国煤炭产量达到 36.5 亿吨，其中 14 个大型煤炭产能达到 33 亿吨，占全国的 90%，但全国安全绿色产能仅为 16.5 亿吨，占总产能的 45%。

综合考虑三北地区煤炭资源、水资源、环境保护等制约因素，北方九大煤电基地综合可支撑最大装机规模约 3.18 亿千瓦，汇总详见表 2。

表 2　九大煤电基地可支撑装机规模

单位：万千瓦

基　　地	煤炭支撑	水资源支撑	所在省环保支撑装机	综合可支撑装机
锡　　盟	4500	2500	13300	2500
鄂尔多斯	11700	2700		2700
晋　　北	4900	3500	13400	3500
晋　　中	3700	4200		3700
晋　　东	3900	2200		2200
陕　　北	6900	12900	6600	6600
宁　　东	4000	11400	5200	4000
哈　　密	4500	1700	11500	1700
准　　东	7400	4900		4900
九大基地	51500	46000	50000	31800

在各煤电基地开发潜力的基础上扣除为本地区自用需留存的装机容量可得各基地的外送潜力，继续扣除目前已明确的外送装机规模（各明

确电力外送通道配套电源装机）后各基地的剩余外送潜力合计约 18080 万千瓦。其中，目前规划的九大煤电基地剩余外送潜力合计 10580 万千瓦，其中宁东、锡盟两基地剩余外送潜力较小，不适合再安排新增外送（见表 3）。

表 3　各煤电基地外送潜力分析汇总

单位：万千瓦

基地名称	开发潜力	外送潜力	已明确外送规模	剩余外送潜力
准　　东	4900	3300	1200	1440
哈　　密	1700		660	
陕　　北	6600	4600	640	3960
宁　　东	4000	1500	1200	300
锡　　盟	2500	1600	1400	200
鄂尔多斯	2700	2230	1150	1080
晋　　中	3700	4850	400	3600
晋　　北	3500		350	
晋　　东	2200		500	
合　　计	31800	18080	7500	10580

（三）新能源基地送电潜力分析

1. 新能源基地概况

我国风能资源有效风能密度较高的地区主要分布在新疆、内蒙古和甘肃走廊、东北、西北、华北和青藏高原等地区，近海风资源主要分布在东南沿海及附近岛屿。《可再生能源发展"十三五"规划》中提出，2020 年之前建设九个大型风电基地，分别是吉林、黑龙江、蒙东、蒙西、冀北、山东、甘肃酒泉、新疆哈密和江苏，九大基地陆上风资源储量情况如表 4 所示。

九大基地陆上风资源潜在开发量合计达 27.1567 亿千瓦，技术可开发量达 23.6666 亿千瓦；海上风资源开发潜力达 2400 万千瓦。

表4　九大基地陆上风资源情况

单位：万千瓦

基　　地	潜在开发量	技术可开发量
吉　林	7985	6284
黑龙江	13415	9651
蒙　东	52200	42330
蒙　西	110926	103636
河　北	8651	4188
山　东	4028	3018
甘　肃	26446	23634
新　疆	47543	43555
江　苏	373	370
合　计	271567	236666

注：陆上开发量指70米高度开发量。

我国目前在青海省规划建设以光伏为主的可再生基地，预计新能源装机可达到4200万千瓦。

2. 风电基地电力送出模式分析

全国九大风电基地除江苏外均位于三北地区，除北京、天津等少数城市外，三北地区经济大体处于工业化中期阶段，负荷规模相对较小；三北地区以煤电为主的电源结构和供热机组比例偏高的特性导致冬季供暖期供热机组调峰受限，调峰裕度较小，影响三北地区风电消纳能力。

我国风能资源地域性分布与现有电力负荷匹配性较差：沿海地区电力负荷大，但是其陆上风能资源有限，海上风电电价政策正在逐步完善之中，海上风电还未能有效开发利用；三北地区陆上风能资源丰富，但其地区电力负荷较小，给陆上风电的经济开发带来困难。我国大多数风能资源丰富区，远离电力负荷中心，电网建设薄弱，为实现风能资源的优化配置，消纳更多的风电上网电量，有必要将三北的风电资源外送到负荷中心。

风电出力特性统计结果表明风电保证容量率很低，导致输电通道远距离纯送风电不能替代受电地区燃煤装机，而且风电发电小时数较低，不利于充分利用输电通道。特高压交流远距离纯送风电可能会存在电压稳定问题，直流纯送风电会引起直流输送功率的频繁波动，对直流换流站无功控制产生很大影响，风电低出力情况下直流系统运行存在最小功率限制问题。

基于上述原因，考虑九大基地（除江苏）所在的三北地区距离负荷中心较远，基本是跨区外送，送电距离长，不考虑输电通道纯送风电，宜考虑风火（光热）打捆外送。西电东送新能源电力流可以结合西电东送火电电力流（或者打捆光热水电）来确定。

（四）水电基地送电潜力分析

1. 水电基地概况

我国水力资源技术可开发容量约 6.6 亿千瓦，年发电量约 2.99 万亿千瓦时。2016 年底我国常规水电装机已达 3.3 亿千瓦左右，开发度约为 50%。目前，我国待开发的水电资源主要集中在西南四川、云南和西藏地区，合计技术可开发容量约 3.3 亿千瓦，其中四川 1.2 亿千瓦、云南 1.0 亿千瓦、西藏 1.1 亿千瓦，各主要流域水电开发规模及时序如表 5 所示。

表 5　西南水电基地规划汇总

单位：万千瓦

流域	规划装机	2020 年	2025 年	2030 年
金沙江	8156	3302	6042	7632
雅砻江	2885	1613	1990	2885
大渡河	2681	2013	2338	2440
澜沧江	3151	2282	2282	2522
怒江	3665		551	1275
雅鲁藏布江	6962			
合计	27500	9210	13203	16754

2. 水电基地外送潜力

西南水电在优先满足自用的基础上再考虑外送，外送水电丰多枯少的季节性特征将日益突出，经测算，西南水电基地外送潜力如表 6 所示。

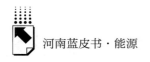

表 6　西南水电基地外送潜力汇总

单位：万千瓦

省　份	送电能力	2020 年	2025 年	2030 年
四　川	总外送能力	3875	6275	6275
	已明确	2975	2975	2975
	累计新增	900	3300	3300
云　南	总外送能力	3553	3853	3853
	已明确	3053	3053	3053
	累计新增	500	800	800
藏东南	总外送能力	0	280	1400
总计新增外送		1400	4380	5500

综上，2020 年、2025 年、2030 年西南水电基地总外送能力分别达到 7428 万千瓦、10408 万千瓦、11528 万千瓦。扣除已有及已明确的外送后，2020 年、2025 年、2030 年剩余外送潜力分别为 1400 万千瓦、4380 万千瓦、5500 万千瓦。其中，四川、云南外送能力于 2025 年前后达到峰值。

根据送电方向和电力流流向，四川水电主要送至华中和华东地区消纳，云南水电主要送至广东和广西地区消纳。随着水电资源开发基本殆尽，目前水电开发难度越来越大，成本越来越高，后期水电送出电价会逐步高企。

三　区外电力基地电力引入河南可行性分析

当前，在全省产业结构调整逐步深化及资源环保约束加大的大环境下，河南省未来的经济社会发展将需要更多的外来电力提供支撑；同时，河南省地处中原腹地，处于连接西北能源基地与中东部负荷中心的核心通道地带，具备消纳区外来电的先决条件。河南省优先引入区外清洁电力，符合国家清洁绿色发展的大政方针，也将优化全省的电源结构。

在此基础上，综合比选各国家电力外送基地的条件，按照适度超前、安全可靠、经济高效、清洁低碳、协调匹配的总体外引原则，从经济性、可持续性、清洁性、安全可靠性、负荷匹配性等五个方面进行河南省电力外引可行性对比分析。

（一）外引原则

适度超前：抓住全国电力需求放缓时机，选择省外优质电力资源，在保障全省非化石能源发电全额消纳和煤电安全稳定运行的基础上，适度超前引入外来电力，构建多方向、多途径电力供应保障格局。

安全可靠：坚持多通道、多方向、分散接入原则，合理控制外电总规模。原则上外引电力总规模不超过全省同期用电负荷的35%，单一方向通道外电比例不超全省同期用电负荷的20%，保障电力供应安全。

经济高效：以不推高全省电价水平为底线，坚持市场化原则，"外引"电力落地电价不高于本省燃煤机组标杆上网电价，最大程度降低实体经济用电成本和全省大气污染治理成本。

清洁低碳：优先引入清洁、低碳、稳定的省外优质电源，促进电源结构清洁低碳转型，切实提高非化石能源消费比重。

协调匹配：坚持引入外电可控可调，符合省内用电特性，优化电力系统运行效率。

（二）外来电力的经济性分析

经济性分三种情景分析，分析中考虑如下边界条件。一是落地电价中没有考虑送端电网过网费，按照国家目前政策原则上不高于 3 分/千瓦时；二是输电价参考已投运的输电工程估算所得；三是新能源补贴政策需要与国家职能部门进一步衔接。

情景一是按照现有新能源补贴政策，估算得出除青海新能源外，其他外电落地电价均高于河南煤电上网电价（见表7）。

情景二是按照《能源发展战略行动计划（2014－2020年）》提出目标，到2020年，风电与煤电上网电价相当，光伏发电与电网销售电价相当，取消新能源补贴政策，新能源外电将失去竞争力，煤电落地电价优势明显（见表8）。

表7 情景一：外电送入经济性比较

单位：元

基地名称	上网电价	输电价	落地电价
白鹤滩水电	0.33	0.108	0.438
金上水电	0.4459	0.124	0.570
澜上水电	0.35	0.130	0.480
雅鲁藏布江下游水电	0.34	0.150	0.490
青海新能源	0.24	0.107	0.347
蒙西新能源	0.2772	0.100	0.377
新疆煤电	0.25	0.110	0.360
蒙西煤电	0.2772	0.090	0.367
甘肃煤电	0.2978	0.080	0.378
陕北煤电	0.3346	0.080	0.415

表8 情景二：外电送入经济性比较

单位：元

基地名称	上网电价	输电价	落地电价
白鹤滩水电	0.33	0.108	0.438
金上水电	0.4459	0.124	0.570
澜上水电	0.35	0.130	0.480
雅鲁藏布江下游水电	0.34	0.150	0.490
青海新能源	0.603	0.107	0.710
蒙西新能源	0.609	0.100	0.709
新疆煤电	0.25	0.110	0.360
蒙西煤电	0.2772	0.090	0.367
甘肃煤电	0.2978	0.080	0.378
陕北煤电	0.3346	0.080	0.415

情景三是按照 2030 年全面征收碳税，以及可再生能源绿证的广泛实施，提高了非化石能源消费价格的竞争力（见表9）。

表9　情景三：外电送入经济性比较

单位：元

基地名称	上网电价	输电价	落地电价
白鹤滩水电	0.33	0.108	0.438
金上水电	0.4459	0.124	0.570
澜上水电	0.35	0.130	0.480
雅鲁藏布江下游水电	0.34	0.150	0.490
青海新能源	0.603	0.107	0.710
蒙西新能源	0.609	0.100	0.709
新疆煤电	0.386	0.110	0.496
蒙西煤电	0.4132	0.090	0.503
甘肃煤电	0.4338	0.080	0.514
陕北煤电	0.4706	0.080	0.551

三种情景下，从较长的时间维度来看，水电落地电价均保持稳定且相对较低，经济性相对较好。

（三）外来电力的可持续性分析

西南水电基地：河南省可接受的西南水电主要是白鹤滩水电、金沙江上游水电（川藏段）、澜沧江上游和雅鲁藏布江电力。由于西南水电主要集中在云川藏交界之地，当地电力需求增长较慢，较长时间内，西南水电可以保证可持续性。

西北新能源基地：根据《青海省"十三五"电力发展规划研究报告》，从青海电网单独平衡的角度，仅考虑已投产及确定投产的火电电源时，2030年，青海省电力缺额 90 万千瓦左右，考虑规划火电电源后电力供需基本平衡；2030 年后，若青海省负荷进一步增长，可能出现的电力缺口可通过自建电源及新疆电力接续供电。蒙西地区是我国风资源最丰富的地区，目前规划建设有千万千瓦级风电基地和千万千瓦级光热基地，同时煤炭也较为丰

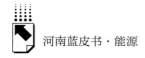
富，可以为新能源大规模打捆外送创造条件，可持续性较好。

北方火电基地：河南可接受的北方火电主要是哈密、准东、蒙西、陕北、陇彬等煤电基地电力，上述煤电基地均具备1000万千瓦以上的持续外送潜力。但受国家严控煤电装机和减煤政策因素影响，未来煤电基地用煤可能存在一定的不确定性，总体来讲北方火电基地电力外送可持续性一般。

（四）外来电力的清洁性分析

河南省中长期可接受的区外电力中，白鹤滩水电、金沙江上游水电（川藏段）、澜沧江上游、雅鲁藏布江等西南水电是以洁可再生的非化石能源为主；青海、蒙西新能源基地电力是以风电、光伏、光热为主；新疆、蒙西、陕北、陇彬等北方火电是以煤电为主。

经测算，一回±1000万千瓦特高压直流清洁能源外电电力年输入河南电量可达500亿千瓦时，2020年、2030年可分别提高河南省非化石能源消费占比5.6%、4.8%，有利于河南省完成国家下达的非化石能源消费占比7%以上的目标。

（五）外来电力安全可靠性分析

安全性分析：为了保障中长期电力供应安全，赢得电力市场环境下议价的主动权，降低电力市场价格风险，应坚持外电来源多样性和多方向性原则。目前河南省已有一条来自北方的天中直流输电工程。西南水电、蒙西新能源、蒙西火电与天中直流属于不同方向的电力，安全性优于其余与天中直流同方向的区外电力。

可靠性分析：从运行稳定性角度分析，水电、火电电源属于可靠性和运行性能较为稳定成熟的电源，其供电可靠性相对较高。风电、光伏等新能源低电压穿越能力相对水电、火电等电源较差，发生大规模脱网事故的可能性较高，可靠性和安全性不如水电和火电电源。风电的随机性和光伏对天气的强依赖性也决定了新能源电力可靠性不如水电、火电等电源。青海新能源基地的电力主要是风电、光伏、光热等电力，其安全性和可靠性不如其余水电、火电等区外电源。

（六）外来电力的负荷匹配性分析

河南电网供热机组和自备电厂较多，供热时期受机组供热出力下限影响，火电机组可调容量大幅下降，河南电网冬季供热期调峰存在较大压力。河南省接受区外电力宜优先考虑冬季调峰能力较强的电力。同时河南的负荷特性是呈现夏季和冬季双高峰，其中夏季负荷最高，冬季最大负荷约为夏季最大负荷的 93% ~95%。

西南水电负荷匹配性分析：西南水电站多为梯级电站，都建设有调节性能较好的龙头水库，整体可调节能力较强。由水电出力特性可见，水电在冬季枯水期均具备较强的调峰能力，在满足水电平均出力外送的情况下，可以根据河南电网运行需要合理安排外送曲线，体现明显的正调峰作用，实现高峰负荷时段多送电，低谷负荷时段少送电，缓解河南电网调峰压力，低谷时段最小出力具备降低到直流容量10%的能力，调峰能力强于火电电力，与河南省冬季负荷匹配性最好。

以金上水电为例，在配合部分新能源出力后，可以平抑外送电出力曲线季节性波动，提高了水电枯期供应能力。金沙江上游水电站每年的 6 ~10 月为丰水期，12 月至次年 4 月为枯水期；5 月、11 月为平水期，结合沿江光伏冬春季大，夏秋季小的特点，金沙江上游流域水电站和规划光伏电站互补后，出力曲线更加平滑，可以与河南年内负荷特性形成很好的匹配（见图 1 ~图 3）。

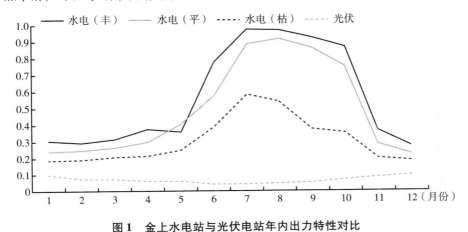

图 1　金上水电站与光伏电站年内出力特性对比

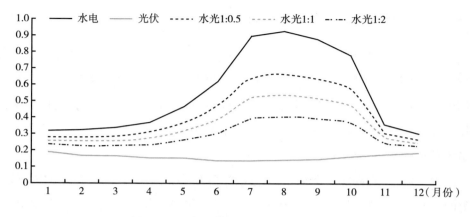

图2 不同水光装机比例下的年等效出力

新能源基地电力负荷匹配性分析：青海和蒙西新能源基地是以风电、光伏等新能源为主的电力，风电、光伏等新能源出力的波动性、不可控性及反调峰性决定了青海新能源电力不具备较好的调峰能力，与河南电力负荷匹配性仍然不如以水电、火电等区外电力为主的区外电力。

北方火电负荷匹配性分析：火电电力可控可调，具备较强的调峰能力，与河南省负荷具备一定的匹配性。若考虑搭送一部分新能源，北方火电电力调峰能力将有一定程度的减弱，加上火电机组最小技术出力的影响，北方火电与河南省冬季负荷匹配性优于以新能源基地的区外电力，劣于以西南水电为主的区外电力。从目前运行的火电直流情况来看，输送电力利用小时数较高，输送电量较高，一定程度上挤压了受端省份火电的发电空间（见图4）。

（七）外来电力综合对比分析

综合考虑外来电的经济性、可持续性、清洁性、安全可靠性、负荷匹配性，可见水电最优，新能源次之，煤电较差（见表10、图5）。建议河南引入区外电力时优先考虑非化石能源电源，特别是水电。

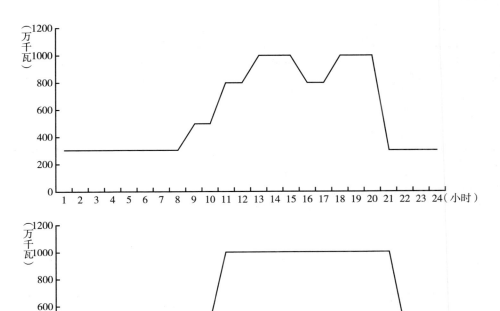

图3 青海枯期、丰期青海海南—河南直流运行曲线
（枯期 1~6 月、10~12 月，丰期 7~9 月）

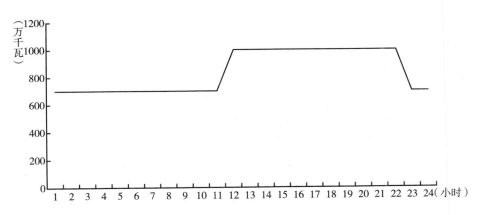

图4 煤电外送直流运行曲线

表10　外来电综合评价

排序	电源基地	经济性	可持续性	清洁性	安全可靠性	负荷匹配性	总评价	投产时序
1	白鹤滩水电	0.6	1	0.8	1	1	4.4	20~25
2	澜上水电	0.4	1	0.8	1	1	4.2	30~50
3	雅鲁藏布江水电	0.4	1	0.8	1	1	4.2	30~50
4	金上水电	0.2	1	0.8	1	1	4	20~25
5	蒙西(包头)新能源	0.8	0.6	1	0.8	0.2	3.4	20~50
6	蒙西煤电	0.8	0.6	0.6	0.8	0.6	3.4	20~50
7	青海新能源	1	0.4	1	0.6	0.2	3.2	20~25
8	新疆煤电	0.8	0.6	0.6	0.2	0.6	2.8	20~50
9	陕北煤电	0.6	0.6	0.4	0.6	0.6	2.8	20~50
10	甘肃煤电	0.8	0.6	0.4	0.4	0.6	2.8	20~50

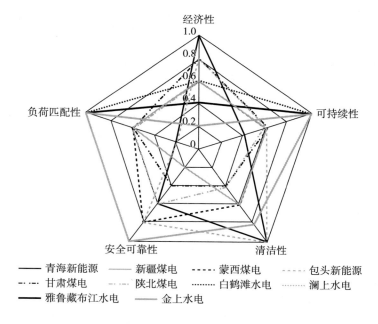

图5　外来电总评价对比

四 河南省中长期电力外引方案建议

我国能源资源分布的特点和用电负荷状况决定了我国电力"西电东送"的基本格局和发展战略。河南省地处华中四省的北部,位于全国"西电东送"战略规划格局的中通道受端,一方面,长期受入中通道送端的三峡电站水电;另一方面,在华中和华北电网"联网运行、水火互剂"的条件下,也受入北通道的部分火电。随着未来河南电力需求的持续增长及我国绿色低碳化发展政策的影响,河南亟须更多的外来电力来支撑未来经济社会的发展。

1. 供电缺口压力日益趋重,优质外电入豫势在必行

一方面,河南省正处于经济发展转型升级的关键阶段,经济持续健康发展的内生动力强劲,电力刚性需求稳步提升;另一方面,在省内煤炭消费减量化和能源消费清洁化的背景下,积极争取消纳区外清洁电力对保障省内电力供应,改善省内生态环境状况具有重要战略意义。河南省应在保障全省非化石能源发电全额消纳和煤电安全稳定运行的基础上,适度超前选择省外优质电力资源,构建多方向、多途径电力供应保障格局。

2. 结合河南省实际情况,积极争取清洁电力资源

当前全国煤电和新能源外送基地主要集中在三北地区,待开发的水电基地主要集中在西南地区。按照安全可靠、经济高效、清洁低碳、协调匹配原则,结合河南省地理区位和外电消纳能力实际情况,从经济性、可持续、清洁性、安全可靠性、负荷匹配等五个方面分析综合比选,新疆、青海、川藏、蒙西等国家电力基地的外送条件较为优质。其中,水电资源作为优质且有限的电力资源,一旦分配完毕将失去争取机会,建议河南优先争取;消纳可再生能源有利于河南省提高非化石能源消费占比,实现能源清洁化发展,建议河南积极消纳。

3. 根据外送基地建设时序,分阶段引入外来优质电力

从电力外送基地建设时序来看,2020 年前仅有青海清洁能源基地可以

外送，2025 年前有金上水电、白鹤滩水电，2030 年前有蒙西新能源基地外送。因此，河南省应根据外送基地的建设时序及全省电力需求的增长情况，分阶段引入外来电力，2020 年前，河南应优先考虑引入青海新能源打捆青海火电，2025 年优先考虑引入西南水电，2030 年优先考虑引入蒙西新能源打捆蒙西火电。

参考文献

国务院：《"十三五"节能减排综合工作方案》（国发〔2016〕74 号），2016 年 12 月 20 日。

国家发展改革委、国家能源局：《电力发展"十三五"规划（2016～2010 年)》，2016 年 11 月。

国家发展改革委、国家能源局：《煤炭工业发展"十三五"规划》（发改能源〔2016〕2714 号），2016 年 12 月。

国家发展改革委：《可再生能源发展"十三五"规划》（发改能源〔2016〕2619 号），2016 年 12 月。

国家能源局：《水电发展"十三五"规划》，2016 年 12 月。

国家能源局：《太阳能发展"十三五"规划》（国能新能〔2016〕354 号），2016 年 12 月。

河南省发改委：《河南省"十三五"电力发展规划》（豫发改能源〔2017〕705 号），2017 年 7 月 3 日。

河南省人民政府办公厅：《河南省"十三五"煤炭消费总量控制工作方案》（豫政办〔2017〕82 号），2017 年 7 月 16 日。

河南省发改委：《河南省"十三五"可再生能源发展规划》（豫发改能源〔2017〕916 号），2017 年 8 月 30 日。

河南省发改委：《河南省能源转型攻坚实施方案（征求意见稿)》，2017 年 8 月 10 日。

国网河南省电力公司经济技术研究院：《河南省区域经济与电力布局协调性研究》，河南人民出版社，2015。

赵昌文、许召元、袁东、廖博：《当前我国产能过剩的特征、风险及对策研究——基于实地调研及微观数据的分析》，《管理世界》2015 年第 4 期。

B.25

河南省城乡电网中部领先实施路径探讨

田春筝　蒋小亮 *

摘　要： 河南省第十次党代会提出"建设中部领先的城乡电网"新要求。本文从电网的主网、配网、二次、装备、资产效率五个维度构建了电网发展水平评价体系，基于此评价体系，将河南电网发展现状、规划目标与中部六省电网进行了对比分析，分析了河南电网实现中部领先的关键点和着力点，研究了下一步重点发展任务，以确保河南电网实现"十三五"中部领先目标。

关键词： 河南省　城乡电网　中部领先

党的十九大报告中将电网作为九大基础设施之一，明确要求加强电网建设。进入新时代，迈上新征程，电网作为供给侧结构性改革背景下创造市场需求的基础性设施，更要发挥好经济发展先行官的作用。河南电网为打好四张牌、建设经济强省和开启新时代河南全面建设社会主义现代化新征程，必须实现建设中部领先城乡电网的新目标，为经济社会发展构筑坚实的基础和可靠的保障。

---

* 田春筝，国网河南省电力公司经济技术研究院高级工程师，工学硕士，研究方向为电网规划、能源电力经济；蒋小亮，国网河南省电力公司经济技术研究院高级工程师，工学硕士，研究方向为电网规划、能源电力经济。

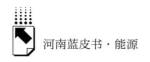

一 河南建设中部领先城乡电网的背景和意义

2016 年 11 月，省第十次党代会提出建设经济强省的发展目标，对河南省电网发展提出"建设中部领先的城乡电网"的新要求。建设中部领先的城乡电网，对于我省实现能源转型，建设经济强省，提升基础设施现代化水平以及实现四化同步具有重要意义。

一是河南省能源转型战略要求加快建设中部领先的城乡电网。党的十八届五中全会提出"创新、协调、绿色、开发、共享"的五大发展理念，明确实行绿色发展战略，建设清洁低碳、安全高效的现代能源体系。2017 年 2 月，国家发展改革委、环保部等四部委和北京市、河南省等六省市联合印发《京津冀及周边地区 2017 年大气污染防治工作方案》。河南省安阳、鹤壁、濮阳、焦作、新乡、郑州、开封七地市为京津冀大气污染传输通道城市，列为北方地区冬季清洁取暖规划首批实施范围。绿色发展理念以及大气环境变化压力要求河南省促进能源清洁化供给，而 90% 以上的清洁能源必须转化电力后才能得以应用。"十三五"期间河南省电能替代电量达到 400 亿千瓦时以上，构建坚强可靠的电网是实现再电气化的重要载体，是实现河南省能源战略转型的可靠保障。

二是河南省由经济大省向经济强省的转变要求建设中部领先的城乡电网。近年来，郑洛新国家自主创新示范区、郑州跨境电子商务综合试验区、河南省自由贸易区、中原城市群、建设郑州国家中心城市等相继获得国家批复，河南省国家战略叠加效应持续增强。"十三五"期间，河南省将着力发挥优势打好"产业结构升级、创新驱动发展、基础能力建设、新型城镇化"四张牌，实现由经济大省向经济强省转变，在中部崛起的进程中发挥更加重要作用。基础设施尤其是电网设施是经济发展的先行条件，深入实施中原经济区以及"三区一群"建设，要求建设中部领先的城乡电网。

三是河南省基础设施整体现代化发展要求建设中部领先的城乡电网。目前全省交通、信息等基础设施在全国处于先进行列。郑州机场旅客吞吐量突破 2000 万人次、货邮吞吐量超过 45 万吨，增速居全国前列；米字形高速铁路网格局基本形成，中欧班列（郑州）主要运营指标保持全国前列；高速公路通车里程稳居全国前列，所有县市实现 20 分钟上高速；郑州成为国家级互联网骨干直联点，跻身全国十大通信网络交换枢纽。与省委省政府对基础设施建设的要求以及省内其他行业发展水平相比，河南电网发展明显滞后，应加快扭转落后局面。

四是河南省"四化同步"要求建设中部领先的城乡电网。新型工业化、信息化、城镇化和农业现代化是河南省实现现代化的必由之路。新型工业化方面，随着传统支柱产业的加快改造提升、高成长性制造业的加快发展以及战略性新兴产业的逐步兴起，河南省要全面做好电力配套保障，重点实现"三大主导产业、八大千亿级产业集群"等重点项目的电力配套，满足用户高可靠性用电需求。城镇化方面，2020 年全省城镇化率将提高至 56%，未来 3 年间约有 600 万以上农村人口转移为城镇人口，人口聚集程度提高将带来居民生活用电量的明显增长。信息化方面，以电网为核心的能源互联网是信息网络的重要物理组成部分，深度融合互联网、信息等领域新技术与电网控制技术，形成以电为中心、广泛互联新型能源生态信息系统，推动"互联网＋"智慧能源协同共享。农业现代化方面，在已完成现有机井通电工程的基础上，随着后续百千万工程、高标准粮田建设的实施，河南仍需持续开展机井通电建设。

二 中部地区省份电网发展对比分析

中部地区包括河南、湖北、湖南、江西、安徽、山西六省，面积 102.8 万平方公里，占全国总面积的 10.7%；2016 年底常住人口 3.67 亿人，占全国总人口的 26.8%；生产总值 15.9 万亿元，占全国生产总值的 21.5%；人均生产总值 4.33 万元，相当于全国平均水平的 80.2%。

（一）电网评价指标体系构建

为客观全面评价电网发展水平，围绕电网发展"安全、协调、清洁、智能"四个方面要求，在分析中部六省电网基本情况的基础上，从"主网、配网、二次、装备、资产效率"五个维度构建了电网发展水平评价体系，其中主网发展5项、配网发展10项、二次电网5项、装备水平2项，资产效益3项，共计25项指标（见表1）。

表1　电网评价指标体系

序号	类别	指标
1	主网发展	500千伏容载比
2	主网发展	220千伏容载比
3	主网发展	500千伏线路N-1通过率(%)
4	主网发展	220千伏线路N-1通过率(%)
5	主网发展	弃风弃光比例(%)
6	配网发展	110千伏容载比
7	配网发展	35千伏容载比
8	配网发展	10千伏户均配变容量(千伏安)
9	配网发展	110千伏线路N-1通过率(%)
10	配网发展	35千伏线路N-1通过率(%)
11	配网发展	10千伏线路N-1通过率(%)
12	配网发展	市辖供电可靠率(%)
13	配网发展	县域供电可靠率(%)
14	配网发展	市辖区综合电压合格率(%)
15	配网发展	县域综合电压合格率(%)
16	二次电网	配电自动化覆盖比例(%)
17	二次电网	智能电表覆盖率(%)
18	二次电网	110千伏站点光纤专网覆盖率(%)
19	二次电网	35千伏站点光纤专网覆盖率(%)
20	二次电网	供电所(营业厅)光纤覆盖率(%)
21	装备水平	高损配变占比(%)
22	装备水平	市辖区10千伏线路绝缘化率(%)
23	资产效益	电网投资(亿元)
24	资产效益	单位电网资产供电负荷(千瓦/万元)
25	资产效益	单位电网资产售电量(千瓦时/元)

（二）社会经济发展比较

从 GDP 水平看，河南 > 湖北 > 湖南 > 安徽 > 江西 > 山西。2016 年河南省 GDP 首次超过 4 万亿元，占中部六省 GDP 总和的 1/4 以上，持续位居中部第一、全国第五，高出第二名湖北省 0.79 万亿元，是最后一名山西省的 3.12 倍。从人均 GDP 水平看，湖北 > 湖南 > 河南 > 江西 > 安徽 > 山西。2016 年河南省人均 GDP 为 4.24 万元，与中部地区平均水平相当，约为第一名湖北的 77%。从 GDP 增速水平看，江西 > 安徽 > 河南 = 湖北 > 湖南 > 山西。2016 年江西省和安徽省 GDP 增速相对较高，接近或达到 9%；河南省、湖北省、湖南省 GDP 增速均在 8% 左右；山西近年来受产业调整影响较大，GDP 增速仅为 4.5%。从产业结构看，山西、湖南、湖北产业为"三二一"[①] 结构，江西、安徽、河南产业为"二三一"结构。河南第三产业比重为 41.9%，分别低于山西、湖南、湖北约 14 个百分点、4 个百分点、3 个百分点；除山西第一产业比重较低外，其余五省第一产业比重均稍高于 10%。从城镇化水平看，湖北 > 山西 > 江西 > 湖南 > 安徽 > 河南。河南省城镇化率为 48.5%，为中部省份唯一低于 50% 的省份，低于湖北省近 10 个百分点。从社会经济发展现状看，中部六省各社会经济指标大都已处于工业化中期阶段标准，河南省城镇化率指标仍处于工业化初期阶段[②]标准，2016 年中部六省经济发展现状见表 2。

表 2　2016 年中部六省经济发展现状

地区	GDP（万亿元）	增速（%）	人均 GDP（万元）	产业结构	城镇化水平（%）
河南	4.02	8.1	4.24	10.7：47.4：41.9	48.5
山西	1.29	4.5	3.50	6.1：38.1：55.8	56.2
湖北	3.23	8.1	5.49	10.8：44.5：44.7	58.1
湖南	3.12	7.9	4.57	11.5：42.2：46.3	52.8
江西	1.84	9	4.01	10.4：49.2：40.4	53.1
安徽	2.4	8.7	3.87	10.6：48.4：41	52.0

---

① "三二一"结构指三产占比 > 二产占比 > 一产占比，"二三一"结构指二产占比 > 三产占比 > 一产占比。

② 工业化初期阶段：城镇化率在 30%～50%；工业化中期阶段：城镇化率在 50%～60%。

根据河南省第十三个五年规划纲要，"十三五"期间河南主要人均经济指标要力争达到全国平均水平，实现由经济大省向经济强省转变，社会经济具备保持较快增长的潜力。按此测算，至2020年河南省GDP将达5.44万亿元（2015年可比价，下同），保持中部地区第一方阵，年均增速8%；人均GDP为5.65万元，仍处中部地区平均水平，为中部地区第一湖北省的76%；城镇化率达56%，较2016年提升7.5个百分点，但仍为中部地区末位（见表3）。

表3 2020年中部六省经济规划目标

地区	GDP（万亿元）	年均增长（%）	人均GDP（万元）	城镇化水平（%）
河南	5.44	8	5.65	56
山西	1.75	6.5	4.68	60
湖北	4.44	8.5	7.43	61
湖南	4.37	8.5	6.31	58
江西	2.6	8.5	5.58	60
安徽	3.6	8.5	5.72	56

（三）电网发展现状对比分析

通过对河南电网和中部其他五省电网指标对比分析来看，河南电网在电源装机、用电量、最大负荷、资产总额等方面具有规模优势，主网发展、资产效率等方面指标处于中部领先水平，二次电网、电网装备等方面指标处于中部平均水平，配网发展指标整体处于中部落后水平。

1. 电力供需比较

电源装机方面，装机规模山西＞河南＞湖北＞安徽＞湖南＞江西，2016年河南电源装机总容量7218万千瓦，占中部六省装机总量的21%，略低于山西；人均装机山西＞湖北＞安徽＞河南＞江西＞湖南，河南省人均装机0.76万千瓦，处于倒数第3位。新能源发展方面，河南风电、光伏装机总规模389万千瓦，位于中部地区第3，仅低于山西、安徽。山西风能资源丰富，风电装机达771万千瓦，新能源装机共计1068万千瓦，远高于中部其他省份；近几年来安徽光伏发电装机增长迅猛，2016 年新增容量 340 万千瓦，增幅 185%，光伏总装机 522 万千瓦。电力供需方面，全社会用电量河南＞安徽＞山西＞湖北＞湖南＞江西，最大负荷河南＞湖北＞安徽＞湖南＞山西＞江西，河南全社会用电量 2989 亿千瓦时，最大负荷 5450 万千瓦，均占中部地区六省总和的 1/4 以上；负荷密度河南＞安徽＞湖北＞山西＞湖南＞江西，河南负荷密度 326.4 千瓦/平方公里，为中部地区其他省份平均水平的近三倍。

2. 主网发展比较

总体规模方面，河南主网变电站容量及密度均为中部地区最高，2016 年河南省 110 千伏及以上变电站容量及密度分别达 2.27 亿千伏安、1360 千伏安/平方公里，均位于中部地区第一，达中部其他省份平均水平的 1.8 倍，与河南国民经济以及负荷电量在中部地区的体量相符。供电能力方面，河南主网容载比整体满足导则要求。网架结构方面，河南 500 千伏、220 千伏线路 N－1 通过率均达 100%。

3. 配网发展比较

河南省配电网全面落后于中部其他省份。高压配电网方面，一是河南 35～110 千伏电网供电能力处于落后水平，近年来全省电网投资力度持续增强，配电网供电薄弱局面加快扭转，2016 年 110 千伏容载比提升至 1.85，35 千伏容载比提升至 1.74，分别位于中部地区第 6 位、第 5 位。二是网架结构处于中部偏后水平。河南省 110 千伏、35 千伏线路 N－1 通过率分别为 84%、72%，分别位于中部地区第 6 位、第 4 位。中压配电网方面，一是结构弱，2016 年，河南省 10 千伏线路 N－1 通过率 33%，居于中部地区第 6 位，低于安徽省 20 个百分点。二是供电能力不足，2016 年户均配变容量提升至 1.65 千伏安，位于中部地区第 6 位，仅为中部其他省份平均水平的 76%，不足安徽省的 65%。三是供电可靠性低，河南省城、农网供电可靠性分别为 99.943%、99.752%，分列中部地区第 4 位、第 5 位，省城、农网综合电压合格率分别为 99.995%、99.2%，分列中部地区第 5 位、第 6 位。

4. 二次电网比较

总体上看，中部六省二次电网发展差别较小，在配电自动化、配电通信网覆盖方面，与新一代电网发展要求都存在较大差距。2016年中部六省智能电表覆盖率除湖南省外均在90%以上，而配电自动化覆盖率均不足10%，110千伏站点光纤专网基本实现全覆盖，35千伏站点和营业网点光纤专网覆盖率均达80%以上。

5. 装备水平比较

设备运行年限方面，2016年河南省运行年限超过20年的110千伏线路、5000公里35千伏线路和1.8万公里10千伏线路仍有1000公里，1.3万台配电变压器，老旧设备占比与其他省份整体持平。10千伏线路绝缘化率方面，河南省市辖区绝缘化率仅72.9%，中部地区排名第5位。小截面导线方面，110千伏线路截面小于150平方毫米线路长度占比为1.48%，仅落后于安徽；超过2.8万公里10千伏主干线路截面小于70平方毫米，占比达13.3%，中部地区排名第4位。高损配变方面，2016年河南省有超过9千台高耗能配变仍在使用，占比为2.7%，中部地区排名第4位。变电设备方面，河南省主网设备选型标准较高，配电设备标准相对较低，500～110千伏平均单台主变容量分别为90.2万千伏安、17.7万千伏安、4.4万千伏安，均位于中部地区前列，10千伏平均单台配变容量200千伏安，位于中部地区倒数第2位。

6. 资产效益比较

一是河南电网资产规模大，截至2016年末，河南省电力公司资产总额1323亿元，位居中部地区第1位，为其他省份平均水平的1.46倍。2016年河南公司电网发展总投入380亿元，均居中部地区最高。二是河南公司负债率中部地区最高，近年来，电网公司通过内挖潜力以及拓展权益资金来源等多种举措，着力降低负债率水平，公司资产负债率从2009年末的90.84%降至2016年末的81.98%，但仍为中部地区最高，较安徽公司高出20个百分点。三是河南电网资产效率较好，河南省单位资产供电负荷及售电量分别为3.01千瓦/万元、1.35千瓦时/元，分列中部地区第1位、第2位。

7. 现状对比小结

整体来看，河南电网发展现状处于中部平均水平，落后于安徽、山西、江西电网，领先于湖南、湖北电网。从主网发展来看，湖北电网容载比存在超导则上限现象，其余省份电网容载比、线路 N-1 通过率均满足安全稳定要求。从配网发展来看，安徽、江西配网发展水平处于第一梯队，湖南、江西居中，湖北、河南处于末位，河南配网供电能力、网架结构、可靠性等指标全面落后。从二次电网发展来看，总体来看中部各省差别较小，配电自动化建设均较慢。河南二次电网发展水平居中，湖北电网受通信网络覆盖率偏低影响，排名垫底。从装备水平来看，山西、安徽得分较高，两省高损配变基本消除，市辖区 10 千伏架空线路绝缘化率达 95% 以上。河南装备水平与其他省份基本持平，配电网老旧设备占比较低，市辖区 10 千伏架空线路绝缘化率不高。湖北装备水平整体在中部地区垫底。从资产效率来看，河南电网资产效率领先，江西、山西、安徽居中，湖南、湖北资产效率处于落后水平（见表4）。

近年来，在省委省政府和国家电网公司的大力支持下，河南积极实施电网发展、农电提升重点工作，电网发展环境明显改善，电网投入力度不断加大，河南城乡电网进入加速发展"快车道"，落后局面加快扭转，电网发展水平站到了历史发展新起点，具备了追赶并实现中部领先的现实基础，其中实现城乡电网中部领先的关键在于配电网提升。

表 4　河南电网发展现状指标对比情况

领先(9 项)	持平(6 项)	落后(10 项)
1. 500 千伏容载比	1. 220 千伏容载比	1. 110 千伏容载比
2. 500 千伏线路 N-1 通过率	2. 35 千伏线路 N-1 通过率	2. 35 千伏容载比
3. 220 千伏线路 N-1 通过率	3. 市辖供电可靠率	3. 10 千伏户均配变容量
4. 弃风弃光比例	4. 配电自动化覆盖率	4. 110 千伏线路 N-1 通过率
5. 110 千伏站点光纤专网覆盖率	5. 智能电表覆盖率	5. 10 千伏线路 N-1 通过率
6. 供电所(营业厅)光纤覆盖率	6. 高损配变占比	6. 县域供电可靠率
7. 电网投资		7. 市辖区综合电压合格率
8. 单位电网资产供电负荷		8. 县域综合电压合格率
9. 单位电网资产售电量		9. 35 千伏站点光纤专网覆盖率
		10. 市辖区 10 千伏线路绝缘化率

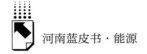

（四）电网发展目标对比分析

根据河南"十三五"电力发展规划，全省电网投资总额超过 1700 亿元，投资力度位居中部地区首位，约为中部地区其他省份平均水平的 2.5 倍。其中城乡配电网投资达 1200 亿元，较"十二五"配电网投资实现翻番。河南省电网发展的高强度投入，是实现城乡电网中部领先的基本保障。

根据中部各省"十三五"电网规划报告，2020 年河南省电网发展主要指标整体处于中部地区领先地位，其中主网发展指标保持中部地区领先水平，二次电网与中部各省一道实现跨越发展，配电网发展落后局面得到根本扭转，配网发展、电网装备、资产效率等方面指标均达到中部地区中等偏上水平。

电力供需方面，河南省全社会用电量、最大负荷以及负荷密度均保持中部地区最高，人均用电量处于中部地区平均水平，电源装机位于中部地区前列，实现新能源全额消纳。预计 2020 年河南省负荷、电量分别达到 7380 万千瓦、3760 亿千瓦时，在中部六省占比达 26.9%、25.7%；负荷、电量五年期间净增 1930 万千瓦和 771 亿千瓦时，分别是中部其他省份平均水平的 1.7 倍、1.5 倍，以绝对规模优势位居中部六省之首。2020 年，河南省电源装机 8700 万千瓦，位居中部地区第二位，2020 年河南电网发展规划指标对比情况见表 5。

主网发展方面，河南省 220～500 千伏变电站容量及密度分别达 3.3 亿千伏安、1987 千伏安/平方公里，保持中部地区最高；500 千伏、220 千伏容载比满足导则要求，位于合理范围，线路 N-1 通过率保持 100%，有效保障了河南省社会经济发展电力需求。

配网发展方面，35～110 千伏电网容载比分别达 1.8、2.0，满足导则上限要求；户均配变容量较 2015 年末实现倍增，达 2.8 千伏安，跻身中部地区前列；网架结构明显改善，110 千伏、35 千伏、10 千伏线路 N-1 通过率分别达 100%、85.8%、55.4%，居于中部地区中部偏上水平；供电可靠性和质量大幅提升，跃居中部地区前列，配电网薄弱局面得到根本扭转。

二次电网方面，中部六省均实现配电自动化、智能电表全覆盖，实现110千伏、35千伏站点以及营业网点光纤专网100%全覆盖。

装备水平方面，各电压等级主要设备在不突破行业标准及导则的基础上，设备选型基本达到导则上限。至2020年，河南省高损配变全部消除，市辖区绝缘化率水平大幅提升。

资产效益方面，河南省电网"十三五"期间投资额最高，单位电网资产供电负荷和售电量为中部地区平均水平。

表5　2020年河南电网发展规划指标对比情况

领先(18项)	持平(7项)	落后(0项)
1. 500千伏容载比	1. 110千伏容载比	
2. 220千伏容载比	2. 35千伏容载比	
3. 500千伏线路N-1通过率	3. 35千伏线路N-1通过率	
4. 220千伏线路N-1通过率	4. 10千伏线路N-1通过率	
5. 弃风弃光比例	5. 市辖区10千伏线路绝缘化率	
6. 10千伏户均配变容量	6. 单位电网资产供电负荷	
7. 110千伏线路N-1通过率	7. 单位电网资产售电量	
8. 市辖供电可靠率		
9. 县域供电可靠率		
10. 市辖区综合电压合格率		
11. 县域综合电压合格率		
12. 配电自动化覆盖比例		
13. 智能电表覆盖率		
14. 110千伏站点光纤专网覆盖率		
15. 35千伏站点光纤专网覆盖率		
16. 供电所(营业厅)光纤覆盖率		
17. 高损配变占比		
18. 电网投资		

三　河南建设中部领先城乡电网的四个关键点

建设中部领先的城乡电网，要紧紧围绕新时代新矛盾新要求，聚焦关键点综合施策，加快实现电网建设赶超进位进而如期达到中部领先的新目标。

贯彻全省相关工作部署，着力推进"一个超前、四个推进"，即超前社会经济发展，推进主网、配网、二次电网及装备水平升级，建成"网架坚强、广泛互联、高度智能、开放互动"的新一代电网，实现由"用上电"向"用好电"转变，实现从传统基础性行业向现代能源综合保障平台转变，为实现中原崛起河南振兴富民强省提供强有力支撑。

1. 增创优势，加快向超前经济社会发展转变

紧扣我国当前社会主要矛盾已经转化为人民日益增长的美好生活需要和不平衡不充分的发展之间的矛盾新特点，不断巩固电力供需、主网发展、新能源等中部领先优势。全面贯彻省委省政府关于"三区一群"、"四大攻坚"、百城建设提质工程等相关部署，全力做好重大项目、重点工程电力配套保障，保障全面建成小康社会用电需求。要持续加大电网投资力度，为实现中部领先目标提供基础保障。地方各级政府要将电网纳入城乡总体布局规划，加强电网规划与新型城镇化、土地利用等其他规划的衔接，保障电网工程落地实施。

2. 创新引领，加快向能源调配广泛互联转变

实施"外引多元"战略，提升河南网架承接能力。抢抓机遇适度超前加快特高压输电通道建设，构建"H"形特高压交流网架，与华中形成"日"字形交流环网，提高省间电力交换能力。"十三五"末河南省"外电入豫"能力将提高至 2000 万千瓦以上，实现翻番。按照电力饱和负荷承载力要求，需持续优化主网架结构，构建以郑州为中心形成 500 千伏"鼎"字形网架，提升重要输电断面供电能力，着力解决豫北、豫西、豫南新能源外送和末端供电问题；220 千伏覆盖所有县区，省辖市形成城区 220 千伏环网，全省开环 19 片运行；110 千伏 N－1 通过率达 100%，市辖区、县城及产业集聚区 10 千伏骨干网实现全联通，形成以特高压直流落点、交流网架为支撑，交直流互备、各级电网协调匹配的电力输配和安全供应平台。

3. 重点突破，加快向城乡统筹布局均衡转变

建设城乡现代配电网，推动城乡用电均等化，实现城乡电力设施均衡、公共服务平等。开展高可靠性示范区建设，建成郑州龙湖区域、双鹤湖区域

先进智能电网综合示范工程，实现故障隔离毫秒级、用户年均停电时间低于5分钟，达到东京、巴黎水平。推进农网发展提速提质，完成汤阴等5个小康电示范县、45个县（市）百城提质电网建设任务，在此基础上向全省推开推进农网设备升级，根本扭转薄弱局面，建成供电可靠、网架坚强、装备先进的农村配电网。全面完成电网脱贫攻坚，做好易地扶贫搬迁及黄河滩区搬迁配套电网建设，完成全部7000余个光伏扶贫项目配套电网建设和并网服务，完成全部贫困县、贫困村（含深度贫困县、村）电网脱贫任务，为推进乡村振兴战略提供坚强的电力保障。

4. 绿色示范，加快向清洁低碳智能高效转变

积极服务规模化新能源、高渗透率分布式电源接入，借助高效低成本长寿命储能、高可靠性低损耗电力电子、柔性直流输电等新一代电网技术，全力服务新能源高效并网，满足新能源全额消纳。充分发挥电网优化配置资源能力和能源替代功能，加快实施"电能替代"，推动能源消费革命，年电能替代散烧煤、燃油消费总量能力650万吨标煤。加快电动汽车充电设施配套电网建设，推广电动汽车有序充电、充放储一体化运营技术，基本实现全省高速公路服务区充电设施全覆盖，满足全省电动汽车城际出行。大幅提升"大云物移"信息技术、自动控制技术和人工智能技术在电网中的引领示范作用，支撑电网创新发展，全省智能变电站覆盖率达50%，配电自动化覆盖率达100%，智能电表覆盖率达100%。

四 结论与建议

（一）河南电网发展迈上新台阶，具备了追赶并实现中部领先的现实基础

近年来，河南城乡电网进入加速发展"快车道"，落后局面加快扭转，电网发展水平站到了历史新起点。从电网发展现状看，河南在电源装机、电量负荷、电网资产等方面具有规模优势，主网发展、资产效率等方面指标处

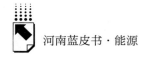

于中部领先水平，二次电网、电网装备等方面指标处于中部平均水平，配网发展指标整体处于中部落后水平。

（二）河南电网要实现中部领先，配网提升是关键、资金投入是保障

河南主网保障能力在中部地区处于领先水平，配网发展各项指标处于全面落后状态，实现中部领先的关键在于配电网跨越式发展；与中部其他省份相比，全省智能化发展水平不落后，但与配电自动化、通信网络全覆盖的要求以及新一代电网发展需求相比，仍有较大差距，电网智能化发展尤其是配电自动化建设是实现中部领先的重点；电网未来发展趋势要求切实提升电网设备水平，选用坚固耐用先进可靠的设备，是提升电网安全稳定运行水平的基础。资金投入是保障，"十三五"期间河南电网投资规模超过 1700 亿元，位居中部地区首位，为实现中部领先提供资金保障，从发展目标看，2020年河南省主要电网发展指标整体可以达到中部地区领先水平。

（三）突出投资重点，优先向配电网及电网薄弱地区投资

深入开展技术经济综合论证，合理安排资金资本投向。一是优先安排能够确保支撑全省重大工程开展、关系重点民生实事的项目，切实服务全省"打好四张牌"的工作大局，支撑河南省向经济强省迈进；二是重点向配电网倾斜，加快扭转配电网薄弱局面，补齐建设中部领先城乡电网的关键短板；三是持续加大贫困地区投资力度，加快落后地区电网发展，促进电网服务均等化发展。

参考文献

河南省人民政府：《河南省国民经济和社会发展第十三个五年规划纲要》（豫政〔2016〕22 号），2016。

湖南省人民政府：《湖南省国民经济和社会发展第十三个五年规划纲要》，湖南省十二届人民代表大会第五次会议通过，2016。

湖北省人民政府：《湖北省国民经济和社会发展第十三个五年规划纲要》，湖北省十二届人民代表大会第四次会议通过，2016。

江西省人民政府：《江西省国民经济和社会发展第十三个五年规划纲要》（赣府发〔2016〕14号），2016。

安徽省人民政府：《安徽省国民经济和社会发展第十三个五年规划纲要》（皖政〔2016〕33号），2016。

山西省人民政府：《山西省国民经济和社会发展第十三个五年规划纲要》（晋政发〔2016〕12号），2016。

河南省发展和改革委员会：《河南省"十三五"电力发展规划》（豫发改能源〔2017〕705号），2017。

湖南省发展和改革委员会：《湖南省能源"十三五"规划》，2017。

湖北省人民政府：《湖北省能源发展"十三五"规划》（鄂政发〔2017〕51号），2017。

江西省发展和改革委员会：《江西省电网发展规划（2017－2022年)》，2017。

安徽省发展和改革委员会：《安徽省"十三五"电力发展规划》，2017。

山西省人民政府：《山西省"十三五"综合能源发展规划》（晋政发〔2016〕67号），2016。

B.26
河南省碳排放权交易体系建设思考与建议

杨萌 尹硕*

摘 要: 2017 年底，全国碳排放权交易市场建设正式启动。河南是我国经济、工业和人口大省，碳排放量处于较高水平，碳排放权交易体系也将对全省的经济社会发展产生较大影响。本文阐述了碳排放权交易体系的内涵，结合国内试点和国家政策要求，研究了我国碳排放权交易体系的发展历程，并在分析河南碳排放现状的基础上，从发电生产、工业结构、节能降碳等方面探讨了开展碳排放权交易对河南的影响。最后，提出了推进河南碳排放权交易的对策建议。

关键词: 河南省 碳排放 排放权 交易体系

2015 年，中国向联合国递交了《强化应对气候变化行动——中国国家自主贡献》书，推动达成了《巴黎协定》，向世界庄重承诺：到 2020 年，单位国内生产总值二氧化碳排放比 2005 年下降 40% ~ 45%；二氧化碳排放 2030 年前后达到峰值并争取尽早达峰，单位国内生产总值二氧化碳排放比 2005 年下降 60% ~ 65%。我国经济体量大，高能耗行业比重高，整个经济体的碳排放强度高，应对气候变化任务十分艰巨，需要有效的政策和制度安

* 杨萌，国网河南省电力公司经济技术研究院工程师，工学硕士，研究方向为能源电力经济、电力供需、电网规划；尹硕，国网河南省电力公司经济技术研究院经济师，经济学博士，研究方向为能源经济与电力市场。

排加以推动。建立全国性的碳排放权交易体系是我国应对气候变化政策与制度的重要创新，其主要目的是基于市场化手段，以尽可能低的成本，履行我国应对气候变化的国际承诺，以及实现国内约束性的碳减排目标。2017 年 12 月，国家发改委印发了《全国碳排放权交易市场建设方案（发电行业）》，该方案标志着我国碳排放权交易体系完成了总体设计，并正式启动。河南作为我国经济大省和工业大省，碳排放处于较高水平，碳排放权交易体系建设也将对全省的经济、能源发展产生较大影响，明晰碳排放权交易体系对于经济运行、能源生产、工业企业的影响，对于促进河南经济实现绿色低碳和更高质量发展具有重要意义。

一 碳排放权交易体系的内涵

（一）碳排放权交易概念的产生

碳交易的产生与发展和《京都议定书》有着密切的关联。为了限制全球温室气体排放，该议定书规定到 2010 年，发达国家的温室气体排放量要比 1990 年减少 5.2%。《京都议定书》成为温室气体排放权交易的起点，并开创了一种全新交易模式——碳排放权交易。碳排放权交易的概念源于排污权交易，已逐步成为发达国家重要的环境市场经济政策。2002 年荷兰率先开展了碳排放权交易。

（二）碳排放权交易是控制温室气体排放的市场化手段

碳交易是为减少全球温室气体排放所采用的市场化机制，其核心是建立碳市场。碳市场是指通过政策手段，限制市场主体温室气体（二氧化碳）的排放容量，使得作为生产要素的碳排放容量具备资产属性，进而利用市场机制配置排放容量资源，即排放配额，并释放价格信号，促进整个经济向低碳方向进行结构调整和升级。利用市场机制控制和减少温室气体排放，是碳交易核心所在，实现减排目标的同时，更可节约社会减排总成本。

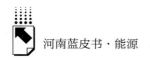

（三）建立碳排放权交易体系是推动低碳发展的重要举措

碳交易市场利用市场机制将碳排放容量作为生产要素进行资源配置，并将碳排放权赋予价值，其在社会主义市场经济体系之中的定位，是通过与其他要素市场密切联系，并通过价格信号的传导，影响到能源市场产品定价，进而对这些国民经济部门的成本、财务状况和商业模式产生影响，引导投资流向低碳技术的研发、应用，推动我国经济实现绿色低碳和更高质量发展。

二　我国碳排放权交易体系的发展历程

我国碳排放权交易体系建设工作自 2011 年启动，先后历经了探索构建、试点实施和建设全国市场三个阶段。2011 年国家发改委正式批准开展我国碳交易试点。2013 年起，先后建立了深圳、北京、广东、上海、天津、湖北和重庆 7 个碳排放权交易试点，明确了试点区域碳交易覆盖的行业范围、企业纳入门槛和配额分配规则，开展了实施性工作。2017 年 12 月国家发改委印发的《全国碳排放权交易市场建设方案（发电行业）》，宣布全国碳市场正式启动，以电力行业为突破口，分阶段、分步骤推进全国碳市场建设工作。

（一）国内碳交易试点进展情况

1. 碳交易覆盖范围主要为高耗能行业

我国 7 个碳交易试点涵盖了国内东部、中部、西部地区，区域经济发展水平和产业结构存在显著差异。从试点碳市场建设进展看，各地碳交易覆盖的行业也存在一定差异、各有侧重，但总体上以石化、化工、建材、钢铁、有色、造纸、电力、航空等高耗能行业为主。控排企业纳入方面，各试点都选择了设定纳入排放门槛值的方式，符合条件的一律纳入覆盖范围（见表1）。

表1 碳交易试点区域覆盖行业范围

试点区域	启动时间	覆盖行业范围	企业纳入门槛 （二氧化碳年排放量）
深圳	2013.6	电力、电子等制造业,建筑等26个行业	>3000吨
上海	2013.11	钢铁、石化、化工、有色、电力、建材、纺织、造纸、橡胶、化纤行业等工业企业,航空、港口、机场、铁路、商业、宾馆、金融行业等非工业企业	>20000吨（工业企业） >10000吨（非工业企业）
北京	2013.11	热力、电力、水泥、石化、汽车制造、公共建筑	>10000吨
广东	2013.12	电力、钢铁、石化、水泥、陶瓷、造纸、纺织、有色、塑料行业等工业企业,宾馆、饭店、金融、商贸、公共机构等非工业企业	>10000吨（工业企业） >5000吨（非工业企业）
天津	2013.12	电力、热力、钢铁、化工、石化、油气	>20000吨
湖北	2014.4	钢铁、化工、水泥、汽车制造、电力、有色、玻璃造纸	>60000吨
重庆	2014.6	电解铝、铁合金、电石、烧碱、水泥、钢铁	>20000吨

2. 碳排放配额分配以免费发放为主

各试点碳配额均采取总量控制交易（Cap-and-Trade）的方式,分配形式包括初始分配配额、新增预留配额和政府预留配额等。分配方法上,采取以免费发放与拍卖相结合、历史法和行业基准法相结合、事前预分配与事后调整相结合的方式。在抵消机制上,允许一定比例的CCER[①]和林业碳汇用于抵扣碳配额,并从抵消比例、CCER项目地域等方面控制CCER对配额市场的冲击（见表2、表3）。

表2 七个碳交易试点区域配额分配规则

试点区域	配额分配频率	有偿分配比例	是否允许拍卖
北京	一年一发	免费	允许
天津	一年一发	免费	允许
上海	一次性发放三年	免费	允许
重庆	一年一发	免费	未说明

[①] CCER：China Certified Emission Reduction,国家核证自愿减排量,清洁发展机制术语。CCER是指经过相关机构核证的减排量,可作为清缴配额用于履约,抵消企业部分实际排放量。

续表

试点区域	配额分配频率	有偿分配比例	是否允许拍卖
广东	一年一发	免费97%,有偿3%	允许
湖北	一年一发	免费	允许
深圳	一年一发	免费	允许

表3　七个碳交易试点区域 CCER 抵扣规则

试点区域	CCER 抵扣比例	CCER 地域限制
深圳	不超过当年排放量的10%	无限制
上海	不超过配额的5%	无限制
北京	不超过配额的5%	至少50%来自市内
广东	不超过上年排放量的10%	至少70%来自省内
天津	不超过当年排放量的10%	无限制
湖北	不超过配额的10%	全部来自省内
重庆	不超过当年排放量的8%	无限制

3. 国内碳排放权交易市场前景广阔

从各试点碳交易市场进展看，国内目前的碳交易主要包括两种类型：项目类型的碳交易以及配额类型的碳交易。中国作为发展中国家，项目类的碳交易主要涉及清洁发展机制交易（CDM[①]），目前国家发改委批准的 CDM 项目，实施区域主要集中在四川、云南和内蒙古等地。北京、上海和天津 3 个试点的碳交易所开展交易以配额类型的居多。

截至 2017 年底，国家发改委已批准上海、北京、深圳、广东、天津、重庆、湖北以及福建 8 个试点开展碳交易市场，各试点主要业务类型见表4。交易的产品包括碳配额以及国家核证自愿减排量（CCER）。碳配额方面，试点累计成交量超过了 2 亿吨二氧化碳当量，成交额超过了 46 亿元，且试点区域的碳排放总量和强度出现了双降的趋势，起到了控制温室气体排放的作用。国家核证自愿减排量（CCER）方面，试点碳市场 CCER 的累计

---

① CDM：Clean Development Mechanism，即清洁发展机制，目前唯一得到国际公认的碳交易机制。清洁发展机制允许发达国家与发展中国家实施能够减少温室气体排放或者通过碳封存或碳汇作用从大气中消除温室气体的项目，并据此获得"经核证的减排量"，即通常所说的 CER。

交易量已经达到 1.35 亿吨，其中最为活跃的地区是湖北、广东和深圳。目前，各试点 CCER 价格普遍在 15～30 元/吨，按此价格计算，试点区域碳市场开展的碳配额和 CCER 交易已经达到了百亿级规模。未来，随着全国碳市场的建立和逐步成熟，碳交易市场规模将非常可观。

表4　8个试点主要业务类型

交易所	主要业务
北京环境交易所	碳交易、节能量交易、排污权交易、低碳转型服务
上海环境能源交易所	节能量交易
天津碳排放权交易所	温室气体排放权交易、排污权交易、交易产品研发设计、节能减排综合服务、合同能源管理
深圳碳排放权交易所	温室气体排放权交易、排污权交易、交易产品研发设计
广州碳排放权交易所	碳交易、排污权交易、节能量交易
湖北碳排放权交易所	碳交易、碳资产管理
重庆碳排放权交易所	碳交易、合同能源管理
福建碳排放权交易所	碳交易、林业碳汇交易

（二）全国碳市场发展趋势及方向

2017 年 12 月，国家发改委印发了《全国碳排放权交易市场建设方案（发电行业）》（简称《方案》），以电力行业为突破口，正式启动全国碳市场建设工作。从《方案》看，我国碳市场建设主要任务包括"三类制度四个系统"。"三类制度"是指碳排放监测、报告、核查制度，重点排放单位的配额管理制度和市场交易的相关制度。"四个系统"是指碳排放的数据报送系统、碳排放权注册登记系统、碳排放权交易系统和结算系统。

发电行业被选择作为全国碳市场建设的突破口，主要由于其具备两大特点。一是发电行业产品比较单一，主要是热、电两类，且管理比较规范，数据基础好，计量设备完善，便于开展碳排放的核查和碳配额的分配。二是发电行业是碳排放大户，按照《方案》提出的年排放量 2.6 万吨二氧化碳当量，即综合能耗 1 万吨标准煤左右的纳入企业门槛，预计纳入碳市场的发电

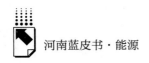

企业将达到1700多家，每年总二氧化碳排放量超过30亿吨。市场规模将远超世界当前正在运行的任何一个碳市场。

全国碳市场建设将分为三个阶段：（1）基础建设期，用一年左右时间，完成全国统一的数据报送系统、注册登记系统和交易系统建设；（2）模拟运行期，用一年左右时间，开展发电行业配额模拟交易，全面检验市场各要素环节的有效性和可靠性；（3）深化完善期，在发电行业交易主体间开展配额现货交易。即2020年前后，形成全国范围较为成熟的碳市场，并在发电行业碳市场稳定运行的前提下，逐步扩大市场范围，丰富交易品种和交易方式。

三　河南碳排放现状分析

2005年以来，随着经济社会快速发展，河南二氧化碳排放总量持续上升，碳排放总量始终位居全国前列。近年来河南持续推进节能减排，全省碳排放总量增速和强度明显下降，但总体上看，全省仍处于高碳、高能耗、高排放的发展阶段，节能降耗减碳压力巨大。

（一）河南碳排放总量和强度偏高

长期以来，河南发展方式较为粗放，在经济发展过程中消耗了大量的能源和物质资本投入，导致全省碳排放总量和碳排放强度均处于较高水平。2015年河南二氧化碳排放量为5.4786亿吨，高居全国第6位，2015年主要碳排放省份碳排放量见表5。

表5　2015年主要碳排放省份碳排放量测算

单位：万吨

省份	二氧化碳排放量	排名
山　东	91333	1
山　西	73769	2
内蒙古	72339	3
江　苏	64337	4

续表

省份	二氧化碳排放量	排名
河　北	61155	5
河　南	54786	6
广　东	51620	7

（二）河南碳排放强度呈下降趋势

总体上，河南二氧化碳排放呈现出总量增长但增速放缓、强度明显下降的良好态势。

从碳排放总量看，2005 年以来河南碳排放总量随着经济社会发展逐步增长，但增速逐步放缓。2005 年全省二氧化碳排放总量为 3.89 亿吨，2010年达到 5.35 亿吨，"十一五"年均增长 5.5%。2015 年河南二氧化碳排放总量为 5.4786 亿吨，"十二五"年均增长 2.5%。"十二五"期间河南碳排放总量年均增速较"十一五"下降了 3 个百分点。

从碳排放强度看，根据河南生产总值和二氧化碳排放量测算，2005 年全省碳强度为 3.68 吨二氧化碳当量/万元，2010 年下降至 2.32 吨二氧化碳当量/万元，2016 年进一步下降至 1.36 吨二氧化碳当量/万元，"十一五""十二五"期间分别年均下降 8.8 个、7.7 个百分点。

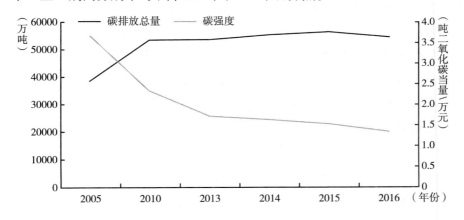

图 1　2005～2016 年河南二氧化碳排放总量和强度变化趋势

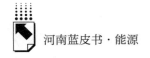

（三）能源使用是碳排放主要来源

能源产生的二氧化碳主要来自煤炭、石油、天然气等化石燃料的燃烧与利用。据研究，能源使用导致的二氧化碳排放是我国最主要的温室气体排放来源，占我国温室气体排放总量的80%以上。河南能源结构偏重，煤炭在能源消费中的占比较高，能源使用导致的二氧化碳排放占总排放的比重更高，经测算，全省二氧化碳排放中能源消费导致的占比在91%以上。

四　碳排放权交易体系对河南的影响

河南是我国的经济、工业和人口大省，正处于经济增长动力转换、能源发展方式转变的关键时期，较为粗放的发展方式与日益趋紧的生态环境约束之间的矛盾已经成为制约河南经济社会发展的关键因素。开展碳排放权交易，能够以市场的手段促进全省工业结构调整、低碳节能减排，对于河南建设现代化经济体系、推动能源清洁绿色发展具有重要意义。

（一）以发电行业为突破口，促进发电行业提质增效

考虑到火电行业碳排放总量大且统计数据易得的特点，在《全国碳排放权交易市场建设方案（发电行业）》中，国家将发电行业首先纳入全国碳市场建设，以发电行业为突破口，循序渐进地开展碳交易市场。其中，发电行业碳配额总量设定和分配方案将采用基准线法。随着碳市场交易的逐步实施，在基准线的配额分配体系下，管理水平高、单位产值排放低的发电企业生产越多，其获得的碳配额相应也会越多，竞争优势也随之越来越明显；管理水平较低、技术装备水平落后、单位排放高于行业平均水准的发电企业，将在未来市场竞争中处于劣势。

河南是火电大省，电力清洁化生产在全国处于领先水平，适度从紧的碳交易配额对于全省发电行业提质增效具有积极意义。一是省内大量优质发电企业，在碳市场体系下将获得更为明显的竞争优势。二是少量技术落后的发

电企业，为降低碳排放成本，将主动提升节能减排水平。碳市场的实施，将倒逼全省发电企业主动提升发电煤耗水平，减少资源消耗，进而降低生产成本。同时，市场机制使得落后企业腾出的市场配额、发电空间由发电行业先进企业填补，行业总成本是均衡的，能够促进省内发电行业的优胜劣汰和清洁健康可持续发展。

（二）借助市场手段体现排放成本，优化河南行业结构

河南工业结构偏重，传统六大高耗能行业消耗了全省过半的能源，但其工业增加值仅占全省 16% 左右。2015 年河南能源强度较江苏、浙江高37.3%，明显高于东部发达地区。长期以来高投入、高消耗、高污染的经济增长方式，使得河南面临较大的资源和环境压力。

在全国碳排放权交易体系全面启动的背景下，河南节能减碳工作将更多地依靠市场化手段。未来碳市场配额总量的设定和分配，主要依靠基准线法和历史强度下降法，两者的导向都是鼓励基准线以上的企业增加生产，获得更多配额，进而通过碳市场获取更多的利益。随着配额发放逐渐增加有偿方式，碳排放强度较高的企业，需通过更先进的节能减排技术来降低碳排放量或在碳交易市场购买碳排放权。高耗能、低效益的传统工业将面临巨大成本和盈利压力，低能耗、低排放的新型经济行业将获得市场竞争优势。在碳市场机制的作用下，传统行业原有的粗放式发展模式将得到约束，自然地遵从经济规律调整企业的产品结构，通过结构调整和优化管理方法，实现低成本减碳，有利于河南工业结构调整和优化升级。

（三）碳交易市场将助推河南向低碳发展转型

我国先期开展碳交易试点的 7 个地市，总体上都实现了碳排放总量和强度的双降。其中，深圳 2013 年实施碳交易后，市内控排企业 2013 ~ 2015 年碳排放总量同比分别下降了 12.6%、13.9%、19.8%，减排效益逐年上升。

河南资源型、原材料加工类工业企业较多，企业能效、排放管理较为粗放。碳排放权交易体系的建立，将对企业的内部管理产生深刻影响。

一是能够引导纳入控排的企业加强内部用能管控，从班组台账到企业会计注册表，全面衡量各项指标，制定用能减排优化方案。二是能够影响企业经营决策，推动企业衡量碳排放和产品成本水平，主动放弃高排放、低利润的产品品类。因此，碳排放权交易体系能够通过市场化的手段，从根本上引导控排企业主动优化工业结构，实现在单位增加值下能耗比最低，或者在单位能耗下增加值最高，助推全省经济和能源转型，迈向更高质量的发展阶段。

五　加快推进河南碳排放权交易建设的对策建议

河南经济体量大，能源结构偏重，高能耗行业比重高，整体碳排放强度高，节能降碳任务艰巨。碳排放权交易体系能够基于市场化的手段，以尽可能低的成本，实现全省约束性的碳减排目标。本文结合河南省情，针对覆盖范围选择、总量设定与配额分配等碳市场建设的核心问题进行了思考，提出了推进河南碳排放权交易的建议。

（一）加快完善制度设计，探索配额分配方法

配额分配是采用适当的方法将设定的碳市场总量分配落实到所覆盖的行业和企业的过程。碳市场的行业配额规模直接影响区域未来的结构调整方向。从国内试点情况看，我国碳配额分配以免费发放为主，分配方法主要包括两种：一种是基于当年实际产量的行业基准法，另一种是基于当年实际产量的企业历史强度下降法。河南能源基础好，工业种类齐全，各行业间的差异性较大，分行业设置排放基准线，并根据企业在行业中排放水平确定其强度下降率，企业可清晰测算出自身的配额。通过行业碳排放基准的选择可以为工业部门的转型升级和结构调整创造新的激励，助力供给侧结构性改革。同时，配额拍卖具有价格发现和改进发达、欠发达地区之间公平性方面的功能，建议探索引入适合河南特点的配额拍卖分配方法。

（二）总量设定循序渐进，远期目标适度从紧

总量设定是指在起始碳排放量的基础上确定交易体系在未来目标年份的碳排放总量。总量设定也是确定碳配额的供应总量，是市场碳价形成的基础，要实现较大幅度的碳减排量，就需要从紧设定总量。总量设定的越紧，配额交易价格就会越高。欧盟和国际上已建成的其他碳市场经历过的失败根本原因都和总量设定不合理有关，总量设定过松，实际碳排放总量低于预期设定的总量，导致碳价奇低。因此，建议河南碳排放权交易体系总量设定结合国家减排要求，远期目标适度从紧。同时考虑省内纳入控排企业的实际减排潜力和承受能力，选择循序渐进的方式，使得总量设定在技术、经济性上可行，确保更好地发挥碳市场的作用。

（三）重点行业先行先试，逐步扩大覆盖范围

碳排放权交易体系行业覆盖范围从根本上决定了其可管控的温室气体排放总量和在碳减排中可以发挥的作用大小。当前国家以发电行业为突破口，启动了全国碳市场建设。电力行业产品相对单一，数据统计基础好，具备开展碳排放核查和交易的良好基础。河南是煤电大省，电煤占全省煤炭消费的比重约45%，发电行业二氧化碳排放量占全省的35%以上。电力行业启动碳交易，对河南完善碳市场，控制碳排放具有积极意义。同时，河南应在发电行业碳市场逐步成熟后，推动碳排放权交易体系覆盖全省主要能源供应部门和主要能源消费部门，尤其是将存在产能过剩问题的高能耗行业纳入控排体系，助力河南供给侧结构性改革和碳减排。

参考文献

国家发改委：《全国碳排放权交易市场建设方案（发电行业）》，2017年12月。

张希良：《全国碳排放权交易体系覆盖范围、总量设定和配额分配》，国家发改委，

2017 年。

唐杰、葛兴安：《深圳碳市场的实证研究》，《中国能源报》2018 年 1 月 4 日。

尹硕、张耀辉：《我国市场偏向型低碳优势重构：基于全球视野的价值攀升分析》，《经济学家》2014 年第 1 期。

付允、马永欢、刘怡君：《低碳经济的发展模式研究》，《中国人口·资源与环境》2008 年第 3 期。

Abstract

The book is jointly created and studied by State Grid Henan Electric Power Company Economic Research Institute and Henan Academy of Social Sciences, The whole book deeply implements Xi Jinping's new era Chinese characteristics socialism ideology and the spirit of 19th National Congress of CPC. The theme of the book is "Promoting high quality development of energy", this book systematically analyzes the status quo and problems of Henan energy – related industries in 2017 and forecasts the development situation in 2018. This book discusses the measures and achievements of Henan promoting energy supply side structural reform and transforming the mode of energy development from all-round and multi-angle, from the point of whole chain of energy, overall planning of energy production, consumption, supply, innovation, marketing and management, put forward the route and suggestions of high-quality energy development of Henan. It will have some reference value to government, energy enterprises, research institutions and social public research institutions to understand Henan's energy development. The main content of the book can be divided into five parts: general report, industry development, forecasting and evaluation articles, investigation and analysis and green development.

The book's general report illustrates the basic ideas energy development andPrediction of Henan from 2017 to 2018, as well as the situation of Henan's energy development and countermeasures and suggestions under the background of the new era. The general report states that, in 2017, Henan insisted on the guidance of Xi Jinping's new era characteristic socialism ideology, followed general secretary Xi Jinping's energy revolution strategy thought, implemented the new concept of development; around the goal of promoting high quality development of energy, has taken the promotion of structural reform of energy supply as the main line, energy development shows a good momentum that the demand and supply are stable and orderly, the efficiency is continuously improved, the green transformation has accelerated. The energy industry has into a new phase of transformation from the total expansion to the improvement of quality and efficiency. But Henan province also faced the problems of transformation and development of the coal industry, the supply and support capabilities of oil and gas resources still need to be improved, the development of renewable energy industry needs more rationality, and the role of electric power in leading energy transformation needs to be strengthened. It is estimated that the total energy production of the province will reach 94 million tons of standard coal in 2018, unchanged from the previous year; the total energy consumption will reach 239 million tons of standard coal, up 1.7% over the same period of last year. Total renewable energy consumption was 17.11 million tons of standard coal, accounting for 7.2% of primary energy consumption. The goal of energy consumption structural optimization for the "13th Five-Year Plan" was completed two years ahead of schedule.

The industry development part of this book, relying on the energy industry and research institutions in the team of experts and scholars, focusing on the Henan coal, oil, natural gas, geothermal, power and clean energy industries such as the status of resources, the status quo and the development of 2017 Analysis and evaluation, And looked forward to the development situation of each industry in 2018. This part puts forward the key tasks and measures for improving the quality and efficiency of various industries under the background of high quality development of energy in the new era.

The predictive evaluation articles in this book reviewed the energy supply and demand in Henan Province, electricity supply and demand situation mainly through the key indicators and quantitative analysis model, analyzed and forecasted the medium and long-term energy demand and electricity supply& demand situation in 2018, with emphasis on these problems like "factors influencing the energy intensity of industrial sector", "influencing factors of the coal-electricity utilization hour", "The relationship between economic development mode and carbon emissions" and "Energy consumption rebound effect" and so on has carried on the evaluation and academic discussion.

The investigation and analysis of articles in this book analyzed energy consumption in ruralfamilies in Henan Province, thermal power industry emissions and the status of rural development, points out the current practical problems, and put forward relevant policy suggestions on promoting rural energy consumption re-electrification, reducing emission of thermal power pollutants and optimizing the development of rural power grids.

The transformation and development articles in this book focused on issues such as carbon emissions trading, re-electrification, clean heating, oil upgrading, coal-to-electricity transformation, rural and urban power grids and other hot issues. It has also launched the problems such as "Emission Trading System Construction", "The Relationship between Economic Development Mode and Carbon Emissions", "Electricity leading Henan energy transformation", "Coal modification into electricity", "clean heating", "Gasoline and diesel upgrade" "Thermal power flexibility reform" "Urban and rural power grid leading" and other topics. From a multi-dimensional and multi-perspective, it puts forward the ideas and countermeasures to promote the transformation of Henan's energy development.

Keywords: HeNan Province; Energy; High Quality Development

Contents

I   General Report

Abstract: In 2017, Henan thoroughly implemented General Secretary Xi Jinping's strategic thought on energy revolution, around the goal of high quality development of energy in the new era. With the reformation of energy supply as the main line, Henan accelerated the revolution in energy production and consumption and changed the mode of energy development, trying hard to ensure supply , seeking transformation, strong foundation, reform promotion, benefiting people's livelihood and creating the advantage. So that Henan has been keep the total amount of energy production stability and achieved the increase of energy consumption mainly by the clean energy supply and promote the province's energy development to a new phase of change from the total expansion to the quality and efficiency improvement. It is estimated that the energy supply and demand of the whole province maintain a generally stable situation, quality and efficiency have Steady improvement, green transformation has rapid promoted. The total amount of energy production reached 95 million tons of standard coal, down 2.1% compared with the same period last year, and the decline was reduced by 11.5 percentage points. And the total amount of energy consumption has reached 2.35

billion tons of standard coal, which increased by 1. 6% compared with the same period last year. Energy production realized a new pattern of incremental consumption, mainly from the supply of clean energy. In 2018, Henan Province will be guided by Xi Jinping's new era Chinese characteristics socialism ideology and the spirit of the 19th National Party Congress, will focus on the energy transformation and development. We forecast that the total energy production will reach 94 million tons of standard coal and the total energy consumption will reach 2. 39 billion tons Standard coal, an increase of 1. 7% over the same period. The coal consumption will be basically the same as the year of 2017, oil products sales will increase by 1. 6% , natural gas consumption will increase by 14% , and non-fossil energy consumption will increase by 8. 3% . At the same time, Clean energy will still be the main source of Henan's energy consumption increment.

Keywords: Henan Province; Modern Eenergy System; High Quality Development

Ⅱ   Industry Development

Abstract: In 2017, the total coal production of Henan province continued to decline, and the total amount of coal consumption was basically equal to that of the previous year. The coal industry of Henan Province continued to implement the structural reform of supply-side, accelerated the elimination of outdated and inefficient production capacity, effectively improve the quality of coal supply, the economic benefits of enterprises are stable and be better. In 2018, the coal industry of Henan province will struggle to win the decisive victory of cut coal production capacity. Promote the construction of coal projects and clean coal production in an orderly manner, guarantee a smooth callback in coal prices. It is estimated that the province's coal production will reach 115 million tons in 2018, total consumption reach 230 million tons, coal supply and demand remain basically balance in the whole province after considering the amount of external adjustment. Facing the development of coal industry, Henan needs to further the structural reform of supply-side as the main line, adhere to clean and efficient, stability and Control for Energy Production, effective supply, Achieve stable operation of the coal economy through reform, opening-up, bring forth new ideas, transformation of development mode, realizing economic operation of coal industry.

Keywords: Henan Province; Coal Industry; Cut Capacity

B. 3 Analysis and Prospect of Henan Oil Industry Development Situation in 2017 −2018

Liu Lixin, *Yin Shuo and Jin Man* / 042

Abstract: In 2017, due to the rapid popularization of green travel modes such as bicycles and electric vehicles, the end of the year motor vehicle restrictions and other factors, Sales of refined oil products in henan were slowing, the Growth is 1. 1%. However, subject to the tightening of resource constraints and the shrinking of the crude oil mining industry, Henan's crude oil output continued to decline, degree of external dependence on refined oil products up to 74. 7%. In 2018, Henan's economy will continue to maintain a stable and favorable development trend, oil consumption demand will continue to grow, the price scissors difference between demand and supply tends to widen further, it is estimated that the sales volume of refined oil products in Henan Province will reach 18. 5 million tons in 2018, annual growth rate will be 1. 6%, and the oil production of henan will fall to 2. 62 million tons, year-on-year decrease of 7. 3%. Facing a more serious development situation, Henan needs to make breakthroughs in areas such as improving resource production capacity, developing alternative industries such as shale oil, and enhancing the competitiveness of the entire chain industry. in order to achieve the sustainable development of Henan oil industry.

Keywords: Henan Province; Oil Industry; Oil Supply and Demand; Oil Price

B. 4   Analysis and Prospect of Henan Nature Gas Industry

Development Situation in 2017 −2018

Su Dong, Yang Meng and Liu Junhui / 054

Abstract: In 2017, with steady economic development in Henan and further structural reform of energy supply-side, the consumption of natural gas in the province witnessed a substantial increase, driven by policies and measures such as environmental management, coal-to-gas conversion and clean heating. View the situation as a whole, it appeared to a new characteristic that the off season is not weak and the boom season is more prosperous. Especially in the winter heating season, the gas consumption was speeding up in the whole province, natural gas supply and demand in the increasingly serious situation within the province. Some areas appeared the situation of tension supply. It is estimated that consumption of natural gas in Henan will maintain rapid growth in 2018, year-on-year growth of 14%, the output of natural gas will be affected by the lack of resources in the province, year-on-year decrease of 16.7%. The supply will mainly dependent on external transfer; degree of external dependence will continue to rise. The supply and demand of the whole province will be tight. Finally, aiming at the real problem such as the shortage of natural gas in Henan and the pressure of supply peaking, this paper puts forward some suggestions on promoting health and rapid development of Henan natural gas industry from the aspects of ensuring supply, keeping replacement steady and seeking reform.

Keywords: Henan Province; Natural Gas Industry; Supply and Demand Situation; Industry Environment

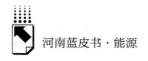

B. 5　Analysis and Prospect of Henan Geothermal Industry
　　　Development Situation in 2017 −2018

Lu Yubei, Chen Ying and Lu Wei / 066

Abstract: Geothermal resource is a kind of renewable clean energy combines "heat, mine and water" in one, and it is an effective alternative energy for traditional fossil energy. Henan Province actively promoted the development of geothermal industry in 2017, shallow geothermal resource development and utilization projects, middle-deep hydrothermal geothermal resources investigation and Hot Dry Rock resource potential evaluation were steadily carry out. According to the plan, the geothermal resources in Henan will be further promoted and applied in the fields of heating and cooling by geothermal clean energy, health care, spa tourism, characteristic agriculture, power generation and other fields in the future. This paper gives the suggestion of promote the healthy development for geothermal industry in Henan, from the point of survey and evaluation, industry supervision, project demonstration and development of key technologies, which aims to the problems of nonsystematic plan of geothermal resources development, industrial decentralization, and low market level in Henan Province.

Keywords: Henan Province; Geothermal Resource; Shallow Geothermal Resource; Hydrothermal Geothermal Resource; Hot Dry Rock

B. 6　Analysis and Prospect of Henan Electric Power Industry
　　　Development Situation in 2017 −2018

Deng Fangzhao, Liu Junhui / 078

Abstract: In 2017, Henan power industry developed well, The overall operation was stable and orderly. On the supply side, the installed capacity of power supply increased steadily and the power grids at various levels achieved coordinated development. The power supply support capacity continued to improve. On the demand side, the electricity consumption in the whole society increased by 5. 9% In terms of transformation and development, the structure of electricity supply has been continuously optimized, new models and new formats have been accelerated. The electric power reform has been steadily and rapidly promoted, and the development of electric power benefit people's good life. In 2018, the development of power industry in Henan Province will be guided by the spirit of the 19 People's Congress, focusing on solving the problem of insufficient development of power imbalance and the power supply. It is estimated that the annual electricity consumption of the whole society will be about 337 billion kWh, an increase of about 6% , and the power supply and demand will be tightened.

Keywords: Henan Province; Power Industry; Electricity Supply and Demand

B. 7　Analysis and Prospect of Henan Renewable Energy Development Situation in 2017 −2018

Research group of Blue Book of Henan Energy / 099

Abstract: In 2017, the renewable energy of Henan province developed rapidly, Installed capacity breakthrough 13 million kilowatt, distributed photovoltaic power generation has become an important growth point; The level of renewable energy utilization has significantly improved, the whole province has no abandoned wind and light phenomena, the utilization to 15. 8 million equivalent of coal, it accounts for 6. 7% of the total annual energy consumption; Wind power, photovoltaic power generation technology, management, market-oriented mechanism of continuous improvement, geothermal development steadily. In 2018, under the influence of a series of policy and technical management benefits, it is estimated that the whole province's utilization of renewable energy will reach 17. 1 million tons of standard coal, year-on-year growth of 8. 3% , accounting for the proportion of total energy consumption will

increase to 7. 2% , in advance to achieve Henan Province "The thirteenth Five-Year Plan" renewable energy development plan of 7% of the development goals. Henan needs to further innovate its market-oriented mechanism and investment mechanism in the future, strengthen the promotion of technological progress and supporting power grid construction, build an energy Internet to further improve the quality of renewable energy.

Keywords: Henan Province; Renewable Energy; Energy Internet

B. 8 Analysis and Prospect of Henan Biomass Energy Development Situation in 2017 −2018

Research group of Blue Book of Henan Energy / 116

Abstract: The development of renewable energy in the "Thirteenth Five-Year Plan" period has become an important direction for the development of the energy industry. Henan Province is a big agricultural province in China with extremely rich biomass energy. The development of biomass energy industry is to promote the rural energy revolution, the construction of ecological civilization, as well as farmer income and agricultural development of great significance. Based on the overall situation of biomass energy development in Henan Province, this paper analyzed the potential of biomass energy development, summarized the existing problems of biomass energy development in Henan Province, analyzed the development and future development of biomass energy industry in Henan Province in 2017 trend. This article puts forward the countermeasures and suggestions for the development of biomass energy in Henan Province, which can provide reference for the efficient utilization and industrialization development of biomass energy in Henan Province.

Keywords: Henan Province; Biomass Energy; Energy Structure

Abstract: 2017 is the year of held the 19th session of national congress of the communist party of China, it is also an important year for implementing the "The 13th Five-Year Plan". This article focuses on energy and environment, introduced the ten major events that took place in Henan Province throughout this year, including the convening of the province's energy work conference in 2017, power system reform leading group meeting and other important events and introduced *Henan Province "the 13th Five-Year" energy development plan*, *Henan Province "the 13th Five-Year" electric power development plan*, *Henan Province "the 13th Five-Year" energy-saving low-carbon development plan*, *Lankao County Rural Energy Revolution Pilot Project overall plan (2017 – 2021)* and other important policies, summarized the key issues of energy development of Henan in 2017.

Keywords: Henan Province; Energy; Hot Events

Ⅲ   Prediction and Evaluation

Abstract: With the impact of the economic development model change, industrial structure adjustment and environmental constraints, the development characteristics of Henan energy needs, structure and power demand is under profound changing. Industrialization and urbanization is still accelerating for a long time in the future, the energy needs and power demand will still remain rigid growth. Based on the analysis of the development characteristics of main developed countries and advanced provinces, this paper uses economic method to predict energy demand and power demand of Henan in medium and long term, also

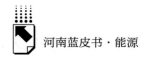
proposes policy recommendations on energy supply security.

Keywords: Henan Province; Energy Economy; Industrial Structure; Energy Transformation; Clean and Low Carbon

B. 11　Reviews of Henan's Electricity Demand Situation in 2017 and Forecast for 2018

Zhao Wenjie, Hua Yuanpeng and Song Dawei / 171

Abstract: In 2017, Henan's electricity consumption growth is steadily improved. The structure of electricity consumption continued to be optimized. The power growth momentum was gradually transformed, and the electricity load reached a new high. The net expansion capacity of the industry expanded substantially. The growth of electricity demand in the year witnessed a good growth. At present, Henan's economy has been developing steadily in the midst of favorable growth, good accumulate in the new, Supply-side structural reforms have continued to deepen. Major industries have continuously pushed forward capacity-building. At the same time, energy-saving and emission reduction efforts have been steadily intensified, the reform of the power system has accelerated, and the environment is more complicated. In this paper, by means of forecasting methods such as key industry analysis, it is estimated that the total electricity consumption of the whole province will reach 337 billion kilowatt-hours by 2018, up by about 6% over the same period of last year. Henan will have a vast space for growth in power consumption. It is necessary to further promote clean heating and urban-rural distribution network construction, and establish a new mode of energy consumption centered on power generation so as to continuously promote the transformation and upgrading of power consumption in the province.

Keywords: Henan Province; Electricity Demand; Electricity Demand Forecast

B. 12　Research and Prediction of the Influence Factors of

　　　　Energy Intensity in Henan Industrial Sector

Abstract: The traditional industrial industry has made great contributions to economic growth and urbanization of Henan Province. However, problems of low energy efficiency with high energy intensity are becoming more and more serious in industry sector. This paper is to analyze the energy intensity of 34 industries in Henan province by using the Divisia Factor Decomposition method. Then it makes a prediction of energy intensity of industries with high energy consumption, based on the BP neural network model. The results show that the technological factor and structural factor both play important roles in lowing the energy intensity in industry sector which the structural factor makes greater contribution. Meanwhile, the high-energy-consumed industries contribute most of the proportion of reducing energy intensity to all industries. What's more, BP prediction suggests that there is an obvious descending trend of the energy intensity of high-energy-consumed industries before 2020, but the decline rate is small. Finally, this paper puts forward several suggestions for lowing energy intensity while increasing energy efficiency in Henan province.

Keywords: Henan Province; Energy Intensity; Energy Efficiency; Energy Structure Factor

B. 13　The Influential Factors and Development Trend of Coal and

　　　　Electric Utilization Hours in Henan Province

Abstract: The utilization hour of coal power unit is one of the important indexes to measure the power supply and demand situation of a region and the utilization degree of coal power equipment. In this paper, the main factors that affect coal power utilization hour, such as power demand, power structure and power structure, are the starting point. The main factors affecting coal use hours as the breakthrough point, from the historical development trend, transverse typical provinces comparative dimension of Henan coal utilization hours of system analysis, and combined with green, low carbon energy development situation, based on the role of gradual changes in the structure of the power supply of coal, coal utilization hours of Henan province in the future the forecast.

Keywords: Henan Province; Coal Utilization hours; Power Installed; Outside the Area to Power

B. 14 Study on the Relationship between Economic Development and Carbon Emission in Henan Province

Zhang Jin, Li Jinkai and Tang Yamin / 220

Abstract: The traditionally extensive economy development has not only brought about rapid economic growth but also increasingly serious environmental pollution. In order to deeply analyze the relationship between the economic development mode and the carbon emission in Henan province, this paper calculates the CO_2 emission in Henan province (also known as carbon emission) based on the energy data of Henan statistical yearbook from 1978 to 2016. Then it establishes an econometric model based on Kaya Identity to analyze the impact of changes of the core elements on carbon dioxide emissions. Finally it concludes that economic growth and carbon dioxide emissions growth has not yet achieved decoupling in Henan province. It also finds the specific impact mechanism of industrial structure adjustment on cutting carbon dioxide emissions in Henan province. To reduce the emissions effectively, Henan should take full consideration to economic affordability when adopting emission reduction measures, and take steps on promoting energy efficiency and structural optimization.

Keywords: Carbon Emissions; Industrial Structure; Energy Consumption Structure; Energy Efficiency

B. 15 Research on the Energy Rebound Effect of Henan Province

Li Jinkai, Liu Zongxiang and Zhang Jin / 236

Abstract: The rebound effect of energy consumption indicates that developing technology has not achieved the expected goal of energy saving. The amounts of theoretical expected energy saving will be offset largely by the rebound effect to some extent. In this paper, beginning with the definition of rebound effect, we construct a rebound effect calculation model to calculate the rebound effect of Henan Province. Our estimation results show that the actual energy saving amounts caused by technological progress only account for 85% of the theoretical energy saving in Henan Province, which 15% of the energy saving is offset by the rebound effect. And there is upward trend before 2009 and downward trend after 2009 of the rebound effect of Henan Province. Compared with other provinces in China, the average rebound effect of Henan Province is relatively large. In the future, rebound effect should be taken full account of to make energy policy effectively, in order to maximize the energy saving amounts caused by energy efficiency increasing.

Keywords: Henan Province; Rebound Effect; Energy Efficiency; Rebound Evaluation

IV Investigation and Analysis

B. 16 Investigation and Analysis of Energy Consumption of
"Thousands Households and Hundreds Villages" in
Rural Families of Henan Province

Li Peng, Luo Pan and Fu Keyuan / 249

Abstract: Based on the principle of differentiation, this report chooses two counties of Lankao and Luoning as investigation objects and both of them are separately located in the east plain area and west mountain area of Henan province. This report aims to investigate the fact of energy consumption of thousands of households in rural Henan province. Based on investigation data it analyzes rural households ' characteristics, energy consumption construction as well as biomass resource usage, etc. in Lankao and Luoning. This analysis familiarizes us with the fact of rural energy consumption and highlights the issue and challenge in terms of rural energy revolution. In line with the clean production and green consumption, we aim to accelerate electrification of energy production and consumption; to actively search the new model of using traditional energy in high-efficient and clear manner; to improve and upgrade the infrastructure construction in rural electrical network; to build rural energy usage system surrounding electricity; to achieve rural energy usage in a clean, green, safe, high-efficient way; promote the economic development from transformation of energy recourse advances in rural areas; to drive renaissance strategy in rural areas and help increase farmers' income, agriculture production and rural society development; to provide upgrading industrial structure and economic development with supportive and powerful guarantee.

Keywords: Energy Revolution; Rural Energy; Household Energy Consumption

B. 17 Investigation and Analysis of Pollutant Discharge in Thermal Power Industry of Henan Province

YuanCaifeng, Wang Kaili and Chen Jing / 277

Abstract: Thermal power is the main power supply in Henan Province. Over the years, thermal power accounted for the province's total power generation in the proportion of about 90%. And Henan coal-fired generating units based. It is the main industry of coal consumption, but also the main source of air pollution. Pollutant control in China's power industry begins with smoke and dust. "Eleventh Five-Year" began the sulfur dioxide emissions control, "second five" began the management of nitrogen oxides. With the implementation of the National Plan of Action for Prevention and Control of Air Pollution and the implementation of the "Blue Sky Action Plan" in Henan Province, as well as the strenuous battle against air pollution, the level of prevention and control of pollution by the thermal power industry has been continuously raised. Combined with environmental statistics and based on combing the pollutant emission control policies of Henan thermal power industry, this paper analyzes in depth the trends of pollutant emissions from thermal power in Henan since the 12th Five-Year Plan and forecasts the level of thermal power emissions in 2018. Finally, the countermeasures and suggestions on promoting the emission reduction of pollutants in Henan thermal power industry are put forward.

Keywords: Henan Province; Thermal Power; Contaminants; Emission Analysis

B. 18 Investigation and Analysis of Social Benefit of Rural Power Network Reform and Upgrade in Henan Province

Liu Fengling, Li Lijun and Guan Chaojie / 293

Abstract: With the increasing investment in rural power network in recent years, rural power supply capacity and reliability of power supply continued to improve, providing a reliable power supply for the implementation of rural rejuvenation strategy and agricultural and rural modernization. The purpose of this paper is to fully understand and objectively reflect the social benefits brought by the investment in rural areas to promote agricultural development, prosperity in rural areas and farmers' income. This article based on rural network transformation and upgrading of special tasks and rural residents electricity features, aimed at two kinds of survey objects that rural network has been rebuilt and not reformed, considers the residential electricity consumption, household appliances, and electricity consumption of special industries, farmland irrigation electricity, and power supply satisfaction and so on. We put forward the following five measures through collecting multi-dimensional survey basic data, comprehensive analysis of farmers' feelings of using electricity and deeply digging the social benefits of rural network. Firstly, we will expand the scope of rural power network transformation. Secondly, we will plan the intensity and pace of rural investment. Thirdly, we will increase the reform of rural power network publicity. Fourthly, we will establish a long-term mechanism for third-party evaluation. Fifthly, we will ensure the long-term benefits of land-locked rural grid projects.

Keywords: Rural Network Transformation; Two-year Tough Battle; Social Benefits; Improving People's livelihood

V   Green Development

B. 19   Research on High Quality Development of Henan Refined Petroleum Supply

Liu Kefei / 314

Abstract: Henan, as a big agricultural province and populous province, has a long way to go to create beautiful Henan. During the period of "13th Five-Year Plan", the whole province economic and social development depends heavily on refined petroleum supply. Full implementation "national Ⅵ standard" is an inevitable choice for construction of ecological civilization. The whole province petroleum and chemical industry should speed up the industrial layout and intensive development pace. Meanwhile, we should speed up the "national Ⅵ standard" upgrade pace, promote deep cooperation between enterprise and local government, and support key projects. It is important to guide the petrochemical industry advancing to middle and high end, supporting upgrade technical level. Finally the petrochemical industry's basic industry status is further consolidated.

Keywords: Henan Province; Refined Petroleum; Quality Upgrade; Refining Technology

B. 20　Study on Electric Power Leading Henan Energy
　　　　Transformation Development Path

Bai Hongkun, Yang Meng and Wang Jiangbo / 327

Abstract: At present, Henan's energy development has entered a critical period of transformation from the total volume expansion to the improvement of quality and efficiency, and giving full play to the core leading role of electricity in energy transformation is the only way to achieve low-carbon green energy development. First of all, based on the detailed data, this paper systematically summarizes the significant achievements made in Henan's energy transformation since 2010. Secondly, this paper analyzes the outstanding difficulties and challenges that the province faces in energy development, and proposes that Henan should take the structural reform of energy supply as the main line. Thirdly, adhering to the development idea of " energy transformation-electricity center-grid advancement", this paper explores the feasible ways of energy transformation and development and accelerates the construction of a clean, low-carbon, safe and efficient modern energy system. In the end, it will achieve coordinated, sustainable development of resources, the environment and economy. In order to win a comprehensive and well-to-do society, the Central Plains will provide more energy and provide more energy protection.

Keywords: Henan Province; Power Lead; Energy Revolution

B. 21　Study on the Flexibility Transformation of
　　　　Henan's Coal Power

Zhang Jinzhu, Li Hujun / 340

Abstract: With the impact of the slowing down power demand 、 new energy rapid expansion and continual increase input from TianZhong Direct-Current , the pressure of peak shaving is tremendous. Especially in winter, the coal power unit's minimum adjustable output is substantial increasing because of supplying heat. Based on the study of policy and technology of flexibility transformation, this paper proposes policy and technology recommendations on flexibility transformation of Henan coal power unit . It has the realistic meaning for the coal power unit changing the position and accepting more and more new energy power.

Keywords: Flexibility Transformation of Coal Power; Peak Shaving; Energy Storage Technology; Operation Transformation

B. 22　Research and Policy Suggestions on Clean Heating of "Coal to Electricity" in Rural Areas of Henan Province

Wu Yufeng, *Deng Fangzhao*, *Liu Junhui and Chen Zhong* / 354

Abstract: It is an important measure to implement the policy of rejuvenating the countryside, strengthening the management of the atmospheric environment, and promoting the substitution of electric energy by promoting the winter clean heating in the transmission channels of air pollution in Henan Province. As one of the effective technical means of clean heating,　　"coal to electricity" has broad application prospects. The rural areas in the northern part of Henan Province are vast, and the implementation of the "coal to electricity" clean heating faces a rare historical opportunity and a good basic environment as well as many difficulties and problems. Vigorously promoting the "coal to electricity" clean heating needs local conditions. We have to choose a reasonable technical route and business model according to the technical and economic characteristics of different electric heating solutions. In the future, Henan needs to promote and increase policy support, improve building energy efficiency and strengthen distribution network construction, effectively protect the clean heating of coal to electricity and implement it smoothly.

Keywords: Clean Heating; Coal to Electricity; Electric Heating; Technical Economy

B. 23 Research on Adjustment Strategy of Zhengzhou Coal Power Structure

Guo Ying, Zhang Xinghua and Pang Hongyuan / 367

Abstract: Recently, Zhengzhou focuses on building the national center city with the swift development of modern society and economic. On the background of energy transformation and development, it is a great significance of researching on adjustment of coal power structure in Zhengzhou to build the clean, low-carbon, safe and efficient modern energy system, to ensure the construction of the national central city in Zhengzhou and improve the quality of regional air environment. The present situation and characteristics of coal power structure in Zhengzhou have been done in this paper and the study has showed a clear relationship between coal power and air pollution and existing problems. Based on the advanced experience both at home and abroad, this paper proposes the adjustment strategy of Zhengzhou coal power structure, which is moving, closing, changing, treating, and introducing, from the perspective of ensuring the reliable supply of energy and electricity.

Keywords: Zhengzhou; Coal Power Structure; Coal-fired Unit; Air Pollution

B. 24 Study on the Comparison and Selection of Medium and Long Term External Electricity Introduction Scheme in Henan

Xue Zhiyong, Li Hujun and Zhao Lu / 382

Abstract: Henan power supply and depends mainly relies on coal-fired generating units. Under the background that state explicitly requested that the total coal consumption in Henan should be reduced by 10% during the "13th Five-Year Plan" period, further expansion of the introduction of extra electricity would be of great significance for optimizing the power supply structure and enhancing energy security capability. This paper analyzes the demand and supply of long-term electricity in Henan Province, and on the basis of discussing the potential of electricity delivery from other energy bases in other provinces, also analyzes the feasibility of expanding the scale of electricity utilization in Henan. From these five aspects: economy, sustainability, cleanliness, safety& reliability and load matching, this paper compares and selects the power export schemes of hydropower, new energy and thermal power base outside the province, and puts forward some countermeasures and suggestions for Henan to expand the scale of electric power outsourcing.

Keywords: Henan Province; Extraneous Power; Principle of External Citation; Viability of External Introduction

B. 25　Discussion on the Implementation Path of Henan's Urban and Rural Power Grid Leading in China Central

Tian Chunzheng, Jiang Xiaoliang / 401

Abstract: The tenth Party Congress of Henan Province proposed the new requirement of "building the leading urban and rural power grid in China central". This paper constructs the evaluation system of the development level of the power grid from five dimensions: transmission network、distribution network、secondary system、equipment, capital efficiency. Based on this evaluation system, the development status of Henan power grid, the planning target and the six central power-grid in Central China are compared and analyzed. This paper also analyses the key points of central leading point and implementation of Henan power grid, studies the task focus on the development of the next step, to ensure the goal of

Henan power grid leading in the central during "13th Five-Year".

Keywords: Henan Province; Urban and Rural Power Grid; Leading in China Central

B. 26　Consideration and Suggestion on the Construction of
　　　　Carbon Emission Trading System in Henan Province

Yang Meng, *Yin Shuo* / 416

Abstract: By the end of 2017, the nationwide carbon market has officially launched. Henan is a province with a large proportion of China's economy, industry and population. The carbon emission of Henan is at a high level, and the carbon emission trading system will also has a significant impact on the province's economic and social development. Based on the domestic pilot projects and national policy requirements, this paper elaborates the connotation of carbon emissions trading system and studies the development of carbon trading system in China. Based on the analysis of current carbon emissions in Henan Province, this paper analyzes the current situation of power generation, industrial structure, Etc. to explore the impact of carbon emissions trading on Henan. Finally, put forward the countermeasures and suggestions on promoting Henan's carbon emissions trading.

Keywords: Henan Province; Carbon Emission; Emission Right; Trading System

❖ 皮书起源 ❖

"皮书"起源于十七、十八世纪的英国,主要指官方或社会组织正式发表的重要文件或报告,多以"白皮书"命名。在中国,"皮书"这一概念被社会广泛接受,并被成功运作、发展成为一种全新的出版形态,则源于中国社会科学院社会科学文献出版社。

❖ 皮书定义 ❖

皮书是对中国与世界发展状况和热点问题进行年度监测,以专业的角度、专家的视野和实证研究方法,针对某一领域或区域现状与发展态势展开分析和预测,具备原创性、实证性、专业性、连续性、前沿性、时效性等特点的公开出版物,由一系列权威研究报告组成。

❖ 皮书作者 ❖

皮书系列的作者以中国社会科学院、著名高校、地方社会科学院的研究人员为主,多为国内一流研究机构的权威专家学者,他们的看法和观点代表了学界对中国与世界的现实和未来最高水平的解读与分析。

❖ 皮书荣誉 ❖

皮书系列已成为社会科学文献出版社的著名图书品牌和中国社会科学院的知名学术品牌。2016 年,皮书系列正式列入"十三五"国家重点出版规划项目;2013~2018 年,重点皮书列入中国社会科学院承担的国家哲学社会科学创新工程项目;2018 年,59 种院外皮书使用"中国社会科学院创新工程学术出版项目"标识。

中国皮书网

（网址：www.pishu.cn）

发布皮书研创资讯，传播皮书精彩内容
引领皮书出版潮流，打造皮书服务平台

栏目设置

关于皮书：何谓皮书、皮书分类、皮书大事记、皮书荣誉、
　　　　　皮书出版第一人、皮书编辑部

最新资讯：通知公告、新闻动态、媒体聚焦、网站专题、视频直播、下载专区

皮书研创：皮书规范、皮书选题、皮书出版、皮书研究、研创团队

皮书评奖评价：指标体系、皮书评价、皮书评奖

互动专区：皮书说、社科数托邦、皮书微博、留言板

所获荣誉

2008 年、2011 年，中国皮书网均在全
国新闻出版业网站荣誉评选中获得"最具
商业价值网站"称号；

2012 年, 获得"出版业网站百强"称号。

网库合一

2014 年，中国皮书网与皮书数据库端
口合一，实现资源共享。

权威报告·一手数据·特色资源

皮书数据库
ANNUAL REPORT(YEARBOOK)
DATABASE

当代中国经济与社会发展高端智库平台

所获荣誉

- 2016年，入选"'十三五'国家重点电子出版物出版规划骨干工程"
- 2015年，荣获"搜索中国正能量 点赞2015""创新中国科技创新奖"
- 2013年，荣获"中国出版政府奖·网络出版物奖"提名奖
- 连续多年荣获中国数字出版博览会"数字出版·优秀品牌"奖

成为会员

　　通过网址www.pishu.com.cn访问皮书数据库网站或下载皮书数据库APP，进行手机号码验证或邮箱验证即可成为皮书数据库会员。

会员福利

- 使用手机号码首次注册的会员，账号自动充值100元体验金，可直接购买和查看数据库内容（仅限PC端）。
- 已注册用户购书后可免费获赠100元皮书数据库充值卡。刮开充值卡涂层获取充值密码，登录并进入"会员中心"—"在线充值"—"充值卡充值"，充值成功后即可购买和查看数据库内容（仅限PC端）。
- 会员福利最终解释权归社会科学文献出版社所有。

卡号：128626521518
密码：

数据库服务热线：400-008-6695
数据库服务QQ：2475522410
数据库服务邮箱：database@ssap.cn
图书销售热线：010-59367070/7028
图书服务QQ：1265056568
图书服务邮箱：duzhe@ssap.cn

基本子库
SUB DATABASE

中国社会发展数据库（下设 12 个子库）

全面整合国内外中国社会发展研究成果，汇聚独家统计数据、深度分析报告，涉及社会、人口、政治、教育、法律等 12 个领域，为了解中国社会发展动态、跟踪社会核心热点、分析社会发展趋势提供一站式资源搜索和数据分析与挖掘服务。

中国经济发展数据库（下设 12 个子库）

基于"皮书系列"中涉及中国经济发展的研究资料构建，内容涵盖宏观经济、农业经济、工业经济、产业经济等 12 个重点经济领域，为实时掌控经济运行态势、把握经济发展规律、洞察经济形势、进行经济决策提供参考和依据。

中国行业发展数据库（下设 17 个子库）

以中国国民经济行业分类为依据，覆盖金融业、旅游、医疗卫生、交通运输、能源矿产等 100 多个行业，跟踪分析国民经济相关行业市场运行状况和政策导向，汇集行业发展前沿资讯，为投资、从业及各种经济决策提供理论基础和实践指导。

中国区域发展数据库（下设 6 个子库）

对中国特定区域内的经济、社会、文化等领域现状与发展情况进行深度分析和预测，研究层级至县及县以下行政区，涉及地区、区域经济体、城市、农村等不同维度。为地方经济社会宏观态势研究、发展经验研究、案例分析提供数据服务。

中国文化传媒数据库（下设 18 个子库）

汇聚文化传媒领域专家观点、热点资讯，梳理国内外中国文化发展相关学术研究成果、一手统计数据，涵盖文化产业、新闻传播、电影娱乐、文学艺术、群众文化等 18 个重点研究领域。为文化传媒研究提供相关数据、研究报告和综合分析服务。

世界经济与国际关系数据库（下设 6 个子库）

立足"皮书系列"世界经济、国际关系相关学术资源，整合世界经济、国际政治、世界文化与科技、全球性问题、国际组织与国际法、区域研究 6 大领域研究成果，为世界经济与国际关系研究提供全方位数据分析，为决策和形势研判提供参考。

法律声明

　　“皮书系列”（含蓝皮书、绿皮书、黄皮书）之品牌由社会科学文献出版社最早使用并持续至今，现已被中国图书市场所熟知。“皮书系列”的相关商标已在中华人民共和国国家工商行政管理总局商标局注册，如LOGO（🖐）、皮书、Pishu、经济蓝皮书、社会蓝皮书等。“皮书系列”图书的注册商标专用权及封面设计、版式设计的著作权均为社会科学文献出版社所有。未经社会科学文献出版社书面授权许可，任何使用与“皮书系列”图书注册商标、封面设计、版式设计相同或者近似的文字、图形或其组合的行为均系侵权行为。

　　经作者授权，本书的专有出版权及信息网络传播权等为社会科学文献出版社享有。未经社会科学文献出版社书面授权许可，任何就本书内容的复制、发行或以数字形式进行网络传播的行为均系侵权行为。

　　社会科学文献出版社将通过法律途径追究上述侵权行为的法律责任，维护自身合法权益。

　　欢迎社会各界人士对侵犯社会科学文献出版社上述权利的侵权行为进行举报。电话：010-59367121，电子邮箱：fawubu@ssap.cn。

社会科学文献出版社